U0452334

鲁迅 诗传

黄乔生 著

商务印书馆
The Commercial Press

图书在版编目（CIP）数据

鲁迅诗传 / 黄乔生著 . -- 北京：商务印书馆，2025.（2025.8 重印）-- ISBN 978-7-100-24685-9

I . K825.6

中国国家版本馆 CIP 数据核字第 2024XC6986 号

权利保留，侵权必究。

鲁迅诗传

黄乔生　著

商 务 印 书 馆 出 版
（北京王府井大街36号　邮政编码100710）
商 务 印 书 馆 发 行
北京启航东方印刷有限公司印刷
ISBN 978 - 7 - 100 - 24685 - 9

2025年1月第1版　　　开本880×1230　1/32
2025年8月北京第3次印刷　印张23 3/8

定价：128.00元

目 录

序 言 /1

第一章 文章得失不由天 /18
诗书继世长 /18
多识鸟兽草木之名 /27
山阴道上驻吟鞭 /32

第二章 向笔海以啸傲 /42
太羹有味是诗书 /42
只有香如故 /47
风雅之正轨 /54
代圣贤立言 /60
诗是吾家事 /64

第三章 万里长风送客船 /70
始信人间苦别离 /70
好向濂溪称净植 /78

宁召书癖兮来诗囚　/ 83
　　不知文字已沧桑　/ 91

第四章　我以我血荐轩辕　/ 103
　　灵台无计逃神矢　/ 103
　　寄意寒星荃不察　/ 109
　　东亚风云起　/ 118
　　杀人有将，救人为医　/ 128
　　掊物质而张灵明　/ 136

第五章　炎天凛夜长　/ 142
　　风雨如磐暗故园　/ 142
　　促共和之进行　/ 154
　　人间直道穷　/ 159
　　长安夜半秋　/ 168
　　鸡群之鸣鹤　/ 173

第六章　自古成功在尝试　/ 184
　　"敲边鼓"　/ 184
　　自言自语　/ 197
　　桃色的云　/ 204

第七章　新诗改罢自长吟　/ 213
　　如切如磋如琢如磨　/ 213

过去的生命 / 219
你是露，我就愿意成花 / 228
由她去罢 / 237

第八章　我自爱我的野草 / 249

过去的生命已经死亡 / 249
遗忘和说谎做我的前导 / 257
彷徨于明暗之间 / 266
本味何能知 / 274
天地有如此静穆 / 283

第九章　明与暗，友与仇…… / 292

爱者与不爱者 / 292
方生未死将生者 / 301
绝望之为虚妄 / 304
我不如彷徨于无地 / 308
好的故事 / 314

第十章　但他举起了投枪 / 323

下土惟秦醉 / 323
我只得走 / 328
对于这朽腐有大欢喜 / 338

第十一章 "身外的青春" / 347

  笑的渺茫，爱的翔舞 / 347

  我们歌哭在湖畔 / 351

  将真和美歌唱给寂寞的人们 / 362

  太阳是我的朋友 / 374

  好花从泥土里出来 / 386

第十二章 善戏谑兮不为虐 / 400

  白眼看鸡虫 / 400

  无毒不丈夫 / 405

  城头变幻大王旗 / 414

  乌乎噫嘻 / 416

  烟花场上没人惊 / 421

  何妨赌肥头 / 427

  刀笔儒酸浪得名 / 434

  南无阿弥陀 / 441

第十三章 翘首东云惹梦思 / 451

  今我来思 / 451

  每日见中华 / 454

  岂惜芳馨遗远者 / 458

  石头城上月如钩 / 464

  心随东棹忆华年 / 470

  岁暮何堪再惆怅 / 474

目 录

第十四章　惯于长夜过春时 / 482
　　弄文罹文网 / 482
　　忍看朋辈成新鬼 / 493
　　林中的响箭 / 501
　　又为斯民哭健儿 / 507

第十五章　俯首甘为孺子牛 / 517
　　芳荃零落无余春 / 517
　　回眸时看小於菟 / 523
　　躲进小楼成一统 / 533
　　但见奔星劲有声 / 540
　　都要真的神往的心 / 550

第十六章　敢有歌吟动地哀 / 559
　　辱骂和恐吓决不是战斗 / 559
　　宗风阒寂文坛碎 / 564
　　真真岂有之此理 / 572
　　于无声处听惊雷 / 580
　　爱乎呜呼兮呜呼阿呼！ / 585

第十七章　泽畔有人吟不得 / 588
　　独托幽岩展素心 / 588
　　人生得一知己足矣 / 596
　　秋波渺渺失离骚 / 608

能标叛帜即千秋　／615
　　长夜凭谁扣晓钟　／621

第十八章　度尽劫波兄弟在　／629
　　何事脊令偏傲我　／629
　　半是儒家半释家　／636
　　海上微闻有笑声　／646
　　相逢一笑泯恩仇？　／655

第十九章　"空留纸上声"　／660
　　寂寞新文苑　／660
　　《呐喊》《彷徨》两悠悠　／666
　　迷阳聊饰大田荒　／672
　　可怜无女耀高丘　／676
　　蜗庐剩逸民　／684
　　无处觅菰蒲　／692
　　文章如土欲何之　／696

第二十章　起看星斗正阑干　／707
　　曾惊秋肃临天下　／707
　　老归大泽菰蒲尽　／718
　　梦坠空云齿发寒　／724
　　从兹绝绪言　／731

序　言

　　诗传以诗人的诗歌活动为主线叙述其生平事迹，而非诗体写成的传记。诗言志，诗作表达传主的志向和感情更真切、生动。为诗人作诗传，正是题中应有之义。鲁迅是小说家、杂感家，但也是诗人。不过，在读者心目中，他的诗人身份长期被忽视。我的《鲁迅诗传》（以下简称《诗传》）的目的之一，是让这种身份更为彰著。在《诗传》的结尾，我提出一个建议——史书中的鲁迅传记开头不妨这样写："鲁迅（1881—1936），浙江绍兴人，本名周樟寿，后改树人，字豫山，后改豫才，以笔名鲁迅行，诗人、小说家……"

一

将鲁迅视为诗人者代不乏人。李长之在《鲁迅批判》中就说鲁迅是一位诗人，感情方面远胜过理智，较常人思想更敏锐，联想也很迅捷、丰赡，所以鲁迅的文字常常给普通人以警醒、鼓舞、推动和鞭策。他认为鲁迅虽善于抒情，却非吟风弄月之流，而是诗人和战士的合体："撇开功利不谈，诗人的鲁迅，是有他的永久价值的，战士的鲁迅，也有他的时代的价值！"[①]"永久价值"是极高的赞词。

钱仲联《清诗纪事》中的"周树人"条，是第一篇鲁迅诗传，虽然篇幅短小："周树人，原名樟寿，笔名鲁迅。浙江绍兴人。诸生，与马浮同榜。留学日本。宣统元年回国后，在杭州、绍兴执教。入民国，在教育部任职，先后任北京大学、北京女子师范大学、厦门大学、中山大学等校讲师、教授。有《鲁迅全集》。"鲁迅出生于清光绪七年，那时代行科举，所以钱仲联描述鲁迅的身份是"诸生"——未中秀才——只能说明参加过科举考试，受过古诗文训练。同卷的马浮才是主角："字一浮，号湛翁，别署蠲叟、蠲戏老人，浙江绍兴人。诸生。光绪二十四年戊戌绍兴县县试名列第一……"虽然如此，因为几年后停考，马一浮没有取得更高的功名。

鲁迅参加县试时已经进入南京新式学堂读书。他趁假期回乡探亲顺便参加了考试，表明他仍在新旧道路的交叉口徘徊。

---

① 李长之：《鲁迅批判》，北京：北京出版社2011年版，第175页。

钱仲联的《近百年诗坛点将录》借用《水浒传》一百零八将指代清末民国诗人，给鲁迅安排的是"地灵星神医安道全"："树人为诗不多，少作亦时调，风华流美。后臻简雅，得其师太炎风格，亦有学长吉者，要皆自存真面。"这样编排，不知道是不是考虑到鲁迅青年时代在南京读过书，日后又到日本学医。因为安道全是建康府（今南京）的医生，内外科兼擅，为"浪里白跳"张顺的母亲诊过病，上梁山后治愈了宋江的背疮。安道全的上山经过颇为曲折：他因为迷恋妓女李巧奴，不愿随张顺往梁山泊出诊。张顺为了救宋江，仿宋江杀阎婆惜例，杀了李巧奴，在墙上留下"杀人者，安道全也"的字样，逼使安道全落草。安道全多次随梁山好汉出征，救治了许多伤员。宋江征讨方腊，适值皇帝患病，安道全奉诏进宫，未能随军，导致队伍中多人受伤得不到及时救治而死亡。安道全因医术高明，被宋徽宗留用，"特旨除授"太医院金紫医官。在梁山泊，安道全是唯一不杀人而救人的"好汉"，让人联想到鲁迅当年学医的动机："我的梦很美满，预备卒业回来，救治像我父亲似的被误的病人的疾苦，战争时候便去当军医，一面又促进了国人对于维新的信仰。"[①]鲁迅后来弃医从文，是觉得人们精神上的疾病更严重更可怕，决心以文艺拯救灵魂。

《水浒传》给安道全的赞诗是："肘后良方有百篇，金针玉刃得师传。重生扁鹊应难比，万里传名安道全。"鲁迅获得的赞诗很多，如他去世后两天，许季上作《哭豫才兄》："惊闻重译传穷死，

---

① 鲁迅：《呐喊·自序》，《鲁迅全集》第 1 卷，北京：人民文学出版社 2005 年版（下同），第 438 页。

坐看中原失此人。两纪交情成逝水，一生襟抱向谁陈。于今欲杀缘无罪，异世当知仰大仁。岂独延陵能挂剑，相期姑射出埃尘。"

安道全进宫当了御医，只为一个人服务；即便入伙梁山后治好过不少忠义军官兵的伤病，作用也毕竟有限，正如鲁迅诗所调侃："杀人有将，救人为医。杀了大半，救其孑遗。小补之哉，乌乎噫嘻！"鲁迅成为大文豪、思想界领袖后，对自己的工作也常发出"如置身毫无边际的荒原""空留纸上声""文章如土欲何之"之类的感叹。

不管怎么说，救死扶伤的良医和唤醒灵魂的工程师都是受人尊敬的。

比喻总不免蹩脚，比附也往往牵强。将诗人与寇盗并排，形成具有巨大反差的奇突效果，也是一种接近诗人及其诗作的好方法。不过，排座次，写赞语，虽能突出特点，形象生动，却也有副作用。像"天魁星及时雨宋江"的第一把交椅，安排起来就很棘手。汪辟疆的《光宣诗坛点将录》给了陈三立，钱仲联则请出黄遵宪，诗史观念不同，评判标准相异。陈、黄两位已是"古人"，无法起而感谢或抗议，但健在的"诗将"就会表示不满，如柳亚子和郁达夫对点将录所给予的座次就颇感不快，甚至大为光火。

鲁迅早逝，没有想到自己会在诗歌的"梁山泊"里出阵。坐了靠前交椅的同光诗派代表人物陈三立的儿子陈衡恪是鲁迅的同学，也在忠义堂中有一个位置，但他与鲁迅同学、同事近20年竟无诗歌交往，着实令人诧异。20世纪30年代，鲁迅与柳亚子、郁达夫虽然交往密切，也很少唱和。

鲁迅走上文坛，加入的是新文化阵营，尝试新诗，擅长写小说，不多作旧体诗，即便写了也很少发表，更不参加社团雅集。在这种情况下，钱仲联仍给他一个"安道全"的位置，主要原因可能是鲁迅在文坛上名声煊赫，旧体诗坛也想分得一些荣光。

当然，鲁迅本人也的确"有诗为证"，而且颇有一些脍炙人口的章句。

二

文学革命者欲将旧体诗转变为新诗，虽一时热闹，成绩却并不理想，至少没有散体文章的转型顺畅。白话文学能否在"第一文体"诗歌上取得胜利，是衡量文学革命成功与否的重要标准。百年过去，虽然谁也不能、不会下断语说白话不适合诗歌创作，中国文字的特点只适合旧体诗，但不争的事实是：转变尚未成功，诗人仍须努力。

鲁迅作为中国新文学的大师，在新旧体诗理论和实践方面言行都有分量。他有一段话："我以为一切好诗，到唐已被做完，此后倘非能翻出如来掌心之'齐天太圣'，大可不必动手，然而言行不能一致，有时也诌几句，自省殊亦可笑。"① 似乎是站在新诗立场上发言，犹言旧体诗已经成了经典（古董），美则美矣，路却已走到尽头。然而，新诗在他那里得到的评语更差。在与斯诺谈话时，

---

① 鲁迅：《341220 致杨霁云》，《鲁迅全集》第 13 卷，第 307 页。

他甚至说青年人因为写不好文章才来写诗，研究新诗纯粹是浪费时间。

那么，鲁迅自己在新旧体诗之间选择了后者，是出于无奈，还是所谓"积习"（惯性）？至少可以说，旧体诗仍然保持着顽强的生命力。鲁迅的旧体诗在其全部诗作中占了很大比重，同时代的新文化运动骨干后来几乎全部"旧习抬头"而"再作冯妇"了。

鲁迅一生所作诗，新旧加起来，总共七十余首，如果加上散文诗，也只百来篇之谱。鲁迅诗歌一直是鲁迅研究领域中的一个花木繁茂的园林，中外学者汇聚，成果斐然。在鲁迅诗歌研究领域，研究者放下了新旧体之争、门户之争，形成了一个阵容可观的学术共同体。周振甫等来自古典文学领域，注释鲁迅旧体诗驾轻就熟，而且将注释毛泽东诗词的经验拿来运用，政治上颇能把握分寸。20世纪80年代很多高校编纂鲁迅诗歌解析、注释、鉴赏、新探等读本，后来渐多个人著述，略举几部：《鲁迅诗歌注》（周振甫）、《鲁迅旧诗集解》（张恩和）、《鲁迅诗歌编年译释》（吴海发）、《鲁迅诗编年笺证》（阿袁），最近的出版物是《诗人鲁迅》（顾农）。20世纪90年代，我也曾参与过《鲁迅诗作鉴赏》（周振甫主编，陈漱渝、郭义强副主编）的写作。

研究中国旧体诗的外国学者自然很不少，但他们多醉心于《诗经》《楚辞》，沉浸于唐宋明清，较少顾及鲁迅这一代新文学家的旧体诗。

我本人一直关注美国学者寇志明（Jon Eugene von Kowallis）的鲁迅诗歌翻译和研究。十几年前，我翻译了寇先生的旧体诗研究论文和著作，如《鲁迅："译"与"释"》(《鲁迅研究月刊》2002年第1期)和《鲁迅旧体诗注释和英译略述》(《鲁迅研究月刊》2004年第4期)。早在1996年，他就出版了《诗人鲁迅：关于其旧体诗的研究》(*The Lyrical Lu Xun: A Study of His Classical-Style Verse*, University of Hawaii Press)，既是鲁迅旧体诗的一个译本，也是一部鲁迅研究专著。他的直译法尤其值得注意：先在诗句的汉字和拼音下面提供"直译"，接着提供一个形象的（即文学性的）"顺译"，并辅之以大量注解。这个"顺译"就是定本。

寇志明从鲁迅诗歌的研究上溯到对近代中国诗的研究，就是钱仲联著作题目所示"近百年诗坛"的早期，写成博士论文《微妙的革命：清末民初的"旧派"诗人》(*The Subtle Revolution: Poets of the "Old Schools" during Late Qing and Early Republican China*, 2006，中译本，生活·读书·新知三联书店2020年)，通过对近现代转型时期诗歌的论述，分析中国诗歌"现代性"萌芽生长的过程。该书对王闿运、樊增祥、易顺鼎、陈三立、陈衍和郑孝胥的诗歌做了论述、翻译、分析。寇志明选择这些诗人的动机之一是想了解五四时期的作家、诗人的前辈是如何表达思想情绪的。其间的紧密联系充分说明，现代性与古典文学传统不是对立的，而是相连而不可分割的。我感兴趣而且愿意尝试翻译这部书，一个重要原因正是鲁迅在其中多次出场，也可以说，在寇先生的心目中，鲁迅总是在场。如第一章中谈到章炳麟、刘师培和黄节对诗文风格的选择出于政治考虑，即推翻清朝统治并"净化"中国文化,即使之回归到更古老因而也更纯粹的汉文化,使章炳麟形成了一种肯定杜甫及其之前的中国古代诗歌,而排斥晚唐和宋代诗风的倾向。寇志明认为鲁迅作为章炳麟的弟子也深受影响,鲁迅去世前不久写的《关于太炎先生二三事》谈到章炳麟的两首诗《狱中赠邹容》和《狱中闻沈禹希见杀》,便是作为"古词汇在传达牢狱和死亡的阴森可怕的意象时显得特别有力"的例证。

中国文学的现代性可以从旧的形式中生长出来。鲁迅诗歌中有些意象就生动地体现出新旧的相互纠缠。例如《悼杨铨》(1933):

岂有豪情似旧时,花开花落两由之。
何期泪洒江南雨,又为斯民哭健儿。

国民党统治者受不了党内人士批评,暗杀了中研院总干事、中国民权保障同盟副会长杨铨。鲁迅的悼诗用古代用语和形式写现代生活场景,表现出鲜明的现代意识。寇志明的英文翻译用古雅的词句传达了真挚的感情:

> Gone, I thought, impassioned moods
> like those of long ago:
> Flowers blossomed, flowers fell —
> and of their own did so.

> That tears would fall'mid Southern rain
> — how was I then to know
> Our people's loss of a dauntless son
> could plunge me again to woe?

通过研究鲁迅的诗歌理念和实践，寇志明加深了对中国近现代诗史的认识。

三

鲁迅诗歌过去常常作为其思想的证明材料和象征符号，如"我以我血荐轩辕"宣示爱国精神，"俯首甘为孺子牛"表达为人民大众服务的志愿，"相逢一笑泯恩仇"期盼中日两国人民友好等。在一个特定时代，"寒凝大地发春华""于无声处听惊雷""只研朱墨作春山"等名句被高频使用，副作用是通过一种风格的作品无法领略鲁迅旧体诗的整体面貌，并且一些并不热烈或峻峭的句子如"破帽遮颜过闹市，漏船载酒泛中流""躲进小楼成一统"等常被遮掩、回避。

近十几年来，随着旧体诗热度持续升温，诗人鲁迅的研究成果陡增。这不难理解，诗歌是衡量文学成就的重要标准，篇章整饬，语句浓缩，是文学者必经的训练，即便其不以诗歌为主创体裁。

《鲁迅全集》是鲁迅去世后文化界同人集体编辑的，没有单列诗集,似乎符合鲁迅的本意,因为鲁迅生前没有起意编辑新诗或旧体诗集。于是,鲁迅诗歌一直散落在《集外集》《集外集拾遗》等集子中。没有一本鲁迅诗集,总觉缺了不少精神气韵。因此,有必要将鲁迅的全部诗歌编为一册,乃至收入散文诗、译诗。寇志明的《诗人鲁迅:关于其旧体诗的研究》在中国出过一个简本,就是我编辑的《中英对照鲁迅旧体诗》(春风文艺出版社2016年),该书又翻译成了尼泊尔文出版(2019年),但只限于旧体诗,并非全集。同时,我编辑的《鲁迅文集》(河北人民出版社2019年)四种(小说、散文与诗、杂文、书信),专设了"散文与诗"卷,将散文诗收入其中。文体是复杂、流动的,常有创新变体。如果将鲁迅的著作分类编纂,不免遇到不好归类的篇什,即如散文诗,究竟归入散文,还是归入诗歌,抑或单列一类,就让人为难。本书将以《野草》为主体的散文诗作为重点叙述对象,作为连接鲁迅前期和后期人生、沟通其新诗和旧体诗的枢纽。

鲁迅诗作的手稿,有记在日记中的,有郑重书写赠给友朋的,深为观者所喜爱,20世纪50年代就有《鲁迅诗稿》出版,此后再版重编多次。最近十几年又有新的发现。我自己随时搜集,编成一册,附录鲁迅两位弟子台静农、魏建功的抄稿,尚在箧中。我在序言中略谓:"鲁迅虽以小说杂文名世,然实一诗人也。20世纪前半叶,中国政衰民困,鲁迅诗文,应时而出,类多怨愤讥刺。昔有英格兰文豪自称持剑之战士,鲁迅虽文人而具战士风采,挣扎苦斗,刚健勇猛,文字亦有匕首投枪之称。虽然,鲁迅之诗颇近小雅之旨,情深意切,温柔敦厚。或隐喻,或婉转,较少锋芒毕露之言，不乏恳切中和之音。观其七十余首新旧体诗，独白，对白，歌咏，呐喊，嘉孺子，哀妇人，悼老友，思贤者，谱叙心曲，写照传神。"

在编辑《鲁迅手稿全集》（国家图书馆出版社、文物出版社2021年）时，我提出的单列诗稿的建议被编委会采纳，于是在编年体的鲁迅手稿"文稿编"中，有一卷文体类的"诗稿"（第5册）。

余愿足矣。

理解鲁迅与中国传统文学的关系，把握鲁迅文学的理想性、抒情性，体味鲁迅语言修辞的特点，必然要重视旧体诗。

四

我对鲁迅诗作的关注，在2021年得到了一个集中表现的机会：中外文鲁迅诗在以图书形式出版后，又以展览的形式直观地呈现给观众。这就是北京鲁迅博物馆纪念鲁迅诞辰140周年的一项工作——"鲁迅生平陈列"。在策展过程中，我感到很多单元的标题不理想，如"北上北京""南下厦门"之类，事实叙述，稍显平淡。我尝试用鲁迅的诗句做标题，不料最终的呈现，竟是展览的二级标题全部用了鲁迅诗句："炎天凛夜长""文章得失不由天""宁召书癖兮来诗囚""石头城上月如钩""但见奔星劲有声""度尽劫波兄弟在""俯首甘为孺子牛""于无声处听惊雷""白眼看鸡虫"……表达鲁迅不同时期的思想状态、生活情态、人生理念。这样的语境也促使一些展品与诗歌相连，便有了"诗配像"——将鲁迅的诗句与鲁迅的照片并置——如鲁迅在东京剪掉辫子后的留影配合《自题小像》诗，以及上海时期的全家福配上《答客诮》等；鲁迅自作诗的手稿、题赠中外朋友的诗稿、与兄弟和友朋之间的唱和及抄录古人的诗词，都得到适当的展现。

展览的最后一个单元将去世前几个月的鲁迅坐在住所门口所摄的单身照和去世前10天与青年木刻家座谈的合照并置，加上他的名言："无穷的远方，无数的人们，都和我有关。"用以引领该单元的诗句用的是《哀范君三章》中的"从兹绝绪言"（What you left unsaid, we'll know now never）将展览推向高潮。

诗句标题在鲁迅身后的纪念部分也充分展示出来，如第一单元以"又为斯民哭健儿"为题，呈现鲁迅丧仪的场面、国内外人士吊唁鲁迅的情形。在大量的悼念挽联、唁电、文章和图片中，许广平的《献词（鲁迅夫子）》和蔡元培的挽联"著述最谨严，非徒中国小说史；遗言太沉痛，莫作空头文学家"尤其引人瞩目。第二单元则以"斗士诚坚共抗流"为题，展示了国内外各地纪念鲁迅的活动。第三单元的"只研朱墨作春山"表现鲁迅作品改编成影视、戏剧的情况，更以多位美术家创作的鲁迅肖像布满一面展墙。

展览开放后，我接受电视台记者的采访，谈了一些策展感想。说到最后，忽然冒出这样一句话来：鲁迅只作了这么些诗，诗句正好用来做他的生平历程的标题。确实，如果展线更长，诗句则不敷使用。鲁迅胜过很多诗人的地方正是不多写，很少有拜会、宴饮、感怀之类应酬之作。

鲁迅不是为作诗而作诗。

五

鲁迅的诗句与他的生平事迹高度契合，可以作为他的《诗传》的章节标题——本书正是如此。

展览制作前后，我开始构思《诗传》，先对鲁迅的诗做了系统搜集整理，包括译诗和抄写古人的诗，甚至文章中引用、拟作的诗，不但有文本，还有手稿和相关研究著作。总之，为鲁迅这位诗世界的公民构筑了一座诗的城堡。

鲁迅的一生在勤苦和诗意之间寻找平衡与和融。因为如此，他更离不开诗，诗是他在艰难、冷漠世界上特立独行的护照。"抗世违世情"，他的不苟且、不妥协、独立思考、直面人生，正是诗的姿态。他把一生活成了一首诗。

鲁迅早年接受的诗教当然是"温柔敦厚"，但人生很容易平庸琐碎，留其名的是"饮者""隐者"和"反抗者"，是屈原、阮籍、嵇康、陶潜、李白、杜甫、韩愈。诗人或一部诗史须经过悲天悯人、愤怒叱咤、讽刺嘲笑（包括自嘲），而终于或沉入颓唐无奈，或得到对人世的彻悟。当然，诗人最后都要依从自然法则："梦坠空云齿发寒"。

《诗传》尽可能详细记述鲁迅与诗相关的活动：鲁迅接受的诗教、写过的诗、解读和评价过的诗等，是一部以鲁迅诗歌修养和创作为中心的鲁迅传记。

鲁迅诗中有物,是起兴的载体,是品格的象征,梅兰竹菊、烟卷、菰蒲、大泽、神矢,有的来自故乡、本国,有的来自异域,有的出自《诗经》,有的出自《楚辞》。鲁迅是译诗的高手,翻译尼采、海涅、裴多菲等人的作品,直到晚年,对诗的热情依然不减。就连他的日记和书信,也不乏诗意。在片段甚至零碎的日记中,有"大风吹雪盈空际"这样的句子,更不必说他的散文、杂感,处处闪耀着美的情思和语句。

总体上,鲁迅不愿显露自己的旧体诗,他的旧体诗是一种潜在写作,除了作为交往手段,主要是表达个人的思绪。但他却说自己的旧体诗很"激烈"。不管后来的解释者如何联系时事政治,现在看来,除了几首民谣体的政治讽刺诗,他的诗大体是平和而内蕴的。

《诗传》将鲁迅还原到近现代诗史,也就是近百年诗坛的"梁山泊"位置上。尽管鲁迅与传统文人交往不多,但他时刻触摸着诗文脉络。1926年底,鲁迅在厦门大学担任国文系教授和国学研究院教授时,有一天,同光诗派的代表陈衍到厦门。鲁迅写信给曾经的同事沈兼士说:"陈石遗忽来,居于镇南关,国学院中人纷纷往拜之。"文学青年来拜访鲁迅,鲁迅的同事们却去拜前清遗老。在经历了文学革命的热潮后,这种现象不能不促使鲁迅思考文学传统的延续问题。文学不是斩钉截铁的"革命"性事业,不是断裂,而是传承和演变。

《诗传》也顾及外国学者眼中的鲁迅。有学者说鲁迅的新诗平俗,更多的学者称赞他的旧体诗精彩。吉川幸次郎认为关键在气质,鲁迅的气质是诗人无疑:散文诗《野草》如此,便是《朝花夕拾》,甚至在鲁迅的小说中也随处可见诗意。他说:"而且我认为这种诗人的敏感性,使鲁迅成为西洋美的最早的理解者,也就是懂得中国之外的世界中也存在着美的事物的最早的中国人。"[①]鲁迅的大量杂感,虽然竭力冷静、理智,也在显露出诗的气质,在与丑恶现实的斗争中显出力和美。

《诗传》中还有青年诗人献给鲁迅的吟唱。鲁迅20世纪30年代的文章中给予冯至的诗作很高的评价,冯至后来多次对鲁迅表达感激,除了回忆文章《笑谈虎尾记犹新》中引述的怀念鲁迅的七言绝句外,还有一首十四行诗《鲁迅》。我在本书"身外的青春"一章中引述了冯至献给中国古今诗人的两首作品:《杜甫》和《鲁迅》。《鲁迅》的结尾写道:

> 你走完了你艰苦的行程,
> 艰苦中只有路旁的小草
> 曾经引出你希望的微笑。

那天,记者在展览厅采访的最后一个问题是:您是不是也写诗?这一问让我惭愧。学生时代自然也尝试写诗,只因无此天分,早已歇手。不过,一部诗传式的展览,"不可无诗",在制作展览

[①] 吉川幸次郎:《中国诗史》,章培恒等译,上海:复旦大学出版社2001年版,第356页。

过程中，我试编了一首十四行诗《鲁迅》。之所以选择这一诗体，是因为这种外来诗体曾为中国新诗坛所借鉴。而且，当今中国各地热火朝天、纷纷上马的博物馆，像十四行诗一样，也是舶来品。鲁迅在中国博物馆、图书馆等公共设施初建时代担任中央政府部门行政职务（教育部社会教育司第一科科长），参与了国家博物馆、国家图书馆、首都图书馆的前身中国历史博物馆、京师图书馆、通俗图书馆的筹建。博物馆，尤其是人物类纪念馆，打个不恰当的比喻，相当于中国诗史上"风雅颂"中的"颂"，在外国或类于十四行诗中的ode。这首十四行诗的开篇，我以鲁迅面貌中颇具标志性的特点起兴：

> 你迟而速的姓名，像隶书一字的胡须，
> 清澈锐利的目光穿透千百年迷雾，
> 字里行间蕴藏着令人震悚的强力，
> 初读茫然，再读沉思，更需要三读。

我也写到了他的思想观念和诗文风格的来源：

> 嵇阮风度，抑或托尼传人？
> 将悲悯和抗争之词铸成投枪匕首。
> 在彷徨中呐喊的过客，为后世遗留
> 纸上声里，品格风骨超伦轶群。

起兴之后，没有相当的才力，是很容易陷入凡俗和老套的。这勉强分成十四行的句子只能作为表达心情的一种方式，实不足以言诗。

《近百年诗坛点将录》说鲁迅的诗"自存真面"，信然。但诗有源，风有自，鲁迅诗风近李贺、李商隐，还是龚自珍、章太炎，抑或其他？钱仲联挑出了章太炎和李贺，强调真率洒脱的魏晋风度和想象奇崛的中唐鬼气。当然，转益多师，鲁迅诗还有更多样的来源、更幽微的脉息，而读者见仁见智，各有独特感悟，自不免言人人殊。

在鲁迅的诗世界里，还有很多值得探索的领域。

黄乔生

2024 年 3 月 28 日于北京

第一章

文章得失不由天

诗书继世长

鲁迅生于浙江绍兴府会稽县（今属绍兴市）东昌坊口新台门周家。据周氏族谱，原籍湖南道州（今道县），是宋代理学家周敦颐（字茂叔，号濂溪）的后裔。明朝正德年间，周氏迁居绍兴城内竹园桥。六世祖周煌（号韫山）中乾隆丙辰恩科举人，拣选知县，进入士大夫阶层，置地造屋，逐渐发达。

鲁迅的祖父周福清，原名致福，字震生，又字介孚，号梅仙。幼时家境不好，一度交不起学费，在家塾读"蹭书"，遭人白眼，遂发愤用功，成绩优异，1867年由附生赴浙江乡试，中式第86名，次年考取方略馆誊录（即平定太平天国战史编纂处高级

第一章 文章得失不由天

水乡绍兴

誊录员）。1871年会试中式第199名，殿试三甲第15名，朝考第一等第41名，钦点翰林院庶吉士，入庶常馆学习。三年散馆，选授江西省金溪县知县。任期期满，两江总督沈葆桢评语中有"办事颟顸，而文理尚优"等语。1878年改选教官，次年遵例捐升内阁中书，九月到阁当差，在京候补。1888年实授内阁中书。1893年回乡丁忧期间，为儿子和亲戚乡试贿赂主考官，案发，被判死刑，后缓刑，遇大赦出狱。

周家先前确乎阔过。周福清在《恒训》中说："予族明万历时，家已小康（述先公祭田，俱万历年置），累世耕读。至乾隆年分老七房、小七房（韫山公生七子），合有田万余亩，当铺十余所，称大大族焉。逮嘉道时，族中多效奢侈，遂失其产。复遭十七爷房争继,讼至京师,各房中落者多。而我高祖派下,小康如昔也。自我昆季辈,不事生计,侄辈继之,卖田典屋,产业尽矣。"①《阿Q正传》中,阿Q有一句名言:"我们先前——比你阔的多啦!你算是什么东西!"灵感或来于此。周家衰败,除了子弟长期不治生产、坐吃山空外,还有一个原因,就是太平军与清军交战,严重破坏了周氏家族的产业。

《恒训》中说的"万余亩""十余所",就是现今听起来也震动耳目。上引最后一句的"尽",应该是"气运尽"而非"弹尽粮绝"的意思。周福清丁忧回乡时,家里的生活还可维持,如鲁迅所说,"在我幼小时候,家里还有四五十亩水田,并不很愁生计"②。

鲁迅位列族谱第十四世。他出生时,祖父正在京城担任内阁中书。此时周家四代同堂。家境虽然败落,但精神上的高标没有降低,诗书传家的理念仍在。周敦颐是品格高尚的理学宗师,传承学统文脉自不能忘。鲁迅的三弟周建人小时候还能从一些细节中感受到:"给我留下深刻印象的却是'台门货'晚上外出时所点的大灯笼,荧荧的烛光把淡黄色灯壳上三个黑色的大字照得异常显目:'汝南周'。"③"汝南伯"正是周敦颐的封号。中国古代对家

---

① 周介孚:《恒训》(鲁迅抄稿),《鲁迅手稿全集》第27册,北京:国家图书馆出版社、文物出版社2021年版(下同),第394—395页。
② 鲁迅:《俄文译本〈阿Q正传〉序及著者自叙传略》及《鲁迅自传》,分别见《鲁迅全集》第7卷第85页、第8卷第342页。
③ 周建人口述、周晔整理:《鲁迅故家的败落》(增订本),福州:福建教育出版社2017年版,第9页。

族优良传统的称赞是"诗书传家",与"官宦之家"相比,立意更高。有了诗书,科场顺利,"学而优则仕",是通向显贵的正路。诗书传家,为什么把"诗"放在"书"前面?因为"诗"是"书"的菁华,是文学皇冠上最耀眼的明珠。在中国,确定诗书的重要性的更实际的办法和标准,就是将赋诗列为学子们借以跻身统治阶级的科举考试的必考科目。孔子在《论语》中说:"不学诗,无以言。"后人发展的考试制度变本加厉:不写诗,难做官。诗书传家,不是留下多少卷藏书,印行多少卷诗文,而是凭借赋诗作文在科举上取得优胜。

在绍兴,有权势、多资财人家的宅邸称为"台门"。周家台门门楣上高悬的出自浙江巡抚手笔的"翰林"匾,标明这家有人学问优异,进入了官僚系统。

周福清在知县任上得到的评语中有"文理尚优"四字,说明他的文字水平不错。他留下一本诗集《桐华阁诗钞》,精彩之作

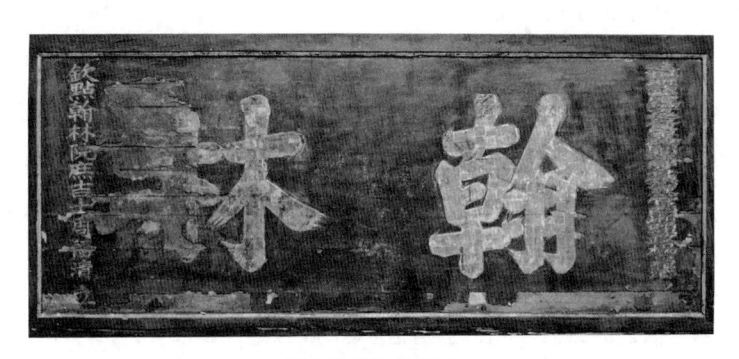

周家台门的翰林匾

不多，要不是长孙鲁迅在南京上学时抄写留存，可能早就散失了。"尚优"的应该是他的公文写作，因为上级考评的主要是他的政务表现，圣人的教训明确说"余事作诗人"。

1927年9月，台静农致信鲁迅，说瑞典学者斯文·赫定、刘半农等商量推荐他去参评诺尔贝文学奖。鲁迅写信辞谢，谦称自己作品水平不高，不配得奖。又说，假如得了奖，将生出更多烦恼，其中之一是受拘束，只能写一些没人要看的"翰林文字"[①]。他写"翰林文字"这四个字的时候，可能想起了他的祖父。他青年时代手抄祖父的诗集，对翰林身份的祖父的崇敬自不必说，即便祖父因科场行贿毁了小康生活，鲁迅也仍然并不十分厌恶他。到北京教育部任职几个月后，鲁迅在1912年9月21日的日记中写道："季市搜清殿试策，得先祖父卷，见归。"[②]指的是老朋友许寿裳从旧纸堆里找到了周福清的考试卷，交给了他。鲁迅在北京的前七年，住在祖父曾经住过的绍兴会馆，他一定常常想起祖父。往事并不总是令人愉快的，但也有温馨的情节，如他的名字就是祖父在北京拟定的。

1881年9月25日，鲁迅出生。周福清在北京接到长孙出生的消息时，适值一位姓张的官员来访，就为长孙取小名阿张；又用同音异义的"豫章"典故，取名樟寿，字豫山。后来鲁迅根据祖父的字"震生"，自己取号"震孙"，他的几个弟弟也都以乔木

[①] 鲁迅：《270925 致台静农》，《鲁迅全集》第12卷，第74页。
[②] 《鲁迅全集》第15卷，第21页。

第一章 文章得失不由天

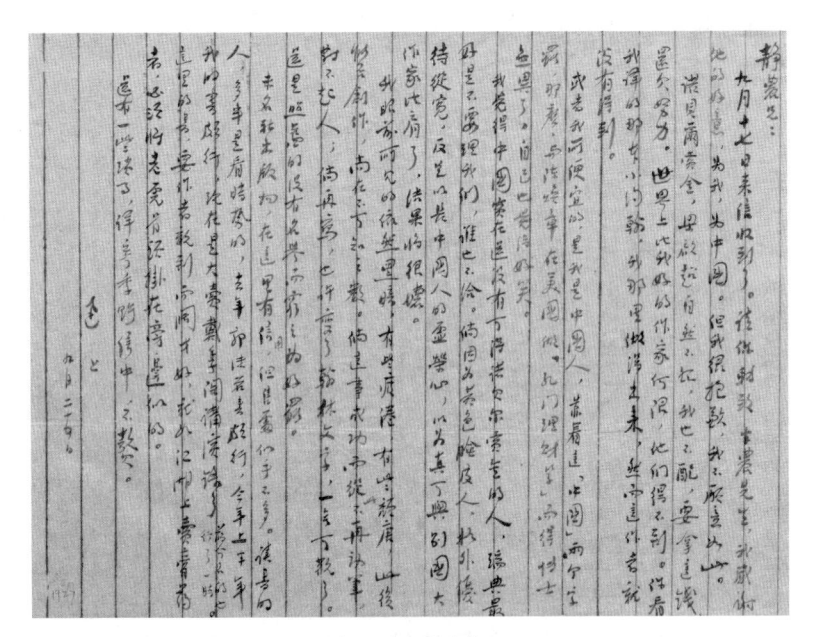

鲁迅致台静农信

命名：槐、松、椿，别号也都带"孙"字。

鲁迅名字中的樟树是一种名贵树种。后来鲁迅到北京工作，住在绍兴会馆，院内有"补树书屋"。这"树"并非樟树，而是槐树：

> S会馆里有三间屋，相传是往昔曾在院子里的槐树上缢死过一个女人的，现在槐树已经高不可攀了，而这屋还没有人住；许多年，我便寓在这屋里钞古碑。客中少有人来，古碑中也遇不到什么问题和主义，而我的生命却居然暗暗的消

去了，这也就是我惟一的愿望。夏夜，蚊子多了，便摇着蒲扇坐在槐树下，从密叶缝里看那一点一点的青天，晚出的槐蚕又每每冰冷的落在头颈上。①

这棵槐树颇有名，但鲁迅为自己的书斋起名时，没有用"槐堂"的名号，因为好友、同事陈师曾已经用"槐堂"做了斋号。北京民居院内多枣树、柿树。最终，鲁迅将自己的书斋命名为"俟堂"，可能是"柿堂"的谐音，②后来演化为笔名"唐俟"，陈师曾特为他刻章一枚。

周福清思想通达，主张孩童教育循序渐进，不必一上来强读硬背经典。他让孙子们读想象力丰富的小说如《西游记》等，还曾津津有味地给他们讲孙悟空变成一座庙而尾巴无法安置只好变成旗杆的情节。③在鲁迅获得旧学的扎实功底并成长为诗人的路途上，家学功不可没，而家学主要来自祖父和父亲，尤其是祖父。

周福清藏有《癸巳存稿》《章氏遗书》这样思理通达的书。

---

① 鲁迅：《呐喊·自序》，《鲁迅全集》第1卷，第440页。
② 当时的情景或是这样："老友陈师曾请鲁迅也起一个（号）。鲁迅说，你叫'槐堂'，我就叫'俟堂'吧。这个'俟'可能原来是'柿子'的'柿'，北京民宅多有此种果树，鲁迅居住的绍兴会馆里自也不会缺乏。柿树与槐树相对，符合两人谈话的语境。但或许因为用柿树做斋号听起来不够雅致吧，就写成了'俟'，意思是'等着'。"黄乔生：《度尽劫波——周氏三兄弟》，北京：人民出版社2019年版，第181页。
③ 周作人：《知堂乙酉文编·小说的回忆》，石家庄：河北教育出版社2002年版，第14页。

第一章　文章得失不由天

《章氏遗书》是绍兴乡贤章学诚的著作。周家还藏有一本《古文小品咀华》，收录历代短文，简练有力。周福清在书尾写了一段题识："售旧书者，挟此本，纸劣字拙，而文可读，因以薄直得之。"书前还有鲁迅父亲周伯宜题写的书名。此书传到周作人手里，周作人也写了几句题识。① 三代递藏，堪称"传家宝"。周福清的文章趣味对后辈颇有影响。在把文章写得简练方面，鲁迅兄弟是行家里手。

周福清对书籍版本很在意，对错字连篇的书深恶痛绝。他在《唐宋诗醇》的封底写了一段话，批评该书刻印质量差，提醒长孙

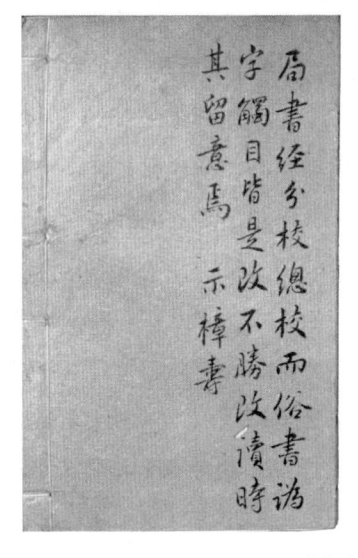

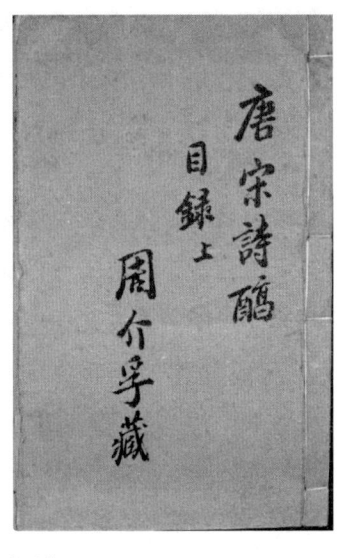

《唐宋诗醇》

---

① 《古文小品咀华》（影印本），北京：书目文献出版社1982年版，扉页和尾页。

阅读时注意："局书经分校、总校，而俗书讹字触目皆是，改不胜改，读时其留意焉。示樟寿。"

祖父和父亲积累的家藏书籍，鲁迅兄弟得以翻阅。周作人在《鲁迅的故家》中说：

> 橱里的书籍可以列举出来的，石印《十三经注疏》，图书集成局活字本《四史》，《纲鉴易知录》，《古文析义》，《古唐诗合解》为一类，《康熙字典》大本和小本的各一部，也可以附在这里。近人诗文集大都是赠送的，特别的是《洗斋病学草》和《娱园诗存》，上有伯宜公的题识，《说文新附考》，《诗韵释音》，虽非集子也是刻书的人所送，又是一类。此外杂的一类，如《王阳明全集》，《谢文节集》，《韩五泉诗》，《唐诗叩弹集》，《制义丛话》，《高厚蒙求》，《章氏遗书》即《文史通义》，《癸巳类稿》等。现在末一种书尚存，据说是伯宜公的手泽书，虽然没有什么印记，实在那些书中也就是这最有意义，至今还可以看得……但很奇怪的是有一部科举用书，想不到其力量在上记一切之上。这是石印的《经策统纂》……里边收的东西很不少，不但有《陆玑诗疏》丁晏校本，还有郝氏《尔雅义疏》，后面又收有《四库提要》的子集两部分，这给予很大的影响，《四库简明目录》之购求即是从这里来的。[①]

[①] 周作人：《鲁迅的故家·藏书》，石家庄：河北教育出版社2002年版，第109—110页。

多识鸟兽草木之名

儿童在不认字之前聆听和哼唱的歌曲，记下来就是韵文，有诗的样式和音韵，容易记诵。中国古人在经书里设了"诗"一项，而且"五经"以《诗经》当先，符合人情物理。这与孔子的诗教有关。有一天，孔子独立于庭，他的儿子孔鲤恭敬地从他身边走过。他叫住儿子，问道："学诗没有？"孔鲤答："没有。"孔子说："不学诗，无以言。"叮嘱他学诗，因为"诗可以兴，可以观，可以群，可以怨；迩之事父，远之事君；多识于鸟兽草木之名"。学诗可以开发想象力，培养人的高尚情志，提高观察能力以了解自然与社会，提高交往能力，学得观察、表达的方法。后来孔子又让儿子学礼。在孔子看来，诗和礼对人格养成至关重要："兴于诗，立于礼，成于乐。"

对于《诗经》，孔子有高度概括的评价："《诗》三百，一言以蔽之，曰：思无邪。"《诗经》的很多篇什表达真情实感，不虚假、不做作，千载以后，读者仍能理解、欣赏。

诗有韵，容易记诵；诗的语言简练；特别重要的是，诗的情感表达有节制，对用词和用情都有分寸，有涵养。当然，初学的儿童是难以理解《诗经》的，因此需要浅显的诗歌启蒙读物。祖父主张孩子的启蒙读物中应该包含中国历史知识，因此，鲁迅六岁时开始读韵文的《鉴略》——诗与史的结合，甚至是诗、史、画的结合。鲁迅在《随便翻翻》中说："我最初去读书的地方是私塾，第一本读的是《鉴略》，桌上除了这一本书和习字的描红格，对字（这是做诗的准备）的课本之外，不许有别的书。但后来竟也慢慢的认识字了，一认识字，对于书就发生了兴趣，家里原有两三箱破烂书，于是翻来翻去，大目的是找图画看，后来也看看文字。"①

《鉴略》俗称《五字鉴》，明代李廷机根据中国古史资料编写，以五言韵文形式，按时序叙述中国自远古传说到元明的历史，约万余字，是蒙馆中与《三字经》《增广贤文》《幼学琼林》并列的必读书。其叙述开天辟地的《三皇纪》写道：

> 乾坤初开张，天地人三皇。
> 天形如卵白，地形如卵黄。
> 五行生万物，六合运三光。
> 天皇十二子，地皇十一郎。
> 无为而自化，岁起摄提纲。
> 人皇九兄弟，寿命最延长。
> 各万八千岁，一人兴一邦。
> 分长九州地，发育无边疆。

鲁迅读过四言的《鉴略》，又称《启蒙鉴略》，是每句四字的韵文。他在《朝花夕拾·五猖会》中讲述了父亲在他即将出门看

---

① 鲁迅：《且介亭杂文·随便翻翻》，《鲁迅全集》第6卷，第140页。

戏时逼迫他背诵这本书的经历：

> 我忐忑着，拿了书来了。他使我同坐在堂中央的桌子前，教我一句一句地读下去。我担着心，一句一句地读下去。
>
> 两句一行，大约读了二三十行罢，他说：
>
> "给我读熟。背不出，就不准去看会。"
>
> 他说完，便站起来，走进房里去了。
>
> 我似乎从头上浇了一盆冷水。但是，有什么法子呢？自然是读着，读着，强记着，——而且要背出来。
>
> 粤自盘古，生于太荒，
>
> 首出御世，肇开混茫。
>
> 就是这样的书，我现在只记得前四句，别的都忘却了；那时所强记的二三十行，自然也一齐忘却在里面了。①

最后，书是"梦似的就背完了"，父亲示意放行，但游玩兴致全无。鲁迅几十年后还在纳闷为什么这个时候父亲要他来背书，在小孩子兴头上浇一盆冷水。

此外，蒙学书中比较有名的是《百家姓》，用四字韵文罗列姓氏："赵钱孙李，周吴郑王……"原来，"周"姓也是比较靠前的，虽然离"第一"的"赵"姓差了几个位次。《阿Q正传》中鲁迅对赵家那么敏感，安排情节和发表议论，所占篇幅颇多，或

---

① 鲁迅：《朝花夕拾·五猖会》，《鲁迅全集》第2卷，第271—272页。

许与读了这本蒙学书有关。人们读《百家姓》时都不免思忖：为什么"赵"姓排在第一位呢？宋朝人编写这本书是为了讨好当朝皇帝，自然可以理解，但鲁迅还可能会想到本城就有一家姓赵的高门大户。赵家花园还在，离周家不远。鲁迅也许去过，但没有留下记录。两个弟弟去游玩的情景有周作人的七律《游赵园有感（园在灌英桥）》为证：

耶溪风暖日初长，醉后登临宿愿偿。（予素慕赵园，屡欲一游，不果。）
松槚欹斜窜鼯鼠，亭台废坏牧牛羊。
野花衰草眠荒径，断瓦残垣卧夕阳。
叹息沧桑频变易，倚栏凭眺一神伤。

周作人在游园当天的日记里发了一通感慨："上午同三弟……往观音桥游，赵氏园内皆空地，虽台榭皆无，而废址犹存，池沼假山颇佳，青草满塘，苍龙踞石，仅于断瓦残垣间，仿佛见遗址。回忆当年盛时，不胜洛阳名园之感矣。"[1] 鲁迅或者也有很深的印象，所以当写作《阿Q正传》时，就把未庄的两个大户人家之一分派姓赵了。[2]

1892年初，鲁迅入私塾三味书屋读书。三味书屋离家不到

---

[1] 《周作人日记》上册，郑州：大象出版社1996年版（下同），第199—200页。
[2] 黄乔生：《〈阿Q正传〉笺注》，北京：商务印书馆2022年版，第9页。

半里，是"全城中称为最严厉的书塾"。塾师寿镜吾先生是一个高而瘦的老人，须发花白，戴着大眼镜。人们都很尊敬他，因为他是"本城中极方正，质朴，博学的人"。那时候私塾允许体罚，学生学习不好、调皮捣蛋要被打手心。鲁迅学习用功，遵守塾规，很少受罚。三味书屋后面有个小花园，同学们课间就到园里"放风"。①

鲁迅进入三味书屋时，该读《诗经》了。《诗经》中难词很多，有的读音是古音，与现在的发音不一样。《诗经》中的有些篇章读起来并不容易，背诵下来更难。鲁迅16岁前读完了"四书五经"，接着又读了《尔雅》《周礼》《仪礼》等。

因为寿镜吾先生不喜欢八股，不赞成科举功名，他就让他的儿子寿洙邻辅导学生作八股文和试帖诗。三味书屋使用新刊行的俞樾编纂的《曲园课孙草》做课本。俞樾，字荫甫，清末著名学者、文学家、经学家、古文字学家、书法家。清道光三十年（1850）进士，曾任翰林院编修。他是诗人俞平伯的曾祖父，章太炎、吴昌硕、井上陈政皆出其门下。《曲园课孙草》收录初学作八股文的题目，即考秀才题目，所收30篇文章都是实用的范文。所谓"课孙"，就是教授孙子俞陛云。俞陛云，字阶青，号乐静居士，光绪二十四年（1898）戊戌科中进士后参加殿试，以一甲三名赐探花及第，授编修。他在文学、书法方面都颇有建树，尤精于诗词，著有《小竹里馆吟草》《乐青词》《蜀辅诗记》《诗境浅

---

① 鲁迅：《朝花夕拾·从百草园到三味书屋》，《鲁迅全集》第2卷。

说》《诗境浅说续编》《唐五代两宋词选释》等。他把祖父的"诗教"方法继承下来,老年时又教自己的儿孙辈,每日讲一首,集成《诗境浅说》。他在该书自序中讲述祖父教他读诗的情景:"忆弱冠学诗,先祖曲园公训之曰:学古人诗,宜求其意义,勿猎其浮词,徒作门面语。余铭座勿谖。"

远在北京的周福清关心儿孙们的读书进程。有一封家信附寄《诗韵释音》两部,是音韵学工具书,有助于初学者掌握诗韵,正确发音。周福清嘱咐儿子将该书"分与张、魁两孙逐字认解,审音考义,小学入门(吾乡知音韵者颇少,蒙师授读别字连篇),勉之"①。《诗韵释音》的作者是山阴人陈锦,字昼卿,号补勤老人,道光二十九年(1849)己酉举人,著述甚丰。他熟悉家乡学子的读书情况,明了方言与官话之间的差异,因此他的著作针对性强,比较实用②。

山阴道上驻吟鞭

鲁迅时代的儿童读书,特别是读诗,吟诵是通行的方式。但并非一开始就吟诵经典,最先接触的往往是通俗读本和民歌,包括儿歌、童谣、俗谚、小曲等,因为民歌咏唱日常见闻,容易理

---

① 北京鲁迅博物馆编:《鲁迅》,郑州:河南文艺出版社2008年版,第8页。
② 姚锡佩:《〈诗韵释音〉和鲁迅的家学——兼考周介孚的两次训示》,《学术月刊》1981年7期。

解和记诵。鲁迅在《门外文谈》一文中写道：

> 希腊人荷马——我们姑且当作有这样一个人——的两大史诗，也原是口吟，现存的是别人的记录。东晋到齐陈的《子夜歌》和《读曲歌》之类，唐朝的《竹枝词》和《柳枝词》之类，原都是无名氏的创作，经文人的采录和润色之后，留传下来的。这一润色，留传固然留传了，但可惜的是一定失去了许多本来面目。到现在，到处还有民谣，山歌，渔歌等，这就是不识字的诗人的作品；也传述着童话和故事，这就是不识字的小说家的作品；他们，就都是不识字的作家。
>
> 但是，因为没有记录作品的东西，又很容易消灭，流布的范围也不能很广大，知道的人们也就很少了。偶有一点为文人所见，往往倒吃惊，吸入自己的作品中，作为新的养料。旧文学衰颓时，因为摄取民间文学或外国文学而起一个新的转变，这例子是常见于文学史上的。不识字的作家虽然不及文人的细腻，但他却刚健，清新。①

在如何通过诗歌了解民情风俗方面，周福清为孙辈找到一个比较好的办法：读乡贤的诗歌。鲁迅青少年时代喜欢整理先贤的著作，就是受了祖父的影响，由此也养成了他对民歌的喜爱——

---

① 鲁迅：《且介亭杂文·门外文谈》，《鲁迅全集》第6卷，第96—97页。

切近自己生活的诗歌更容易理解记诵。他抄写了本家长辈周玉田的《镜湖竹枝词》一百首，咏唱的是本地风物人情。在抄本后面，他恭敬地署上"侄孙樟谨录"[①]。

明代徐渭有《镜湖竹枝词》三首，其一云：

越女红裙娇石榴，双双荡桨在中流。
憨妆又怕旁人笑，一柄荷花遮满头。

周玉田不但描绘绍兴山水田园，还随手做注，保存一些历史地理资料。如：

山阴道上驻吟鞭，无数名山到眼前。
万壑千岩看不厌，翠微隐隐聚游仙。（山阴道上在偏门外朱太守庙前。）

楼阁空明倚夕阳，放翁诗句费评量。
登临每赏春秋胜，好境遥从蜀道望。（相传快阁系陆放翁旧居，放翁本四川人。）

儿童接受诗教，还有一个重要来源是戏文。三国戏、目连戏、猴戏……表现社会情状，演绎民间故事，为老百姓所喜闻乐见。

[①] 稿本扉页有周作人题识："镜湖竹枝词一百首　会稽周兆蓝撰"。《鲁迅手稿全集》第27册，第331—362页。

第一章 文章得失不由天

鲁迅手抄《镜湖竹枝词》

鲁迅是官宦人家子弟，虽然接触市井活动的机会不多，但对逢年过节的演剧印象很深。每年秋天，"绍兴大班"演年规戏，戏文内容大多为祭神。剧团分"文班"和"武班"，文班叫高腔，武班叫乱弹。还有目连戏，主要内容是"目连救母"的故事。《盂兰盆经》上说，目连是佛的大弟子，神通广大，入地狱救母，事迹感人。这种宣扬因果报应、生死轮回观念的剧情及剧间穿插的反映现实生活的短剧，很受欢迎。周作人回忆小时候在长庆寺前的路亭台上看过演半天一夜的目连戏，穿插戏有"泥水作打墙""张蛮打爹"等,妙趣横生①。鲁迅在《偶成》一文中赞扬农民编排即兴戏的本领,还记录了其中一段:"台上群玉班,台下都走散。连忙关庙门,两边墙壁都爬塌(平声),连忙扯得牢,只剩下一担馄饨担。"②

地方戏中有两个角色日后被鲁迅写进两篇文章:一篇是《无常》,一篇是《女吊》。《无常》中的"鬼"有人情味,他去收人性命时的念唱,鲁迅还记得大概:"……大王出了牌票,叫我去拿隔壁的癞子。问了起来呢,原来是我堂房的阿侄……我道 nga 阿嫂哭得悲伤,暂放他还阳半刻。大王道我是得钱买放,就将我捆打四十!"于是只好执行"命令":"难是弗放者个!那怕你,铜墙铁壁!那怕你,皇亲国戚!……"③

无常的形象很可爱:

> 一切鬼众中,就是他有点人情;我们不变鬼则已,如果要变鬼,自然就只有他可以比较的相亲近。
>
> 我至今还确凿记得,在故乡时候,和"下等人"一同,常常这样高兴地正视过这鬼而人,理而情,可怖而可爱的无常;而且欣赏他脸上的哭或笑,口头的硬语与谐谈……。④

---

① 周作人:《谈龙集·谈目连戏》,石家庄:河北教育出版社 2002 年版,第 80 页。
② 鲁迅:《准风月谈·偶成》,《鲁迅全集》第 5 卷,第 209—210 页。
③ 鲁迅:《朝花夕拾·无常》,《鲁迅全集》第 2 卷,第 280—281 页。
④ 同上书,第 281 页。

第一章　文章得失不由天

鲁迅手绘无常图

女吊，顾名思义，就是女性的缢死鬼，命运极其悲苦：

  她两肩微耸，四顾，倾听，似惊，似喜，似怒，终于发出悲哀的声音，慢慢地唱道：
    "奴奴本是杨家女，
    呵呀，苦呀，天哪！……"①

鲁迅曾在一封信中谈及自己有一个整理绍兴地方戏的计划：

---

① 鲁迅：《且介亭杂文末编·女吊》，《鲁迅全集》第6卷，第641页。

"这种戏文,好像只有绍兴有,是用目连巡行为线索,来描写世故人情,用语极奇警,翻成普通话,就减色。似乎没有底本,除了夏天到戏台下自己去速记之外,没有别的方法。我想:只要连看几台,也就记下来了,倒并不难的。……我想在夏天回去抄录,已有多年,但因蒙恩通缉在案,未敢妄动,别的也没有适当的人可托;倘若另有好事之徒,那就好了。"①

《阿Q正传》中,阿Q唱的是《龙虎斗》:

> 他得意之余,禁不住大声的嚷道:
> "造反了!造反了!"
> 未庄人都用了惊惧的眼光对他看。这一种可怜的眼光,是阿Q从来没有见过的,一见之下,又使他舒服得如六月里喝了雪水。他更加高兴的走而且喊道:
> "好,……我要什么就是什么,我欢喜谁就是谁。
> 得得,锵锵!
> 悔不该,酒醉错斩了郑贤弟,
> 悔不该,呀呀呀……
> 得得,锵锵,得,锵令锵!
> 我手执钢鞭将你打……"②

出自该剧第十四场《大斗》,赵匡胤一句"悔不该,酒醉错斩了郑

---

① 鲁迅:《351204 致徐讦》,《鲁迅全集》第13卷,第599页。
② 鲁迅:《呐喊·阿Q正传》,《鲁迅全集》第1卷,第538—539页。

贤弟"，呼延赞一句"手执钢鞭将你打"。赵匡胤唱时心情十分沉痛，阿Q却用来表达快乐的情绪：此时他觉得自己将要成为革命党了，未庄人都将是他的俘虏，因而情绪高涨，不能不"手之舞之足之蹈之"，不能不唱起来。下一句"悔不该，酒醒逼走了苗先生"①，阿Q也许不会唱——他是醒不过来的——而且，阿Q从小不读书，缺乏历史知识，不一定明了剧情。虽然阿Q行动滑稽可笑，但这句带有"斩"字的唱词的确引起赵太爷的恐慌和赵白眼的不安：阿Q是有可能做革命党的，他一旦有了武器，就有了力量——破坏力和杀伤力——若是"手执钢鞭"，既然可以打小D、王胡，当然可以打赵太爷、钱太爷、秀才和假洋鬼子。

从儿童启蒙教育的实际效果来看，古诗倒还不如民歌、儿歌更吸引人，因为对于古诗，儿童还没有足够的文学修养去理解和欣赏，只能背诵词句。鲁迅跟母亲到外婆家消夏，有机会见识新天地，结交新伙伴。他在《社戏》中写道：

> 我们鲁镇的习惯，本来是凡有出嫁的女儿，倘自己还未当家，夏间便大抵回到母家去消夏。那时我的祖母虽然还康健，但母亲也已分担了些家务，所以夏期便不能多日的归省了，只得在扫墓完毕之后，抽空去住几天，这时我便每年跟了我的母亲住在外祖母的家里。那地方叫平桥村，是一个离海边不远，极偏僻的，临河的小村庄；住户不满三十

---

① 顾锡东整理：《龙虎斗（绍剧）》，宝文堂书店1958年版，第47页。

家,都种田,打鱼,只有一家很小的杂货店。但在我是乐土:因为我在这里不但得到优待,又可以免念"秩秩斯干幽幽南山"了。①

但农民的生活并不都如《社戏》中描写的那样悠闲静好。鲁迅曾在书中看到过历史上饥荒年的悲惨景象。在他描摹的诗画中,有《诗中画》的山水美景,有王冶梅的《三十六赏心乐事》,但还有另一面,如家藏的明代徐光启《农政全书》最末一册中的《野菜谱》,画的是灾荒之年穷苦人借以度日的各种野菜,每种都配有歌谣。

可怜农民一年到头劳作,出力流汗,也仅能填饱肚子。鲁迅小说《风波》中这样写农村景象:

老人男人坐在矮凳上,摇着大芭蕉扇闲谈,孩子飞也似的跑,或者蹲在乌桕树下赌玩石子。女人端出乌黑的蒸干菜和松花黄的米饭,热蓬蓬冒烟。河里驶过文人的酒船,文豪见了,大发诗兴,说,"无思无虑,这真是田家乐呵!"

但文豪的话有些不合事实,就因为他们没有听到九斤老太的话。这时候,九斤老太正在大怒,拿破芭蕉扇敲着凳脚说:

"我活到七十九岁了,活够了,不愿意眼见这些败家

---

① 鲁迅:《呐喊·社戏》,《鲁迅全集》第1卷,第589—590页。

相,——还是死的好。立刻就要吃饭了,还吃炒豆子,吃穷了一家子!"①

鲁迅对城乡的差别有深刻的反思:

> 中国的劳苦大众,从知识阶级看来,是和花鸟为一类的。我生长于都市的大家庭里,从小就受着古书和师傅的教训,所以也看得劳苦大众和花鸟一样。有时感到所谓上流社会的虚伪和腐败时,我还羡慕他们的安乐。但我母亲的母家是农村,使我能够间或和许多农民相亲近,逐渐知道他们是毕生受着压迫,很多苦痛,和花鸟并不一样了。②

对鲁迅而言,农村确实"远哉遥遥"。台门少爷日常只看见"院子里高墙上的四角的天空",除了家中兄弟姐妹和族中同龄伙伴,没有别人可以一起玩耍,生活单调沉闷。如《故乡》所写,"我"见到帮工家的孩子闰土,颇为欢喜,因为从他那里见闻了不少新鲜事物:海边的五色的贝壳;西瓜的危险经历;潮汛要来的时候,许多跳鱼儿跳起来,都有青蛙似的两只脚……

---

① 鲁迅:《呐喊·风波》,《鲁迅全集》第1卷,第491页。
② 鲁迅:《集外集拾遗·英译本〈短篇小说选集〉自序》,《鲁迅全集》第7卷,第411页。

第二章

向笔海以啸傲

太羹有味是诗书

儒家的"五经"中,《诗经》是唯一的文学作品。多亏了这本书,科举时代学子们的生活才不那么枯燥。

儒家诗教讲"温柔敦厚",但《诗经》并非一味如此,而是表现各种情绪。孔子就说过诗"可以怨"。鲁迅也指出《诗经》并非全然的"思无邪":"实则激楚之言,奔放之词,《风》《雅》中亦常有,而孔子则曰:'《诗》三百,一言以蔽之,曰:思无邪。'后儒因孔子告颜渊为邦,曰:'放郑声'。又曰:'恶郑声之乱雅乐也。'遂亦疑及《郑风》,以为淫逸,失其旨矣。"并且根据嵇康的观点对"放郑声"进行了辨析:"自心不净,则外

第二章　向笔海以啸傲

物随之，嵇康曰：'若夫郑声，是音声之至妙，妙音感人，犹美色惑志，耽槃荒酒，易以丧业，自非至人，孰能御之。'（本集《声无哀乐论》）世之欲捐窈窕之声，盖由于此，其理亦并通于文章。"①

言为心声，发声者情动于中，听者感应共鸣。因此，文学有普遍性，人人得而为文学，人人都是创作者。鲁迅晚年撰写《门外文谈》，讲到文学的起源，又特别提到《诗经》：

> 就是周朝的什么"关关雎鸠，在河之洲，窈窕淑女，君子好逑"罢，它是《诗经》里的头一篇，所以吓得我们只好磕头佩服，假如先前未曾有过这样的一篇诗，现在的新诗人用这意思做一首白话诗，到无论什么副刊上去投稿试试罢，我看十分之九是要被编辑者塞进字纸篓去的。"漂亮的好小姐呀，是少爷的好一对儿！"什么话呢？
>
> 就是《诗经》的《国风》里的东西，好许多也是不识字的无名氏作品，因为比较的优秀，大家口口相传的。②

中国古代语文教育的一个重要方法是背诵，《诗经》就是学童必须背诵之书。

鲁迅曾跟着本族的子京公公读书。子京多年应试不第，只好开办家塾，招收几个本台门的学生，维持生计。但他学问浅薄，

---

① 鲁迅：《汉文学史纲要》，《鲁迅全集》第9卷，第366页。
② 鲁迅：《且介亭杂文·门外文谈》，《鲁迅全集》第6卷，第96页。

文理不通，讲书错误百出。他教鲁迅读《孟子》，有一次讲到其中所引《诗经·公刘》诗中的"乃裹餱粮"一句，本来简单解释为"带上干粮"就可以，他却发挥说，这是表示公刘有那么穷困，把活猢狲袋的粮食也咕的一下挤出来，装在囊橐里带走。一时传为笑话，父亲就不让鲁迅到他那里听讲了。①

12岁，鲁迅进入绍兴城内有名的私塾：三味书屋。

三味书屋原名"三余书屋"。三国时魏人董遇被问及读书人怎么有效利用时间，回答说要利用"三余"："冬者岁之余，夜者日之余，阴雨者时之余。"鲁迅去上学的时候，书屋已改名"三味"，也有出典："读经味如稻粱，读史味如肴馔，读诸子百家味如醯醢。""三味书屋"匾额下边，是两扇蓝底洒金的屏门，上面挂了一幅《松鹿图》，一只梅花鹿屈腿伏在老松树下。学生初进书塾，要按规定行礼，首先拜至圣先师孔子，但三味书屋里没有孔子的牌位，学生就对着那块匾和《松鹿图》行礼如仪。书屋两侧木柱上有一副木刻抱对："至乐无声惟孝弟，太羹有味是诗书。"与"三味"的含义契合。书屋正中间放着一张八仙桌和一把高背椅子，是寿镜吾先生的座位。学生们的书桌分列周围。鲁迅坐在东北角，他用的是一张从家里搬来的带抽屉的长方形书桌和一把有扶手的木椅。

学童们的日课主要是读书，检验标准之一是能否背诵：每到月中要背出上半月读过的书，月底要背出一个月里读过的书，到

---

① 周作人：《鲁迅的故家·橘子屋读书二》，石家庄：河北教育出版社2002年版，第37页。

年底要背出一年所读过的书，背不出要受责罚。鲁迅进三味书屋时正好该读《诗经》。那时经书中的字往往不读本音而读破音，《诗经》讲究叶韵，破音更多。背诵不难，但默写就难免出错。有一天，寿先生的儿子洙邻让鲁迅默写《诗经·卫风·硕人》中破音很多的一段："河水洋洋，北流活活。施罛濊濊，鱣鲔发发，葭菼揭揭。庶姜孽孽，庶士有朅。"鲁迅居然一字不差地写了下来。①

以鲁迅当时的年龄和颖悟，对古书已有些理解，他曾引用《诗经·小雅·青蝇》来讽刺小弟弟。有一次，鲁迅兄弟几个见到日本画家小田海僊的《海僊画谱》，很想买下来，但价格昂贵，需要把他们的零花钱凑起来才够。这事必须瞒着父亲，因为那时候看图画书是不务正业。买来后，他们把《海僊画谱》藏在楼梯底下，趁父亲不在时拿出来翻阅欣赏。过了些天，不知道什么原因，三弟建人把这事告诉了父亲。父亲其时正躺在床上抽烟，听完建人的叙述，就把鲁迅叫来，让他拿书来看。鲁迅忐忑不安地将书递上，担心父亲责骂。出乎意料，父亲接过书翻阅了一会儿，不但没有责骂，脸上还显出很有兴致的表情，把书还给他。小弟弟建人的这次行为引发了鲁迅的不满和不屑，就得了个绰号"谗人"，典出《诗经·小雅·青蝇》："营营青蝇，止于樊。岂弟君子，无信谗言。营营青蝇，止于棘。谗人罔极，交乱四国。营营青蝇，止于榛。谗人罔极，构我二人。"

---

① 周冠五:《鲁迅家庭家族和当年绍兴民俗》，上海：上海文化出版社2006年版，第240页。

《海僊画谱》

那时候读书要求读出声来，循声会意，得其韵味。鲁迅在《从百草园到三味书屋》中写寿镜吾先生一声令下，学生们便"放开喉咙"读书，一时人声鼎沸，有人念"仁远乎哉我欲仁斯仁至矣"，有人念"笑人齿缺曰狗窦大开"，有人念"上九潜龙勿用"，有人念"厥土下上上错厥贡苞茅橘柚"……但读着读着，他们的声音逐渐变小了，因为一个更有韵味的声音吸引了他们——寿先生自己的读书声。他读的不是经书而是美文："铁如意，指挥倜傥，一座皆惊呢～～；金叵罗，颠倒淋漓噫，千杯未醉嗬～～……。"多年后，鲁迅写寿先生读书的姿态，似乎还能听到他读书的声调，把语气词"呢""噫""嗬"也写了出来。"我疑心这是极好的文章，因为读到这里，他总是微笑起来，而且将头仰起,摇着,向后面拗过去,拗过去。"

寿先生读的这篇文章是清末刘翰《李克用置酒三垂岗赋》中的一段:"座上酒龙,膝前人骥;磊块勘浇,箕裘可寄。目空十国群雄,心念廿年后事。玉如意,指挥倜傥,一座皆惊;金叵罗,倾倒淋漓,千杯未醉。"

只有香如故

诗中不但有声,而且有画,因此催生出诗配画的图书。陆玑的《毛诗草木鸟兽虫鱼疏》、徐鼎的《毛诗名物图说》,都很有名。日本的《诗经》研究也很发达,冈元凤的《毛诗品物图考》当时就颇为流行。冈元凤原是医师,对本草学素有研究,这部书考释并绘图说明《诗经》中的动植物,卷一、卷二是草部,卷三木部,卷四鸟部,卷五兽部,卷六虫部,卷七鱼部,所收图画雕刻工致,令人赏心悦目。1893年,鲁迅在表兄家里见到这本书,引发极大兴趣,从小皋埠回家后买的第一本书就是它。周作人在《瓜豆集》中记载了鲁迅购买这部书所费的周折:

> 在大街的书店买来一部,偶然有点纸破或墨污,总不能满意,便拿去掉换,至再至三,直到伙计烦厌了,戏弄说,这比姊姊的面孔还白呢,何必掉换,乃愤然出来,不再去买书。这书店大约不是墨润堂,却是邻近的奎照楼吧。

这回换来的书好像又有什么毛病，记得还减价以一角小洋卖给同窗，再贴补一角去另买了一部。①

鲁迅从这些读物中获取了不少关于鸟兽草木的知识。他后来陆续抄录了《唐诗叩弹集》里的"百花诗"和《唐代丛书》里有关花草的文字。鲁迅少年时对植物的喜爱，从现存的鲁迅请堂房叔祖周芹侯为他篆刻的两枚印章可以得到佐证：一个印文是"只有梅花是知己"，一个印文是"绿杉野屋"。②

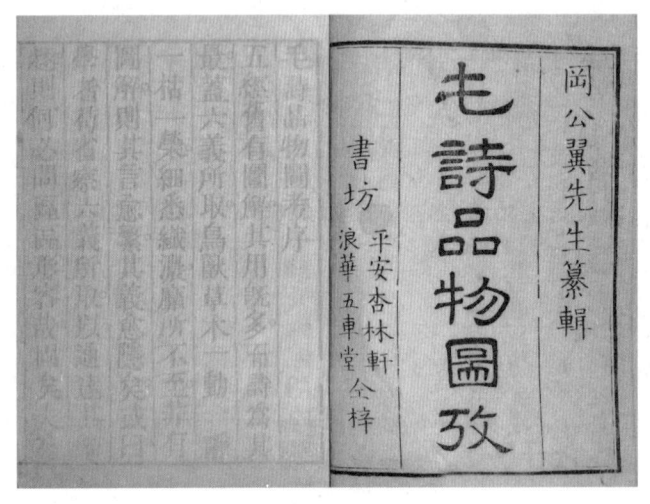

冈元凤《毛诗品物图考》

---

① 周作人:《瓜豆集·关于鲁迅》，石家庄：河北教育出版社2002年版，第152页。
② 周作人:《鲁迅的故家·上坟船里》，石家庄：河北教育出版社2002年版，第174页。

第二章 向笔海以啸傲

鲁迅喜爱梅花，与乡前贤陆游一脉。陆游词《卜算子·咏梅》广为流传：

驿外断桥边，寂寞开无主。已是黄昏独自愁，更著风和雨。

无意苦争春，一任群芳妒。零落成泥碾作尘，只有香如故。

陆游一生酷爱梅花，视其为精神寄托，反复咏唱。陆游出生于宋徽宗宣和七年（1125），时值北宋国运衰颓，金人虎视眈眈，最终打败中原朝廷，致宋室南迁。陆游《戏遣老怀》诗中的一句"儿时万死避胡兵"，就是他早年动荡不安的逃亡生涯的写照。高宗绍兴二十三年（1153），陆游赴临安应进士考试，被取为第一，但因秦桧的孙子排在陆游之后，触怒了秦桧，第二年礼部考试时陆游未被录取。秦桧死后，陆游方步入仕途，但几起几落，并不顺遂。这首词通过写梅花在坎坷命运和艰难处境中的孤傲和高洁，表达了自己的坚贞品格，是古今咏梅词的绝唱。

1897年，鲁迅还手抄了会稽人童钰所作《二树山人写梅歌》。童钰是清乾隆年间的画家，字璞岩、二如，号有二树山人、梅道人、梅痴等，中秀才后弃绝功名，布衣蔬食，潜心诗画，工草隶，精篆刻，绘画则痴情于梅，每画梅一幅，必题诗一首，有"万树梅花万首诗"和"绝笔梅花绝笔诗"之誉。与同郡刘文蔚、沈翼天、姚大源、刘鸣玉、茅逸、陈芝图结文学社,称"越中七子"。常在月光下濡墨作画,纵横欹侧,颇多妙品。《二树山人写梅歌》于乾隆年间刊刻,苏如溱在"题词"中称赞道:

化工在手古曾传,那意今逢锦绣篇。
遇物赋形形各肖,真疑蘸笔向青天。

一代长歌最擅能,梅村而后数迦陵。
若论变态无穷极,二树于今又代兴。

鲁迅愿为"梅花知己",诗文中常出现梅花。小说《在酒楼上》写"我"回到南方故乡,看到园中"几株老梅竟斗雪开着满树的繁花,仿佛毫不以深冬为意……"①。

因为对博物学感兴趣,鲁迅陆续购买了不少讲动植物的书。遇到太贵或是稀缺的图书,他就借来抄录,由此扩展到大量抄录动植物学资料,如《梅谱》《蟹谱》《记海错》等。至于《花镜》,他不但阅读,还按照书中的内容实践。②在遵从孔子诗教"多识于鸟兽草木之名"方面,鲁迅堪称优秀生。

后来,鲁迅从日本回国,在浙江两级师范学堂协助日本讲师开设"植物学"课程,曾带领学生外出采集标本,有些标本

---

① 鲁迅:《彷徨·在酒楼上》,《鲁迅全集》第2卷,第25页。
② 鲁迅批注的《花镜》,现藏绍兴鲁迅纪念馆。

鲁迅手抄《二树山人写梅歌》

至今留存。

鲁迅丰富的植物学知识运用到文学活动中，以诗意的眼光发现并关注文本中的动植物。1922年，鲁迅翻译爱罗先珂的童话剧《桃色的云》时，专门撰写了《记剧中人物的译名》，作为附录，列出见于书上的中国名、未见于书上的中国名、中国虽有名称而仍用日本名等六类植物译名，以及两种动物：雨蛙（*Hyla arborea*）和土拨鼠（*Talpa europaea*），还专门区分了春七草和秋七草。

1927年，他译成《小约翰》后，特意写了一篇《动植物译名小记》，逐章介绍该书全部十四章中出现的动植物。如第九章的月见草，也曾出现在《桃色的云》中："月见草，月见者，玩月也，因为它是傍晚开的。但北京的花儿匠却曾另立了一个名字，就是月下香；我曾经采用在《桃色的云》里，现在还仍旧。"①

晚年在上海，日本诗人山本初枝来信请教中国古诗中有关大雁和鹤的记述情况，鲁迅回复道："中国诗中，病雁难得见到，病鹤倒不少。《清六家诗钞》中一定也有的。鹤是人饲养的，病了便知道；雁则为野生，病了也没人知道。"信中还谈到棠棣花："棠棣花是中国传去的名词，《诗经》中即已出现。至于那是怎样的花，说法颇多。普通所谓棠棣花，即现在叫作'郁李'的；日本名字不详，总之是像李一样的东西。开花期与花形也跟李一样，花为白色，只是略小而已。果实犹如小樱桃，孩子们是吃的，但一般不认为是水果。然而也有人说棠棣花就是山吹。"②

中国古代诗歌的另一朵奇葩《楚辞》，也是鲁迅十分喜爱的。他在《汉文学史纲要》中说："屈原起于楚，被谗放逐，乃作《离骚》，逸响伟辞，卓绝一世"，又评司马迁的《史记》为"史家之绝唱，无韵之《离骚》"。他编辑自己的文集，一般都要写序跋、题记、小引之类文字，但有一本例外，就是《彷徨》，直接用《离骚》章句作为题词：

---

① 鲁迅：《译文序跋集·〈小约翰〉动植物译名小记》，《鲁迅全集》第10卷，第295页。
② 鲁迅：《350117致山本初枝》，《鲁迅全集》第14卷，第338页。

第二章 向笔海以啸傲

朝发轫于苍梧兮,夕余至乎县圃;欲少留此灵琐兮,日忽忽其将暮。

吾令羲和弭节兮,望崦嵫而勿迫;路漫漫其修远兮,吾将上下而求索。

许寿裳回忆:

我早年和鲁迅谈天,曾经问过他,《离骚》中最爱诵的是那几句?他便不假思索,答出下面的四句:

朝吾将济于白水兮,登阆风而绁马。

忽反顾以流涕兮,哀高丘之无女! ①

《楚辞》离奇瑰丽的浪漫幻想、至死无悔的求索意志、"放言无忌"的反抗精神,对鲁迅产生了深刻影响。鲁迅的《莲蓬人》《无题(洞庭木落楚天高)》《湘灵歌》《送 O. E. 君携兰归国》《自嘲》《亥年残秋偶作》等诗,所运用的典故、意象乃至某些具体的遣词用句,都能看到《离骚》影响的痕迹。1924 年,他离开暂时租住的砖塔胡同,搬入在阜成门内宫门口西三条胡同购置的一座小四合院。他在正房三间后面搭建一间"老虎尾巴"作为卧室兼工作室,集《离骚》句,请教育部同事、书法家乔大壮书写一联,悬挂于西墙:

---

① 许寿裳:《亡友鲁迅印象记·屈原和鲁迅》,北京:人民文学出版社 1953 年版,第 6—7 页。

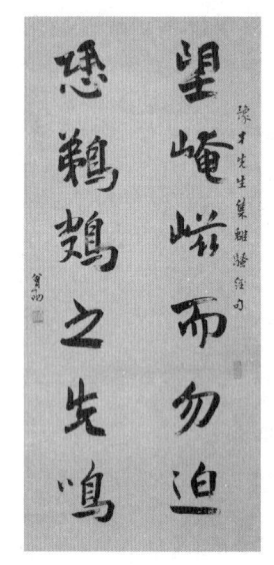

乔大壮书对联

望崦嵫而勿迫
恐鹈鴂之先鸣

风雅之正轨

  谈及中国诗歌，很多人要标举"唐诗""宋词"。鲁迅喜欢的唐朝诗人，有李贺、李商隐、杜牧等；对于宋诗，他似乎没有什么感觉。至于宋词，除了几首名篇，如曾抄写赠人的欧阳炯的《南乡子》外，议论极少，一生竟没有填过一首词。

  唐诗是中国诗歌史上的高峰，就连鲁迅也感叹，"我以为一切好诗，到唐已被做完，此后倘非能翻出如来掌心之'齐天太

第二章 向笔海以啸傲

圣',大可不必动手"。这让宋诗派和坚持写旧体诗的人们听了很不受用。但鲁迅说这话的时候自己也在写旧体诗,所以这段话后面紧接两句自嘲:"然而言行不能一致,有时也诌几句,自省殊亦可笑。"①

唐诗数量大、选本多,唐人就已开始选唐诗,后代唐诗总集、选集数不胜数。鲁迅少年时代使用的唐诗读本有《唐诗叩弹集》《古唐诗合解》《唐人万首绝句》。《古唐诗合解》是长洲(今苏州市)人王尧衢于清雍正年间编成的古诗和唐诗选集,共16卷,其中古诗4卷、唐诗12卷。沈德潜在《古诗源序》中说:"诗至有唐为极盛,然诗之盛,非诗之源也。""唐诗者,宋元之上流;而古诗,又唐人之发源也。"将古诗与唐诗合编,就是要印证这种观点。

周福清在寄给鲁迅的《唐宋诗醇》中夹有一张信笺,上写道:"初学先诵白居易诗,取其明白易晓,味淡而永。再诵陆游诗,志高词壮,且多越事。再诵苏诗,笔力雄健,辞足达意。再诵李白诗,思致清逸。如杜之艰深,韩之奇崛,不能学亦不必学也。示樟寿诸孙。"②

《唐宋诗醇》又称《御选唐宋诗醇》,是乾隆十五年(1750)皇帝命臣下编定的。封建时代,皇帝的文学品位一般是四平八稳的"文以载道",歌功颂德,顾全大局,劝百讽一,忌标新立

---

① 鲁迅:《341220 致杨霁云》,《鲁迅全集》第13卷,第307页。
② 周作人:《〈唐宋诗醇〉与鲁迅旧诗》,鲁迅研究室编:《鲁迅研究资料》第3辑,北京:文物出版社1979年版,第292—295页。

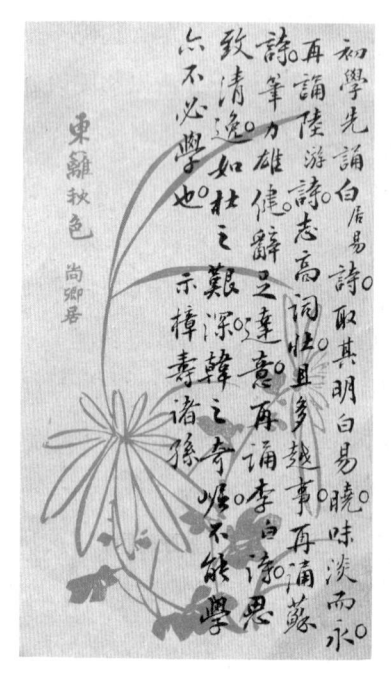

周福清关于读诗的信笺

异、牢骚满腹。乾隆皇帝喜欢写诗,一生创作了数万首,佳作却甚少。但他的臣子代他编辑的《唐宋诗醇》却颇有见解。该书选了唐诗四家:李白、杜甫、白居易和韩愈;宋诗二家:苏轼和陆游。各篇有总评,引正史或杂说加以考订,附录诸家评语。"御"序说:

> 诗至唐而极其盛,至宋而极其变。盛极或伏其衰,变极或失其正。亦惟两代之诗最为总杂,于其中通评甲乙,要当以此六家为大宗。盖李白源出《离骚》,而才华超妙,

为唐人第一；杜甫源出于《国风》、二雅，而性情真挚，亦为唐人第一。自是而外，平易而最近乎情者，无过白居易；奇创而不诡于理者，无过韩愈。录此四集，已足包括众长。至于北宋之诗，苏、黄并骛；南宋之诗，范、陆齐名。然江西宗派，实变化于韩、杜之间，既录杜、韩，可无庸复见。《石湖集》篇什无多，才力识解亦均不能出《剑南集》上，既举白以概元，自当存陆而删范。权衡至当，洵千古之定评矣。

最后几句是："兹逢我皇上圣学高深，精研六义，以孔门删定之旨，品评作者，定此六家，乃共识风雅之正轨。臣等循环雒诵，实深为诗教幸，不但为六家幸也。"可见，序言的执笔者也是从事编辑的臣子。因秉承皇帝旨意编撰，是所谓"钦定版"，各地自然积极刻印。周福清寄回绍兴的就是浙江官书局刻本。

周福清这段话对白居易、陆游、苏轼、李白等大诗人的诗风概括准确，尤其是对读诗顺序的安排符合青少年的阅读和理解能力。祖父当然希望孙辈在人生道路上一帆风顺、平安健康，最后一句特别强调，杜甫的诗"艰深"，韩愈的诗"奇崛"，"不能学""不必学"。这让人想起郑板桥嘱咐弟弟多读平易柔和的诗文，培养温润的性情，顺顺当当、平平安安地生活，不至于像自己牢骚满腹、仕途多舛：

吾弟为文，须想春江之妙境，挹先辈之美词，令人悦心娱目,自尔利科名,厚福泽。或曰:吾子论文,常曰生辣,曰古奥,曰离奇,曰淡远,何忽作此秀媚语?余曰:论文,公道也;训子弟,私情也。岂有子弟而不愿其富贵寿考者乎!故韩非、商鞅、晁错之文,非不刻削,吾不愿子弟学之也;褚河南、欧阳率更之书,非不孤峭,吾不愿子孙学之也;郊寒岛瘦,长吉鬼语,诗非不妙,吾不愿子孙学之也。私也,非公也。[①]

周福清教授孙辈的《唐宋诗醇》读法中,特别值得注意的是评论陆游诗的三个字:"多越事"。陆游痛惜山河破碎,悲悯生灵涂炭,力主抗金,志在光复。作品中表现了热烈的爱国精神和豪迈的英雄气概,如梁启超在《读陆放翁集》中所说:"亘古男儿一放翁"。青少年读他的诗,有助于培养理想和志气。今日中国的青少年无不能背诵他的《十一月四日风雨大作》:

僵卧孤村不自哀,尚思为国戍轮台。
夜阑卧听风吹雨,铁马冰河入梦来。

还有他临终前所作的《示儿》:

---

① 郑板桥:《仪真县江村茶社寄舍弟》,《郑板桥文集》,济南:齐鲁书社1985年版,第179—180页。

> 死去元知万事空,但悲不见九州同。
> 王师北定中原日,家祭无忘告乃翁。

陆游是山阴世家,祖父是陆佃。离周家台门不远的沈园,是陆游和唐婉凄惨爱情故事的一个场景。陆游宦游各地,壮志难酬,晚年闲居家乡,写了大量歌咏个人情趣和山川风物的作品,如《病中怀故庐》:

> 我家山阴道,湖水淡空蒙。
> 小屋如舴艋,出没烟波中。

在《秋思》中写道:

> 桑竹成阴不见门,牛羊分路各归村。
> 前山雨过云无迹,别浦潮回岸有痕。

最脍炙人口的是《游山西村》:

> 莫笑农家腊酒浑,丰年留客足鸡豚。
> 山重水复疑无路,柳暗花明又一村。
> 箫鼓追随春社近,衣冠简朴古风存。
> 从今若许闲乘月,拄杖无时夜叩门。

少年鲁迅读陆游诗,这些"越事"就在眼前。当读到陆游《春社》中的"太平处处是优场,社日儿童喜欲狂"这样的诗句时,鲁迅一定会心一笑,因为他小的时候喜欢看赛会,喜欢目连戏,还有乡下的社戏。在北京嘈杂的剧场观看京剧,不堪忍受时,他就想起小时候看社戏的经历。

代圣贤立言

鲁迅原本要走科举道路,当然要在八股文和试帖诗上下功夫。

八股文讲对仗、讲声韵,与诗有相通之处。其基本功是背诵大量的范文,进行技巧训练。试帖诗和八股文都将对对子视为必备技能。《声律启蒙》自然是要背诵的,否则可能犯规。鲁迅在三味书屋中是对对子的能手。寿洙邻的回忆记录了一个精彩的场景:"旧时学课,有对课一门,试以对句,为学做诗地步,尝以'两头蛇'命对,因其喜阅小说,告以此系《水浒传》中人的浑名,不可止对字面,鲁迅脱口应曰'四眼狗'。"[①] 对对子是精深学问的一种外化形式,必须有广泛的阅读和扎实的训练做基础。鲁迅在以太平军故事影射辛亥革命社会情态的文言小说《怀旧》中,描写了私塾先生教导学生对课的情景:

彼辈纳晚凉时,秃先生正教予属对,题曰:"红花。"予

[①] 寿洙邻:《我也谈谈鲁迅的故事》,鲁迅研究室编:《鲁迅研究资料》第 3 辑,北京:文物出版社 1979 年版,第 225 页。

第二章　向笔海以啸傲

对:"青桐。"则挥曰:"平仄弗调。"令退。时予已九龄,不识平仄为何物,而秃先生亦不言,则姑退。思久弗属,渐展掌拍吾股使发大声如扑蚊,冀秃先生知吾苦,而先生仍弗理;久之久之,始作摇曳声曰:"来。"余健进。便书绿草二字曰:"红平声,花平声,绿入声,草上声。去矣。"余弗遑听,跃而出。①

对仗发展下去,就是诗钟、对联,在日常生活中很普遍,今日中国依然流行在春节张贴对联,在悼念仪式上悬挂挽联。虽然鲁迅文章中对对仗训练用了嘲讽的口吻,但也说明这些训练已经深入他的脑海,成为他的修养的一部分。他的文章和文集的题目有时也讲对仗:"偶成"对"漫与","二心"对"三闲","南腔北调"对"五讲三嘘"——后一个文集拟名没有用上,有些遗憾。他说:"我在私塾里读书时,对过对,这积习至今没有洗干净,题目上有时就玩些什么《偶成》,《漫与》,《作文秘诀》,《捣鬼心传》,这回却闹到书名上来了。这是不足为训的。"②

文句的对仗规范着意思的平衡,使通篇贯彻对立统一的原则,最终达到圆满充足。但这个技术性的巧妙装置也不可多用,太讲究反而冲淡了诗情,正如礼仪,太讲究会失之繁文缛节。太拘泥于对仗,为对仗而对仗,到了违背事实、编造故事的地步,如《遁斋闲览》所录笑话:"李廷彦献百韵诗于一上官,其间有句云:

---

① 鲁迅:《集外集拾遗·怀旧》,《鲁迅全集》第7卷,第225页。
② 鲁迅:《南腔北调集·题记》,《鲁迅全集》第4卷,第427—428页。

'舍弟江南殁,家兄塞北亡。'上官蠢然哀之曰:'不意君家凶祸重并如是!'廷彦遽起自解曰:'实无此事,只图对属亲切耳!'"

鲁迅在《革命时代的文学》中提醒人们做对联不要堕入恶趣:"文学家弄得好,做几篇文章,也许能够称誉于当时,或者得到多少年的虚名罢,——譬如一个烈士的追悼会开过之后,烈士的事情早已不提了,大家倒传诵着谁的挽联做得好:这实在是一件很稳当的买卖。"① 他在《病后杂谈》中甚至说这是中国文化的一种老病:"中国的有一些士大夫,总爱无中生有,移花接木的造出故事来,他们不但歌颂升平,还粉饰黑暗……满清焚屠之际,也还会有人单单捧出什么烈女绝命,难妇题壁的诗词来,这个艳传,那个步韵,比对于华屋丘墟,生民涂炭之惨的大事情还起劲。到底是刻了一本集,连自己们都附进去,而韵事也就完结了。"② 说得很痛切。鲁迅自己当然也是做对联的好手,不过只在青少年时期试做,如在南京读书期间,1902年1月12日,鲁迅到水师学堂对二弟说,矿路学堂的同班好友、同乡丁耀卿几天前病逝,自己写了一副挽联:"男儿死耳,恨壮志未酬,何日令威来华表?魂兮归去,知夜台难瞑,深更幽魄绕萱帏。"③ 随着年龄的增长,鲁迅遇到的死亡越来越多,但除几首悼念诗文外,挽联却很少涉笔。他曾郑重嘱托亲朋好友,自己死后不需要人们用虚头巴脑、装腔作势的挽联纪念:

---

① 鲁迅:《而已集·革命时代的文学》,《鲁迅全集》第3卷,第436—437页。
② 鲁迅:《且介亭杂文·病后杂谈》,《鲁迅全集》第6卷,第177页。
③ 鲁迅:《集外集拾遗补编·挽丁耀卿》,《鲁迅全集》第8卷,第541页。

第二章 向笔海以啸傲

但我想在这里趁便拜托我的相识的朋友，将来我死掉之后，即使在中国还有追悼的可能，也千万不要给我开追悼会或者出什么记念册。因为这不过是活人的讲演或挽联的斗法场，为了造语惊人，对仗工稳起见，有些文豪们是简直不恤于胡说八道的。结果至多也不过印成一本书，即使有谁看了，于我死人，于读者活人，都无益处，就是对于作者，其实也并无益处，挽联做得好，不过是挽联做得好而已。①

以诗作为科考项目，始于唐代。试帖诗也称"赋得体"，由"帖经""试帖"而来，大都为五言六韵或八韵的排律，以古人诗句或成语为题，冠以"赋得"二字，并限韵脚，内容必须切题。诗的前两联全用"仄仄平平仄，平平仄仄平。仄平平仄仄，平仄仄平平"，以下第三四联、五六联和七八联依次循环往复。第一句不用韵，所以全诗八韵，故称"五言八韵"。

试帖诗的题目往往是花草，可能与孔子诗教中的"多识于鸟兽草木之名"有关，更可能是因为青少年写景状物，以常见的花木为最亲切。

科考诗命题方式是撷取前人诗中的一句，或一个典故，或一个成语。应试者如果不知命题的出处，也就无从发挥。所以，古诗要读得精熟才好下笔。赋得体的要义是揣摩圣贤的口气写作诗

---

① 鲁迅：《且介亭杂文·病后杂谈》，《鲁迅全集》第6卷，第177—178页。

文，所谓"代圣贤立言"。写得好，考得过，前途无量。讽刺科举考试比较尖锐的中国古代小说《儒林外史》中，鲁编修发表过这样一番高论："八股文章若做的好，随你做甚么东西，要诗就诗，要赋就赋，都是一鞭一条痕，一掴一掌血。若是八股文章欠讲究，任你做出甚么来，都是野狐禅，邪魔外道！"

1898年，鲁迅一面报考南京的新式学堂，一面也为参加县考做准备。他写信给杭州的祖父和弟弟时，总是附上自己的习作。有一次附上自作时文两篇和试帖诗两首，上有寿洙邻的批改。原件不存，只能在周作人日记中看到题目：文题《义然后取》和《无如寡人之用心者》，诗题《百花生日（得"花"字）》和《红杏枝头春意闹（得"枝"字）》。还有一次，文是《左右皆曰贤》和《人告之以过则喜》，诗为《苔痕上阶绿（得"苔"字）》和《满地梨花昨夜风（得"风"字）》。①

八股文写作规范严格而繁难，当然不被青少年喜欢。但功名利禄本来诱人，加上前辈的引领和督促，社会风气的熏染，青少年不由自主上了轨道，入了唐太宗笑称的"彀中"。

诗是吾家事

祖父周福清是离鲁迅最近的家族诗人，他的言传身教对鲁迅有着重要的影响。

---

① 《周作人日记》上册，第4、6页。

第二章 向笔海以啸傲

周福清受过严格的诗法训练，但这种训练只能让他掌握作诗的技巧，还不能保证他写出好诗。

鲁迅在南京水师学堂期间，抄录了祖父的诗集《桐华阁诗钞》。《桐华阁诗钞》总计29题105首，既有七古、五古，又有七律、七绝、五律、五绝，还有六绝，题材以咏史、题画和表现现实生活为多。其中咏史诗成就最高，如《阅明季〈南北略〉》七律四首，前两首写《南略》，后两首写《北略》：

海棠花谢了残春，襟上犹题御墨新。
十七年谁扶弱主，九千岁早奉奄臣。
纷更将相多无赖，感召兵荒信有因。
一事差堪夸列辟，不从刘敬劝和亲。

逆案新翻慰逆臣，只求一诏靖烽尘。
脂膏括尽豺狼饱，门户纷争鼠雀驯。
用夏变夷天有主，聚兵作盗地无民。
佛郎机铳红衣炮，利器虽多利敌人。

计吏多方利尽搜，朝廷草野竟成仇。
人求安饱民心贰，天厌昏庸王气收。
那惜封疆随日蹙，且耽声色恣风流。
南朝监国诸王在，玉友金貂一邱。

诸人扰攘思存汉,无奈天心早厌明。
谁抱孤忠扶帝子,翻成大劫了民生。
贼奴贪暴操兵柄,学究昏庸掌国衡。
槐国衣冠真蚁聚,却教遗老叹忠贞。[1]

《明季〈南北略〉》是对有关明朝灭亡的野史笔记的辑录和研究。读这些诗,对鲁迅早年喜欢阅读史书的原因或可明了一二。诗中的"佛郎机铳红衣炮",在明朝末年不起作用,在清朝也是一样。

周福清的咏史诗时有精警之语。如"同治丁卯八月十七日试毕,作西湖之游。由小小坟遥瞻岳公墓,墙角丑状亦陶铸一新,愤然有触,欲作小诗,未果也。抵家后二十八日忽忆前游,补成二绝,聊以识感"。此即七绝《岳忠武墓》(二首):"鬼气骄人阙帝阍,当年和议问谁人。世间不少秦长脚,合把黄金铸贼臣。""谁延丑虏遍中州,习艺求援鬼亦羞。莫恨冤兴三字狱,黄龙犹自善边筹。"第一首对当年力主和议的秦桧表达愤恨,不算新奇的观点;第二首对清廷借用美、英、法等外国军队平定太平军表示不满。诗后附记这样一段话:"和戎辱国,贼臣奋不顾身,图富贵而已。然考南宋史,未许金以婚媾也,未许金以稠杂都圻也,未许金以邪说謷民也,未许金以掊克赀帑也,未许金以侮弄荐绅也,未许金以徒役长吏也。且擒杨、方诸贼,不闻求助于狼主也。吁!后之议和者,衮衮诸公,曾逆桧之不若。安得大小裨将军奋槌尽

---

[1] 《鲁迅手稿全集》第 27 册,第 372—373 页。

第二章 向笔海以啸傲

鲁迅手抄《桐华阁诗钞》

毙,并销九州锋镝,遍铸若辈邪。"[1]痛恨怒骂,跃然纸上。此外如《苏小小墓》诗云:"繁华六代渺轻云,三尺鸳鸯伴夕曛。一片性情同万古,苏娘坟对岳王坟。"[2]将"苏娘"和"岳王"并列,称赞苏小小不受礼法和道德约束、敢于表达内心想法和情感的性格。

鲁迅在南京抄写祖父的诗稿,对其中有关南京的诗给予了更多关注。周福清《金陵杂咏九首》(其三)写道:"春兰秋菊艳深宫,王气

---

[1] 《鲁迅手稿全集》第 27 册,第 371—372 页。
[2] 同上书,第 371 页。

潜消醉梦中。帝主词人臣狎客，那堪敌国有英雄。"①讽刺南朝陈后主君臣醉生梦死，而不知敌国已然崛起。鲁迅后来写诗，虽然身在上海，却每每以南京（金陵、石头城、白下）寄托情思，如《赠画师》中的"风生白下千林暗"，《无题二首》（其一）中的"石头城上月如钩"。

判定鲁迅的诗来自魏晋或唐宋哪一派或哪一位诗人并不容易。周作人说："讲到他在留学时代爱读的诗，第一要算李长吉，曾叫我写信托在四川的季自求，替他找了一部王琦的昌谷诗注，其次是温飞卿吧，因为他曾有石印的温集……"②

鲁迅给日本朋友的信中说："年轻时较爱读唐朝李贺的诗。他的诗晦涩难懂，正因为难懂，才钦佩的。现在连对这位李君也不钦佩了。"③关于李义山，他有赞赏也有批评，"玉谿生清词丽句，何敢比肩，而用典太多，则为我所不满"。④至于温庭筠，传说中的"温八叉"，诗中堆满了金玉锦绣的词汇，鲁迅几乎没有直接谈论过。

周作人在讨论鲁迅诗渊源所自时说的"总之不是如介孚公所指示的从白陆苏李出来的"⑤或有道理，但鲁迅对中国古诗陶谢嵇阮、李杜苏黄的脉络了然于胸，却不容置疑。1934 年冬天的一个下午，鲁迅在内山书店同郁达夫、刘大杰等人会晤，谈论中

---

① 《鲁迅手稿全集》第 27 册，第 374 页。
② 周作人：《〈唐宋诗醇〉与鲁迅旧诗》，鲁迅研究室编：《鲁迅研究资料》第 3 辑，北京：文物出版社 1979 年版，第 294 页。
③ 鲁迅：《350117 致山本初枝》，《鲁迅全集》第 14 卷，第 337—338 页。
④ 鲁迅：《341220 致杨霁云》，《鲁迅全集》第 13 卷，第 307 页。
⑤ 周作人：《〈唐宋诗醇〉与鲁迅旧诗》，鲁迅研究室编：《鲁迅研究资料》第 3 辑，北京：文物出版社 1979 年版，第 294 页。

国文学史的编写问题,涉及不少著名作家如司马相如、曹操、蔡琰、嵇康、陶潜、李白、杜甫、黄庭坚等。刘大杰问:"司马相如怎么样?胡适很看不起他。"鲁迅答道:"也不尽然,司马相如不单是有文采,还会讲恋爱。""在汉朝,文学家能讲恋爱,就很有胆量。"又说曹操的诗"不虚伪,所以是好的"。关于蔡琰那篇五言体悲愤诗的真伪问题,鲁迅说:"生活写得那样真实,女人心理写得尤其真实,男人代笔恐怕不容易吧。不比李陵答苏武书,那是在做文章。"对"嵇康的文章写得好,何以诗比不上阮籍"的提问,鲁迅答说:"何以对古人要求这样多?杜甫的诗好,文章也就不行;并且嵇康也死得很早。"郁达夫认为"杜甫的律诗高于他的古体",鲁迅不以为然:"杜甫的律诗,后人还可以模拟,古体的内容深厚,风力高昂,是不许人模拟的。他的《北征》就远在韩愈的《南山》之上,韩愈用力学他,差得远。"关于杜甫与李白、陶潜的比较,鲁迅道:"这很难说。陶潜、李白在中国文学史上,都是头等人物。我总觉得陶潜站得稍稍远一点,李白站得稍稍高一点。这也是时代使然。杜甫似乎不是古人,就好像今天还活在我们堆里似的。"郁达夫评论陶渊明和李白说:"一个是旁观者清,一个是居高临下。"鲁迅补充道:"虽是如此,他们观察事物的眼力,还是非常锐敏的。"至于黄庭坚,鲁迅的评价是:"黄山谷?我不欢喜。他是成了派的,一直到今天还有遗老遗少们在捧他。"①

  鲁迅读诗、作诗自然是多所取法,正所谓"转益多师是汝师"。只有如此,下笔方能切中人情物理。

---

① 刘大杰:《鲁迅谈古典文学》,《文艺报》1956年第19期第30号。

第三章

万里长风送客船

始信人间苦别离

鲁迅的两个弟弟，周作人小他4岁，周建人小他7岁。1922年，日本人清水安三探访三兄弟在北京西城八道湾的住宅后，在日本《读卖新闻》上发表文章《周三人》——"周氏三兄弟"就是这么叫起来的。但文学史所称"周氏兄弟"，一般指鲁迅和周作人。

青少年时代，周氏兄弟的作品还没有发表之地，兄弟两人步韵唱和之作因被周作人抄存于日记得以保存。

1898年，鲁迅离开了家乡，在本族叔祖周椒生的关照下，进入南京江南水师学堂读书。周椒生觉得大家族子弟不走科举之路而上新式学堂有辱门楣,于是将他的谱名周樟寿改为周树人。

寒假,鲁迅回乡探亲,兄弟们聚谈、游玩,度过了一段快乐的时光。但返校的时候,分别让人难过:"黯然销魂者,唯别而已矣!……是以行子肠断,百感凄恻。风萧萧而异响,云漫漫而奇色。"此时读江淹《别赋》,更增愁绪。

1900年1月26日,鲁迅回乡度假,2月19日返校后写了三首诗,表达对亲友特别是弟弟们的思念。3月18日,他托同学捎回家信和四个银元,并抄录这三首诗。周作人将诗录入日记,题署"豫才未是草",辛丑二月廿四日的日记再次抄录,署"戛剑生未是草",可见对兄长诗作的重视。

> 谋生无奈日奔驰,有弟偏教各别离。
> 最是令人凄绝处,孤檠长夜雨来时。

> 还家未久又离家,日暮新愁分外加。
> 夹道万株杨柳树,[①]望中都化断肠花。[②]

> 从来一别又经年,万里长风送客船。

---

① 古人常用杨柳隐喻离别。《诗经·小雅·采薇》:"昔我往矣,杨柳依依。今我来思,雨雪霏霏。"《三辅黄图》云:"灞桥在长安东,跨水作桥。汉人送客至此桥,折柳赠别。"
② 《采兰杂志》云:"昔有妇人怀人不见,恒洒泪于北墙之下。后洒处生草,其花甚媚,色如妇面,其叶正绿反红,秋开,名曰断肠花,即今秋海棠也。"

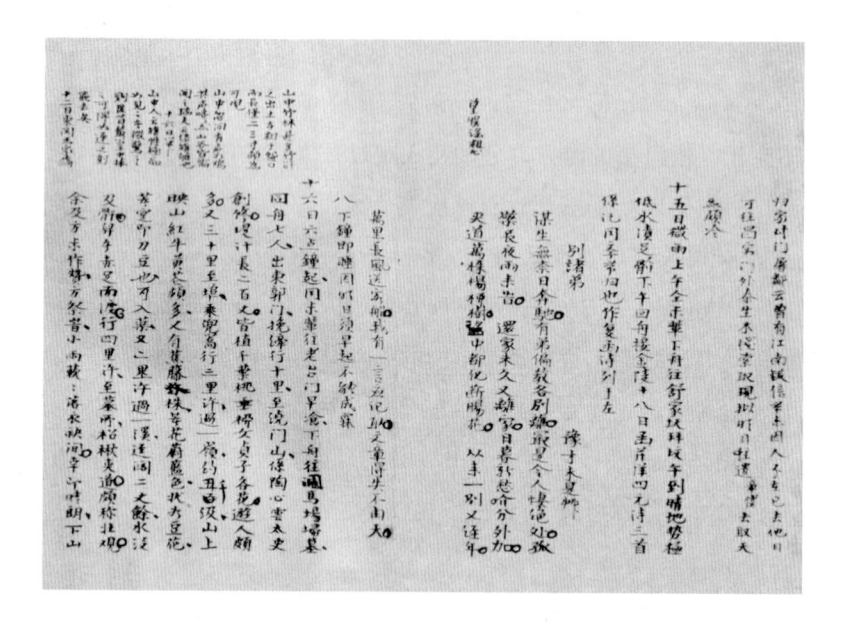

周作人日记中的鲁迅诗作

我有一言应记取,文章得失不由天。①

古代诗人常连用"杨柳树"和"断肠花"两个意象表达离情别绪,如刘希夷《公子行》:"可怜杨柳伤心树,可怜桃李断肠花。""万里长风送客船"是鲁迅借宗悫的故事鼓励弟弟们应有远大志向。南朝宋有个名将叫宗悫,少时练就一身武艺,有勇有谋。他哥哥宗泌结婚那天,半夜遭十几个强盗打劫。宗悫毫不畏惧,挺身击

---

① 《周作人日记》上册,第 124—125 页。

第三章　万里长风送客船

退强盗。有一天，他叔叔宗炳问他长大后的志愿，宗悫答道："愿乘长风破万里浪！"宗悫后来颇有功名，当过振武将军、豫州刺史。鲁迅诗虽用常典，却也契合乘船离家的情景。

鲁迅每次假期离开家乡，周作人只要在家，总会到码头送行。

周作人对大哥到南京就读新式学堂很是羡慕，也动了追随的念头。他几次县试都落了榜，弄得垂头丧气。祖父出狱后，闷居家中，心思郁结，脾气愈发暴躁，吵得家里鸡飞狗跳。祖父不但对周作人的学业要求很严，还让他穿着长衫上街买菜，更让他觉得尴尬。他在日记里写道："转瞬仲冬，学术无进，而马齿将增，不觉恶然。又因大哥在宁，四弟长别，则又不觉黯然。而不知回肠几折矣。"[①] 鲁迅三首离别诗的最后一句"文章得失不由天"是鼓励二弟不悲观，不气馁，不怨天尤人，而要发奋读写，取得功名：进秀才、中举，得到皇帝面试的机会。鲁迅虽然已经进入新式学堂，绝意科举，但他知道，在世俗观念里，科举考试、读书做官仍是"正路"。

鲁迅放假回家，对弟弟们是巨大的惊喜和快乐。庚子年腊月初一（1901年1月20日），周作人日记写道："黎明忽闻扣门声，急起视之，是大哥自江南回家，喜出过望。"[②] 该年3月15日（阴历正月廿五日）的日记中写道："上午大哥收拾行李，傍晚同十八公公、子恒叔启行往秣。余送大哥至舟，执手言别，中心黯然。

[①] 《周作人日记》上册，第84—85页。
[②] 同上书，第182页。

作一词以送其行，稿存后。夜作七绝三首，拟二月中寄宁，稿亦列如左。"① 即《送戛剑生往白 步别诸弟三首原韵》：

一片征帆逐雁驰，江干烟树已离离。
苍茫独立增惆怅，却忆联床话雨时。

小桥杨柳野人家，酒入愁肠恨转加。
勺药不知离别苦，当阶犹自发春花。

家食于今又一年，美人破浪泛楼船。
自惭鱼鹿终无就，欲拟灵均问昊天。

接到弟弟的和诗，鲁迅又用原韵和了三首并附跋语：

梦魂常向故乡驰，始信人间苦别离。
夜半倚床忆诸弟，残灯如豆月明时。

日暮舟停老圃家，棘篱绕屋树交加。
怅然回忆家乡乐，抱瓮何时共养花？

春风容易送韶年，一棹烟波夜驶船。

---

① 《周作人日记》上册，第 197—198 页。

第三章　万里长风送客船

　　何事脊令偏傲我，时随帆顶过长天！

　　仲弟次予去春留别元韵三章，即以送别，并索和。予每把笔，辄黯然而止。越十余日，客窗偶暇，潦草成句，即邮寄之。嗟乎！登楼陨涕，英雄未必忘家；执手消魂，兄弟竟居异地！深秋明月，照游子而更明；寒夜怨笳，遇羁人而增怨。此情此景，盖未有不悄然以悲者矣。辛丑仲春夔剑生拟删草。①

诗中用《庄子·天地》中子贡过汉阴"见一丈人，方将为圃畦，凿隧而入井，抱瓮而出灌"的典故，描写兄弟在家一起养花的快乐景象。

诗中令人伤感的是"偏傲我"的鹡鸰（脊令），头背黑色，额与腹下白色，像戏曲舞台上张飞的脸谱，绍兴称之为"张飞鸟"。鲁迅小时候雪地捕鸟，就遇到过它：

　　薄薄的雪，是不行的；总须积雪盖了地面一两天，鸟雀们久已无处觅食的时候才好。扫开一块雪，露出地面，用一枝短棒支起一面大的竹筛来，下面撒些秕谷，棒上系一条长绳，人远远地牵着，看鸟雀下来啄食，走到竹筛底下的时候，将绳子一拉，便罩住了。但所得的是麻雀居多，也有白颊的"张飞鸟"，性子很躁，养不过夜的。②

---

① 《周作人日记》上册，第212—213页。
② 鲁迅：《朝花夕拾·从百草园到三味书屋》，《鲁迅全集》第2卷，第288—289页。

后来，鲁迅翻译《小约翰》，又遇到这种鸟。他在该书附录的《动植物译名小记》中解释道："Meise。身子很小，嘴小而尖，善鸣。头和翅子是黑的，两颊却白，所以中国称为白颊鸟。我幼小居故乡时，听得农人叫它'张飞鸟'。"①

"脊令在原，兄弟急难。"《诗经·小雅·棠棣》以这种鸟的鸣叫比喻友爱兄弟急难时相互救助。

诗后跋文所用典故是常见的。登楼陨涕，出自东汉王粲《登楼赋》："悲旧乡之壅隔兮，涕横坠而弗禁。""英雄未必忘家"反用西汉霍去病的豪言："匈奴未灭，何以家为？"笳是一种胡乐器，唐岑参《胡笳歌》："胡笳怨兮将送君，秦山遥望陇山云。"鲁迅踏上去南京的道路，母亲和弟弟们在家时刻计算着离家远行者的路程，惦念着他的安全。鲁迅想象着亲人们的思念和牵挂，心中更添愁绪。

周作人争取去南京上学，得到了鲁迅和同在江南水师学堂的叔叔周伯升的帮助，也得到同族那位叔祖的关照，终于如愿。

辛丑八月初六日（1901年9月18日），周作人来到了南京，约一个月后正式进入江南水师学堂（此前鲁迅已经转至矿路学堂）。从此直到壬寅二月十五日（1902年3月24日）鲁迅离开南京去日本留学，兄弟二人在半年里同城居住，虽不同校，往来却很频繁。周作人日记中三天两头地记着"大哥来"或"去大哥处"，并且常常记录大哥带来或带走什么书。如辛丑十月初十

---

① 鲁迅：《译文序跋集·〈小约翰〉动植物译名小记》，《鲁迅全集》第10卷，第293页。

第三章 万里长风送客船

日（1901年11月20日）记着鲁迅到句容下矿井实习带回来一包铁、铜、煤等"矿石"样品。① 辛丑十二月廿二日（1902年1月31日）周作人日记记载未能聚谈的怅惘："下雪甚大。……拟至陆师同大哥晤谈，藉豁尘障，乃雨师风伯相继光顾，令人跬步为难，恨恨。"② 十二月廿四日（2月2日）："饭后步行至陆师学堂，道路泥泞，下足为难，同大哥谈少顷，即偕至鼓楼一游，同乡张君协和（邦华，矿生）同去，啜茗一盏而返。予循大路回堂，已四下钟矣。晚饭后大哥忽至，携来赫胥黎《天演论》一本，译笔甚好，夜同阅《苏报》等，至十二钟始睡。"③ 鲁迅不顾道路泥泞，摸黑赶到水师学堂，是为了把《天演论》送给弟弟。周作人平常早睡，那天晚上却与鲁迅"同阅《苏报》等，至十二钟始睡"。同月廿五日（2月3日）："上午，大哥回去。……（向晚）步至马路歧口，候大哥不至，归而复作，灯光如豆，伴我凄清，对之凄然，不能久坐，即睡，时七下钟。"④

周作人送鲁迅去日本留学的情景更是"萋萋满别情"。正月十三日（1902年2月20日）日记："上午无聊之至，不能静坐。十下钟，大哥来，云行李已往下关，予同去，至则尚早……至一下钟，船尚未至，大哥使予回堂，因步回。甚饥，吃油炸饼三个，抄灯虎六页，负手行讲堂小天井及操场一周，聊以解闷。闻轮舟

---

① 《周作人日记》上册，第262页。
② 同上书，第278页。
③ 同上。
④ 同上书，第278—279页。

放气声,知已将驶行矣,时已五下钟。……夜看杂诗稿,吟数章,瀹茗当酒,以浇磊块,银灯淡月,此情此景,有不堪为人道者也。黯然消魂果非俗,悄焉以怨而已。"①次日日记:"下午兀坐,捡大哥旧日记观之。……九下钟睡,连日余殊甚惺忪,就枕良久,犹转辗勿成寐,必俟睡后约一下钟,或半下钟,或一刻余始能睡着,殊不可解。是日烦躁不堪,至十一下钟始少静,忽有伧夫呼人扣浮沤,而声甚厉,遽惊觉不成睡。予甚恨,又有鼠跳跃,醒,至三下钟始酣。"②

鲁迅赴日前,把自己的日记托付给二弟保存,可惜后来散失了。

好向濂溪称净植

鲁迅青年时代的一些诗文,端赖周作人日记保存下来。但鲁迅晚年编订《集外集》时,因为兄弟断绝了来往,无法向周作人索要这些诗文,只好由后人编入《集外集拾遗》或《集外集拾遗补编》了。

周作人到杭州陪侍服刑的祖父,课业上能得到祖父的指导。鲁迅在绍兴和南京两地,与杭州之间时常通信交流。据周作人日记记载,有一天,鲁迅托返乡亲戚带给弟弟的书中有王渔洋辑的《唐人万首绝句选》和张伯行刻《周濂溪集》。③后者自必收入《爱

---

① 《周作人日记》上册,第310页。
② 同上书,第310—311页。
③ 同上书,第156页。

莲说》，其歌咏莲花之词脍炙人口："出淤泥而不染，濯清涟而不妖，中通外直，不蔓不枝，香远益清，亭亭净植，可远观而不可亵玩焉。"鲁迅的诗《莲蓬人》化用其意：

> 芰裳荇带处仙乡，风定犹闻碧玉香。①
> 鹭影不来秋瑟瑟，苇花伴宿露瀼瀼。
> 扫除腻粉呈风骨，褪却红衣学淡妆。②
> 好向濂溪称净植，莫随残叶堕寒塘！

鲁迅吟咏的莲蓬是荷花谢后结的果实，姿态挺拔，模样像人，故有"莲蓬人"之称。"汝南伯"周敦颐的道学主张，鲁迅兄弟青少年时期不一定感兴趣，中年以后更不一定赞成——"理学宗师"是鲁迅小说《祝福》中鲁四老爷敬仰的人物。鲁四老爷家里的对联和案上的书籍都能让人联想到周敦颐：

> 我回到四叔的书房里时，瓦楞上已经雪白，房里也映得较光明，极分明的显出壁上挂着的朱拓的大"寿"字，陈抟老祖写的；一边的对联已经脱落，松松的卷了放在长桌上，一边的还在，道是"事理通达心气和平"。我又无聊赖

---

① 菱（芰）和荇都是水生植物。陆游《双清堂夜赋》："人静鱼自若，风定荷更香。"
② 唐羊士谔《玩荷花》将莲的花瓣称为"红衣"："红衣落尽暗香残，叶上秋光白露寒。"

周作人日记中的《莲蓬人》

的到窗下的案头去一翻,只见一堆似乎未必完全的《康熙字典》,一部《近思录集注》和一部《四书衬》。①

鲁迅的小说讽刺道学先生时,总是针对程朱而放过濂溪——也许是因为敬畏"家学",网开一面吧。但除了这首诗及后来陆续购买的几种周敦颐的著作,鲁迅对周敦颐的学问文章并没有什么评论。周作人也说,他无论如何看不出来周敦颐的文章有什么好处——这是他成年后的观点——新文化的干将,如果还像阿Q那

---

① 鲁迅:《彷徨·祝福》,《鲁迅全集》第2卷,第6页。

第三章 万里长风送客船

样躺在"过去的荣光"上做梦,就比阿Q更可笑。多年后,周作人如此写道:

> 会稽姓周的大族很不少,但和我们都是同姓不宗。他们家谱上的世系从南北宋列记下来,有的可以上达汉唐,有五六十代之多,我们的便不行,从始迁祖算起到我们这一辈才有十四代,以三十年一代计算,只有四百年的历史……一般家谱的办法,始迁虽是晚近或微末,却可以去别找一个阔的始祖来,最普通的是拉住那做过《爱莲说》的周茂叔,喜欢往上爬的还可以硬说是周公之后,大家弄惯了也不以为可笑,但是我们的家谱上不曾采用此法,干脆的说逸斋公以前不可考。其实逸斋公虽有其人,却也不大可考了。①

虽然家谱上没有记载,但祖父周福清的"浙江乡试朱卷"中赫然宣称"始祖元公,宋封汝南伯,元封道国公,学者称濂溪先生,从祀文庙",周氏兄弟自会受些影响。鲁迅1897年购买正谊堂本《周濂溪集》,1900年写《莲蓬人》,日记里想必也有"濂溪先生""汝南"之类记载,周作人日记中记录的名号颇不少,有"汝南介孙氏""汝南驹隙生""濂溪甲申生""汝南甲申生""汝南星杓氏"等。少年时代,出于对祖先的尊重,周氏兄弟可能对周敦

---

① 周作人:《鲁迅的故家·四百年前》,石家庄:河北教育出版社2002年版,第155页。

颐的诗文下过一番功夫。不过，他们到底从周敦颐那里得到多少影响，却很难说。对周敦颐诗文的看法，20世纪40年代周作人写过一组六首的《吾家数典诗》，有一首写道：

> 清逸先生百世师，通书读过愧无知。
> 年来翻遍濂溪集，只记篷窗夜雨诗。

后有注释说："周濂溪著书，读之都不甚解，集中有《夜雨书窗》一诗觉得很好，诗云，'秋风扫暑尽，半夜雨淋漓。绕屋是芭蕉，一枕万响围。恰似钓鱼船，篷底睡觉时'。"①

周作人日记抄录《莲蓬人》诗后，还抄写了自己的一首《鲞鹤》，署名跃剑生。看来，这对兄弟诗友当时在进行咏物述志的诗艺训练。《鲞鹤》吟咏的是当地的一种物产：

> 素书传后洗秋翎，华表归来客姓丁。
> 拂翅身初离鲍肆，带腥名合考禽经。
> 枯鱼羽化胎都换，朽质奇呈骨亦灵。
> 水击鲲鹏差仿佛，专车变幻说南冥。②

勒鲞本来是一种极普通的咸鱼，其骨头变成鹤形后，仿佛鲤鱼跃

---

① 周作人：《知堂杂诗抄》，长沙：岳麓书社1987年版，第22页。
② 鲞鹤是用勒（鳓）鲞头骨所制的仙鹤，一种民间工艺品。《本草纲目·鳞部》："（勒鱼）头上有骨，合之如鹤喙形。干者谓之勒鲞。"

龙门,大不一样了。鹤本是禽中高雅者。这种鹤形物品由鱼骨制成。枯鱼、朽质二句的意思是,虽然材质不好,但做出来的形象却很好。鲍肆、带腥二句意为此鹤终将脱离腥味儿。末联进一步说鱼骨之变鹤,如鲲之化鹏,是发生了质的变化,令人惊奇。

兄弟两个的咏物诗,合起来看,寄寓了守正待变的精神品格。

宁召书癖兮来诗囚

鲁迅珍爱书,曾用母亲的嫁妆樟木箱子装书。他到处搜求书籍,有些书不易得就借来抄写。在《病后杂谈之余》一文中,他回忆曾在家中的破书堆里发现一本残缺的明抄本《立斋闲录》:

> 《立斋闲录》,好像是一部少见的书,作者是明人,而明朝已有抄本,那刻本之少就可想。记得《汇刻书目》说是在明代的一部什么丛书中,但这丛书我至今没有见;清《四库全书总目提要》将它放在"存目"里,那么,《四库全书》里也是没有的,我家并不是藏书家,我真不解怎么会有这明抄本。这书我一直保存着,直到十多年前,因为肚子饿得慌了,才和别的两本明抄和一部明刻的《宫闱秘典》去卖给以藏书家和学者出名的傅某,他使我跑了三四趟之后,才说一总给我八块钱,我赌气不卖,抱回来了,又藏在北平的寓里;但久已没有人照管,不知道现在究竟怎样了。①

---

① 鲁迅:《且介亭杂文·病后杂谈之余》,《鲁迅全集》第6卷,第185—186页。

耕读世家,视书籍为重要财富,所以每年的祭书神就是少不得的仪式。

《祭书神文》录自周作人日记,是一篇骚赋小品。骚赋也称骚体诗,其原出于《离骚》。

上章困敦之岁,贾子祭诗之夕,会稽戛剑生等谨以寒泉冷华,祀书神长恩,而缀之以俚词曰:
今之夕兮除夕,香焰氤氲兮烛焰赤。
钱神醉兮钱奴忙,君独何为兮守残籍?
华筵开兮腊酒香,更点点兮夜长。
人喧呼兮入醉乡,谁荐君兮一觞。
绝交阿堵兮尚剩残书,把酒大呼兮君临我居。
缃旗兮芸舆,挈脉望兮驾蠹鱼。
寒泉兮菊菹,狂诵《离骚》兮为君娱,君之来兮毋除除。
君友漆妃兮管城侯,向笔海而啸傲兮,倚文冢以淹留。
不妨导脉望而登仙兮,引蠹鱼之来游。
俗丁伧父兮为君仇,勿使履阈兮增君羞。
若勿听兮止以吴钩,示之《丘》《索》兮棘其喉。
令管城脱颖以出兮,使彼愕愕以心忧。
宁召书癖兮来诗囚,君为我守兮乐未休。
他年芹茂而樨香兮,购异籍以相酬。

第三章 万里长风送客船

周作人日记所录《祭书神文》

《尔雅·释天》记太岁在"岁阳"和"岁阴"的不同方位的"干支"的别称"在庚曰上章""在子曰困敦","上章困敦之岁"就是"庚子年"。明无名氏《致虚阁杂俎》:"司书鬼曰长恩,除夕呼其名而祭之,鼠不敢啮,蠹鱼不生。"古代读书人中因痴于书而得名的有唐代诗人贾岛。《唐才子传》中记述,贾岛每至除夕都要把自己一年间写的所有诗作摆放在几案上,焚香再拜,并说:"这是我一年的心血啊!"这个传说最早见于唐代冯贽的《云仙杂记》:"贾岛常以岁除,取一年所得诗,祭以酒脯曰:劳吾精神,以是补之。"是年终总结的意思，满足中也有自嘲的成分。明代诗人文徵明借鉴贾岛的方法，作诗道：

> 人家除夕正忙时，我自挑灯拣旧诗。
> 莫笑书生太迂阔，一年功事是文词。

清代龚自珍也写过除夕夜与朋友一起读"平生诗"的事："辛巳除夕，与彭同年同宿道观中。彭出平生诗，读之竟夜，遂书其卷尾：亦是三生影，同听一杵钟。挑灯人海外，拔剑梦魂中。雪色憺恩怨，诗声破苦空。明朝客盈座，谁信去年踪。"

"寒泉"本指清冽的泉水，这里指酒。"冷华"是果蔬之类。"点点"，旧时一夜分为五更，一更分为五点，专门有人在夜里敲打着竹梆报更报点。"阿堵物"是金钱的别称。《世说新语·规箴》记载，西晋王衍是一位"品行高尚"的清谈之士，口不言"钱"字。他老婆想试探虚实，趁他熟睡，让仆人绕床铺上一大圈钱。王衍早晨醒来，见到床边的钱妨碍行动，便叫来仆人道："举却阿堵物。""阿堵物"本是"这个东西"的意思，后来代指金钱。"缃"是一种浅黄色绸子，古人多用来襄糊书套；"芸"是一种香草，放在书中可以驱除蠹虫。"缃旗芸车"指书神的仪仗。"脉望"是传说中的一种可用来"求舟度世"的仙虫，据说是蠹鱼"三食神仙字"后变的。"漆妃"是墨的别称，"管城侯"是笔的别名。"文冢"是埋文稿的地方。"芹"是一种水草，古代学宫的水池（泮池）里总有些芹藻，"芹茂"是指入学宫，也就是中秀才。"槲香"指乡试合格,即中举。"木樨"就是桂花,古代一般在秋天举行省一级的科举考试(乡试),中举因称"折桂"。

诗的小序说"戛剑生等",可能是叙述兄弟一起举办祭祀活动,不一定是指合作诗文。周作人两次作文介绍,都抄录日记中这段记载,但前后相隔一年,差别很大。日记原稿是:"下午接神,夜拜像,又向诸尊长辞岁。及毕,疲惫不堪。饭后同豫才兄祭书神长恩,作文侑之(稿存后);又以鲫鱼作凤仙花文。同大哥闲谈,十一点钟睡。"① 是自己作文,还是弟兄们合作一文?稍有歧义。周作人先在《鲁迅小说里的人物》中抄引:"三十日 晴。下午接神,晚拜像,又向诸尊长辞岁。饭后同豫才兄祭书神长恩,作文侑之,稿存后。"② 改"夜"为"晚",倒无关主旨。改动较大的是第二次在《鲁迅的故家》中抄录,其中一句成了"饭后祭书神长恩,豫才兄作文祝之"③,读来感觉是鲁迅的作品。但周作人日记中确有一处署了"戛剑生"之名。

那么,《祭书神文》应该是两兄弟合作写成。

第二年的除夕,两兄弟都在南京度过。上午,鲁迅到水师学堂看望二弟,略坐一会儿即同至下关,购买一些食物后各回学堂。当天,周作人在日记中写道:"故乡正当爆竹迎年,桃符换岁,风景一新。今乃旅馆凄清,如是如是,终日高吟,藉消愁思。"他在

---

① 《周作人日记》上册,第187页。
② 周作人:《鲁迅小说里的人物·旧日记里的鲁迅》,石家庄:河北教育出版社2002年版,第291页。
③ 周作人:《鲁迅的故家·祭书神》,石家庄:河北教育出版社2002年版,第179页。

食堂吃完饭,鞭炮声中,赋诗两首:

> 灯光如豆暗消魂,细雨江南黄叶村。
> 梦里不知身是客,喃喃独自祝长恩。

> 东浦醇醪玳瑁卮,家庭团饮夜阑时。
> 今年度岁殊寥落,一盏孤灯两首诗。①

鲁迅也是"独自祝长恩",但可惜他这时期的日记没有留存。《祭书神文》最后两句表达的理想,在兄弟两个都是实现了的:他们都成了文豪,积书甚多。就鲁迅而言,现在留存在博物馆和纪念馆的藏书尚有一万四千册左右。

中国诗人中珍惜自己的诗作并整理编辑意欲流传久远的,唐代诗人白居易算较为突出的一个。他把自己的诗歌编辑抄录,分藏几处。鲁迅喜欢的唐代诗人李贺更是痴于写诗,鲁迅在《娜拉走后怎样》的演讲中就讲过他的故事:

> 你看,唐朝的诗人李贺,不是困顿了一世的么?而他临死的时候,却对他的母亲说,"阿妈,上帝造成了白玉楼,叫我做文章落成去了。"这岂非明明是一个诳,一个梦?然而一个小的和一个老的,一个死的和一个活的,死的高兴地死

---

① 《周作人日记》上册,第280页。

去，活的放心地活着。说谎和做梦，在这些时候便见得伟大。所以我想，假使寻不出路，我们所要的倒是梦。①

祭完书神，接下来就是新年的祭祀，当时因为鲁迅家境衰败，有时典物卖地。每年的祭祀是家族的大事，公祭，还有祭祀祖先，都是不能少的。周家经济拮据，自然不能像以前那样讲排场了。1901年2月，周家辛丑新年的祭祀就少了很多物事。鲁迅在《呐喊·自序》中说自己"从小康人家而坠入困顿"，措辞比较模糊，因为"小康"的标准很难确定，多少田地和财产算是小康？"困顿"是什么状态？自然不会是有上顿没下顿，而应该是不能有大作为，如购置田地、缴纳高昂学费等，更无闲钱消遣娱乐。鲁迅家在祖父科场案发入狱和父亲去世后，仍然维持在温饱以上的生活水平，家里还有用人，其中一位是读者熟知的，就是为鲁迅购买《山海经》的"长妈妈"。

鲁四老爷家嫌弃祥林嫂寡妇再嫁不吉利，不让她触碰祭品，显示出"家之大者"的重要性和纯洁性。

祭灶相比祭祖要简单一些。但是，从鲁迅的《庚子送灶即事》看，当时周家的祭灶也坠入寒酸了：

只鸡胶牙糖，典衣供瓣香。
家中无长物，岂独少黄羊！②

---

① 鲁迅：《坟·娜拉走后怎样》，《鲁迅全集》第1卷，第166—167页。
② 《周作人日记》上册，第285页。

旧俗以夏历十二月二十三或二十四日为灶神升天的日子，在这一天或前一天祭送灶神，称为"送灶"，也称为"小年"。如果家境富裕，这仪式可以很隆重，据《后汉书·阴识传》："宣帝时阴子方者，至孝有仁恩。腊日晨炊而灶神形见，子方再拜受庆。家有黄羊，因以祀之。自是已后，暴至巨富，……故后常以腊日祀灶而荐黄羊焉。"《康熙会稽志》说，绍俗"祭灶品用糖糕、时果或羊首，取黄羊祭灶之义"。周家只能献上一只鸡和一些胶牙糖，鲁迅颇受刺激，至于以诗记之，耿耿于怀。少年争胜心强，到了中年，再看这种风俗，就少了愤激情绪，而多了滑稽感和讽刺冲动。1926年的"小年"，鲁迅在北京写了《送灶日漫笔》，调侃希望灶君"上天奏好事，下界保平安"的人们：

> 坐听着远远近近的爆竹声，知道灶君先生们都在陆续上天，向玉皇大帝讲他的东家的坏话去了，但是他大概终于没有讲，否则，中国人一定比现在要更倒楣。
>
> 灶君升天的那日，街上还卖着一种糖，有柑子那么大小，在我们那里也有这东西，然而扁的，像一个厚厚的小烙饼。那就是所谓"胶牙饧"了。本意是在请灶君吃了，粘住他的牙，使他不能调嘴学舌，对玉帝说坏话。我们中国人意中的神鬼，似乎比活人要老实些，所以对鬼神要用这样的强硬手段，而于活人却只好请吃饭。①

---

① 鲁迅：《华盖集续编·送灶日漫笔》，《鲁迅全集》第3卷，第263页。

第三章　万里长风送客船

周作人在日记中抄录这首诗后，附上自己的和作：

> 角黍杂猊糖，一尊腊酒香。
> 返嗤求富者，岁岁供黄羊。①

不错，还有"腊酒"。将两首诗中的祭品加起来，场面也说得过去，可以行礼如仪了。周作人的诗有安慰宽解之意：我们"读书人"家并不羡慕大户人家的隆重祭礼，反而嗤之以鼻——我们追求精神的富足。这意思跟《祭书神文》中讽刺钱奴一样。

不知文字已沧桑

鲁迅到了江南水师学堂，不过半年，就发现学校管理不善，乌烟瘴气，于是转考进江南陆师学堂附设的矿路学堂。周作人到南京后，理解了鲁迅对水师的印象：总办方硕甫一身鸦片气与道学气，高班生欺负低班生，两个专业学生互殴，乱象丛生。等到鲁迅留学日本，周作人也有了新的目标：作海外游。

在南京，鲁迅虽然接触了新学，但学问文章总体上还囿于传统的惯性。写诗多吟咏花木虫鱼，抄录祖父诗作，参加报刊的征诗活动。周作人日记存录的四首七律《惜花》就是应征诗。周作

---

① 《周作人日记》上册，第285页。

人公布这四首诗时说是鲁迅的作品,其实是他本人所作,只不过经过鲁迅的修改。①

　　1901年4月的周作人日记抄录《惜花四律　步湘州藏春园主人元韵》及原唱。原唱可能是鲁迅从南京寄回的。湘州藏春园主人林步青,湖南长沙人,寓居上海,他写的《惜花四律》刊于当时的《海上文社日录》:

　　　　夜来风雨苦相萦,早起欣看画阁晴。
　　　　软白轻黄无限思,嫣红柔绿可怜生。
　　　　浅深秀媚如含恨,浓淡丰姿若有情。
　　　　鹦鹉帘前能解事,呼僮灌溉报声声。

　　　　东皇酝酿半开时,彳亍行来有所思。
　　　　清影月移犹爱护,修芽风动费扶持。
　　　　参天壅汉窥云壑,大地阳春泛酒卮。
　　　　属付小鬟须着意,莫教偷折最新枝。

　　　　枝头簇簇暗香飘,小雨如酥分外娇。
　　　　休使狂蜂伤嫩蕊,不教浪蝶绕柔条。
　　　　青埃碧汉三千界,绿意红情廿四桥。
　　　　愿祝十分春永驻,封绔珍重莫轻摇。

---

① 《周作人日记》上册,第294—296页。

第三章　万里长风送客船

　　千红万紫各争妍，好鸟瞒人叶底眠。
　　精卫亦难堪恨海，娲皇不肯补情天。
　　金铃弥护赢憔悴，玉树征歌自适然。
　　三十六宫春日丽，满城风雨艳无边。[1]

原作者征求唱和。周作人将自己的和诗寄给鲁迅，鲁迅修改后如下：

　　鸟啼铃语梦常萦，闲立花阴盼嫩晴。
　　怵目飞红随蝶舞，关心茸碧绕阶生。
　　天于绝代偏多妒，时至将离倍有情。
　　最是令人愁不解，四檐疏雨送秋声。

　　剧怜常逐柳绵飘，金屋何时贮阿娇？
　　微雨欲来勤插棘，熏风有意不鸣条。
　　祗教夕照催长笛，且踏春阳过板桥。
　　祗恐新秋归塞雁，兰艭载酒桨轻摇。

　　细雨轻寒二月时，不缘红豆始相思。
　　堕裀印屐增惆怅，插竹编篱好护持。
　　慰我素心香袭袖，撩人蓝尾酒盈卮。
　　奈何无赖春风至，深院荼䕷已满枝。

---

[1]《周作人日记》上册，第295—296页。

繁英绕甸竞呈妍，叶底闲看蛱蝶眠。
室外独留滋卉地，年来幸得养花天。
文禽共惜春将去，秀野欣逢红欲然。
戏仿唐宫护佳种，金铃轻绾赤阑边。①

第一首写惜花人对花开花落的关心。首联写他在睡梦中牵挂，担心户外的花被鸟雀作践，因此一起床就站到花间去盼望雨天放晴；颔联写蝴蝶飞过，他担心花瓣会被带落，又怕细草滋生把好花欺凌；颈联写最美的事物常会遇到不幸，好花凋谢更令人伤情；尾联写秋声起来，阵阵疏雨让人愁怀难解，不得安宁。

第二首写惜花人不但着意护花，还到处赏花。首联写看到柳絮飘零，常想名花难护，决心创造最好的条件护花；颔联写微雨霏霏，乘机插上棘条保护，只有和风吹拂，才不担心；颈联写日暮之前片刻都值得珍惜，希望笛声不要把太阳吹落，自己好踏过板桥去看近处的花卉；尾联写总担心雁鸣秋至，更不惜载酒泛舟去远处探访奇葩。

第三首写整个春天惜花人都为花事忙碌。首联写一年花事早春开始，并非见到了红豆才引起相思；颔联写花正开时就想到花落的怅惘，因而时时忙着为编篱而插着竹枝；颈联写不负苦心终能得到安慰，兰花和芍药蓝尾都呈献馨香与娇姿；尾联写荼蘼花终于开放了，就这样匆匆结束了一年的花事。

第四首写春去夏来，惜花人心意无尽。首联写群花竞放，招

---

① 《周作人日记》上册，第294—295页。

第三章 万里长风送客船

蜂引蝶；颔联庆幸自己不但有养花的好地方，还遇上养花的好天气；颈联写虽然禽鸟也会惋惜春将归去，但夏来花红似火将更加绮丽；尾联表示要仿效古人把惊鸟的铃索挂起。

步韵诗因受原诗的拘限，很难有充裕的表达空间。如果原诗格调不高，和诗也难出新出奇。周作人的和诗比原诗格调高，鲁迅在一些词句旁加了圈点表示赞赏，并对一些词句做了修改。周作人抄稿上，第一、三两首上方原有批注，第二、四两首无批注。第一首眉批："第一句原本；第二联原本，'茸碧'原作'新绿'；第末联原本，'不解'原作'绝处'，结句成语。"第三首眉批："首句原本，第二联原本。"

周作人日记中抄录《惜花四律》后署名"汉真将军后裔"。"汉真将军"的名号原指周亚夫，是周姓人都可以攀附的历史名人。诗的上方有周作人的眉批"都六先生原本，戛剑生删改，圈点悉遵戛剑生改本"。"都六先生"是周作人的别号。

周作人在《鲁迅的故家》中说，相比和诗，原诗"差得很多，不但没甚意趣，而且多犯合掌之弊"。这样比较原是建立在四首诗是鲁迅的作品的假设上。如果是周作人的诗作，鲁迅只做了一些修改，周作人的评价就等于自我抬高了。然而，周作人又提供了一个情节：这组诗的第二首首联下句"金屋何时贮阿娇""本系押韵，亦切惜花意"，但他的祖父看后，颇有微词。[①] 究竟是什么

---

① 周作人：《鲁迅的故家·惜花诗》，石家庄：河北教育出版社2002年版，第257页。

"微词",他却没有详说。也许周福清不满意其中的轻佻笔调,"好色""不正经""有邪念""想纳妾",都是可以从"金屋贮娇"里生发出来的责难语。

鲁迅到陆师学堂附设的矿路学堂学习开矿,接触到很多新知识。他爱看严复和林纾翻译的外国书——这也意味着诗教范围的扩大。严复翻译的西方名著风行中国。《天演论》开篇的一段带给鲁迅巨大的震撼:

> 赫胥黎独处一室之中,在英伦之南,背山而面野,槛外诸境,历历如在机下。乃悬想二千年前,当罗马大将恺彻未到时,此间有何景物?计惟有天造草昧……

虽然是散体的古文,但毋宁说是诗——从地球另一端传来的诗篇。正如苏联诗人马雅可夫斯基所写:"真正的诗人,预先吹出:朦胧的火星中的明朗的知识。"达尔文、赫胥黎的思想犹如火星吹进中国,让古老土地上的青年看见了光亮。被新知识、新思维冲击的鲁迅,不愿继续在古老的文化中讨生活了。鲁迅几乎能背诵《天演论》:"一口气读下去,'物竞''天择'也出来了,苏格拉第,柏拉图也出来了,斯多噶也出来了。"① 矿路学堂汉文作文题目也令人耳目一新,居然有《华盛顿论》!

当时,诗坛盟主——"同光体"诗派代表人物陈三立——就住在南京。"同光体"是同治和光绪年间兴盛的诗派,主要成员有

---

① 鲁迅:《朝花夕拾·琐记》,《鲁迅全集》第 2 卷,第 306 页。

第三章 万里长风送客船

《赫胥黎天演论》

陈三立（1853—1937，字伯严，号散原）、陈衍（1856—1937，字叔伊，号石遗）、郑孝胥（1860—1938，字苏戡，号太夷）和沈曾植（1850—1922，字子培，号乙庵，晚号寐叟）。他们"不专宗盛唐"，而致力于宋诗的复兴，尊崇江西诗派鼻祖黄庭坚。

陈三立是湖南巡抚陈宝箴之子，与湖北巡抚谭继洵之子谭嗣同、福建巡抚丁日昌之子丁惠康、广东水师提督吴长庆之子吴保初并称"晚清四公子"。陈三立1889年中进士，授吏部主事，1895年在上海加入由康梁等人创办的旨在改革的"强学会"。就在这一年，陈宝箴升任湖南巡抚，陈三立从旁辅佐，致力于推行新政。其间，湖南风气大开，成为中国革新的典范。陈三立向父亲推荐梁启超主持新式学校时务学堂，请黄遵宪担任按察使。戊戌变法失败，被杀六君子中的杨锐和刘光第是由陈宝箴向光绪帝保荐而得授四品卿衔、任军机章京的。慈禧太后憎恶陈宝箴,将父子二人以"滥保匪人""招引奸邪"罪惩处。其后30年,陈三立赋闲隐居,吟诗作文。他不但因为诗文,而且因为具有士人风骨,受到同时代人的尊敬。他对清廷的保守和腐败持批判态度,对时局和国家的前途也颇感无奈。

陈三立被文学史家称为"中国最后一位传统诗人"。汪辟疆的《光宣诗坛点将录》用水泊梁山排座次的方式论列光绪、宣统两朝诗人,尊陈三立为"及时雨宋江",坐第一把交椅。钱锺书则在小说《围城》中借董斜川之口,说唐代以来中国著名诗人可用"陵谷山原"概括:"三陵"(杜少陵、王广陵、梅宛陵)、"二谷"(李昌谷、黄山谷)、"四山"(李义山、王半山、陈后山、元遗山)、"一原"就是陈三立(号散原)。[①]

陈三立的妻舅俞明震担任南京江南陆师学堂总办(校长)——鲁迅就在这所学校附设的矿路学堂学习。俞明震,字恪士,祖籍山阴斗门,光绪十六年庚寅恩科进士,点翰林院庶吉士,三年散馆授刑部主事。中日甲午战争前奉台湾巡抚唐景崧奏调赴台,委管全台营务,参加了抗击日本侵略者的战斗。戊戌变法期间,俞明震赞成康梁的主张,并参与湖南巡抚陈宝箴推行的新政。变法失败后,转任南京江南陆师学堂兼附设矿务铁路学堂总办。光绪三十三年(1907),转任江西赣宁道。宣统二年(1910),任甘肃提学使,三年(1911)代理布政使。民国初年任平政院肃政使。

---

① 钱锺书:《围城》,北京:人民文学出版社2006年版,第90页。

陈三立　　　　　　　俞明震

晚年寓居上海、杭州等地。

俞明震是"同光体"诗派的一员，诗虽宗宋，但取法与陈三立、郑孝胥、陈衍、沈曾植等有所不同，以学"简斋"（陈与义）为主，上规杜甫，间杂议论，善于摹写新事物，词句力求新异。因为刻意雕琢，苦吟成癖，时有蹇滞之感，他在《居南安十日书寄伯严》中写道：

羡君遗世换诗骨，笑我倾愁挥夕阳。
琢句未除文字障，不知文字已沧桑。①

他自嘲在落日余晖里徜徉，在文字樊笼里苦吟，逃不出拘束和魔障。

俞明震在江南陆师学堂总办任内，主张学习日本的教育体制，

---

① 俞明震：《觚庵诗存》，上海：上海古籍出版社2008年版，第37页。

不但热情接待日本教育家来华考察，商谈合作培养事宜，而且两次亲率陆师学生赴日，学生中包括鲁迅及其同学、自己的儿子俞大纯和两个外甥陈衡恪、陈寅恪（自费留学）。鲁迅应该熟知陈三立这位诗坛祭酒的名声和业绩，因为陈三立的大儿子陈衡恪（师曾）是鲁迅矿路学堂的同学，两人同船赴日留学，民国成立后同在北京教育部任职。

俞明震接待来中国考察的日本教育家嘉纳治五郎时，妹夫陈三立参加了宴集。事后，陈三立撰写五言长诗《日本嘉纳治五郎以考察中国学务来江南既宴集陆师学堂感而有赠》[①]，抒发革新教育之志：

> 国家丧败余，颇复议新政。
> 仍遵今皇谟，喔喔诵甲令。
> 四海学校昌，教育在厘正。
> 所恨益纷庞，末由基大命。
> 去圣日久远，终古一陷阱。
> 礼乐坏不修，侈口吒孔孟。
> 譬彼涉汪洋，航筏失导迎。
> 盲僮拊驹犊，旷莽欲何骋。
> 陶铸尧舜谁，多算有借镜。
> 东瀛唇齿邦，泱泱大风盛。

[①] 陈三立:《散原精舍诗文集》上，上海，上海古籍出版社2003年版，第51—52页。

第三章 万里长风送客船

> 亦欲煦濡我,挟以御物竞。
> 群士忽奔凑,有若细流迸。
> ……

也许就是在这次觥筹交错间,陆师学堂和矿路学堂做出派遣学生到日本留学的决定。鲁迅留日的第一站正是嘉纳治五郎创办的东京弘文学院。

鲁迅赴日前夕,水师学堂的同学胡韵仙赋诗送别:

> 忆昔同学,曾几何时,弟年岁徒增,而善状则一无可述,兹闻兄有东瀛之行,壮哉大志,钦慕何如,爱赋数语,以志别情,犹望斧正为荷。

> 英雄大志总难侔,夸向东瀛作远游。
> 极目中原深暮色,回天责任在君流。

> 总角相逢忆昔年,羡君先着祖生鞭。
> 敢云附骥云泥判,临别江干独怆然。

> 乘风破浪气豪哉,上国文光异地开。
> 旧域江山几破碎,劝君更展济时才。[①]

---

① 周作人:《鲁迅的故家·胡韵仙》,石家庄:河北教育出版社 2002 年版,第 233 页。

鲁迅矿路学堂毕业执照

诗中尊称为"上国"的中华帝国虽然衰败明显——"中原深暮色"——但仍带着古老文明的光环。中国人钦羡日本在现代化的道路上取得的巨大成就,但还常常不自觉地将日本的发展部分归功于中国文明的影响——"文光异地开"。从消极的一面看,是躺在过去的光荣上,自大自满;从积极的一面看,是觉得中国还有复兴的希望。

第四章

我以我血荐轩辕

灵台无计逃神矢

1902年,鲁迅乘船从南京出发,经上海前往日本留学,计划先就读日本弘文学院,学习日语和基础知识,两年后进入大学深造。

鲁迅一到校,就到附近的照相馆拍照,将三张照片随信寄往南京,除了给二弟的一张,其他两张托其带给绍兴家人,以释远念。给二弟的一张背面有题词:"会稽山下之平民,日出国中之游子。弘文学院之制服,铃木真一之摄影。二十余龄之青年,四月中旬之吉日。走五千余里之邮筒,达星杓仲弟之英盼。兄树人顿首。"周作人把这段题词抄写在日记中,并写出"披图视之,宛然东瀛人也"的惊喜感叹之词,并"拟放假日往城南配壳子,悬之一室,不啻觌面。"①鲁迅思念故乡、怀想亲人,弟弟珍爱兄长写真,手足之情跃然纸上。

因为东游日记不存,鲁迅赴日途中观察、思考和思念的内容无从得知。周作人的日记中记录了他们之间频繁的书信联系。鲁迅来信报告见闻,有时介绍新书,叮嘱周作人购读,如为购买鲁迅推荐的严译《名学》,周作人颇费心力:

六月十五日(1902年7月19日)

又作致韵仙信,托买闻人严几道(复)新译穆勒《名学》,格致书也,大哥来信云书甚好,嘱购阅,故托彼往买。信未发,待有来函,知寓何处,始可寄信。

六月廿七号(1902年7月31日)

是日发致韵仙信(托买穆勒《名学》)。

七月初四日(1902年8月7日)

看《中外日报》数纸,金粟斋有严又陵译《名学》部甲出售,洋八角,南京明达书庄中西书局皆有寄卖,拟往购之。是书系英伦穆勒约翰原著,豫兄来函云其书甚好,嘱购阅,前已托胡兄往购,未知有否也。

七月初七日(1902年8月10日)

点名后,向叔祖借角洋两元(尚存五元),拟明日至夫

---

① 《周作人日记》上册,第335页。

子庙买书，告假已准。

七月初八日（1902年8月11日）

晨同升叔步行至鼓楼，坐车到夫子庙明达书庄，买穆勒《名学》部甲二本，八角。①

鲁迅还经常托人带日本的新书报给周作人看，有《西力东侵史》之类的宣传反对帝国主义侵略的书，《权利竞争论》之类的政法理论书，《摩西传》《政界十女杰》之类的杰出人物传记，外国人研究中国历史地理的书，以及鼓吹维新变法的刊物《天义报》《新小说》和本省留日同乡会编辑出版的《浙江潮》等。

1903年3月26日，周作人在日记中记下他为大哥作的三首诗《春日坐雨有怀予季并柬豫才大兄》（用鲁迅《别诸弟》韵）：

> 杜鹃声里雨如丝，春意阑珊薄暮时。
> 客里怀人倍惆怅，一枝棠棣寄相思。
>
> 锦城虽乐未为家，楚尾吴头莫漫夸。
> 烟柳白门寒食近，故园冷落雀梅花。
>
> 通天枫树春田社，满地樱花小石川。
> 胜迹何时容欣赏，举杯同醉晚风前。②

---

① 《周作人日记》上册，第340—345页。
② 同上书，第380页。

在杨柳、梅花、棠棣花之外，诗中出现了枫树和樱花，而且是"通天枫树"和"满地樱花"。周作人没有去过日本，只是从鲁迅的来信中知道"春田社"和"小石川"，想象异国美景。

如此频繁地与二弟交流，可见鲁迅没有"另有所爱"。实际上，鲁迅此时已经订婚，未婚妻是本城丁家弄的朱安。

少年时代就开始写日记的鲁迅，早期日记中想必有爱的幻想，甚至有情窦初开时写给意中人的诗句——可惜如今已无从得见。现今所能见到的鲁迅诗作，很少有正面书写爱情的内容，有的只是《我的失恋》之类打油、热讽、冷嘲之作，未免让人感到失望和遗憾。但考虑到他青年时代所受的包办婚姻之苦，也就不难理解了。

鲁迅13岁那年，父母担心祖父的科场案牵连家人，把他和周作人送到舅舅家避难。他本人没有写过这个时期的感受，只在《俄文译本〈阿Q正传〉序及著者自叙传略》《鲁迅自传》中说过曾被人称为"乞食者"，应该是受到了怠慢和蔑视，心里留下了阴影。可能是因为这种感受，他几乎没有说起过自己在寄居时期受到的文学教育，更没有提到情感上的碰撞和遇合。同去的周作人，也许因为年龄小，对冷漠和轻蔑还不敏感，后来在《鲁迅的故家·娱园》中回忆那个时期的生活，温馨平和的细节讲得比较多，如他与鲁迅阅览了很多小说，其中还有不少言情小说。

尽管周家的教育比较开明，祖父和父亲都不明确禁止鲁迅兄弟阅读小说，但其实阅读书目只限于《西游记》《荡寇志》之类，言情小说自然在禁止之列。家庭发生变故后，鲁迅和二弟被送到大舅父鲁怡堂家避难，暂时脱离了家庭和私塾，得有看"闲书"的机会。大舅父的内弟秦少渔（小名友，鲁迅称他"友舅舅"）思想开明，性情散淡，不汲汲于功名，读书面宽而且禁忌较少。周作人在《鲁迅的故家》中回忆，秦少渔"喜欢看小说，买的很多，不是木板大本，大都是石印铅印的，看过都扔在一间小套房里，任凭鲁迅自由取阅，只是乱扔一堆，找寻比较费事，譬如六本八本一部，往往差了一本，要花好些时光才能找全，这于鲁迅有不少的益处，从前在家里所能见到的只是《三国》《西游》《封神》《镜花缘》之类，种种《红楼梦》，种种'侠义'，以及别的东西，都是无从见到的"[①]。鲁迅因为喜爱《荡寇志》中的绣像及其说明文字的字体，特地买了"明公纸"逐一影描，积累大约百页，订成一册。

言情文学往往对情窦初开的少年具有情感启蒙作用。不过，文学作品中的爱情是虚构的，现实中的爱须有明确的对象——如射箭之有鹄的。

周作人在日记中记下鲁迅的订婚过程：1899年3月16日，周家与同城丁家弄朱家女朱安议婚获得朱宅应允："朱宅出口，托惠叔备席，约洋五元"。[②] "出口"是绍兴婚俗的一个环节：男方出"求帖"送到女家求婚，女家收下"求帖"，如同意议婚，就以"允帖"送还男家。1900年5月14、15日，周作人日记中记载他与母亲鲁瑞、玉田叔祖母及朱安的胞兄朱小云等同舟看戏，说明

---

① 周作人：《鲁迅的故家·娱园》，石家庄：河北教育出版社2002年版，第76页。
② 《周作人日记》上册，第42页。

两家已经比较熟悉。

但婚事进展很缓慢,可能是因为鲁迅在南京求学,推迟了婚期,更大可能是因为鲁迅不认可这门婚事。直到1901年4月3日,周作人日记记录,母亲让他"遣人往丁家弄朱宅请庚"①,就是去询问女方的生辰八字,以便与鲁迅的八字一起排算。周作人觉得母亲是受了媒妁之言的欺骗,仓促答应了这桩婚事。媒人是玉田夫人的儿媳即伯㧑(周子传)的夫人,出自绍兴大族观音桥赵氏,"人极漂亮能干,有王凤姐之风,平素和鲁老太太也顶讲得来,可是这一件事却做的十分不高明。新人极为矮小,颇有发育不全的样子,这些情形姑媳不会得不晓得,却是成心欺骗,这是很对不起人的。本来父母包办子女的婚姻,容易上媒婆的当,这回并不是平常的媒婆,却上了本家极要好的妯娌的当,可以算是意外的事了"。②所以,鲁迅在《朝花夕拾·琐记》中,以伯㧑夫人为原型,塑造了"衍太太"这个搬弄是非者的形象;在《父亲的病》中,衍太太在他的父亲临终时怂恿他大叫,让父亲的痛苦延长。但周作人在《鲁迅小说里的人物·S城人》中认为《父亲的病》用了虚构笔法,因为根据当地风俗,非直系亲属的女性是不能出现在父亲病床前的。可见,鲁迅不惜以小说笔法编排,表达对这位王熙凤般长袖善舞的女性的愤恨和厌恶。

周冠五在《鲁迅家庭家族和当年绍兴民俗》中写道:"鲁母知

---

① 《周作人日记》上册,第207页。
② 周作人:《知堂回想录·家里的改变》,北京:十月文艺出版社2013年版,第220页。

朱安像

道我和鲁迅在通信,就叫我写信劝他,我写信后得到鲁迅回信,他说:要娶朱安姑娘也行,有两个条件:一要放足,二要进学堂。安姑娘思想很古板,回答脚已放不大了,妇女读书不大好,进学堂更不愿意。"① 几年后,鲁迅奉母亲之命回国成婚,看到朱安仍是小脚,就难免带着抵触情绪了。

寄意寒星荃不察

诗关乎爱。鲁迅在《小杂感》中说:

人感到寂寞时,会创作;一感到干净时,即无创作,他

---

① 周冠五:《鲁迅家庭家族和当年绍兴民俗》,上海:上海文化出版社2006年版,第245页。

已经一无所爱。

　　创作总根于爱。

　　杨朱无书。①

　　在东京，一个与男女情爱有关的外国词语出现在鲁迅的笔下，即他在日本所写第一首诗第一句"灵台无计逃神矢"中的"神矢"两个字，字面意思是"神箭"。中国神话传说里有持箭英雄后羿，以射杀野兽和射落九个太阳闻名，但他的箭并不是射向人心的，与爱情无关。鲁迅的小说《奔月》叙述后羿箭法太好，射得野兽死光，自己无用武之地，生活愈来愈艰难，妻子嫦娥不耐贫苦，吃了长生不老药飞到月亮上去了——后羿连爱情也没保住。

　　能射中"灵台"（心）的，无疑是古罗马爱情之神丘比特的弓箭。

　　　　灵台无计逃神矢，风雨如磐暗故园。
　　　　寄意寒星荃不察，我以我血荐轩辕。

《庄子·庚桑楚》："不可内（纳）于灵台。""风雨如磐"出自唐代贯休《侠客》诗："黄昏风雨黑如磐，别我不知何处去。"寒星，即流星。宋玉《九辩》有"愿寄言夫流星兮"，王逸注："欲托忠策于贤良也。"想有所建言于贤良之人或者君长，但没有得到垂顾。"荃不察"语出屈原《离骚》："荃不察余之中情兮，反信谗而齌怒。"

---

① 鲁迅：《而已集·小杂感》，《鲁迅全集》第3卷，第556页。

第四章　我以我血荐轩辕

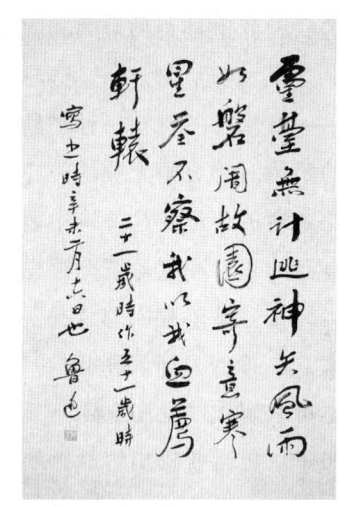

鲁迅剪发照及题诗手迹

轩辕即黄帝，姓公孙，名轩辕，传说中汉民族的始祖。

这首诗曾写在鲁迅剪去辫子后所拍的照片的背后。现存手稿写于 1931 年，落款有"二十一岁时作，五十一岁时写之，时辛未二月十六日也"。许寿裳在《怀旧》一文中说："一九〇三年他二十三岁，在东京有一首《自题小像》赠我。"① 自此以后，《自题小像》成为该诗的题目，许寿裳如此命名，可能是觉得诗意正与照片形象契合。

许寿裳在《〈鲁迅旧体诗集〉跋》中认为神矢就是古代外国的"爱神的箭"，"首句之神矢，盖借用罗马神话爱神之故事"，但没有明确说这解释出自鲁迅本人。② 爱情之箭是逃不脱、躲不

---

① 许寿裳：《怀旧》，《新苗》1937 年第 13 期。
② 许寿裳：《我所认识的鲁迅》，北京：人民文学出版社 1959 年版，第 99 页。

过的，因此也是一种束缚和限定。正面讲，爱情不但入眼而且入心，热烈浓厚，让人不能自拔；反面讲，则男女之爱的一种形式——婚姻——也是一种契约。那时中国偏多无爱的婚约，而无爱的婚约对心灵是无效的，丘比特不会浪费他的箭头。所以，被婚约束缚的鲁迅在这首诗中表示既然没有得到爱神的垂青，只好将自己的热血和生命祭奠祖先。

诗中"荃不察"的"荃"是为鲁迅包办婚姻的母亲，还是人民大众，抑或皇帝和重臣？"不察"可以是"不理解"的意思，但也可以解作"没注意到""不理睬"。从订婚到结婚的很长一段时间里，鲁迅曾提出解除婚约。遗憾的是，母亲没有体察儿子内心的痛苦，不理睬他的请求。

这首诗几乎一句一意，似连非连：怀念家乡，抒发孤独情思，表达爱国情怀，天上地下，古今中外，神界人间，跨度很大。全诗竟没有关于剪辫的内容，也许并非专为"断发"而写，而剪发是那时的一个大事件。

在东京弘文学院，体育是一项重要的教学内容。弘文学院院长嘉纳治五郎是日本柔道运动的倡导者。柔道结合了日本柔术和中国武术的特长，有利于锻炼人的反应能力。它不用任何武器，在打斗中借用对方的力量，将对手按住、压住或打倒。嘉纳治五郎为这项运动拟定的宗旨是："精力善用，自他共荣。"1903年3月，嘉纳治五郎在弘文学院开立了柔道讲道馆，招收中国留学生，鲁迅、许寿裳等30多位学生报名。[①] 中国学生学习柔道，

---

① 细野浩二:《鲁迅的境界——追溯鲁迅留学日本的经历》，日本《朝日亚洲评论》1976年冬季号。

第四章 我以我血荐轩辕

最碍事的要数头上的辫子。练习扭打，辫子散落，不但碍事，还有危险。在伦敦的大街上，中国人被呼为"披克台儿"（pigtail，猪尾）、"赛维基"（savage，野蛮人），在东京则被称为"锵锵波子"（拖尾奴才），使中国留学生们感到屈辱和难堪。因此，留学生们陆续把辫子剪掉。弘文学院浙江班的学生们已经剪了辫子，鲁迅所在的江南班经过争取，终于也把辫子剪掉了。鲁迅剪辫当天，兴奋地来到已剪辫的好友许寿裳的自修室，庆贺了一番。[1]

但实际上，剪辫不一定就是"革命"精神的表现。鲁迅后来在《因太炎先生而想起的二三事》中申明，自己剪辫子并不是为了革命，"归根结蒂，只为了不便：一不便于脱帽，二不便于体操，三盘在囟门上，令人很气闷"。[2] 读者可以引申发挥，将个人事件上升到爱国家、爱民族的层面。

鲁迅当时经常与许寿裳在一起谈社会、谈人生，特别谈论中国积贫积弱的原因到底是什么等问题。中国人受奴役的历史太长，受荼毒太深，已经培养了根深蒂固的奴才思维。许寿裳在《我所认识的鲁迅》中记述："有一天，谈到历史上中国人的生命太不值钱，尤其是做异族奴隶的时候，我们相对凄然。"他们集中谈论的一个问题是中国民族性中最缺乏的是什么，结论是"我们

---

[1] 许寿裳：《亡友鲁迅印象记·剪辫》，北京：人民文学出版社1953年版，第1页。
[2] 鲁迅：《且介亭杂文末编·因太炎先生而想起的二三事》，《鲁迅全集》第6卷，第579页。

民族最缺乏的东西是诚和爱,——换句话说:便是深中了诈伪无耻和猜疑相贼的毛病。口号只管很好听,标语和宣言只管很好看,书本上只管说得冠冕堂皇,天花乱坠,但按之实际,却完全不是这回事"。其中的原因很多,但"两次奴于异族"是"最大最深的病根"。①

尽管《自题小像》有鲁迅思考民族性的背景,但也有人解释其为爱情诗。爱神之箭无法逃脱,通常是指自由恋爱,是真正的男女互相怡悦。周家与朱家的联姻不是中了丘比特之箭,甚至也不是中国月老的善意安排,而是社会习俗锁链的束缚。

如果这首诗是爱情诗,是否意味着鲁迅真有一个暗恋的、可以寄托诗情的对象呢?

鲁迅的母亲鲁瑞,也出身官宦之家。鲁迅的外祖父鲁希曾,咸丰元年(1851)中举,1862年擢任户部主事,后来绝意仕途,归乡隐居。

鲁希曾有两儿三女,原住绍兴城外的安桥头村。因房屋狭小,迁至离安桥头十多里远的皇甫庄。1893年,鲁迅和周作人因祖父科场行贿案发到外祖母家避难,第一站是住在皇甫庄的旗杆台门。其时鲁希曾已经去世,鲁迅的大舅父鲁怡堂和小舅父鲁寄湘兄弟也已分了家,鲁迅的外祖母与鲁寄湘生活在一起。小舅父家有四个女儿,大姐琴姑不仅识文断字,还能读懂家里收藏的深奥医书。在皇甫庄时,鲁迅和周作人常与表兄弟姐妹一起玩耍。

---

① 许寿裳:《我所认识的鲁迅》,北京:人民文学出版社1959年版,第18—19页。

第四章　我以我血荐轩辕

据周作人回忆，当时鲁迅在皇甫庄的主要兴趣是影描俞万春的小说《荡寇志》前面的绣像插图。鲁迅影描绣像后，由表兄鲁佩绅（大舅父的儿子）影描背面的字，周作人和表姐妹们站在一旁观看。鲁迅的绘画才能想必给表姊妹们留下了深刻印象。也许就在这个时期，大姐琴姑对鲁迅有了情愫。可惜，周氏兄弟在舅舅家时间很短：因为房屋租赁到期，大舅父一家搬到小皋埠内弟秦少渔家住，外祖母和小舅父一家也搬回安桥头老屋居住，周氏兄弟随大舅父一家去了小皋埠，不得不与琴姑姐妹分别。

鲁瑞后来回娘家，曾对小弟寄湘提出，让琴姑做儿媳妇。据说，琴姑父母和琴姑本人对这门婚事都乐意。姑表亲，亲上加亲。然而，商议的过程中遇到一个障碍：琴姑属羊，当地有俗语"男子属羊闹堂堂，女子属羊守空房"，是说属羊的女子命硬克人。鲁迅出生时是"蓑衣包"（胎盘先下来），虽然据说这样长大有出息，但很难养活，所以家人特地在附近的长庆寺为他拜了一个和尚做师父，并取法名"长根"（也作长庚），免得神鬼妒忌。

经过一番掐算，这桩亲事作罢。小舅父不久便把琴姑许配给了别家。琴姑的婚姻生活很不如意，抑郁而终。据说，她临终时还对贴身保姆说："我有一桩心事，在死前非说出来不可，就是以前周家来提过亲，后来忽然不提了，这一桩事，是我的终身恨事，我到死都忘不了。"①

因此，鲁迅这首《自题小像》，可以有两种解读：一是鲁迅

---

① 周建人口述、周晔编写：《鲁迅故家的败落》（增订本），福州：福建教育出版社 2017 年版，第 183 页。

用逃不过爱神的箭比喻自己对祖国和人民的深爱。祖国的处境险恶，灾难深重，自己的心意虽然不为民众理解，但仍决心以鲜血和生命来报效民族。一是认为鲁迅在写自己的爱情，具体说，就是自己对琴姑的思念。爱神丘比特的箭射的是男女情爱之心，与国家民族无涉，更与那个无爱的婚姻对象无涉。研究者以上述事实和传说为依据，将这首诗译成白话：

> 我的心实在躲避不了丘匹特的神箭，
> 心中一直把她（琴姑）挂牵；
> 故乡还紧张地在为我安排婚事（朱安），
> 真的是雨骤风狂，夜气如磐。
> 我把心意告白于寒空的星星；
> 他们（母亲及亲人）又是那样地不理解我；
> 我只能不管个人的事，
> 决心为祖国把鲜血和生命贡献。①

不过，鲁迅内心的"箭伤"是秘密的，好友许寿裳、弟弟周作人甚至母亲也未必知道。

杨宪益对爱情和西方神箭说提出疑问。他认为，《诗经·大雅·灵台》是歌颂周文王的诗，郑玄笺注"文王受命而作邑于丰，立灵台"。《孟子·梁惠王上》有"文王以民力为台为沼，而民欢乐

---

① 张恩和:《鲁迅的初恋》,《鲁迅研究月刊》2007年第8期。

之,谓其台为灵台"。战国以后,灵台成了轩辕黄帝之台,人体指心,天文指星,都位在中央。他因此提出"灵台无计逃神矢"一句的解释:

> 鲁迅年幼时是很喜欢读《山海经》的。《大荒西经》里说:"有轩辕之台,射者不敢西向,畏轩辕之台。"《海外西经》也说:"穷山在其北,不敢西射,畏轩辕之丘。"郭璞注曰:"敬难黄帝之神。"郝懿行注曰:"台亦丘也。"看来古代人认为中国四方都有不少妖神,但它们都害怕轩辕黄帝,不敢向轩辕的灵台射箭。《山海经》里也提到共工之台,也是说各地妖神不敢向灵台射箭,如《大荒北经》里说:"有共工之台,射者不敢北向。"《海外北经》也说:"相柳者九首人面蛇身而青,不敢北射,畏共工之台。"都是一个意思,因为共工在古代神话里也是个与帝争霸的君主。鲁迅这首诗末句既然说"我以我血荐轩辕",用的典故当然指的是古代神话里的轩辕之台,那样第一句应该用的是同一典故,意思也就是指祖国当时已处于风雨飘摇的黑暗时代,四方妖神也就是说帝国主义列强,已不再害怕黄帝的威灵,都敢向灵台攻击了。鲁迅这首诗写成的时代正是帝国主义列强纷纷向中国进攻的那些年。[①]

---

① 杨宪益:《鲁迅的〈自题小像〉诗》,《杨宪益诗文》,北京:商务印书馆2017年版,第74—77页。

诗人有时将内心的秘密保持得很隐秘，不愿直白表达而用意象曲折隐喻。"诗家总爱西昆好，独恨无人作郑笺"，诗人的有些情思，就是"郑笺"也束手无策。

东亚风云起

鲁迅的"我以我血荐轩辕"志愿并没有付诸实施。诗文和实际行动之间，有联系也有区别。诗毕竟是文字，其所叙述描写，有时并非诗人的亲历。

晚清时期的梁启超和黄遵宪等人是政治家，也是诗人。他们参与的戊戌变法虽然失败，但他们的行动和文字是中华民族历史上泣血的壮丽诗篇，体现出中国历史紧要关头的危急处境和人民的英勇抗争。他们的诗文不但在内容上怀君忧民，在形式上也有新的突破。

鲁迅对前辈的思想和文辞钦佩赞赏，他编译的《斯巴达之魂》便是响应梁启超的主张，以文艺鼓舞民气的作品。

1904年，中国东北的日俄战场如火如荼，牵动着很多留学生的心。鲁迅对国际国内形势也有自己的判断，曾对同学说："日本军阀野心勃勃，包藏祸心，而且日本和我国邻接，若沙俄失败后，日本独霸东亚，中国人受殃更毒。"[①] 他认为蔡元培等人在上海创办的《俄事警闻》扬日抑俄，缺乏远见。这意见当然有道理，但无

---

① 沈瓞民:《鲁迅早年的活动点滴》,《上海文学》1961年第10期。

论是日本还是俄国，对待中国的意图和态度都一样，区别只在虎豹豺狼之间。

留日同学沈瓞民结业回国后，作诗一首《柬豫才兼示师曾》寄来，表达别后的思念，抒发对同胞不醒、报国无门的感叹：

> 东亚风云起，吾曹效力时。
> 救亡纾上策，游说竭微辞。
> 难醒人间醉，空劳别后思。
> 栽培芳草绿，原上看离离！①

《浙江潮》创刊时，东京的浙江同乡会有101人，如《浙江潮》发刊词题记所说："岁十月，浙江人之留学于东京者百有一人，组织一同乡会。"创刊号卷首的合影"浙江同乡会摄影"上约90人，其中有鲁迅。

留学生中有改良派，也有革命派。《浙江潮》创办时，革命派和改良派就发生了争执：改良的一派主张用"浙江同乡会会刊"为杂志名称；革命派则主张用"浙江潮"表示汹涌澎湃的反清革命浪潮。创刊编辑蒋百里撰写的发刊词中有这样精警的句子："忍将冷眼，睹亡国于生前；剩有雄魂，发大声于海上。"

国运衰颓导致革命风潮涌起，文学也面临着时局的冲击。文坛的风向在转变。"诗界革命"和"小说界革命"发起人梁启超在

---

① 沈瓞民:《鲁迅早年的活动点滴》,《上海文学》1961年第10期。

《浙江潮》封面

海外华人中影响极大。梁启超曾追随康有为倡导变法维新,并称"康梁"。变法失败后,他作《自励》两首表达自己的志愿和感慨:

> 平生最恶牢骚语,作态呻吟苦恨谁。
> 万事祸为福所倚,百年力与命相持。
> 立身岂患无余地,报国惟忧或后时。
> 未学英雄先学道,肯将荣瘁校群儿。
>
> 献身甘作万矢的,著论求为百世师。
> 誓起民权移旧俗,更擎哲理牖新知。
> 十年以后当思我,举国犹狂欲语谁?
> 世界无穷愿无尽,海天寥廓立多时。

1899年,梁启超在《夏威夷游记》中正式提出"诗界革命"的口号,认为想要挽救诗歌日益衰落的命运,必须创造出全新的境界,去除拟古主义、形式主义旧习,摆脱旧体格律束缚,反映新时代、新思想。

诗界革命的早期倡导者有黄遵宪、夏曾佑、谭嗣同、梁启超等。1896、1897年,他们开始试作"新诗"。变法失败,梁启超逃亡国外,继续推进文学改良主张,诗界革命是其中一个重要方面。他在《清议报》《新民丛报》《新小说》等刊物上开辟专栏,撰写《饮冰室诗话》,阐发理论观点,推介谭嗣同、唐才常、康有为、黄遵宪、蒋智由、丘逢甲、夏曾佑等人的诗作。

黄遵宪作为诗界革命的标志性人物,提出了一整套诗歌改革纲领。他早年经历世乱,深知时弊,力图挽救,主张变法。从光绪三年(1877)到二十年(1894),他先后到日本、英国、美国、新加坡等地担任外交官,接触东西洋文明,更坚定宪政改革的信念。他特别总结了日本明治维新的经验,并反观中国,探索中国富强发展之路。他在《己亥杂诗(四十七)》中写道:

滔滔海水日趋东,万法从新要大同。
后二十年言定谳,手书《心史》井函中。

后加自注:"在日本时,与子峨星使言:'中国必变从西法。其变法也,或如日本之自强,或如埃及之被逼,或如印度之受辖,或如波兰之瓜分,则吾不敢知,要之必变。将此藏之石函,三十年后,其言必验。'"①

诗人诚然是预言家。

黄遵宪认为诗也必须变革:"诗之兴,自古至今,而其变极尽矣。虽有奇才异能英伟之士,率意远思,无有能出其范围者。虽然,诗固无古今也,苟出天地、日月、星辰、风云、雷雨、草木、禽鱼之日出其态以(尝)[当]我者,不穷也。悲、忧、喜、欣、戚、思念、无聊、不平之出于人心者,无尽也。治乱、兴亡、聚散、离合、生死、贫贱、富贵之出而(?)我者,不同也。苟能即身之所遇,目之所见,耳之所闻,而笔之于诗,何必古人?我自有我之诗者在矣。"②梁启超看到黄遵宪的长诗《锡兰岛卧佛》,赞叹不已,在《饮冰室诗话》中全文征引,高度评价:

> 中国事事落他人后,惟文学似差可颉颃西域。然长篇之诗,最传诵者,惟杜之《北征》、韩之《南山》,宋人至称为日月争光,然其精深盘郁雄伟博丽之气,尚未足也;古诗《孔雀东南飞》一篇,千七百余字,号称古今第一长篇诗。诗虽奇绝,亦只儿女子语,于世运无影响也。中国结习,薄今爱古,无论学问文章事业,皆以古人为不可几及。余生平最恶闻此言。窃谓自今以往,其进步之远轶前代,固不待蓍龟。即并世人物,亦何遽让于古所云哉?生平论诗,最倾倒

---

① 黄遵宪:《己亥杂诗》第四十七首自注,《黄遵宪全集》上,北京:中华书局2005年版,第158页。
② 黄遵宪:《致周朗山函》,同上书,第291页。

第四章　我以我血荐轩辕

黄公度，恨未写其全集。顷南洋某报录其旧作一章，乃煌煌二千余言，真可谓空前之奇构矣！荷、莎、弥、田诸家之作，余未能读，不敢妄下比鹭。若在震旦，吾敢谓有诗以来所未有也。以文名名之，吾欲题为《印度近史》，欲题为《佛教小史》，欲题为《地球宗教论》，欲题为《宗教政治关系说》。然是固诗也，非文也。有诗如此，中国文学界足以豪矣！因亟录之，以饷诗界革命军之青年。①

　　周氏兄弟到日本时，黄遵宪早已离开驻日使节职位。他在戊戌变法失败后遭到贬黜，蛰居乡里，郁郁而终。鲁迅没有赶上参加"诗界革命军"阵营，而受梁启超影响，将注意集中于小说。梁启超创办的《新民丛报》《新小说》杂志，和他热情澎湃的文字，激励了包括鲁迅在内的一代青年。他在《新小说》创刊号上发表《论小说与群治之关系》，将小说的地位大大提升："欲新民，必自新小说始。"梁启超更主张诗歌和小说的交融，在小说中注入了诗的理想，将小说提高到与诗一样的地位。有人说，鲁迅的绝句《自题小像》就是受了梁启超《自励》诗第二首的触发：首句"灵台无计逃神矢"胎息于梁诗第一句的后半句；结句"我以我血荐轩辕"胎息于梁诗的前半句，"荐"就是"献身"的意思；第三句胎息于梁诗第六句，鲁迅用陈述句，梁诗用反问句，意思相近，

---

① 梁启超：《饮冰室诗话》卷一，上海书局宣统二年版，第3页。诗话中出现次数最多的诗人是黄遵宪，梁启超还说："公度之诗，独辟境界，卓然自立于二十世纪诗界中。"（第22页）

都是在说无人理解自己的志向。①

鲁迅与诗界革命的先驱者之一、浙江人蒋智由交往颇多。蒋智由在浙江同乡会中比较活跃,担任过《浙江潮》的编辑。他本为新党,主张变法,后与梁启超越走越近,终于转变立场,拥护君主立宪。梁启超赏识他的诗作,在《广诗中八贤歌》中称赞说:

诗界革命谁钦豪?因明钜子天所骄。
驱役教典庖丁刀,何况欧学皮与毛。

许寿裳在《亡友鲁迅印象记》中回忆自己和鲁迅、蒋智由的交往以及鲁迅对蒋智由的态度的转变过程道:"可是有一次,蒋氏谈到服装问题,说满清的红缨帽有威仪,而指他自己的西式礼帽则无威仪。我们听了,颇感奇怪。辞出之后,鲁迅便在路上说:'观云的思想变了。'我点点头。我们此后也不再去。果然,不久便知道他和梁启超组织政闻社,主张君主立宪了。于是鲁迅便给他一个绰号——'无威仪'。"②

鲁迅很喜欢蒋智由的《送匋耳山人归国诗》(匋耳山人即光复会领袖陶焕卿):

---

① 吴海发:《鲁迅的〈自题小像〉与梁启超的〈自励〉》,《鲁迅研究月刊》2002年第6期。
② 许寿裳:《亡友鲁迅印象记·杂谈名人》,北京:人民文学出版社1953年版,第10—11页。

> 亭皋飞落叶，鹰隼出风尘。
> 慷慨酬长剑，艰难付别尊。
> 敢云吾发短，要使此心存。
> 万古英雄事，冰霜不足论！

其中"敢云吾发短，要使此心存"写的是剪辫后的壮志豪情。徐锡麟等人起义失败被杀后，浙江同乡会开会讨论是否向清政府提出抗议，大家意见不一致。蒋智由主张发电报要求清廷不再滥杀党人，排满一派坚决反对。蒋智由争辩说，猪被杀也要叫几声，狗也是如此。鲁迅当场讽刺他说，猪才只好叫叫，人不能只是这样便罢了。随后，鲁迅"活剥"蒋智由《送匄耳山人归国诗》作了一首打油诗，其中有"敢云猪叫响，要使狗心存"一联，其余几联失传。①

人的变化真是不可方思，当蒋智由提倡排满革命时，豪情壮志，气概非凡。曾有一首诗痛骂曾国藩：

> 金陵有阁祀湘乡曾氏，悬额"江天小阁坐人豪"，有人以擘窠大字题其上曰："此杀我同种汉贼曾国藩也。"诗以记之。
> "江天小阁坐人豪"，收拾河山奉满朝。
> 赢得千秋题汉贼，有人史笔已如刀。②

---

① 周作人：《鲁迅的故家·蒋观云》，石家庄：河北教育出版社2002年版，第239页。
② 许寿裳：《亡友鲁迅印象记·杂谈名人》，北京：人民文学出版社1953年版，第10页。"江天小阁坐人豪"语出姚鼐《登永济寺阁寺是中山王旧园》：

难怪鲁迅失望到以谩骂的口吻写打油诗了。

在近代诗人中,鲁迅钦佩章太炎。章太炎既有深厚的学问根底,又有充沛的革命精神。1903年,章太炎从上海监狱出来,来到东京,东京留学生为他举行了盛大的欢迎会,鲁迅可能出席,至少看到了相关报道,读了章太炎的演说词和其他文章。

从第5期开始,许寿裳参加了《浙江潮》的编辑工作。鲁迅是在许寿裳接编杂志后开始给《浙江潮》投稿的。鲁迅喜欢章太炎编辑的《民报》,也喜欢章太炎在《浙江潮》上发表的诗作,这些诗作是编者许寿裳从章太炎的亲近朋友那里索取来的。其中有两首写于上海监狱中的诗,20多年后鲁迅将其引用在纪念文章《关于太炎先生二三事》中,第一首《狱中赠邹容》,第二首《狱中闻沈禹希见杀》:

邹容吾小弟,被发下瀛洲。
快剪刀除辫,干牛肉作餱。
英雄一入狱,天地亦悲秋。
临命须掺手,乾坤只两头。

(接上页)"中山王亦起临濠,万马中原返节旄。坊第大功酬上将,江天小阁坐人豪。绮罗昔有岩花见,钟磬今流石殿高。凭槛碧云飞鸟外,夕阳天压广陵涛。"姚鼐族玄孙姚永朴在《惜抱轩诗集训纂》中说:"昔永朴客建德,见曾文正公尝手写此诗与徐观察先路,跋云:惜翁有儒者气象,而诗乃多豪雄语。"(合肥:黄山书社2001年版,第298—299页)

第四章 我以我血荐轩辕

章太炎赠鲁迅条幅

不见沈生久，江湖知隐沦，
萧萧悲壮士，今在易京门。
螭魅羞争焰，文章总断魂。
中阴当待我，南北几新坟。①

鲁迅引用的两首之外，许寿裳在《亡友鲁迅印象记》中录出其他两首，是《狱中闻湘人杨度被捕有感二首》：

神狐善埋掮，高鸟喜回翔。

---

① 鲁迅：《且介亭杂文末编·关于太炎先生二三事》，《鲁迅全集》第6卷，第565—566页。

保种平生愿,徵科绝命方。
马肝原识味,牛鼎未忘香。
千载《湘军志》,浮名是锁缰。

衡岳无人地,吾师洪大全。
中兴渺诸将,永夜遂沈眠。
长策惟干禄,微言是借权。
藉君好颈子,来者一停鞭。①

鲁迅在南京矿路学堂学的是采矿,本应进入大学地质科,但他却选择了医学,如《呐喊·自序》中所说:"我的梦很美满,预备卒业回来,救治像我父亲似的被误的病人的疾苦,战争时候便去当军医,一面又促进了国人对于维新的信仰。"

1904年8月,鲁迅启程前往仙台学医。临行前,他将自己珍藏的一部日本印行的线装《离骚》赠给许寿裳。

杀人有将,救人为医

鲁迅在仙台医专的学习生活枯燥乏味,让他难以忍受。

课堂上,鲁迅受到一场严重的精神刺激,就是细菌学课放映

---

① 许寿裳:《亡友鲁迅印象记·〈浙江潮〉撰文》,北京:人民文学出版社1953年版,第14—15页。

的幻灯片表现中国人围观同胞被杀而表情麻木的情节,最终导致他放弃医学学习转而从事文艺活动。当然,鲁迅离开医学固然有幻灯片事件的刺激,却也有别的原因,其中一个是他本就喜欢文学,厌恶死记硬背的学习方法。他在1904年10月给蒋抑卮的信中说:

> 所授有物理,化学,解剖,组织,独乙种种学,皆奔逸至迅,莫暇应接。组织、解剖二科,名词皆兼用腊丁,独乙,日必暗记,脑力顿疲。……校中功课,只求记忆,不须思索,修习未久,脑力顿锢。四年而后,恐如木偶人矣。[①]

这种死记硬背与他小时候吟诵四书五经、唐诗宋词看起来相似,实际上大不相同,尽管年龄增长,鲁迅的理解力大大提高,但毕竟是到了缺少文化亲切感的异国。日语不是他的母语,日常交流尚有困难,遑论专业学科术语。这样吃力的学习生活,导致他对学业产生厌烦和畏惧情绪。

文艺与科学的矛盾最具有代表性的例证是鲁迅为了追求美观,在解剖学讲义中将血管的位置画错,被藤野先生指出来时,师生有一段对话:

> 可惜我那时太不用功,有时也很任性。还记得有一回藤

[①] 鲁迅:《041008 致蒋抑卮》,《鲁迅全集》第11卷,第330页。

野先生将我叫到他的研究室里去,翻出我那讲义上的一个图来,是下臂的血管,指着,向我和蔼的说道:

"你看,你将这条血管移了一点位置了。——自然,这样一移,的确比较的好看些,然而解剖图不是美术,实物是那么样的,我们没法改换它。现在我给你改好了,以后你要全照着黑板上那样的画。"

但是我还不服气,口头答应着,心里却想道:

"图还是我画的不错;至于实在的情形,我心里自然记得的。"①

文学一直在吸引、蛊惑着鲁迅。

在弘文学院时,鲁迅就热衷于翻译外国作品。他译成了两部凡尔纳的科幻小说。《月界旅行》1903年10月由东京进化社出版,《地底旅行》先由《浙江潮》第10期(1903年12月8日)刊登前二回,全译本由南京启新书局于1906年4月出版,出版时译者署名为"之江索士"。

此外,鲁迅还翻译了其他科幻小说。1904年译《北极探险记》,未发表,译稿佚。1905年,《造人术》译文发表于《女子世界》第2年第4、5期合刊(原第16、17期),署美国路易斯托仑著,索子译,附有萍云(周作人)和初我(丁祖荫)的评语。

鲁迅希望以翻译科学小说医治国人的狭隘和马虎之病。他在

---

① 鲁迅:《朝花夕拾·藤野先生》,《鲁迅全集》第2卷,第315页。

第四章 我以我血荐轩辕

《月界旅行》的"辨言"中写道:

> 故掇取学理,去庄而谐,使读者触目会心,不劳思索,则必能于不知不觉间,获一斑之智识,破遗传之迷信,改良思想,补助文明,势力之伟,有如此者!我国说部,若言情谈故刺时志怪者,架栋汗牛,而独于科学小说,乃如麟角。智识荒隘,此实一端。故苟欲弥今日译界之缺点,导中国人群以进行,必自科学小说始。[①]

鲁迅译《月界旅行》《地底旅行》时,快意增删,并不忠实于原文。例如在《地底旅行》第十二回的结尾发了这样一番议论:"德意志人,也从此都把两颗眼球,移上额角。说什么惟我德人,是环游地底的始祖!荣光赫赫,全球皆知!把索士译著的微劳,磁针变向的奇事,都瞒下不说。"[②]竟然把自己的感想和"功勋"写进去,以时序错乱显出滑稽意味。

因为民族主义的复古倾向和译稿卖钱的利益驱动,加上创作的冲动,鲁迅翻译过程中对原著的形式加以改造。《月界旅行》和《地底旅行》竟呈现出中国古典章回小说的形态,开头有开场诗,结尾有散场诗,正文常以"话说"两字起首,情节开展的紧要关头用"欲知后事如何,且听下回分解"的套语煞尾,行文

---

① 北京鲁迅博物馆编:《鲁迅译文全集》第 1 卷,福州:福建教育出版社 2008 年版(下同),第 5—6 页。
② 同上书,第 100 页。

《月界旅行》《地底旅行》封面

中还常用诗词曲赋进行场景描写或人物评赞等。两部译作的每一回都有鲁迅自撰的回目,如"新实验勇士服气　大创造巨鉴窥天"(《月界旅行》第十二回),"拼生命奋身入火口　择中道联步向地心"(《地底旅行》第四回)。《月界旅行》第五回的散场诗是:

啾啾蟋蛄,宁知春秋!
惟大哲士,乃逍遥游。①

鲁迅为了适合中国读者的口味,在译文中时不时即兴发挥。如《月界旅行》第一回,他增写了这样的议论:

----

① 《鲁迅译文全集》第1卷,第26页。

第四章　我以我血荐轩辕

晋人陶渊明先生有诗道：

精卫衔微木，将以填苍海；

形天舞干戚，猛志固常在。

像是说这会社同社员的精神一样。[1]

那时的翻译风气是"达旨"，是严复和林纾的翻译风格——鲁迅后来竭力反对，但当时颇受影响。《月界旅行》和《地底旅行》中有不少误译，更有随意增删。《月界旅行》日译本共28章，鲁迅却"截长补短，得十四回"，而且将"其措辞无味，不适于我国人者，删易少许"，[2] 甚至略去介绍自然科学知识的内容。《地底旅行》改动更大，凡尔纳原作45章，日译本缩为17回，鲁迅简编为12回。该书前半的故事，鲁迅译本保留；后半对有关科学知识的解说则略去未译。小说开头引人入胜的"解谜"情节也被删略。《地底旅行》日译本第六回结尾，探险家列曼的助手亚萳士走到木筏的前部眺望大海，场面本来平静，但鲁迅译本却出现亚萳士唱《进兮歌》的场面，表现万难无阻、一往无前的精神：

进兮，进兮，伟丈夫！日居月诸浩迁徂！易弗大啸上征途，努力不为天所奴！沥血奋斗红模糊，迅雷震首，我心惊栗乎？迷阳棘足，我行却曲乎？战天而败神不痛，意气须学撒但粗！吁嗟乎！尔曹胡为彷徨而踟蹰！呜呼！[3]

---

[1] 《鲁迅译文全集》第1卷，第8页。
[2] 同上书，第6页。
[3] 同上书，第83页。

后面还加了一个注释:"撒但与天帝战,不胜,遁于九地,说见弥儿敦《失乐园》。"

鲁迅晚年为编辑《集外集》,寻找青年时代发表的文章,写信给编者杨霁云说,那时他的翻译"虽说译,其实乃是改作"。①在另一封信中坦承"年青时自作聪明,不肯直译,回想起来真是悔之已晚"。②

放弃医学学习后,鲁迅从仙台回到东京。这时,周作人也从南京水师学堂毕业留学日本,与鲁迅一样喜欢文艺。兄弟俩联合几位朋友,一面著译,一面筹划创办杂志。他们借用意大利文艺复兴巨匠但丁的诗集的名目,为杂志取名《新生》,可惜因为资金不足,失败了。著作和翻译也销路不畅——真所谓文章憎命达,无用是书生。但回归自己挚爱的文学,而且因为日语和德语能力的提升,能翻译国外的诗歌和小说等,增进对欧洲浪漫主义诗人的认识,正合鲁迅的本意。

1907年3月,鲁迅与周作人合作翻译英国人哈葛德、安特路朗合著的小说《世界欲》(*The World's Desire*),译名为《红星佚史》,当年11月商务印书馆出版了单行本,署名周逴。书中的16节诗由鲁迅用离骚体翻译,非韵文部分由周作人翻译。周作人在《知堂回想录》中追述他与鲁迅合译该书的情景,"在翻译的时候很花了气力,由我口译,却是鲁迅笔述下来;只有第三编第七章

---

① 鲁迅:《340506致杨霁云》,《鲁迅全集》第13卷,第93页。
② 鲁迅:《340515致杨霁云》,同上书,第99页。

第四章 我以我血荐轩辕

周作人和服照

中勒尸多列庚的战歌,因为原意粗俗,所以是我用了近似白话的古文译成,不去改写成古雅的诗体了"。① 鲁迅翻译的第六首是:

> 婉婉问欢兮,问欢情之向谁,
> 相思相失兮,惟夫君其有之。
> 载辞旧欢兮,梦痕滋其都尽,
> 载离长眠兮,为夫君而终醒。
> 恶梦袭斯匡床兮,深宵见兹大魅,
> 矍汝欢以新生兮,兼幽情与古爱。
> 胡恶梦大魅为兮,惟圣且神,

---

① 周作人:《知堂回想录·翻译小说上》,北京:十月文艺出版社2013年版,第268页。

相思相失兮，忍予死以待君。①

掊物质而张灵明

诗界革命的作者都不同程度地要求取法西方。梁启超在《夏威夷游记》中认为"欧洲之意境语句，甚繁富而玮异，得之可以陵轹千古，涵盖一切"，并表示自己要"竭力输入欧洲之精神思想，以供来者之诗料"。②康有为有《与菽园论诗兼寄任公、孺博、曼宣》诗三首，后两首道：

> 新世瑰奇异境生，更搜欧亚造新声。
> 深山大泽龙蛇起，瀛海九州云物惊。
> 四圣崆峒迷大道，万灵风雨集明廷。
> 华严帝网重重现，广乐钧天窈窈听。

> 意境几于无李杜，目中何曾著元明！
> 飞腾作势风云起，奇变见犹神鬼惊。
> 扫除近代新诗话，惝恍诸天闻乐声。
> 兹事混茫与微妙，感人千载妙音生。③

---

① 周作人：《夜读抄·习俗与神话》，石家庄：河北教育出版社 2002 年版，第 21 页。
② 《梁启超全集》第 2 卷，北京：北京出版社 1999 年版，第 1219 页。
③ 戴逸主编：《康有为诗文选》，成都：巴蜀书社 2011 年版，第 82—83 页。

不过，梁启超在《夏威夷游记》中也申述新意境、新语句须出以古人之风格，否则，"如移木星、金星之动物以实美洲，瑰伟则瑰伟矣，其如不类何"。

当时，还有人提倡音乐教育，歌词创作风行一时。黄遵宪写作了《出军歌》《幼稚园上学歌》等"新体"诗。梁启超在《饮冰室诗话》中力赞《出军歌》雄壮活泼、沉浑深远，其文藻为中国两千年历史所未有，"诗界革命之能事至斯而极"。① 他还指出，有韵之文和音乐的结合是中国文学的优良传统，但清朝统治以来，这一传统中断了。

鲁迅通过日文和德文阅读各国文学作品，撰写介绍文章。有时候，他还要仰仗懂英文的周作人翻译参考资料。如他们委托丸善书店买来丹麦勃兰兑斯的《波兰印象记》的英译本，鲁迅为《河南》杂志撰写《摩罗诗力说》时，关于波兰诗人的材料，尤其是密克威支与斯洛伐支奇等所谓"复仇诗人"的情节，就由周作人根据这本书口译转述。②

《摩罗诗力说》连载于1908年2月5日和3月5日出版的《河南》杂志第二、三号，署名令飞，是鲁迅第一篇系统介绍欧洲文学流派的文章，集中表达了青年鲁迅用文艺启蒙民众，从而建立适合现代中国的政治和文艺观的意图。

《摩罗诗力说》以尼采的一段话题首，呼吁国人打破社会文化

---

① 梁启超：《饮冰室诗话》卷一，上海书局宣统二年版，第2页。
② 周作人：《知堂回想录·翻译小说下》，北京：十月文艺出版社2013年版，第270页。

《摩罗诗力说》等文照

的萧条状况，焕发出生机活力："求古源尽者将求方来之泉，将求新源。嗟我昆弟，新生之作，新泉之涌于渊深，其非远矣。"①《新生》杂志虽然夭折了，但"新生"的意象和理念还在。《摩罗诗力说》开篇写道：

> 人有读古国文化史者，循代而下，至于卷末，必凄以有所觉，如脱春温而入于秋肃，勾萌绝朕，枯槁在前，吾

---

① 鲁迅：《坟·摩罗诗力说》，《鲁迅全集》第1卷，第65页。

无以名，姑谓之萧条而止。盖人文之留遗后世者，最有力莫如心声。①

要获得新生，必须用心真诚发声，用爱去感动。唯有"别求新声于异邦"，才能让中国悠久的传统文化获得"新生"。鲁迅写道，欧洲的拜伦、雪莱、普希金、莱蒙托夫、密茨凯维支、斯洛伐支奇、克拉辛斯基和裴多菲八位"摩罗"诗人，"其为品性言行思惟，虽以种族有殊，外缘多别，因现种种状，而实统于一宗：无不刚健不挠，抱诚守真；不取媚于群，以随顺旧俗；发为雄声，以起其国人之新生，而大其国于天下"。②

鲁迅指出，中国的政治文化，"理想在不撄"，也就是没有不同意见，不质疑，不反抗，帝王专断，定于一尊。如有持不同意见的"叛逆者"出现，统治者甚至民众"必竭全力死之"，久而久之，形成"宁蜷伏堕落而恶进取"的局面。中国的文艺缺乏"反抗挑战"的声音。

晚清的维新运动虽然已经进行了20年，但"新声迄不起于中国"。"笃守功利，摈斥诗歌"者所崇拜的"黄金黑铁，断不足以兴国家"。这些人推崇外来文化，不过是撷取一些"治饼饵守圂圈"的小技巧。鲁迅在《摩罗诗力说》中赞扬欧洲八位"摩罗"诗人"不克厥敌，战则不止"的意志和"举全力以抗社会，宣众

---

① 鲁迅：《坟·摩罗诗力说》，《鲁迅全集》第1卷，第65页。
② 同上书，第101页。

生平等之音，不惧权威，不跽金帛，洒其热血，注诸韵言"的精神，誉之为"立意在反抗，指归在动作"的"精神界之战士"，[①]并以这些诗人为镜鉴，思考中国的现状和前途。

在文章末尾，鲁迅呼唤中国出现"精神界之战士"来打破"萧条"：

> 今索诸中国，为精神界之战士者安在？有作至诚之声，致吾人于善美刚健者乎？有作温煦之声，援吾人出于荒寒者乎？家国荒矣，而赋最末哀歌，以诉天下贻后人之耶利米，且未之有也。非彼不生，即生而贼于众，居其一或兼其二，则中国遂以萧条。劳劳独躯壳之事是图，而精神日就于荒落；新潮来袭，遂以不支。众皆曰维新，此即自白其历来罪恶之声也，犹云改悔焉尔。顾既维新矣，而希望亦与偕始，吾人所待，则有介绍新文化之士人。[②]

但当时的中国并没有摩罗诗人生存的环境。所以，鲁迅采取的第一步是从"沉思"中脱出，立即行动，将摩罗诗人的作品介绍给国人，以"先觉之声"破"中国之萧条"：

> 然夫，少年处萧条之中，即不诚闻其好音，亦当得先

---

① 鲁迅：《坟·摩罗诗力说》，《鲁迅全集》第1卷，第68—87页。
② 同上书，第102页。

觉之诠解；而先觉之声，乃又不来破中国之萧条也。然则吾人，其亦沉思而已夫，其亦惟沉思而已夫！①

鲁迅从此确立了以译介推动民族文化丰富和发展的志向，在后来的诗文中不断表达反叛之声，"怒向刀丛觅小诗""于无声处听惊雷"这样的句子，是颇有摩罗诗味的。

---

① 鲁迅：《坟·摩罗诗力说》，《鲁迅全集》第 1 卷，第 103 页。

第五章

炎天凛夜长

风雨如磐暗故园

英国诗人拜伦的长诗《唐璜》中有《希腊诸岛》(*Isles of Greece*)一章,马君武以文言译作《哀希腊歌》:

其一

希腊岛,希腊岛,诗人沙浮安在哉?
爱国之诗传最早。战争平和万千术,
其术皆自希腊出。德类、飞布两英雄,
渊源皆是希腊族。吁嗟乎!
漫说年年夏日长,万般销歇剩斜阳。

第五章　炎天凛夜长

其二
莫说侁佴二族事，繁华一夕尽消沉。
万玉哀鸣侠子瑟，群珠乱落美人琴。
迤南海岸尚纵横，应愧于今玷盛名。
侠子美人生聚地，悄然万籁尽无声。
吁嗟乎！琴声摇曳向西去，昔年福岛今何处？
其三
马拉顿后山如带，马拉顿前横碧海。
我来独为片刻游，犹梦希腊是自由。
吁嗟乎！闲立试向波斯冢，宁思身为奴隶种。①
……

古希腊是西方文明的源头之一。留学日本的中国学生对这个在文献中频繁出现的古国不胜神往，因之注意到现代希腊遭受着被欺凌的命运，引起同情共鸣。《哀希腊歌》最能打动中国青年的心弦。马君武之后，梁启超、苏曼殊、胡适、闻一多、卞之琳、穆旦等都翻译过这首诗。梁启超用词曲风格翻译了两节：

［沉醉东风］
咳！希腊啊！希腊啊！

---

① 莫世祥编:《马君武集》，武汉：华中师范大学出版社 2011 年版，第 397—398 页。

你本是平和时代的爱娇，你本是战争时代的天骄。
"撒芷波"歌声高，女诗人热情好，
更有那"德罗士"、"菲波士"（两神名）荣光常照。
此地是艺文旧垒，技术中潮。
即今在否？
算除却太阳光线，万般没了。

［如梦忆·桃源］
玛拉顿后啊山容缥渺，
玛拉顿前啊海门环绕。
如此好河山，也应有自由回照。
我向那波斯军墓门凭眺，
难道我为奴为隶，今生便了？
不信我为奴为隶，今生便了！①

《唐璜》叙述主人公唐璜遭遇饥饿的恐怖和沉船的灾难，在希腊的海边遇见了美丽的少女海蒂。沉浸在爱情和大自然美景中的唐璜对希腊产生了爱慕，然而，一个游吟诗人向他展示了残酷的现实：希腊正饱受土耳其的侵扰，濒临灭亡。拜伦不但借《希腊诸岛》表达同情，而且随即采取行动：奔赴希腊，与希腊人民一

---

① 梁启超：《新中国未来记》，桂林：广西师范大学出版社2008年版，第82—83页。

第五章 炎天凛夜长

起抵御外辱。如此言行一致,让青年鲁迅钦慕不已。鲁迅后来在《杂忆》中写道:

> 就自己而论,也还记得怎样读了他的诗而心神俱旺;尤其是看见他那花布裹头,去助希腊独立时候的肖像。……其实,那时 Byron 之所以比较的为中国人所知,还有别一原因,就是他的助希腊独立。时当清的末年,在一部分中国青年的心中,革命思潮正盛,凡有叫喊复仇和反抗的,便容易惹起感应。①

借古喻今,以外鉴内,中国的诗人们着意于本民族的命运。梁启超等人翻译哀希腊诗,其意在"哀中国"。鲁迅也曾把目光投向古希腊,为《浙江潮》编译了描写古希腊勇士奋勇抗敌故事的《斯巴达之魂》。他在序言中说:

> 西历纪元前四百八十年,波斯王泽耳士大举侵希腊。斯巴达王黎河尼佗将市民三百,同盟军数千,扼温泉门(德尔摩比勒)。敌由间道至。斯巴达将士殊死战,全军歼焉。兵气萧森,鬼雄昼啸,迨浦累皆之役,大仇斯复。迄今读史,犹懔懔有生气也。我今掇其逸事,贻我青年。呜呼!世有不甘自下于巾帼之男子乎?必有掷笔而起者矣。译者无文,不

---

① 鲁迅:《坟·杂忆》,《鲁迅全集》第 1 卷,第 233—234 页。

足模拟其万一。噫,吾辱读者,吾辱斯巴达之魂! [1]

这篇译文是根据书刊资料编译改作的,最初发表于1903年6月15日和11月8日在日本东京出版的《浙江潮》月刊第5期、第9期。该刊第4期《留学界记事·(二)拒俄事件》中有这样的记述:"阴历四月初二日东京《时事新报》发刊号外……内载俄国代理公使与时事新报特派员之谈话,有'俄国现在政策断然取东三省归入俄国版图云云'……次晨,留学生会馆干事及各评议员立即开会……提议留学生自行组织义勇队以抗俄。"初四日,义勇队函电各方,其中,《致北洋大臣袁缄》中写道:"昔波斯王泽耳士以十万之众,图吞希腊,而留尼达士(即黎河尼佗的另一音译——引者)亲率丁壮数百,扼险拒守,突阵死战,全军歼焉。至今德摩比勒之役,荣名震于列国,泰西三尺之童无不知之。夫以区区半岛之希腊,犹有义不辱国之士,可以吾数百万万里之帝国而无之乎!"鲁迅编译此文,是以他自己的方式发出一曲"哀中国",借斯巴达人不惜以生命保卫祖国的英勇事迹,激励同胞奋起抗击沙俄侵略。

对弱小民族寄予同情,为被压迫民族呐喊鼓吹,促使鲁迅兄弟二人翻译了很多俄国和东欧等的弱小民族的文学作品。鲁迅在《我怎么做起小说来》中说:"因为所求的作品是叫喊和反抗,势必至于倾向了东欧,因此所看的俄国,波兰以及巴尔干诸小国作

---

[1] 鲁迅:《集外集·斯巴达之魂》,《鲁迅全集》第7卷,第9页。

家的东西就特别多。也曾热心的搜求印度,埃及的作品,但是得不到。记得当时最爱看的作者,是俄国的果戈理(N. Gogol)和波兰的显克微支(H. Sienkiewitz)。"①周作人后来在《知堂回想录》中谈到《域外小说集》的选材时说:"当初《域外小说集》只出了两册,所以所收各国作家偏而不全,但大抵是有一个趋向的,这便是后来的所谓东欧的弱小民族。"选择俄国,是因为其民族虽大,但本国人民和周边国家人民却在遭受它专制政权的欺凌,"这里俄国算不得弱小,但是人民受着迫压,所以也就归在一起了"。②

鲁迅在《摩罗诗力说》中特别论述了俄国普希金与英国拜伦的异同。青年普希金服膺拜伦,追摹其自由反抗精神,其《奥涅金》(*Eugiene Onieguine*)前两章,颇受拜伦影响,主人公"力抗社会,断望人间,有裴伦式英雄之概,特已不凭神思,渐近真然,与尔时其国青年之性质肖矣"③。随后,普希金渐渐摆脱拜伦的影响,其原因,除拜伦性格峻急、进行绝望奋战与普希金不同外,还因为两国在思想观念上的差异:"西欧思想,绝异于俄,其去裴伦,实由天性,天性不合,则裴伦之长存自难矣。"④文章叙述普希金的变化时,特别吁请读者注意丹麦批评家勃兰兑斯提出的"兽

---

① 鲁迅:《南腔北调集·我怎么做起小说来》,《鲁迅全集》第4卷,第525页。
② 周作人:《知堂回想录·弱小民族文学》,北京:十月文艺出版社2013年版,第297页。
③ 鲁迅:《坟·摩罗诗力说》,《鲁迅全集》第1卷,第90页。
④ 同上书,第90—91页。

性的爱国"概念：

> 故旋墨斯科后，立言益务平和，凡足与社会生冲突者，咸力避而不道，且多赞诵，美其国之武功。千八百三十一年波阑抗俄，西欧诸国右波阑，于俄多所憎恶。普式庚乃作《俄国之谗谤者》暨《波罗及诺之一周年》二篇，以自明爱国。丹麦评骘家勃阑兑思（G. Brandes）于是有微辞，谓惟武力之恃而狼藉人之自由，虽云爱国，顾为兽爱。特此亦不仅普式庚为然，即今之君子，日日言爱国者，于国有诚为人爱而不坠于兽爱者，亦仅见也。①

鲁迅介绍俄罗斯文学，较多注意安特莱夫、迦尔洵等作家，并不特别倾注精力钻研普希金、托尔斯泰等大师。

20年代初，鲁迅仍在在关心弱小民族的解放事业和文学作品，如为《小说月报》翻译《小俄罗斯文学略说》，从凯尔沛来斯（G. Karpeles，现多译为卡尔普赖斯）的《文学通史》中译出，记述从发生到19世纪末的小俄罗斯文学的大略。文章认为乌克兰的民歌"有诗的体势，忧郁的基音和坚实的含蓄"，而"最显著的诗人也出在对于国俗的挚爱里，这是绥夫专珂（Taras Szevczenko 1814—1861）"。绥夫专珂今译谢甫琴科，乌克兰诗人，民族英雄。他的作品饱含对具有伟大历史和凄凉现状的故乡

---

① 鲁迅：《坟·摩罗诗力说》，《鲁迅全集》第1卷，第91页。

及其国民的热爱,"披沥了深邃的诗的感情":

> 倘若我死了,便埋我
> 在我的乌克拉因的
> 辽远的平原的中间
> 坟山的上面,
> 使我看见涅普尔的
> 广阔的平原
> 和崖间的豁岸,
> 听到那奔迸的一般
> 仇敌的血潺潺的滚进青的海里
> 出了乌克拉因。
> 那么,是的,那么我要将山与平原,
> 我要全都放掉了,
> 我要自己飞向神明而且
> 祷告,——但到那时为止
> 我不认识神明。——埋了我
> 醒过来并且拗断了
> 你们的锁索,用那坏的
> 仇敌的血给自由去饮!
> 而且在大的范围与自由的新里
> 你们也须想到我,
> 并且用了恶的,

却是用了静的言语。①

"乌可拉因",今译乌克兰。这篇文章对谢甫琴科评价极高:"绥夫专珂因为他的政治的行动,被流到西伯利亚,十年后才回复了自由。但他所担受的苦恼,并没有扼死了他的诗的力,更不能浑浊他的人道的观念:他是一个国民引导者,新生命的唤醒者,他的民族的豫言者。"②

同情被压迫民族,并从被压迫者的文学中寻找反抗之声,这种世界主义和人道主义的精神贯穿鲁迅一生。

鲁迅在《域外小说集》的序言中说:"异域文术新宗,自此始入华土。使有士卓特,不为常俗所囿,必将犁然有当于心,按邦国时期,籀读其心声,以相度神思之所在。则此虽大涛之微沤与,而性解思惟,实寓于此。中国译界,亦由是无迟莫之感矣。"③这段话中的"性解"一词,是鲁迅对"天才"的翻译。1946年,周作人在《天才》一诗中记述:

昔住本乡时,常闻索士语。(索士为鲁迅旧时别号,此篇所述,均系当时原意。)
极口颂天才,凡愚无足数。
未必是超人,文明有盟主。

---
① 《鲁迅译文全集》第8卷,第105—106页。
② 同上书,第106页。
③ 《鲁迅译文全集》第1卷,第105页。

第五章 炎天凛夜长

俗世不相容,有怀不得吐。

有如鹄在笼,奄忽化黄土。

孰乃杀性解,应得大咒诅。(索士以天才一语不妥适,曾改译为性解。)

哲人自萎谢,孽报斯为巨。

自坏汝长城,灾祸还归汝。

忽忽四十年,人琴无处所。

酌酒湛空觞,劳劳亦何补。①

鲁迅那时服膺尼采的超人观和天才观。他在《摩罗诗力说》中写道:"中国之治,理想在不撄,而意异于前说。有人撄人,或有人得撄者,为帝大禁,其意在保位,使子孙王千万世,无有底止,故性解(Genius)之出,必竭全力死之;有人撄我,或有能撄人者,为民大禁,其意在安生,宁蜷伏堕落而恶进取,故性解之出,亦必竭全力死之。"②传统的温柔敦厚诗教虽然带来一时的安定,但也制约了交流和发展,人民勇气消磨,苟且偷生,不愿改革,不争自由,长期陷入奴隶状态,其结果是丧失了反思和质疑能力,没有了进取之心。

鲁迅关注被压迫民族,不限于中东欧,也有东亚的弱小民族。1918年,他在《随感录》中谈到自己在日本期间搜集外国作家作

---

① 周作人:《老虎桥杂诗·丙戌岁暮杂诗·天才》,石家庄:河北教育出版社2002年版,第30页。
② 鲁迅:《坟·摩罗诗力说》,《鲁迅全集》第1卷,第70页。

鲁迅在日本

品的情况说,"斐律宾（今译菲律宾——引者）只得了一本烈赛尔（Jose Rizal，又译作厘沙路，今译何塞·黎刹——引者）的小说"①,指的是在日本留学时购买的黎刹小说《不许犯我》日文版,表现的是西班牙殖民统治下的菲律宾人的反抗。当时,鲁迅计划将其翻译成中文。1925年,鲁迅在《杂忆》一文中又提到这位诗人:"飞猎滨的文人而为西班牙政府所杀的厘沙路,——他的祖父还是中国人,中国也曾译过他的绝命诗。"② 这首绝命诗题为《我的最后的告别》（Multimo Adiòs），中译本一直隐而不彰,鲁迅深感遗憾,

---

① 鲁迅:《集外集拾遗补编·随感录》,《鲁迅全集》第8卷,第94页。
② 鲁迅:《坟·杂忆》,《鲁迅全集》第1卷,第234页。所谓"中国也曾译过他的绝命诗"应指梁启超翻译的该诗的一节:"方见天际破晓,我即与世长辞,朦胧夜色已尽,光明白日将至;若是天色黯淡,有我鲜血在此,任凭祖国需要,倾注又何足惜;洒落一片殷红,初升曙光染赤。"出处不详,也许是鲁迅在日本留学时看到的。

第五章　炎天凛夜长

20世纪20年代中叶曾鼓动未名社同人李霁野翻译这首诗：

> 就在这前后，先生几次向我谈到厘沙路，并说到北京大学图书馆里似乎有他的诗集英译本，可加以介绍，我一直没有找到他的诗文英译本，特别是《绝命诗》，所以我在一九五六年写的《鲁迅先生喜爱的几个诗人》中，还说到这是一件憾事。①

1928年，崔真吾翻译的《墓中呼声》刊登在鲁迅和柔石编辑的《语丝》上，算是了却了鲁迅的心愿：

> 别了，亲爱的祖国，阳光抚爱的地方，
> 东海底真珠，我们已失的天堂！
> 欢乐哟我今给你这凋残的生命底最好部份。
> 便是再光明些，新鲜些，或神怪些的，
> 我也要把它给予你呵，不计其值。
> ……②

---

① 李霁野：《厘沙路和他的〈绝命诗〉——〈鲁迅先生与未名社〉之一节》，《天津师范学院学报》1977年第2期。
② 崔真吾译：《墓中呼声》，《语丝》1928年第5卷第4期。译者在附言中介绍，黎刹"是菲列宾革命家。他的祖先是福建人。因反抗当时西班牙的暴政，于一八九六年十二月三十日在白根勃耶场枪决。现在菲列宾人就在他就义的地方建筑陵墓，他的铜像兀然立在那儿。这篇《墓中呼声》是他就刑前十八日由法庭回到狱中时所写的。满腔热血，于此可见。原文为西班牙文。今由英文本重译。听说这一篇梁启超曾用文言译过，惜我未曾见到"。

当时，反清革命斗争牵动着留学生的心。革命志士回国宣传革命思想，发动武装起义，前仆后继，演出一幕幕悲壮的活剧。其中，鲁迅的同乡徐锡麟、秋瑾英勇就义，在留学生中引发巨大震动。鲁迅虽然没有参加实际的革命斗争，但密切关注以浙江同乡为主干的光复会志士们的行动。

1909年，鲁迅结束留学生活回国。

促共和之进行

留日时期，鲁迅广泛阅读和接受各国进步文学，确立以翻译"异域文术"唤醒民族自强自新为志业。从日本回国，鲁迅成为所谓的"海归"——反面的称呼是"假洋鬼子"——对国内的情况很不适应，如他在《呐喊·自序》中说的，"感到未尝经验的无聊"。从杭州到绍兴，从绍兴到南京，又从南京到北京，新文化运动前后的十年，鲁迅基本上处于沉默状态：

> 凡有一人的主张，得了赞和，是促其前进的，得了反对，是促其奋斗的，独有叫喊于生人中，而生人并无反应，既非赞同，也无反对，如置身毫无边际的荒原，无可措手的了，这是怎样的悲哀呵，我于是以我所感到者为寂寞。
>
> 这寂寞又一天一天的长大起来，如大毒蛇，缠住了我的灵魂了。①

---

① 鲁迅：《呐喊·自序》，《鲁迅全集》第1卷，第439页。

第五章　炎天凛夜长

鲁迅先在杭州浙江两级师范学堂担任生物学讲师助理,并教授生理卫生课。他过着单身生活,人生沉闷,除了打一场"木瓜之役"外,很少有意气风发的场面。关于他的日常生活,夏丏尊在《鲁迅翁杂忆》中写道:

> 周先生那时虽尚年青,丰采和晚年所见者差不多。衣服是向不讲究的,一件廉价的羽纱——当年叫洋官纱——长衫,从端午前就着起,一直要着到重阳。一年之中,足足有半年看见他着洋官纱,这洋官纱在我记忆里很深。
> ……
> 他在杭州的时候,所吸的记得是强盗牌。那时他晚上总睡得很迟,强盗牌香烟,条头糕,这两件是他每夜必须的粮。服侍他的斋夫叫陈福。陈福对于他的任务,有一件就是每晚摇寝铃以前替他买好强盗牌香烟和条头糕。我每夜到他那里去闲谈,到摇寝铃的时候,总见陈福拿进强盗牌和条头糕来,星期六的夜里备得更富足。[①]

因为学校新旧斗争的激烈,他不久就离开省城,回到绍兴府中学堂担任监学(教务长)。然而,这里的文化氛围比省城更差。他只有在给朋友的信中发发牢骚,平时则埋头于故纸堆——与"异域"越来越远。

---

① 夏丏尊:《鲁迅翁杂忆》,《夏丏尊散文全编》,杭州:浙江文艺出版社1992年版,第218页。

1910年11月15日，鲁迅在给许寿裳的信中诉说自己的苦闷："仆荒落殆尽，手不触书，惟搜采植物，不殊曩日，又翻类书，荟集古逸书数种，此非求学，以代醇酒妇人者也。"①"醇酒妇人"本是中国古代诗文的常见题材，无数诗人流连于美酒和佳人，或寻欢作乐，或借酒浇愁。鲁迅这么说，并不意味着他喜欢钻研古书、养花育草而对男女之情不感兴趣。他心里当然有"醇酒妇人"，只是少写成美艳的诗篇罢了。

这个时期，鲁迅的主要工作是抄辑古代文献，"述而不作"，甚至连"述"也很少。现在留下来的几则短小的杂记，如《辛亥游录》，是署了三弟乔峰（周建人）的名字发表的。那天，他和周建人到绍兴稽山门外的禹祠一带采集植物标本，这是他这一段生活中少有的乐趣。归来所写的记录中有几句颇有诗意和哲思："遂同循山腰横径以降，凡山之纵径，升易而降难，则其腰必生横径，人不期而用之，介然成路，不荒秽焉。"②可以视为他后来小说《故乡》结尾那段关于"希望"和"路"的思考的先声："希望是本无所谓有，无所谓无的。这正如地上的路；其实地上本没有路，走的人多了，也便成了路。"③

鲁迅没有加入本地诗坛的唱和，不管是地方的文人雅士，还是具有反清革命倾向的南社分支越社成员。据说他编辑了《越社丛刊》，而他在上面刊登的作品都署了弟弟们的名字：《辛亥游录》

---

① 鲁迅：《101115 致许寿裳》，《鲁迅全集》第11卷，第335页。
② 鲁迅：《集外集拾遗补编·辛亥游录》，《鲁迅全集》第8卷，第45页。
③ 鲁迅：《呐喊·故乡》，《鲁迅全集》第1卷，第510页。

第五章 炎天凛夜长

署名周建人,《〈古小说钩沉〉序》署名周作人。

《越社丛刊》第一辑中的"越社诗录"刊载了周作人的《秋草园》七绝两首:

> 大堤春日多游女,客路西风少敝裘。
> 胜地虽多难著我,不如归卧故园秋。
>
> 幽居卜筑在何许,独树差牙秋草长。
> 非不欲栽花满坞,四山无奈已邪阳。①

此外还有鲁寄湘、阮久巽、周仲翔等周家本家亲戚的诗作。鲁迅不在这些对仗、平仄、典故之间闪转腾挪,也不把自己的"条头糕""强盗牌香烟"之类写进整齐或长短不一的文字里。他把自己的精力用于文献的整理抄录,以青灯黄卷来压抑诗情,抵抗孤独。他渴望走出这个狭小天地。1911 年 7 月 31 日,他给在京城译学馆任职的老友许寿裳写信说:"家食既难,它处又无可设法,京华人才多于鲫鱼,自不可入,仆颇欲在它处得一地位,虽远无害,有机会时,尚希代为图之。"②

直到辛亥年杭州和绍兴光复,鲁迅的心情才慢慢有些舒展。虽然对地方官员的所作所为不满,但革命胜利给他带来新的希望。

---

① 越社编:《越社丛刊》,《越铎日报》1921 年 2 月发行,第 1 页。
② 鲁迅:《110731 致许寿裳》,《鲁迅全集》第 11 卷,第 349 页。

他在《范爱农》中记述当时的心情:

> 忽然是武昌起义,接着是绍兴光复。第二天爱农就上城来,戴着农夫常用的毡帽,那笑容是从来没有见过的。
>
> "老迅,我们今天不喝酒了。我要去看看光复的绍兴。我们同去。"
>
> 我们便到街上去走了一通,满眼是白旗。然而貌虽如此,内骨子是依旧的,因为还是几个旧乡绅所组织的军政府,什么铁路股东是行政司长,钱店掌柜是军械司长……。这军政府也到底不长久,几个少年一嚷,王金发带兵从杭州进来了,但即使不嚷或者也会来。他进来以后,也就被许多闲汉和新进的革命党所包围,大做王都督。在衙门里的人物,穿布衣来的,不上十天也大概换上皮袍子了,天气还并不冷。①

他相信共和制度将为社会带来新气象,因此支持学生办报批评和监督政府,希望新政府在共和精神的感召下行为端正,为民服务。他撰写的《〈越铎〉出世辞》显示出对民族国家前途的信心和作为公民的责任意识:

> 共和之治,人仔于肩,同为主人,有殊台隶。前此罪恶,既咸以归索虏,索虏不克负荷,俱以陨落矣。继自今而

---

① 鲁迅:《朝花夕拾·范爱农》,《鲁迅全集》第2卷,第324—325页。

> 天下兴亡，庶人有责，使更不同力合作，为华土谋，复见瘠弱槁枯，……爰立斯报，就商同胞，举文宣意，希翼治化。纾自由之言议，尽个人之天权，促共和之进行，尺政治之得失，发社会之蒙覆，振勇毅之精神。灌输真知，扬表方物，凡有知是，贡其颛愚，力小愿宏，企于改进。①

政体完善和社会变革是他最关心的所在。

辛亥革命对国家政体的改变固然值得欢呼，但因为中国专制体制的"秦政"思维根深蒂固，一时难以拔除，旧势力和老规矩仍然禁锢着人民的思想和生活。

人间直道穷

鲁迅对绍兴的社会风气和文化环境极度不满。在1911年1月2日给许寿裳的信中，他甚至发出诅咒：

> 越中理事，难于杭州。技俩奇觚，鬼蜮退舍。近读史数册，见会稽往往出奇士，今何不然？甚可悼叹！上自士大夫，下至台隶，居心卑险，不可施救，神赫斯怒，湮以洪水可也。②

---

① 鲁迅:《集外集拾遗补编·〈越铎〉出世辞》,《鲁迅全集》第8卷，第41—42页。
② 鲁迅:《110102 致许寿裳》,《鲁迅全集》第11卷，第341页。

人心隔膜，办事掣肘。政权的腐败和无良，到了可怕的程度：连一所学校也维持不下去。鲁迅离开师范学堂时，山穷水尽，账本上只有一角多钱了。

鲁迅幸运地得到了新成立的中华民国临时政府的职位——教育总长蔡元培邀请他担任教育部职员。

在南京工作了几个月，南北协商定局，临时政府北迁，孙中山辞去临时大总统职务，袁世凯继任。鲁迅和好友许寿裳一起到了北京。

鲁迅从1912年5月5日到达北京这一天开始恢复记日记——新生活带来新希望。然而，北方景物不佳，因而兴致不高："上午十一时舟抵天津。下午三时半车发，途中弥望黄土，间有草木，无可观览。约七时抵北京，宿长发店。"①

鲁迅在北京的前五六年，生活总体上是沉闷的。他所居住的绍兴会馆虽多乡音，但他并不喜欢这个环境。他的日记、书信中很少有愉快甚至兴高采烈的时候，也缺少诗情画意。

绍兴会馆里有一个补树书屋，相传曾有女子在这里自缢，因为没有人愿意住，鲁迅就搬到这里，取其安静——他也甘愿忍受安静带来的寂寞。他在这里抄古碑，读佛经，也许能从中体会到古文化的幽深，但更可能感受到历史的循环往复和厚重的传统的重压。鲁迅只能等待，但等待什么呢？好像是什么目标都没有的"空等"。是盼望政治的清明吗？那太辽远和渺茫，如俟黄河之清；

---

① 《鲁迅全集》第15卷，第1页。

盼望个人生活状态的改变？但改变家庭模式，可能性也极小。

鲁迅是幸运的，有机会离开绍兴，而留在绍兴的老友范爱农屡受排挤，走投无路，终致殒颠。

范爱农是绍兴反清革命者徐锡麟的学生，光复会成员，留学日本期间与鲁迅相识。民国初年，鲁迅任绍兴浙江山会初级师范学堂的监督时，请他做学监（教务长）。鲁迅离开绍兴后，范爱农被校方辞退，生活困穷。1912年7月10日，他与朋友看戏后乘船回家，遭遇大风雨，掉入河中淹死。

1912年7月中旬，鲁迅收到周作人报告范爱农落水而死的信，在日记中写道："悲夫悲夫，君子无终，越之不幸也，于是何几仲辈为群大蠹。"①7月22日作《哀范君三章》。许寿裳在《我所认识的鲁迅》中回忆说："有一天，大概是七月底罢，大风雨凄黯之极，他（鲁迅——引者）张了伞走来，对我们说：'爱农死了。据说是淹死的，但是我疑心他是自杀。'于是给我们看昨夜所作的《哀诗三首》。"②

> 风雨飘摇日，余怀范爱农。
> 华颠萎寥落，白眼看鸡虫。
> 世味秋荼苦，人间直道穷。
> 奈何三月别，遽尔失畸躬！

---

① 《鲁迅全集》第15卷，第11页。
② 许寿裳:《我所认识的鲁迅》，北京：人民文学出版社1959年版，第25页。

> 海草国门碧，多年老异乡。
> 狐狸方去穴，桃偶尽登场。
> 故里彤云恶，炎天凛夜长。
> 独沉清冽水，能否洗愁肠？
>
> 把酒论当世，先生小酒人。
> 大圜犹酩酊，微醉自沉沦。
> 此别成终古，从兹绝绪言。
> 故人云散尽，我亦等轻尘！ ①

飘摇，《诗经·豳风·鸱鸮》中描写鸱鸮的巢穴被风雨摧残："予室翘翘，风雨所漂摇。"华颠，白头，《后汉书·崔骃传》："唐且华颠以悟秦"。《晋书·阮籍传》中写阮籍"能为青白眼，见礼俗之士，以白眼对之"。"鸡虫"典故出自杜甫《缚鸡行》："鸡虫得失无了时，注目寒江倚山阁。"鸡虫，比喻为小事纠缠争斗。荼，苦菜，难以下咽。世事艰难，大道崎岖，小人得志，正直之人颠踬，如《论语·微子》所说："直道而事人，焉往而不三黜？"

愤怒出诗人，范爱农之死激发起鲁迅对那个时代和环境的怨愤。

诗的开篇写北京风雨飘摇——当然也可以是绍兴，那里比北京更多雨天，但鲁迅收到范爱农死讯后几天，北京一直下雨——

---

① 《民兴日报》1912年8月21日，署名黄棘。手稿见《鲁迅手稿全集》第5卷，第414页。1934年，鲁迅凭记忆抄录其中的第三首，交杨霁云编入《集外集》，并题名为《哭范爱农》，排印本与手稿有不一致之处，见后。

第五章 炎天凛夜长

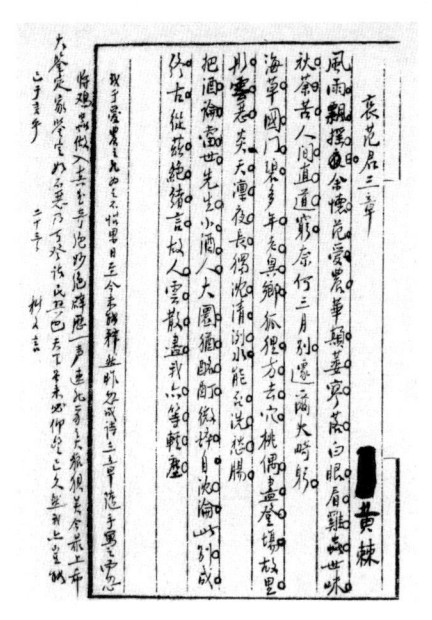

《哀范君三章》手稿

是写实的笔法。在这样的天气,听到老友死亡的消息,心情可以想见。正值壮年的范爱农头发却已花白,鲁迅自己如何呢?鲁迅离开绍兴时,三十出头,风华正茂。到北京后,会馆的单调生活和繁剧的工作,损害了他的身体。1913年10月1日,他因为连日抄书,身体出现异常:"夜抄《石屏集》卷第三毕,计二十叶。写书时头眩手战,似神经又病矣,无日不处忧患中,可哀也。"① 同月29日日记中又写道:"在部终日造三年度豫算及议改组京师图书馆事,头脑岑岑然。"②

---

① 《鲁迅全集》第15卷,第81页。
② 同上书,第84页。

白发是自然的生理现象,"白眼"则是主动的选择。鲁迅在《范爱农》一文中对范爱农的书写也颇传神,"是一个高大身材,长头发,眼球白多黑少的人,看人总像在渺视"。①鲁迅喜欢魏晋时代的文人气度和文章风格,北大同人曾赠给他联语:"托尼学说魏晋文章",可谓知言。魏晋文人中,他最熟悉的是嵇康和阮籍,都是性格特点鲜明、行事颇为怪异的人:一个喜欢打铁,一个对自己看不上的人以白眼视之。

阮籍,字嗣宗,仕魏为从事中郎,步兵校尉,工诗文,性嗜酒,好老庄,为"竹林七贤"之一。阮籍生于乱世,看不上统治集团所为,不能反抗,只好借酒避祸,曾借醉酒两个月以拒司马氏的联亲。因涉及当时政治少而得以终其天年。鲁迅后来在《而已集·魏晋风度及文章与药及酒之关系》中对阮籍的思想性格和作品做了较全面的评论,将其与嵇康一同视为"竹林七贤"的代表,都"反抗旧礼教",到了连"上下古今也不承认"的地步。阮籍在《大人先生传》中表现出天地神仙都无意义的虚无思想。不过,他的反对礼教,是由于司马氏统治集团借礼教加罪对手,"亵黩了礼教",遂而愤激,"变成不谈礼教,不信礼教",其本心却是相信礼教的。鲁迅喜欢他和嵇康,还因为他们的诗文都很好,慷慨激昂,使气以命诗,师心以遣论,"嵇志清峻,阮旨遥深",最足代表魏末晋初文章的特色。②鲁迅在给许广平的信中还引用过

---

① 鲁迅:《朝花夕拾·范爱农》,《鲁迅全集》第 2 卷,第 322 页。
② 鲁迅:《而已集·魏晋风度及文章与药及酒之关系》,《鲁迅全集》第 3 卷,第 533—535 页。

第五章　炎天凛夜长

阮籍遇"穷途"大哭而回的故事,比喻自己也遇了"穷途",但表示自己不学阮籍的大哭而返,而是要"跨进去"。①

鲁迅认为《阮籍集》编辑得法,兼收别人的辩难文字,呈现论争的原委和过程:"现在还在流传的古人文集,汉人的已经没有略存原状的了,魏的嵇康,所存的集子里还有别人的赠答和论难,晋的阮籍,集里也有伏义的来信,大约都是很古的残本,由后人重编的。……我以为这样的集子最好,因为一面看作者的文章,一面又可以见他和别人的关系,他的作品,比之同咏者,高下如何,他为什么要说那些话……"②鲁迅晚年编辑杂感集,就对此法多所借鉴。

《嵇康集》更是鲁迅的案头常备书。从1913年到1934年,鲁迅整理校勘考证嵇康的著作,用功甚勤。文章风格方面,鲁迅从嵇康文字中取法不少。

"鸡虫"两字在绍兴方言中与"几仲"谐音,而何几仲是辛亥革命后成立的中华自由党(就是《阿Q正传》中讽刺的"柿油党")绍兴分部骨干分子,正是他将范爱农赶出学校,导致范爱农失去生活来源!鲁迅融合晋书典故和杜甫的诗句写成"白眼看鸡虫",将范爱农比喻成阮籍一流人物。

"先生小酒人"——鲁迅说范爱农是"小酒人",意思是他喜欢喝酒,但并非酗酒者。《史记·刺客列传》:"荆轲虽游于酒人

---

① 鲁迅:《250311 致许广平》,《鲁迅全集》第11卷,第461页。
② 鲁迅:《且介亭杂文二集·"题未定"草(六至九)》,《鲁迅全集》第6卷,第444页。

乎，然其为人沈深好书。"鲁迅后来在回忆文章中这样写爱喝酒的范爱农："他又告诉我现在爱喝酒，于是我们便喝酒。……醉后常谈些愚不可及的疯话，连母亲偶然听到了也发笑。"①

范爱农性情耿介，不愿苟且，不屑投机。鲁迅从南京到北京之前，回绍兴准备北上行装，范爱农适值去了杭州，两人没有见面。1912年3月27日，范爱农写信给鲁迅说："听说南京一切措施与杭绍鲁卫，如此世界，实何生为，盖吾辈生傲骨，未能随逐波流，惟死而已，端无生理。弟于旧历正月二十一日动身来杭，自知不善趋承，……现因承蒙傅励臣函邀担任师校监学事，虽未允他，拟阳月杪返绍一看，为偷生计，如可共事，或暂任数月。"②这份工作给他带来更大的伤害。他生在污浊之世，无所寄托，不得不沉溺于杯中物。鲁迅用"狐狸方去穴"来咒骂当权者和小人，而以"从兹绝绪言"等句结束全诗——再也听不到范爱农那些给人启发的良言了。

收入《集外集》的第三首，是后来鲁迅凭记忆写下来的，与最初发表的文字稍有出入：

> 把酒论天下，先生小酒人。
> 大圜犹酩酊，微醉合沉沦。
> 幽谷无穷夜，新宫自在春。
> 旧朋云散尽，余亦等轻尘。③

---

① 鲁迅：《朝花夕拾·范爱农》，《鲁迅全集》第2卷，第323页。
② 《鲁迅、许广平所藏书信选》，长沙：湖南文艺出版社1987年版，第6页。
③ 鲁迅：《集外集·哭范爱农》，《鲁迅全集》第7卷，第145页。

"新宫",有人说指当时袁世凯总统官邸,其南门称"新华门"。鲁迅在日记中议论上级,限于本部长官和同僚,关于袁世凯的记录既无感恩戴德,也不讽刺嘲笑——也许出于远祸避害的小心谨慎。因此,新宫是否确指袁总统官邸,存疑。

中国古代有"哀诗",有"诔词"。《文心雕龙》对诔词的描述是:"大夫之材,临丧能诔。诔者,累也;累其德行,旌之不朽也。"这种文体要求表彰死者的德行:"选言录行,传体而颂文,荣始而哀终。论其人也,暧乎若可觌;道其哀也,凄焉如可伤。"逝者的嘉德懿行不容于世,命运坎壈,更增添生者的哀伤。

鲁迅写成《哀范君三章》后寄给周作人,托交绍兴《民兴日报》发表,随信写了一段话:"我于爱农之死,为之不怡累日,至今未能释然。昨忽成诗三章,随手写之,而忽将鸡虫做入,真是奇绝妙绝,辟历一声,速死豸之大狼狈矣。"[1]周作人经手发表该诗的同时,自己也以一首《哀爱农先生》(1912年7月27日)呼应:

> 天下无独行,举世成委靡。
> 皓皓范夫子,生此寂寞时。
> 傲骨遭俗忌,屡见蝼蚁欺。
> 坎壈终一世,毕生清水湄。
> 会闻此人死,令我心伤悲。
> 峨峨使君辈,长生亦若为。[2]

---

[1] 周作人《药味集·关于范爱农》,石家庄:河北教育出版社2002年版,第21页。
[2] 同上书,第22页。

哀范君，也正是哀中国。

长安夜半秋

文章乃经国之大业，不朽之盛事。三不朽"立德立功立言"中，立言其实更难，因为立言的前提是立德立功，否则，虚言如何立得住？

因为到北京后住在绍兴会馆，鲁迅对乡邦文献自然关注更多。从日记里看到，他到北京后获赠的第一本书是《越中先贤祠目》。会馆供奉山阴、会稽先贤的牌位，最有名的是明代理学家刘宗周（蕺山），祠堂即名"仰蕺堂"。

鲁迅倾心的一本乡邦文献《於越有明三不朽图赞》是明末清初史学家、文学家张岱（字宗子，1597—1679）晚年的一本著作。张岱身历国破家亡，避迹山居，破床碎几，忍饥挨饿，发愤著史。他80多岁高龄时，与同郡诗人、画家徐沁（字野公，1626—1683）辑录绍兴明代先贤的事迹和画像，汇成一书。赞是一种古老的文类，兴盛于汉代，流变在魏晋南北朝，是颂之支流，一般篇幅短小，如《文心雕龙》所说，"促而不广，必结言于四字之句，盘桓乎数韵之词，约举以尽情，昭灼以送文"。

张岱作为明代遗民，誓愿刊刻图赞，矜其乡贤，美其邦族。他在序文中写道："开卷晤对，见道学诸公则自知有愧衾影，见忠节诸公则自惭有亏忠孝，见清介诸公则自恨纠缠名利，见文学诸公则自悔枉读诗书，见功业诸公则自惜空蝗粱黍，见厚德诸公

第五章　炎天凛夜长

北京绍兴县馆

则自警未化贪嗔,如岱辈老耄,则惟恨'少壮不努力,老大徒伤悲',若少年英俊见此图者,当如文天祥之为童子时——见学官所祀乡先生欧阳修、杨邦乂、胡铨诸像皆谥忠节,欣然慕之曰:'没不俎豆其间,非夫也。'后生可畏,倘能激发意气,砥砺勉旃,则吾汇刻此图不为无益矣,但愿看官加意着眼。"

鲁迅收藏该书多个版本,有残缺的,他做了修订增补,还手绘了三位绍兴先贤画像,分别为余岸修、胡幼恒、朱东武。

全书记述110人的事迹,首列理学,次表勋业,继以艺林,体现立德为本的思想。忠肝义胆的王思任的事迹也在书中。清兵攻入绍兴后,王思任屏迹山居,绝食而亡。王思任曾在《让马瑶草》中痛斥明朝降臣马士英:"夫越乃报仇雪耻之国,非藏垢纳污之地也。"鲁迅多次引用这句名言。

《於越有明三不朽图赞》中列文学五人,徐渭即其一。这些创造了不朽业绩的人,非狂即狷。不朽之人,必须在艰难中磨炼。鲁迅在绍兴会馆忍受着孤独和苦闷,抄书,校勘,沉入古籍,沉入佛典,寻求精神上的解脱,正是如此。不朽不但艰难,而且危险。

此时的鲁迅正被厚重的寂寞包围着:

> 我于是用了种种法,来麻醉自己的灵魂,使我沉入于国民中,使我回到古代去,后来也亲历或旁观过几样更寂寞更悲哀的事,都为我所不愿追怀,甘心使他们和我的脑一同消灭在泥土里的,但我的麻醉法却也似乎已经奏了功,再没有青年时候的慷慨激昂的意思了。①

有一天,在抄书的过程中,他随手写下李贺的一首诗。这是鲁迅与古代诗人的一次精神遇合:

> 南山何其悲,鬼雨洒空草。
> 长安夜半秋,风前几人老。②

无论在绍兴府中,还是在师范学堂的办公室,或者是在绍兴会馆的曾经有女性自缢的补树书屋,寂静的深夜,形影相吊的鲁

---

① 鲁迅:《呐喊·自序》,《鲁迅全集》第1卷,第440页。
② 《鲁迅手稿全集》第5册,第473页。

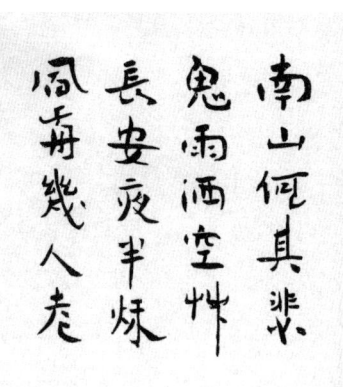

第五章 炎天凛夜长

鲁迅手抄李贺《南园》诗

迅遇到的只能是诗鬼，而不是诗仙。

现存鲁迅书写古代诗文赠送朋友的22幅手迹中，李贺作品有4幅：《开愁歌》、《南园十三首》（其七）、《感讽五首》（其三）和《绿章封事》。其中《绿章封事》是摘句："金家香弄千轮鸣，扬雄秋室无俗声。"[①]——金家所在巷道里香气飘荡，车轮轰鸣；扬雄的书屋却冷冷清清，无人问津。这正是当时鲁迅生活的写照。李贺全诗是：

> 青霓扣额呼宫神，鸿龙玉狗开天门。
> 石榴花发满溪津，溪女洗花染白云。
> 绿章封事咨元父，六街马蹄浩无主。
> 虚空风气不清冷，短衣小冠作尘土。

[①] 《鲁迅手稿全集》第5册，第493页。

> 金家香弄千轮鸣，扬雄秋室无俗声。
> 愿携汉戟招书鬼，休令恨骨填蒿里。

李贺诗很多名句脍炙人口，如"天若有情天亦老""少健无所就，入门愧家老""雄鸡一唱天下白""男儿何不带吴钩，收取关山五十州""少年心事当拿云"，"笔补造化""石破天惊""黑云压城""天荒地老""飞香走红"等已是经典成语。钱锺书《谈艺录》认为李贺诗艺术上一大特色是能够"变轻清者为凝重，使流易者具锋芒"，而且能用险："长吉化流易为凝重，何以又能险急？曰斯正长吉生面别开处也。其每分子之性质，皆凝重坚固；而全体之运动，又迅疾流转。故分而视之，词藻凝重；合而咏之，气体飘动。此非昌黎之长江秋注，千里一道也；亦非东坡之万斛泉源，随地涌出也。此如冰山之忽塌，沙漠之疾移，势挟碎块细石而直前，虽固体而具流性也。"① 这种流性，也可以说是不确定性，让整段整篇显得气韵生动，摇荡感激。鲁迅写的《补天》《奔月》等想象奇特的神话题材小说，其来源当然是多样的，但读了李贺《李凭箜篌引》中"女娲炼石补天处，石破天惊逗秋雨。梦入神山教神妪，老鱼跳波瘦蛟舞。吴质不眠倚桂树，露脚斜飞湿寒兔"，对于两人的相通之处或可略有参悟。鲁迅诗句"唱尽新词欢不见，旱云如火扑晴江"，"须臾响急冰弦绝，但见奔星劲有声"，以及散文诗集《野草》中一些篇什，正与李贺诗坚固而流

---

① 钱锺书:《谈艺录》，北京：中华书局1984年版，第50页。

转、凝重而奇险的特点相合。

徐梵澄与晚年鲁迅颇多诗文交流,他在回忆录中记述:

> 先生于唐诗的研究是很深广的。某次撰文,随着笔便写出"我有一匹好东绢,已令拂拭光凌乱,请君放笔为直干"。正是杜甫的诗。然所最好的是李长吉。某次我无意摹仿了李长吉,写一首短诗寄去,下一次会见了,第一句话问我:"你在读李昌谷呀!"我说:"是。"——李长吉呢,遭了时代的愚蠢的打击,毕生不得意,所作千载下往往犹得到人心的共鸣。我在德国时,先生某次来信说:"'心事如波涛,中夜(澄案:原文作'坐')时时惊',我真不知道李长吉'惊'的什么!"是说受压迫时的心境,时在龙华五烈士殉难以后。[①]

寂寞孤独中,鲁迅大量阅读和勤奋抄录,看似枯燥乏味,实际上却是在严格筛选,慎重考量。这种精神和文字的双重磨砺,让他的文字更精练,思想更犀利。

鸡群之鸣鹤

鲁迅与当时中国的主流诗坛很少联系,也没有与近在咫尺的同乡诗人们雅集、酬唱。

---

① 徐梵澄:《星花旧影》,《鲁迅研究资料》第 11 辑,天津:天津人民出版社 1983 年版,第 163—164 页。

当时的诗坛仍是易顺鼎、樊增祥、陈三立擅场。清朝末年，旧体诗回光返照，闪烁最后的辉煌。胡适在《五十年来中国之文学》中对拟古派的王闿运等给予蔑视性的评价：

> 王闿运为一代诗人，生当这个时代，他的《湘绮楼诗集》卷一至卷六正当太平天国大乱的时代（1849—1864）；我们从头读到尾，只看见无数《拟鲍明远》《拟傅玄麻》《拟王元长》《拟曹子建》……一类的假古董；偶然发现一两首"岁月犹多难，干戈罢远游"一类不痛不痒的诗；但竟寻不出一些真正可以纪念这个惨痛时代的诗。这是什么缘故呢？我想这都是因为这些诗人大都是只会做模仿诗的，他们住的世界还是鲍明远、曹子建的世界，并不是洪秀全、杨秀清的世界；况且鲍明远、曹子建的诗体，若不经一番大解放，决不能用来描写洪秀全、杨秀清时代的惨劫。①

文学革命革的是诗歌的形式，并不能消减诗人们的诗情。日常生活需要多种表现手段，传统的五七言、长短句仍是得心应手的工具。

鲁迅虽然住在绍兴会馆，但与文坛前辈交往很少。他的圈子是同乡、留日同学，教育部同事如许季上、许寿裳等。许寿裳此时已不治文学，同辈人中称得上"诗友"的二弟周作人直到1917

---

① 胡适：《五十年来中国之文学》，《胡适文集》第3卷，合肥：安徽教育出版社1998年版，第206页。

第五章　炎天凛夜长

年才来到北京。

鲁迅没有加入党派,参加的社会团体也少,如果不是上级的命令,或碍于情面非加入不可,他尽可能拒绝入党结社。他担任的职务有通俗教育研究会会员、通俗教育研究会小说股主任等,多是因为同事"敦劝",其他如地质学会、中华共和党等党派团体,他都拒绝加入,尽管来劝说的人或是老师,或是老同学。在绍兴时,鲁迅曾收到中华自由党的党徽,他不但置之不理,而且后来还在《阿Q正传》中加以讽刺。

值得一提的是,鲁迅与几位同好组成一个"读经小组",互相借阅佛经,交流阅读体会,而且出资刻印佛教文献,以为功德;同时,鲁迅还加入一个"金石小组",收集砖砚、瓦当、造像、碑碣拓本,观摩研究,互通有无。这并非有组织章程的社团,而是自然形成的兴趣小组。

鲁迅加入新文学阵营前,也接触过当时的诗坛名流。除同事陈师曾外,还有教育部社会教育司司长夏曾佑,晚清"诗坛三杰"之一。夏曾佑是清末进士,参与过辛亥革命,所著《中国历史教科书》风行一时。但这时的夏曾佑不但沉入佛门,而且沉溺杯中物,对诗是早已没有多少热情了。鲁迅因公或因私到他的寓所,有时得陪他喝酒,但宴会太多,而且过多饮酒,非鲁迅所喜。如1913年2月18日"下午同沈商耆往夏司长寓,方饮酒,遂同饮少许"①,这还可以接受;但同年5月11日星期天"上午得戴芦舲

---

① 《鲁迅全集》第15卷,第49页。

简招往夏司长寓,至则饮酒,直至下午未已,因逃归"①。他们谈了些什么,发了诗兴没有,不得而知。

鲁迅晚年曾手书夏曾佑的两句诗:"帝杀黑龙才士隐,书飞赤鸟太平迟。"并评论道:"此夏穗卿先生诗也,故用僻典,令人难解,可恶之至。"②"可恶之至"四字评语有调侃之意,并非真的厌恶愤恨。

这两句诗出自夏曾佑的《赠任公二首》之一:

> 滔滔孟夏逝如斯,亹亹文王鉴在兹。
> 帝杀黑龙才士隐,书飞赤鸟太平迟。
> 民皇备矣三重信,人鬼同谋百姓知。
> 天且不为何况物,望先万物出于机。

诗中所用的"僻典",虽然出处不难找,但理解起来并不容易。"帝杀黑龙"典出《墨子·贵义》:"子墨子北之齐,遇日者。日者曰:'帝以今日杀黑龙于北方,而先生之色黑,不可以北。'子墨子不听,遂北。至淄水,不遂而反焉。日者曰:'我谓先生不可以北。'子墨子曰:'南之人不得北,北之人不得南,其色有黑者,有白者,何故皆不遂也?且帝以甲乙杀青龙于东方,以丙丁杀赤龙于南方,以庚辛杀白龙于西方,以壬癸杀黑龙于北方,若用子之言,则是禁天下之行者也,是围心而虚天下也。子之言不可用

---

① 《鲁迅全集》第 15 卷,第 62 页。
② 《鲁迅手稿全集》第 5 册,第 499 页。

也.'"墨子讲兼爱,苟利天下,不怕吃苦,不避危险。然而,世上大多数人是力求安稳的,所以隐居避世。"书飞赤鸟",典出《春秋公羊传》哀公十四年何休解诂:"得麟之后,天下血书鲁端门,曰:'趋作法,孔圣没,周姬亡,彗东出,秦政起,胡破术,书记散,孔不绝。'子夏明日往视之,血书飞为赤鸟,化为白书,署曰《演孔图》,中有作图制法之状。孔子仰推天命,俯察时变,却观未来,豫解无穷,知汉当继大乱之后,故作拨乱之法以授之。"鲁哀公十四年(前481)"春,西狩获麟",《公羊传》解释说,孔子因获麟而感叹"吾道穷矣",因此停止撰写《春秋》,不久就去世了。获麟以后出现血书,又飞为赤鸟,化为白书,预言天下将有大乱,随后拨乱反正。丙申是光绪二十二年(1896),维新运动正如火如荼地进行,梁启超等变法派对运动的成功充满信心,夏穗卿却警告梁启超路途艰险,太平难期。

鲁迅晚年手书此联给一位朋友,可能是深感中国形势险恶。

鲁迅在教育部社会教育司的同事高步瀛,继夏曾佑之后任社会教育司司长,是清末举人,曾讲学保定莲池书院,著有《唐宋诗举要》《唐宋文举要》等。鲁迅除了在日记中记载与其有交集的公务活动、同僚聚会以及几次互赠书籍外,很少提到他。

虽然身处旧体制根深蒂固、旧思想弥漫充斥的北京,东京时期的《新生》之梦却仍在他心中萦绕。在东京期间,虽然拟组织文学团体、出版刊物的计划未能实现,但理想并没有完全破灭。当时几个文艺青年的努力留下两个成果,即周作人《知堂回想录》中所称的"新生"的"甲编"和"乙编":甲编是发表在《河南》

等杂志上的文章；乙编是翻译小说，结集为《域外小说集》两册。可惜的是，这两册小说集卖出去的很少，大批躺在上海的仓库里，后来因失火化为灰烬了。

东京那个"新生"文学小组的骨干，大约十年后齐聚北京，仍不弃不离的，就是鲁迅兄弟和许寿裳。在北京，鲁迅有更多便利条件为周作人的译本寻找出版机会。在这一过程中，他们当会时时回顾在东京时期的文学活动，尤其是翻译外国文学作品的成绩，并且感到在这方面还有很多领域有待拓展。

民国建设的初创阶段，很多制度要向外国取法。鲁迅的日常工作自然不少与外国文化教育相关的内容。例如审查小说，包括查禁不良作品和奖励优秀作品。他对周瘦鹃翻译的《欧美名家短篇小说丛刊》大加赞赏，因为这部收录了欧洲特别是东欧弱小国家文学作品的短篇小说集，与他青年时代的文学理念颇有契合之处。他把书带回住处，与周作人一起拟了一篇评语，其中有这样的赞词：

> 欧陆著作，则大抵以不易入手，故尚未能为相当之绍介；又况以国分类，而诸国不以种族次第，亦为小失。然当此淫佚文字充塞坊肆时，得此一书，俾读者知所谓哀情惨情之外，尚有更纯洁之作，则固亦昏夜之微光，鸡群之鸣鹤矣。[①]

---

① 鲁迅：《集外集拾遗补编·〈欧美名家短篇小说丛刊〉评语》，《鲁迅全集》第8卷，第69页。

第五章　炎天凛夜长

实际上，鲁迅仍然萦怀外国的诗人和哲人。其中两位德国大师仍时常拨动他的心弦。

1914年2月，周作人发表《艺文杂话》，介绍鲁迅翻译海涅的诗："赫纳Heine者，德意志诗人，能以常言，抒其覃思，使字明瑟，而句复温丽雅驯，拟者不能一似。伯兄尝译其若干什，今录数首于此。一曰：'余泪汍澜兮繁花，余声悱亹兮莺歌。少女子兮，使君心其爱余，余将捧繁花而献之。流莺鸣其嘤嘤兮，傍吾欢之罘罳。'一曰：'眸子青地丁，辅颊红蔷薇。百合皎洁兮君柔荑，吁嗟芳馨兮故如昨，奈君心兮早摇落。'"①

这两首诗出自海涅1827年出版的《歌集》(Buch der Lieder，或译作《歌之书》)的第二部分"抒情插曲"(Lyrisches Intermexzo)，分别是其中的第二首《从我的泪珠里》和第三十二首《蓝色紫罗兰》。据周作人回忆，这两首诗可能是鲁迅在日本翻译的："鲁迅学了德文，可是对于德国文学没有什么兴趣。在东京虽然德文书不很多，但德国古典名著却容易买到，价钱也很便宜，鲁迅只有一部海涅的诗集，那两首'眸子青地丁，辅颊红蔷薇'的译诗，大概还是仙台时期的手笔，可见他对于这犹太系诗人是很有点喜欢的。"②至于鲁迅选择海涅的原因，周作人的解释是："歌德、席勒等大师的著作他一册都没有，所有的只是海涅的一部小本集子，原因是海涅要争自由，对于权威表示反抗。他利用德文去翻译别

---

① 周作人：《艺文杂话》，上海《中华小说界》1914年第2期。
② 周作人：《鲁迅的故家·德文书》，石家庄：河北教育出版社2002年版，第327页。

国的作品,介绍到中国来,改变国人的思想,走向自由与解放的道路。"①

周瘦鹃在《艺文谈屑》中这样评论鲁迅翻译的这首海涅诗:

> 亥纳 Heine,德国大诗人。希莱尔、贵推二家而后,几可独步,无人足与抗手者。所为诗,工于芬芳侧艳之辞。方之吾国,殆黄莘田一流,王次回不能拟也。会稽周树人尝译其情诗一章云:……
> 语虽无多,颇有花气熏人之致。②

亥纳、希莱尔、贵推,今译分别为海涅、席勒、歌德。当时,海涅的诗译到中国来的还不多,周瘦鹃仅以鲁迅翻译的一首诗立论,遂误以为海涅是爱情诗专家,比之为中国清代艳体诗作者黄莘田。海涅当然不是轻艳诗人,而是具有多重面相,甚至可以说具有战士品格。鲁迅去世后,林语堂作《悼鲁迅》,将鲁迅与海涅做了比较:

> 鲁迅与其称为文人,无如号为战士。战士者何?顶盔披甲,持矛把盾交锋以为乐。不交锋则不乐,不披甲则不乐,即使无锋可交,无矛可持,拾一石子投狗,偶中,亦快然于

---

① 周作人:《鲁迅的青年时代·鲁迅的国学与西学》,石家庄:河北教育出版社2002年版,第46页。
② 《申报·自由谈》1919年11月30日之《杂录》。

胸中，此鲁迅之一副活形也。德国诗人海涅语人曰，我死时，棺中放一剑，勿放笔。是足以语鲁迅。①

鲁迅是中国最早介绍和翻译海涅诗歌的人。1925年，鲁迅购买了德文版《海涅十三卷集》四册，不仅收有海涅的爱情诗，还包括《西里西亚的纺织工人》《德国，一个冬天的童话》等政治诗。鲁迅的藏书中还有《海涅最著名的爱诗》。鲁迅晚年仍在阅读海涅。增田涉在《鲁迅的印象》中记述："鲁迅年轻时喜欢尼采，据说案头上常放着《苏鲁支语录》。……但是在他死前的三个月，经过数年隔别再访问他的时候，他的书房里，排列着崭新的《海涅全集》原文本。我说：'是《海涅全集》啊！'并问他的用意所在。他说，想重读一下海涅。从前读过日文译本，也读过单行本，全集还没有读过。那崭新的全集一大排并列着，好像就要坐下来读它的样子。那时谈话的细节已经忘记了。只记得从他的口气里，觉察到他是多么兴致勃勃的。由此想来，他这时候不是已经从尼采到海涅地变化了么？不是他的爱好，而是他的为人，或者是作为文学家的应有态度，不是尼采的而是海涅的了。"②

不过，如增田涉所说，鲁迅的案头也常放着尼采著作。事实上，鲁迅更难忘怀的是尼采。1918年，鲁迅用文言翻译了尼采的《苏鲁支语录》（今译《查拉图斯特拉如是说》）的序言。新文学

---

① 《宇宙风》1937年1月1日第32期。
② 增田涉：《鲁迅的印象》，钟敬文译，长沙：湖南人民出版社1980年版，第84页。

运动兴起不久,他又用白话重译为《察拉图斯忒拉的序言》。他应该有翻译全书的计划,可惜没有完成。

德国的两位著名诗人,在青年鲁迅的内心深处扎根,一个柔和抒情,一个激昂热烈。海涅的抒情诗歌咏爱情,感情真挚,设喻精巧,颇能打动青年的心;尼采的激昂之词,虽然是散文句式,但具内在的韵律,强劲有力,令人神旺。其实,这两种诗风并不矛盾,没有柔情,哪有勇力?剑胆诗心,相辅相成。鲁迅翻译尼采,佩服"超人",但内心还有一泓爱的甘泉。既然有诗歌浸润,他的内心就不是一口枯井,而或可比作一条冰封的河流,一旦打碎坚冰,就会奔涌向前。

鲁迅的性格喜欢隐藏,趋向封闭。感情受伤,他惯于躲在暗处,默默忍受,静静等待。他在《答杨邨人先生公开信的公开信》中说,如果"必须拿我来开刀,我也敢于咬着牙关忍受。杀不掉,我就退进野草里,自己舐尽了伤口的血痕,决不烦别人傅药"。[①]静默可能是在集聚力量:不在沉默中灭亡,就在沉默中爆发!那么,鲁迅是在等待一种新的力量到来——是心力,也是诗力,或将以尼采在《苏鲁支语录》序言中标榜的"超人"形象现身:

> 尼采式的超人,虽然太觉渺茫,但就世界现有人种的事实看来,却可以确信将来总有尤为高尚尤近圆满的人类出现。
> ……

---

① 鲁迅:《南腔北调集·答杨邨人先生公开信的公开信》,《鲁迅全集》第 4 卷,第 645 页。

第五章 炎天凛夜长

尼采说：

"真的，人是一个浊流。应该是海了，能容这浊流使他干净。

"咄，我教你们超人：这便是海，在他这里，能容下你们的大侮蔑。"①

词语间回响着他留日期间所写《文化偏至论》中对尼采的倾慕和赞美：

若夫尼佉，斯个人主义之至雄桀者矣，希望所寄，惟在大士天才；而以愚民为本位，则恶之不殊蛇蝎。意盖谓治任多数，则社会元气，一旦可隳，不若用庸众为牺牲，以冀一二天才之出世，递天才出而社会之活动亦以萌，即所谓超人之说，尝震惊欧洲之思想界者也。②

---

① 鲁迅:《热风·随感录四十一》,《鲁迅全集》第1卷，第341页。
② 鲁迅:《坟·文化偏至论》，同上书，第53页。

第六章

自古成功在尝试

"敲边鼓"

　　胡适是白话诗的提倡者,所作《尝试集》引领风骚。

　　胡适开始新诗创作时,将宋代陆游的一句诗"尝试成功自古无"翻转作"自古成功在尝试",自壮胆气,并且把诗集命名为《尝试集》。

　　《新青年》同人钱玄同虽然十分赞成胡适的白话文主张,也支持胡适用白话文写诗,但对其创作成绩并不十分满意:"总嫌他太文点,其中有几首简直没有白话的影子。我曾劝他既有革新文艺的弘愿,便该尽量用白话去做才是,此时初做,宁失之俗,毋失之文。"①

1919年10月,胡适在《谈新诗:八年来一件大事》中首次使用"新诗"这一概念,此后,"新诗"正式成为以白话文创作的诗歌的标准称谓。新文学的提倡者要向读者证明,白话诗与旧体诗一样,甚至比旧体诗更能将外部世界和心灵深处那些错综复杂的状态表现出来。

1917年,《新青年》杂志从上海迁到北京,得到北京大学校长蔡元培的支持,杂志主编陈独秀出任北京大学文科学长。于是,一校一刊助推新文学运动。

当年1月1日,胡适在《新青年》第2卷第5号发表《文学改良刍议》,提出文学改良,具体从八个方面入手:一须言之有物;二不摹仿古人;三须讲求文法;四不作无病之呻吟;五务去烂调套语;六不用典;七不讲对仗;八不避俗字俗语。他主张用白话文替代文言文:"白话文学之为中国文学之正宗,又为将来文学必用之利器。"

一个月后,陈独秀在《新青年》第2卷第6号发表《文学革命论》,打出"文学革命"的旗帜,主张实行"三大主义":一、推倒雕琢的阿谀的贵族文学,建设平易的抒情的国民文学;二、推倒陈腐的铺张的古典文学,建设新鲜的立诚的写实文学;三、推倒迂晦的艰涩的山林文学,建设明了的通俗的社会文学。

---

① 《钱玄同日记(整理本)》上,北京:北京大学出版社2014年版,第324页。

《新青年》同人钱玄同（《呐喊·自序》中的金心异）很看重鲁迅及其弟弟周作人的思想和文字，认为是全国"数一数二"的，竭力劝说他们给《新青年》写文章。据钱玄同回忆，1918年1月《新青年》第4卷第1号开始发表周作人的文章，持续不断，"但豫才则尚无文章送来，我常常到绍兴会馆去催促，于是他的《狂人日记》小说居然做成而登在第四卷第五号里了。自此以后，豫才便常有文章送来，有论文、随感录、诗、译稿等，直到《新青年》第九卷止（十年下半年）。"① 钱玄同敦劝鲁迅为《新青年》写稿的"铁屋对"，被鲁迅记录在《呐喊·自序》中：

"假如一间铁屋子，是绝无窗户而万难破毁的，里面有许多熟睡的人们，不久都要闷死了，然而是从昏睡入死灭，并不感到就死的悲哀。现在你大嚷起来，惊起了较为清醒的几个人，使这不幸的少数者来受无可挽救的临终的苦楚，你倒以为对得起他们么？"

"然而几个人既然起来，你不能说决没有毁坏这铁屋的希望。"

是的，我虽然自有我的确信，然而说到希望，却是不能抹杀的，因为希望是在于将来，决不能以我之必无的证明，来折服了他之所谓可有，于是我终于答应他也做文章了，这

---

① 钱玄同：《我对于周豫才君之追忆与略评》，沈永宝编：《钱玄同五四时期言论集》，上海：东方出版中心1998年版，第383页。

第六章　自古成功在尝试

便是最初的一篇《狂人日记》。①

《狂人日记》揭露中国传统道德教条的"吃人"本质,思想激越,言辞犀利。

1923年8月24日,钱玄同在日记中写道:"鲁迅送我一本《呐喊》。"②此前,钱玄同日记提到鲁迅,一般称"豫才"等字号或绰号,此次郑重写作"鲁迅",应该是为了纪念《呐喊》的第一篇《狂人日记》发表前他们在绍兴会馆聚谈的时光——《狂人日记》和后来出版的小说集《呐喊》正是以"鲁迅"的名义发表和出版的。

刘半农也是力邀鲁迅加入《新青年》阵营者之一。1918年旧历除夕,刘半农同周氏兄弟一起守岁,随后写了一首诗《除夕》,刊登在《新青年》第4卷第3号上,前两节是:

(一)

除夕是寻常事,做诗为什么?
不当他除夕,当作平常日子过。
这天我在绍兴县馆里;馆里大树甚多。
风来树动,声如大海生波,
静听风声,把长夜消磨。

---

① 鲁迅:《呐喊·自序》,《鲁迅全集》第1卷,第441页。
② 《钱玄同日记(整理本)》中,北京:北京大学出版社2014年版,第547页。

（二）

　　主人周氏兄弟，与我谈天；——
　　　欲招缪撒，欲造"蒲鞭"，
　　说今年已尽，这等事，待来年。

诗后有自注："（1）缪撒，拉丁文作'musa'希腊'九艺女神'之一，掌文学美术者也。（2）'蒲鞭'一栏，日本杂志中有之；盖与'介绍新刊'对待，用消极法笃促编译界之进步者。余与周氏兄弟（豫才、启明）均有在《新青年》增设此栏之意；唯一时恐有窒碍，未易实行耳。"[①] 所谓"窒碍"，是担忧率直而严格的批评伤了"面子"，批评一率直，就会得罪人。

刘半农在《新青年》第4卷第5号上登出《补白》，以与周氏兄弟通信的方式参与新旧体诗之争。他作诗一首，寄给周氏兄弟：

　　苍天万丈高，翠柏千年古。
　　我身高几何？我寿长几许？
　　以此问夕阳，夕阳黯无语！

周作人回信转达鲁迅对此诗的意见：这首诗"形式旧，思想也平常。我觉得——稍偏于感情的，伤感的一面，也不大好"。周作人作了一首和诗，诗曰，"寒食这'一日'，奉和寒星诗翁《中

---

① 　刘半农：《除夕》，《新青年》1918年3月15日第4卷第3号。

央公园即目一首》",与刘半农原诗一起刊载:

> "苍天"不知几"丈高","翠柏"也不知几"年古"。
> "我身"用尺量,就知"高几何";
> "我寿"到死时,就知"长几许"。
> 你去"问夕阳",他本无嘴无耳朵,自然是"黯无语"。

以"双簧戏"的方式与旧文学斗争,最有名的是钱玄同和刘半农假托"王敬轩"写往来信札,这回关于新旧诗之争,周作人和刘半农也略施此技。

鲁迅加入新文学阵营后迁居八道湾十一号的几年,是他的文学创作的一个高峰期,小说"一发而不可收",杂感和新诗也蓬勃展开。《狂人日记》虽然是日记体的小说,或者如鲁迅所说是一篇"小说模样"的文章,但实为虚构故事、日记、杂感的混合体,有独白,有对白。选取小说中的段落,分行排列,便是诗篇:

> 凡事总须研究,才会明白。
> 古来时常吃人,我也还记得,
> 可是不甚清楚。
> 我翻开历史一查,
> 这历史没有年代,
> 歪歪斜斜的每叶上都写着
> "仁义道德"几个字。

> 我横竖睡不着,
> 仔细看了半夜,
> 才从字缝里看出字来,
> 满本都写着两个字是
> "吃人"!
> ……
> 有了四千年吃人履历的我,
> 当初虽然不知道,现在明白,
> 难见真的人!
> ……
> 没有吃过人的孩子,或者还有?
> 救救孩子……①

鲁迅在日本留学时广泛接触俄国文学作品,其中果戈理的同名小说《狂人日记》对他很有启发。他积存的一册剪报里就有《狂人日记》的日译文。后来他回顾创作历程,承认《狂人日记》借鉴了果戈理的同名小说,但认为自己的这篇"比果戈理的忧愤深广"。②

从1918年5月《新青年》第4卷第5号开始,鲁迅发表了6首新诗:《梦》《爱之神》《桃花》(第4卷第5号),《他们的花园》

---

① 鲁迅:《呐喊·狂人日记》,《鲁迅全集》第1卷,第447、454—455页。本节特分行排列。
② 鲁迅:《且介亭杂文二集·〈中国新文学大系〉小说二集序》,《鲁迅全集》第6卷,第247页。

《人与时》(第5卷第1号)，《他》(第6卷第4号)。这些自由体诗不受格律束缚，不讲平仄，甚至不押韵。第一首《梦》：

> 很多的梦，趁黄昏起哄。
> 前梦才挤却大前梦，后梦又赶走了前梦。
> 　去的前梦黑如墨在的后梦墨一般黑；
> 　去的在的仿佛都说，"看我真好颜色"。
> 颜色许好，暗里不知；
> 而且不知道，说话的是谁？
>
> 暗里不知，身热头痛。
> 你来你来，明白的梦！

人有许多梦想，后梦赶走前梦，连续不断，虽似颇为热闹，却都模糊，缥缈，难以捉摸。诗人呼唤"明白的梦"，不过是一个虚幻。

《他们的花园》写道：

> 小娃子，卷螺发，
> 银黄面庞上还有微红，——看他意思是正要活。
> 　走出破大门，望见邻家：
> 　他们大花园里，有许多好花。
> 用尽小心机，得了一朵百合；
> 又白又光明，像才下的雪。

> 好生拿了回家，映着面庞，分外添出血色。
> 苍蝇绕花飞鸣，乱在一屋子里——
> "偏爱这不干净花，是胡涂孩子！"
> 忙看百合花，却已有几点蝇矢。
> 看不得；舍不得。
> 瞪眼望天空，他更无话可说。
> 说不出话，想起邻家：
> 他们大花园里，有许多好花。

邻家的花园里有许多好花，还没有被"蝇矢"污秽的，还是他们的花园好，犹如别处的月亮圆。读者不由得想起鲁迅杂感中的更形象的"染缸"之喻："可怜外国事物，一到中国，便如落在黑色染缸里似的，无不失了颜色。"[①]一直到晚年，鲁迅仍然有类似的批评："每一新制度，新学术，新名词，传入中国，便如落在黑色染缸，立刻乌黑一团，化为济私助焰之具，科学，亦不过其一而已。此弊不去，中国是无药可救的。"[②]

曾经在《自题小像》中出现过的携带"神矢"的西方小娃子在新诗（《爱之神》）中也出场了：

> 一个小娃子，展开翅子在空中，

---

① 鲁迅：《热风·随感录四十三》，《鲁迅全集》第 1 卷，第 346 页。
② 鲁迅：《花边文学·偶感》，《鲁迅全集》第 5 卷，第 506 页。

第六章　自古成功在尝试

> 一手搭箭，一手张弓，
> 不知怎么一下，一箭射着前胸。
> 　"小娃子先生，谢你胡乱栽培！
> 　但得告诉我：我应该爱谁？"
> 娃子着慌，摇头说，"唉！
> 你是还有心胸的人，竟也说这宗话。
> 　你应该爱谁，我怎么知道。
> 　总之我的箭是放过了！
> 　你要是爱谁，便没命的去爱他；
> 　你要是谁也不爱，也可以没命的去自己死掉。"

爱虽然觉醒了，但爱谁，怎么爱？却是茫然。这首诗更多关注爱的苦闷。诗人埋怨"爱之神""胡乱栽培"，想知道究竟，但"爱之神"着慌，摇头，叹气，回答道："你应该爱谁，我怎么知道。"最后勉强给出两个办法：一是"你要是爱谁，便没命的去爱他"，一是"你要是谁也不爱，也可以没命的去自己死掉"——或冲破樊篱，勇敢地赢得真爱，或安于牢笼，继续做无谓的牺牲——道路选择，由自己决定。

《桃花》中，虽然问答玄妙，但透露出诗人在春光明媚中的快乐心情：

> 春雨过了，太阳又很好，随便走到园中。
> 桃花开在园西，李花开在园东。

我说，"好极了！桃花红，李花白。"
（没说，桃花不及李花白。）
桃花可是生了气，满面涨作"杨妃红"。
好小子！真了得！竟能气红了面孔。
我的话可并没得罪你，你怎的便涨红了面孔！
唉！花有花道理，我不懂。

春雨过后，花园中阳光和煦，桃花艳红，李花雪白，一派自由、美好的气氛。诗人向往美好新生活，自然是喜欢桃花的。"杨妃红"，典出《开元天宝遗事·红汗》："贵妃……每有汗出，红腻而多香，或拭之于巾帕之上，其色如桃红也。"不管开成什么颜色和形状，都是好的，因为"花有花道理，我不懂"。

《他》中的"他"相当于古诗中的女性（美人）——当时，"她"字还没有发明出来：

一

"知了"不要叫了，
他在房中睡着；
"知了"叫了，刻刻心头记着。
太阳去了，"知了"住了，——还没有见他，
待打门叫他，——锈铁链子系着。

二

秋风起了，

快吹开那家窗幕。

开了窗幕，会望见他的双颊。

窗幕开了，——一望全是粉墙，

白吹下许多枯叶。

三

大雪下了，扫出路寻他；

　这路连到山上，山上都是松柏，

　他是花一般，这里如何住得！

不如回去寻他，——阿！回来还是我家。

诗中的"他"与阮籍《咏怀（八十）》中的"佳人"一样，是理想的化身："出门望佳人，佳人岂在兹。三山招松乔，万世谁与期。存亡有长短，慷慨将焉知。忽忽朝日隤，行行将何之。不见季秋草，摧折在今时。"鲁迅笔下的诗人追求"他"，却发现"他"已经死去，埋在松柏之下。尽管如此，诗人仍不绝望，继续寻找。第三节到了冬天，"大雪下了，扫出路寻他"。看到严寒中的松柏，诗人想到"他"是花一般的，不能耐寒。"不如回去寻他，——阿！回来还是我家。"诗人寻找的东西是微妙的，似辽远而切近，甫切近却忽又辽远。

　　鲁迅的白话诗多是一些简单的对话，形象单一，意思直白，显得诗味不浓。发表于1918年7月15日《新青年》第5卷第1号上的《人与时》就是如此：

一人说，将来胜过现在。

> 一人说,现在远不及从前。
>
> 一人说,什么?
>
> 时道,你们都侮辱我的现在。
>
> 从前好的,自己回去。
>
> 将来好的,跟我前去。
>
> 这说什么的,
>
> 我不和你说什么。

"你们都侮辱我的现在"一句,是诗眼。诗人强调的是"现在",主张面对现实,立足自我。但相比鲁迅的杂感和散文诗,这首白话诗表达得并不精警。鲁迅在《现在的屠杀者》中这样回怼那些追怀往古、幻想未来的人:"明明是现代人,吸着现在的空气,却偏要勒派朽腐的名教,僵死的语言,侮蔑尽现在,这都是'现在的屠杀者'。"①《杂感》一文说得更激烈:

> 仰慕往古的,回往古去罢!想出世的,快出世罢!想上天的,快上天罢!灵魂要离开肉体的,赶快离开罢!现在的地上,应该是执着现在,执着地上的人们居住的。
>
> 但厌恶现世的人们还住着。这都是现世的仇仇,他们一日存在,现世即一日不能得救。②

---

① 鲁迅:《热风·随感录五十七》,《鲁迅全集》第 1 卷,第 366 页。
② 鲁迅:《华盖集·杂感》,《鲁迅全集》第 3 卷,第 52 页。

20世纪30年代，杨霁云为鲁迅编辑《集外集》时拟收入这些新诗，得到鲁迅同意。鲁迅在该集序言中回顾了当年写作新诗的动机和历程："我其实是不喜欢做新诗的——但也不喜欢做古诗——只因为那时诗坛寂寞，所以打打边鼓，凑些热闹；待到称为诗人的一出现，就洗手不作了。"[①]

自言自语

1920年9月至11月，日本汉学家青木正儿在《中国学》杂志上连载长篇论文《以胡适为中心潮涌浪漩着的文学革命》，成为最早评价鲁迅新诗的日本学者。他认为鲁迅是一位"属于未来的作家"，其"《狂人日记》达到了中国小说家至今尚未达到的境界"。谈到新诗，青木正儿认为，胡适的"尝试"为中国新诗发展带来一大转机，引出一批诗人：

> （中国新诗）在字法方面脱去了古典诗的窠臼，在句法方面打破了五七言规则的限定，探索"长短自由的句式、平白自然的语言"构成的诗形。前者是根据钱玄同的建议而进行的改良，后者受刘半农诗论的影响。现在的事实就是，胡适已经有了一批新诗创作同人，刘半农、沈尹默、唐俟（译者注：鲁迅笔名之一）等积极加入这个队伍中。其中，无论

---

① 鲁迅：《集外集·序言》，《鲁迅全集》第7卷，第4页。

如何都能够感觉到，胡适是以西学新智慧来显示出创作新诗的新意。沈尹默因为立足于中国本国文学的立场，虽然努力摆脱古诗旧俗，却往往不自觉地陷入古人的诗歌意境。刘半农的诗最具文士风格，而且极具新意，却又无法摆脱浅薄之嫌。唐俟的诗并未落入浅薄境界，而是往往像日常吃茶泡饭一样简洁爽快地避开了这种浅薄。直接一点说，他的诗作也较为平凡。以上诸人中，如果说在想象力方面较为出众、能达到较好诗境的较具备诗人天赋者，当属沈尹默。就措辞而言，刘半农诗粗笨，胡适诗平明，沈尹默诗优雅，唐俟诗平俗。毫无顾忌地讲，在这些诗人中能够寄予厚望的并不是其主要倡导者胡适，而是沈刘二人。①

青木正儿评价白话诗人的用词不算太好：鲁迅（唐俟）"平俗"，刘半农"粗笨"。不过，他对刘半农仍寄予厚望，因为他具有"文士风格"和"新意"。刘半农的《铁匠》是一首精彩之作：

> 叮当！叮当！
> 清脆的打铁声，
> 激动夜间沉默的空气。
> 小门里时时闪出红光，
> 愈显得外间黑漆漆地。

---

① 青木正儿:《中国文艺论薮》，京都：弘文堂书房1927年版，第370—371页。本书所引为白海君译。

我从门前经过，
　　看见门里的铁匠。
　　叮当！叮当！
　　他锤子一下一上。
　　砧上的铁，
　　闪作血也似的光，
　　照见他额上淋淋的汗，
　　和他裸着的，宽阔的胸膛。

　　我走得远了，
　　还隐隐的听见，
　　叮当！叮当！
　　朋友，
　　你该留心着这声音，
　　他永远的在沉沉的自然界中激荡。
　　你若回头过去，
　　还可以看见几点火花，
　　飞射在漆黑的地上。①

鲁迅读了青木正儿的文章，写信给青木正儿说：

　　衷心感谢你怀着同情和希望所作的公正评论。

---

① 《新潮》1919年第2卷第1号。

> 我写的小说极为幼稚，只因哀本国如同隆冬，没有歌唱，也没有花朵，为冲破这寂寞才写的，对于日本读书界，恐无一读的生命与价值。今后写还是要写的，但前途暗淡，处此境遇，也许会更陷于讽刺和诅咒罢。
>
> 中国的文学艺术界实有不胜寂寞之感，创作的新芽似略见吐露，但能否成长，殊不可知。最近《新青年》也颇倾向于社会问题，文学方面的东西减少了。①

鲁迅信中没有提"茶泡饭"。茶泡饭是中国南朝的一种饮食方式，指用茶水泡米饭。中国南方地区通常以热茶水泡冷饭，伴以盐、梅干、海苔等配料。周作人在《喝茶》一文中曾谈及——原来日本也有：

> 日本用茶淘饭，名曰"茶渍"，以腌菜及"泽庵"（即福建的黄土萝卜，日本泽庵法师始传此法，盖从中国传去）等为佐，很有清淡而甘香的风味。中国人未尝不这样吃，唯其原因，非由穷困即为节省，殆少有故意往清茶淡饭中寻其固有之味者，此所以为可惜也。②

在日本，茶泡饭先是一种贵族饮食，至江户时代逐渐平民化，

---

① 鲁迅：《201214 致青木正儿》，《鲁迅全集》第 14 卷，第 176 页。
② 周作人：《雨天的书·喝茶》，石家庄：河北教育出版社 2002 年版，第 55—56 页。

到了近现代，已成为大众日常饮食。日本民众喜爱茶泡饭的原因，一是口味清淡，二是食用方便。

青木正儿原文用语比较曲折，直译出来的意思有"像日常吃茶泡饭一样简洁爽快"和"避开了这种浅薄"，似是正面评价，称赞鲁迅的新诗让人在混沌疲倦中感到神清气爽，而且"平凡"也符合新诗创作原则：不避俗字俗语，容易看懂。但从负面理解，就成了像吃茶泡饭一样，清淡而至于"平俗"。的确，新诗在其初创阶段，语言、意象、韵律、节奏感、故事性等方面还都有欠缺，既没有优秀作品，更没有规范。

鲁迅的几首新诗，读起来不如他几年前写的旧体诗《哀范君三章》深沉含蓄。青木正儿的评价也许竟是鲁迅终止新诗写作的原因之一。

鲁迅虽然歇手不做，但仍继续关注新诗，思考新诗的格式、韵律等问题，为二弟改诗，为胡适删诗，并结交了一批从事新诗创作的青年。同时，作为翻译家，他也以白话体译诗。

鲁迅的优长在散文。他在诗和散文之间探索新文体形式，其成果成就了一种独特的诗体——散文诗。鲁迅中断新诗写作的同时，于1919年八九月间在《国民公报》发表了七篇无韵的介乎散文和诗之间的篇什，总题《自言自语》，是后来被称为"散文诗"的雏形。

一切的诗都具有自白性质。在《自言自语》第一篇《序》中，鲁迅假托这些文字是从一个"眼花耳聋"而又喜"说三话四"的陶老头子那里听来的"略有意思的段落"。

第二篇《火的冰》是对先觉者的含蓄的歌颂。"熔化的珊瑚"

一样通红的"流动的火",可以视为鲁迅心目中的先觉者的象征。它虽遇冷而结冰,却依然保持着珊瑚一样的美;人们对它"没奈何",因为它具有不可征服的品格。这一篇是《死火》的雏形,想象奔放,意境新奇。

第三篇题为《古城》。在一个将被黄沙埋没的古城里,"少年"为了解救孩子而同"老头子"斗争。文章歌颂为下一代的幸福而战斗的觉醒者,即鲁迅后来在《我们现在怎样做父亲》所写的"肩住了黑暗的闸门"的父辈。

第四篇《螃蟹》采用寓言的形式描写饱经沧桑的老螃蟹揭穿了那个口称"帮你",实则想"吃掉"它的同种的伪善者的面目,告诫人们对那些口蜜腹剑的人保持警惕。

第五篇《波儿》通过对波儿种花急于求成的描写,启示人们:美好的新事物的出现,需要经过艰苦的长期的劳动和奋斗。

第六篇《我的父亲》和第七篇《我的兄弟》,是对亲情的反思:前者表达了鲁迅对多年前逝世的父亲的无法释怀的歉疚,后者是作为长兄对幼小的弟弟游戏天性的伤害的忏悔。前一篇的情节后来在《父亲的病》中再现,后一篇则是《风筝》的雏形。

分行押韵的"新诗"——常常是为分行而分行——让鲁迅有手足无措之感。这些故事和意念,没有写成诗行,而以小说、回忆文、散文诗、杂感的形式写出来——中国新文学的一些新形式在这些短章中萌芽。

鲁迅自己对新诗运动的评价,见于1925年1月1日写的《诗歌之敌》一文:"说文学革命之后而文学已有转机,我至今还未明白这话是否真实。但戏曲尚未萌芽,诗歌却已奄奄一息了,即有几个人偶然呻吟,也如冬花在严风中颤抖。"① 可见,他既不满新诗的现状,又对其前途缺乏信心。

严格地说,诗无论新旧、无论长短,衡量好坏的标准是有无"诗味"。有韵甚至能唱,能用音韵和谐的词句将情感表达出来,就是好诗。新诗不受欢迎,一定程度上跟不讲究诗艺、没有诗味有关。郭沫若批评新诗中的有些小诗像"小儿说话",用简单的写生讲述平庸的感想,"既不足令人感生美趣,复不足令人驰骋玄思,随随便便敷敷衍衍,在作者写出时或许真有实感随伴,但以无选择功夫,使读者全不能生丝毫影响"。② 朱自清也在《〈中国新文学大系·诗集〉导言》中认为有些新诗"不能把捉那刹那的感觉,也不讲字句的经济,只图容易,失了那曲包的余味"。③ 鲁迅晚年在复窦隐夫的信中写道:"诗歌虽有眼看的和嘴唱的两种,也究以后一种为好;可惜中国的新诗大概是前一种。没有节调,没有韵,它唱不来;唱不来,就记不住,记不住,就不能在人们的脑子里将旧诗挤出,占了它的地位。"还说:"我以为内容且不说,新诗先要有节调,押大致相近的韵,给大家容易记,又顺口,唱得出来。但白话要押韵而又自然,是颇不容易的,我自己实在不会做,只好发议论。"④ 在致蔡斐君信中仍坚持认为新诗"须有形

---

① 鲁迅:《集外集拾遗·诗歌之敌》,《鲁迅全集》第 7 卷,第 248 页。
② 郭沫若:《致洪为法信》,《心潮》1923 年 8 月第 1 卷第 2 期。
③ 朱自清:《中国新文学大系·〈诗集〉导言》,《1917—1927 中国新文学大系导言集》,天津:天津人民出版社 2009 年版,第 148 页。
④ 鲁迅:《341101 致窦隐夫》,《鲁迅全集》第 13 卷,第 249 页。

式，要易记，易懂，易唱，动听，但格式不要太严。要有韵，但不必依旧诗韵，只要顺口就好"。①自由体新诗不讲平仄对仗，有的甚至不押韵，自然难以朗朗上口。

1933年，鲁迅会见美国友人埃德加·斯诺时，针对中国新诗发表的批评意见比当年青木正儿批评他的诗有"茶泡饭"风味的用语更重："研究中国现代诗人，纯系浪费时间。不管怎么说，他们实在是无关紧要，除了他们自己外，没有人把他们真当一回事。"甚至用全盘否定的话说："唯提笔不能成文者，便作了诗人。"②

鲁迅这番话虽然主要是针对当时一些他看不惯的诗人，但新诗整体上的不景气也是实情。20年代末，《语丝》从北京迁到上海，鲁迅编了一段时间后，转请柔石主编。柔石在1929年第5卷第1期的"编辑后记"中写道："据书店老板说，近来诗集的销行颇坏。实际上，诗集的刊行，也更见其少了。可是在《语丝》的投稿诸君的作品里，却以诗为最多。因此，可知诗的运命，将来还有翻身的日子的。可惜本刊篇幅少，不能多多登载，这对于投稿诗的先生们，抱歉的很！"说到底，是请作者少投诗稿。

桃色的云

1919年底，鲁迅的人生迎来一个新的时期——实现了全家

---

① 鲁迅：《350920 致蔡斐君》，《鲁迅全集》第13卷，第553页。
② 斯诺整理：《鲁迅同斯诺谈话整理稿》，安危译，《新文学史料》1987年第3期。

第六章　自古成功在尝试　　　　　　　　　　　　　　　　　　　　*205*

鲁迅、周作人与爱罗先珂（前排右四）等合影

团圆，住进了八道湾十一号。1922年，这座宅院迎来一位外国客人——乌克兰诗人爱罗先珂。他应北大之聘，前来教授世界语。北大方面认为周宅比较宽敞，而且有人能讲日语和世界语，就将爱罗先珂托付给周家。在北京期间，爱罗先珂除在北大世界语讲习班任教外，还积极参加各种社会活动，常往一些高校讲演。从1921年7月起，鲁迅先后翻译了爱罗先珂三部童话集《天明前之歌》《最后之叹息》和《为人类》中的许多作品，成为中国最早和最主要的爱罗先珂著作的介绍者。

鲁迅和周作人常陪同爱罗先珂去大学演讲。1922年3月26日，鲁迅陪爱罗先珂往俄文法政专门学校讲演《现代问题》。4月2日，爱罗先珂出席了北大第二平民夜校游艺会，在演唱俄国歌曲之前讲述了歌中故事，赞颂了俄国 17 世纪哥萨克农民起义领袖拉纯（通译斯捷潘·拉辛），鲁迅参与了这段讲述的翻译，以《俄国的豪杰》为题发表在《晨报副刊》上。文前的"记者识"说："爱罗先珂先生今晚在北大第二平民夜校游艺会唱歌，有恐听众不易了解，特为述说歌中故事，由鲁迅先生笔录如左。至于歌词，则请到会诸君自己去听。"① 这是周氏兄弟常用的合作模式，由鲁迅负责翻译诗歌部分。不过，可能因为时间仓促，鲁迅只翻译了歌曲的故事梗概。故事内容颇有些残酷的情节。盲诗人在冷漠的社会里，在苦寒的自然条件下，在身体残疾的折磨中长大，鲁迅因此很同情爱罗先珂，对他细心关照，处处回护，甚至到了偏袒的地步——如在"剧评风潮"中，魏建功撰文指出，爱罗先珂对北大学生演剧印象不好没有道理，因为他是盲人，确实不能真的"看"见演出。鲁迅在《晨报副刊》上发表《看了魏建功君的〈不敢盲从〉以后的几句声明》，斥责魏建功拿人的残疾发议论是有失"人格"的行为。

爱罗先珂的到来，让鲁迅更感到自己的生活或者说北京的生活是那么孤寂和无趣。看了俄国歌剧团的演出，鲁迅写下《为"俄国歌剧团"》，用诗一般的语言，揭示了北京"沙漠化"的生活状态，而且是"比沙漠更可怕的人世"，"没有花，没有诗，没有光，没有热。没有艺术，而且没有趣味，而且至于没有好奇心"。②

---

① 鲁迅：《俄国的豪杰》，《晨报副刊》1922 年 4 月 8 日，收入《鲁迅译文全集》第 8 卷，福州：福建教育出版社 2008 年版，第 117 页。
② 鲁迅：《为"俄国歌剧团"》，《晨报副刊》1922 年 4 月 9 日，收入《鲁迅全集》第 1 卷，第 403 页。

鲁迅在八道湾大宅院的生活其实是孤寂的,在快乐的大家庭中他竟然处于"漂泊"状态,成了"流民",搬来搬去,前后住过好几个房间。① 爱罗先珂的入住给鲁迅带来很多乐趣,成了他的谈话伙伴,与他一起消磨时光。沈尹默来访,见到这样一个场景:

> 有一年夏天,在周宅午饭,鲁迅陪着苏联盲诗人爱罗先珂,娓娓清谈,平易近人,若使当年北半截胡同会馆中同住的老乡们遇见,会疑心这不是他们所接触过的那位周大先生。那时这位盲诗人就住在周家,我记得盲诗人吃过饭后,休息了一会,鲁迅便把他没有做完的手工,递到他手中,那是一个用粗线织的袋子,盲诗人接了过去,一面讲着话、一面继续不停地编织,他们仿佛是用日语交谈的。鲁迅还对我述说,他常常陪着这位盲诗人在院中散步闲话,盲诗人感觉到北京园林中鸟声太少,尤其是没有听到黄鹂的歌唱,引为遗憾……②

爱罗先珂到京后的两年鲁迅没有写诗,不管是新诗还是旧诗。但他的小说中明显有了亮色和暖意,《呐喊》后六篇出现了现实的生活,不是遥远故乡愚昧的农民和自己灰色暗淡的童年,而更多了家庭的乐趣。并且,因为鲁迅集中翻译爱罗先珂的作品——童话居多——字里行间满是幻想和诗意。

---

① 黄乔生:《八道湾十一号》,北京:生活·读书·新知三联书店2016年版。
② 沈尹默:《鲁迅生活中的一节》,鲁迅博物馆等选编:《鲁迅回忆录》(散篇上册),北京:北京出版社1999版,第248—249页。

鲁迅的生活也有了变化。尽管他依然没有爱情,可是他寻求到了新的朋友间的精神交流,而且是一种极为珍贵的异国文化交流。他常常与爱罗先珂在北京的夜间畅谈,谈论俄罗斯和乌克兰的风情、日本的社会生活和缅甸那自然声音嘈杂的夜晚。鲁迅还和侄儿们一起参与爱罗先珂富有童心和诗意的活动——在八道湾院内的小池塘中养蝌蚪、放鸭子、栽荷花。

接待爱罗先珂的这个时期是鲁迅一生中较为美好的阶段,他变得更慈爱,心胸更宽广。他笔下的八道湾十一号的居民都是可爱的梦幻般的人物,连"仲密太太"(即周作人之妻羽太信子)也富有爱心,为人体贴。实际上,家庭内部已经有了矛盾,盲诗人的到来让他们忙于招待而转移了注意力。他们都从对不幸的爱罗先珂的同情爱护中获得了精神上的满足。

鲁迅这时期的作品中的诗意颇有来自爱罗先珂影响的成分。鲁迅翻译爱罗先珂作品的出发点虽然是其文学精神的反抗性,但这种反抗性却是以诗意的形式表现出来的,因为爱罗先珂的作品总是用爱和童心来对抗并温暖、感化冷酷的世界。

然而,诗意总也含有忧愁和烦恼。八道湾十一号宅院的生活,看似平和,内里却也有不和谐、不惬意之处。

八道湾十一号是一座三进四合院,鲁迅三兄弟奉老母共住,全家三代十几口人,好不热闹。地方宽敞,可以养鸡;挖个池子,放进水,可以养鸭:

后来仲密家里果然有了许多小鸡,满院飞跑,啄完了铺地锦的嫩叶,……

　　从此卖小鸡的乡下人也时常来,来一回便买几只,因为小鸡是容易积食,发痧,很难得长寿的;而且有一匹还成了爱罗先珂君在北京所作唯一的小说《小鸡的悲剧》里的主人公。①

《小鸡的悲剧》是爱罗先珂在北京创作的一篇童话,其中那匹恋着小鸭、竭力融入小鸭生活的小鸡,或者是指代鲁迅的原配妻子朱安,小脚,不识字,也并不美丽。也就是说,朱安无法融入鲁迅的生活。爱罗先珂对这种琴瑟不调的状况,对鲁迅过着无爱的婚姻生活的痛苦,应该有所了解。据荆有麟介绍,鲁迅曾同他讲过这样一个故事,爱罗先珂"在日本时候,爱过一个寡妇,一天到晚,向那女人送诗篇,但见了那女人,却什么话也不敢说。结果:当然失败了。从此,他就更怕女人,恐怕他还是童男子也说不定"。②他们之间的交流应该是很深入的。

　　鲁迅的妻子朱安或许从未与爱罗先珂交流过,但是她一定能感受到她的丈夫在爱罗先珂入住后的变化:因为忙于照顾客人,性情变得愉快,为人更加热情了。

　　在《小鸡的悲剧》中,小鸡与小鸭在情感和精神交流上常常是错位的,正所谓"鸡同鸭讲":

---

① 鲁迅:《呐喊·鸭的喜剧》,《鲁迅全集》第1卷,第584—585页。
② 荆有麟:《鲁迅回忆》,东北鲁迅学会编辑部编:《鲁迅学刊》1981年第2期,第172页。

"你有过恋爱么?"

"并没有有过恋爱,但曾经吃过鲤儿。"①

在日语里,"恋爱"和"鲤鱼"是同音词,对这一同音词的不同领会可以比方夫妻两人精神上的距离。

鲁迅的母亲曾经向俞芳姐妹讲过朱安努力与鲁迅对话的一个故事。鲁迅归国后在绍兴教书,有一次在饭桌上说起日本有一种东西很好吃。一旁的朱安立即附和说,那种食物她也吃过的,招致鲁迅反感,因为那种食物全中国都没有。②对应爱罗先珂以日语创作的这篇《小鸡的悲剧》,鲁迅和朱安日常大概少不了鸡鸭间的这种"恋爱"和"鲤鱼"之类的误解。

当鲁迅翻译爱罗先珂这篇小说的时候,或许由古怪的小鸡想到庭院中可怜的朱安,于是他在作为回应爱罗先珂这篇作品的《鸭的喜剧》中,特意指出小鸡中"有一匹还成了爱罗先珂君在北京所作唯一的小说《小鸡的悲剧》里的主人公"。爱罗先珂在《小鸡的悲剧》结尾也借主母之口感慨道:"但是无论怎样,也仍然,小鸡总还是和小鸡玩耍好,小鸭去和小鸭,……我虽然这样想,……虽然这样想,……"

不识字、更不懂日语的朱安与鲁迅之间横亘着一道屏障。但与爱罗先珂笔下骄傲无知的小鸭不同的是,日常生活中鲁迅对待

---

① 鲁迅译:《小鸡的悲剧》,《鲁迅译文全集》第1卷,第529页。
② 俞芳:《我记忆中的鲁迅先生》,杭州:浙江人民出版社1981年版,第144页。

朱安虽没有爱,但仍给予同情和尊重。他搬出八道湾时,特意询问朱安的意见,朱安表示愿意跟随婆婆和丈夫,于是,鲁迅在搬家当天的日记里郑重写下"携妇迁居砖塔胡同"①。

爱罗先珂回报给居停主人以热烈的友情。他盛赞鲁迅的作品,特别喜欢《阿Q正传》,逢人便夸。1922年11月24、25、27日,日本记者清水安三以"如石生"的笔名在日本《读卖新闻》"中国的新人"专栏连载介绍周氏三兄弟的文章《周三人》,在评价鲁迅时说:"盲诗人爱罗先珂(Eroshenko)推崇周树人为中国作家第一人,我也持这种观点。正当上海文士青社的每个人都在就《聊斋》中那些未写好的故事随随便便写文章的时候,发表了唯一称得上是创作作品的人,实际上就是周树人。"②

《鸭的喜剧》的结局,是爱罗先珂并没有听到满院的"鸭鸭"声:

> 待到小鸭褪了黄毛,爱罗先珂君却忽而渴念着他的"俄罗斯母亲"了,便匆匆的向赤塔去。
>
> 待到四处蛙鸣的时候,小鸭也已经长成,两个白的,两个花的,而且不复咻咻的叫,都是"鸭鸭"的叫了。荷花池也早已容不下他们盘桓了,幸而仲密的住家的地势是很低的,夏雨一降,院子里满积了水,他们便欣欣然,游水,钻

---

① 《鲁迅全集》第15卷,第477页。
② 转引自清水畏三编:《朝阳门外的清水安三》,北京:社会科学文献出版社2012年版,第167—168页。

水，拍翅子，"鸭鸭"的叫。①

　　蝴蝶的言行，桃色云的理想，土拨鼠的追求，混合了现实和幻境。中国有些读者对爱罗先珂的童话不感兴趣，贬其为幻梦、呓语，但鲁迅预感并坚信会有人喜欢。爱罗先珂的"赤子之心"让他从普通的事物中点化出诗意，即便身处不幸，也能以弹唱自解。只要不失赤子之心，一个人就能感到不幸人们的悲痛之所在。鲁迅曾说爱罗先珂"有着一个幼稚的，然而优美的纯洁的心，人间的疆界也不能限制他的梦幻，所以对于日本常常发出身受一般的非常感愤的言辞来"②。

　　爱罗先珂用世界语的友爱理念温暖了周家宅院。鲁迅作品中的小蝌蚪的游弋、鸭与小鸡的鸣唱和桃色的云，呈现出家庭日常生活的生机和活力。

　　1923年4月，爱罗先珂离开八道湾周宅回国。三个月后，周氏兄弟决裂，一个温馨的诗意时代结束了。

---

① 鲁迅:《呐喊·鸭的喜剧》,《鲁迅全集》第1卷，第585—586页。
② 鲁迅:《译文序跋集·〈狭的笼〉译者附记》,《鲁迅全集》第10卷，第217页。

第七章

新诗改罢自长吟

如切如磋如琢如磨

胡适的《尝试集》于 1920 年出版后反响热烈，同年 9 月再版，胡适增加了六篇诗作，同时增加了一篇长达 13 页的《再版自序》，详细阐述了初版本的得失以及他所坚持的"白话诗"理念。1922 年 10 月，《尝试集》第四版出版，与初版相比有了很大的变化。

胡适在《再版自序》中表现得信心十足："六年秋天到七年年底——还只是一个自由变化的词调时期。自此以后，我的诗方才渐渐做到'新诗'的地位。《关不住了》一首是我的'新诗'成立的纪元。……自此以后，《威权》《乐观》《上山》《周岁》《一颗遭劫

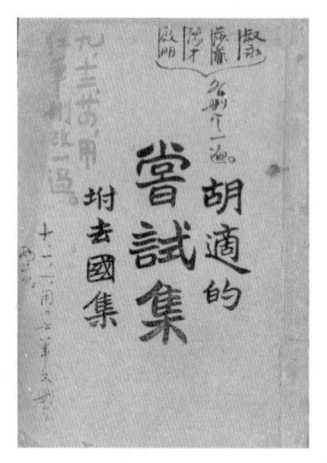

胡适《尝试集》

的星》，都极自由，极自然，可算得我自己的'新诗'进化的最高一步。"① 他在《谈新诗：八年来一件大事》中举自己的《应该》一诗为例说："这首诗的意思神情都是旧体诗所达不出的。别的不消说，单说'他也许爱我，——也许还爱我'这十个字的几层意思，可是旧体诗能表得出的吗？"②

在《谈新诗》中，胡适还说："诗须要用具体的做法，不可用抽象的说法。凡是好诗，都是具体的；越偏向具体的，越有诗意诗味。……再进一步说，凡是抽象的材料，格外应该用具体的写法。"他举自己的《老鸦》做例证：

---

① 胡适：《〈尝试集〉再版自序》，《胡适文集》第9卷，北京：北京大学出版社1998年版，第84页。
② 胡适：《谈新诗：八年来一件大事》，《星期评论》1919年10月10日"双十节纪念号"。

> 我大清早起,
> 站在人家屋角上哑哑的啼。
> 人家讨嫌我,
> 说我不吉利:
> 我不能呢呢喃喃讨人家的欢喜!

但内心深处,胡适还是有些拿不准。《尝试集》第四版印行前,胡适先自行将原编增删一遍,把删过的诗稿送给任叔永、陈衡哲、鲁迅、周作人和俞平伯,请他们"斧削"。最后成书为三编48首,附《去国集》15首。

鲁迅收到胡适的信稿后,写了回信:

> 《尝试集》也看过了。
> 我的意见是这样:
> 《江上》可删。
> 《我的儿子》全篇可删。
> 《周岁》可删;这也只是寿诗之类。
> 《蔚蓝的天上》可删。
> 《例外》可以不要。
> 《礼!》可删;与其存《礼!》不如留《失望》。
> 我的意见就只是如此。
> 启明生病,医生说是肋膜炎,不许他动。他对我说,"《去国集》是旧式的诗,也可以不要了。"但我细看,以为

内中确有许多好的，所以附着也好。

我不知道启明是否要有代笔的信给你，或者只是如此。但我先写我的。

我觉得近作中的《十一月二十四夜》实在好。①

随后，周作人也由三弟建人代笔回信，提出具体的删改意见。胡适对各位朋友的建议有选择地采纳。稿本目录页上《蔚蓝的天上》后面有胡适的批注："豫才，启明以为可存。莎菲删，叔永以为可删。"②《例外》则保存下来，没有采纳鲁迅的意见。《礼！》抨击世俗社会的以礼责人："你们串的是什么丑戏，也配抬出'礼'字的大帽子！"对礼教的批评固然是对的，但鲁迅也许认为议论入诗，缺少诗意。胡适并未采纳鲁迅的意见，在《〈尝试集〉四版自序》中解释说："又如《礼》一首（初版再版皆无），'鲁迅'主张删去，我因为这诗虽是发议论，却不是抽象的发议论，所以把他保留了。"正所谓"敝帚自珍"。至于《江上》，"'鲁迅'与平伯都主张删，我因为当时的印象太深了，舍不得删去"。鲁迅可能以为形式太近旧体。诗只有四句：

雨脚渡江来，山头冲雾出。

雨过雾亦收，江楼看落日。

---

① 鲁迅：《210115 致胡适》，《鲁迅全集》第 11 卷，第 388 页。
② 陈平原：《鲁迅为胡适删诗信件的发现》，《鲁迅研究月刊》2000 年第 10 期。

第七章 新诗改罢自长吟

　　1921年2月14日，胡适致信周作人转达燕京大学的邀请后有一"附启"，追加解释说："你们两位对于我的诗的选择去取，我都极赞成。只有《礼》一首，我觉得他虽是发议论而不陷于抽象说理，且言语也还干净，似尚有可存的价值。其余的我都依了你们的去取。"① 可见，胡适对周氏兄弟的意见格外重视，因为他曾在《谈新诗：八年来一件大事》中高度评价两兄弟的诗："我所知道的'新诗人'，除了会稽周氏兄弟之外，大都是从旧式诗、词、曲里脱胎出来的。"

　　但周氏兄弟之间也有不同意见。如鲁迅信中转达周作人关于删去《去国集》的意见，周作人在三天后写给胡适的信中做了更正："我当初以为这册诗集既纯是白话诗，去国集似可不必附在一起；然而豫才的意思，则以为去国集也很可留，可不必删去。"

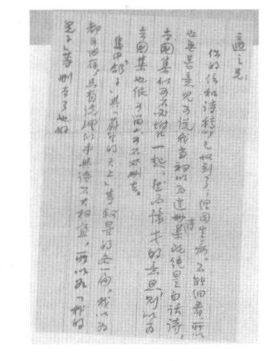

鲁迅、周作人致胡适信

---

① 《胡适来往书信选》上册，北京：中华书局1979年版，第124页。

鲁迅特别称赞新作《十一月二十四日夜》，让胡适感到遇见了知音——他自己也很看重这一首："《尝试集》的诗，我自己最喜欢的一首是许多选新诗的人不肯选的。那一首的题目是《十一月二十四日夜》。"他自认为"这诗的意境颇近于我自己欣慕的平实淡远的意境"①：

> 老槐树的影子，
> 在月光的地上微晃；
> 枣树上还有几个干叶，
> 时时做出一种没气力的声响。
>
> 西山的秋色几回招我，
> 不幸我被我的病拖住了。
> 现在他们说我快要好了，
> 那幽艳的秋天早已过去了。

胡适在《尝试集》的序言中用一个比喻表达自己写新诗过程中的甘苦："我现在回头看我这五年来的诗，很像一个缠过脚后来放大了的妇人回头看他一年一年的放脚鞋样，虽然一年放大一年，年年的鞋样上总还带着缠脚时代的血腥气。我现在看这些少年诗人的新诗，也很像那缠过脚的妇人，眼里看着一班天足的女孩子

---

① 胡适：《谈谈"胡适之体"的诗》，《胡适文集》第9卷，北京：北京大学出版社1998年版，第284页。

们跳上跳下,心里好不妒羡!"[①]

增删改订,切磋琢磨,是胡适与友朋之间的既愉快也有益的"诗生活"。据胡颂平编著《胡适之先生晚年谈话录》记述,40年后,1959年5月16日,胡适在台北回忆修订《尝试集》的过程,特别强调说,让人看得懂的才是诗,当然也包括让帮助修改的朋友们看得懂而且能欣赏:"我的《尝试集》,当年是大胆的尝试,看看能否把我的思想用诗来表达出来;如果朋友都看不懂,那成什么诗?白居易的诗,老太婆都能听得懂;西洋诗人也都如此,总要使现代人都能懂,大众化。律诗,用典的文章,故意叫人看不懂,所以没有文学的价值。我的主张,第一要明白清楚,第二要有力量,第三要美,文章写得明白清楚,才有力量;有力量的文章,才能叫作美,如果不明白清楚,就没有力量,也就没有'美'了。"[②]

过去的生命

1917年,在鲁迅等人的推荐下,周作人进入北京大学工作,先担任国史馆编纂,后任国文系教授。

两兄弟同住在绍兴会馆,亲密相处一如在日本求学时期。

为了在北京大学站稳脚跟,周作人认真备课和撰写讲义,鲁

[①] 胡适:《〈尝试集〉四版自序》,《胡适文集》第9卷,北京:北京大学出版社1998年版,第91页。
[②] 胡颂平编著:《胡适之先生晚年谈话录》,北京:新星出版社2006年版,第21页。

迅给予协助。周作人白天写好《欧洲文学史》讲义的章节,鲁迅晚上修改抄录,第二天周作人拿着定稿去大学印刷所,印制分发给学生。

除了抄写讲义,鲁迅还为周作人改诗——从少年时代起,他们就是诗友。

1919年2月15日,周作人在《新青年》第6卷第2号发表新诗《小河》,引起诗坛广泛关注。《小河》抒发了一种现代忧患意识,表现了一种人道主义精神:

> 一条小河,稳稳的向前流动。
> 经过的地方,两面全是乌黑的土,
> 生满了红的花,碧绿的叶,黄的实。
>
> 一个农夫背了锄来,在小河中间筑起一道堰,
> 下流干了;上流的水,被堰拦着,下来不得:
> 不得前进,又不能退回,水只在堰前乱转。
> 水要保他的生命,总须流动,便只在堰前乱转。
> 堰下的土,逐渐淘去,成了深潭。
> 水也不怨这堰——便只是想流动,
> 想同从前一般,稳稳的向前流动,
>
> 一日农夫又来,土堰外筑起一道石堰。

> 土堰坍了；水冲着坚固的石堰，还只是乱转。
>
> 堰外田里的稻，听着水声，皱眉说道，——
> 　"我是一株稻，是一株可怜的小草，
> 　我喜欢水来润泽我，
> 　却怕他在我身上流过。
> 　……

水的流动或者是象征五四时期的民主精神和科学精神，但这流动遇到了阻碍，因为作者担心河水冲出"石堰"，从稻谷的身上大踏步过去，造成伤害。水的冲击力和破坏性——水能载舟，亦能覆舟——是一种"古老的忧患"和恒常的警示。周作人希望河水"稳稳的"流动，不要变成冲决堤坝的洪流。

这首诗风格清淡质朴，舒缓雅致。内容给人启发，描写也很细腻，融诗情于叙事之中。胡适在《谈新诗：八年来一件大事》中称之为"新诗中的第一首杰作"，"那样细密的观察，那样曲折的理想，决不是那旧式的诗体词调所能达得出的"，"虽然无韵，但是读起来自然有很好的声调"。[①]

从现存手稿看，《小河》经鲁迅改动的地方竟有80余处。[②]通过这些改动，诗句更加通俗，语汇更加丰富。如第一句原稿为：

---

① 胡适：《谈新诗：八年来一件大事》，《星期评论》1919年10月10日"双十节纪念号"。
② 《鲁迅手稿全集》第71册，第212—214页。

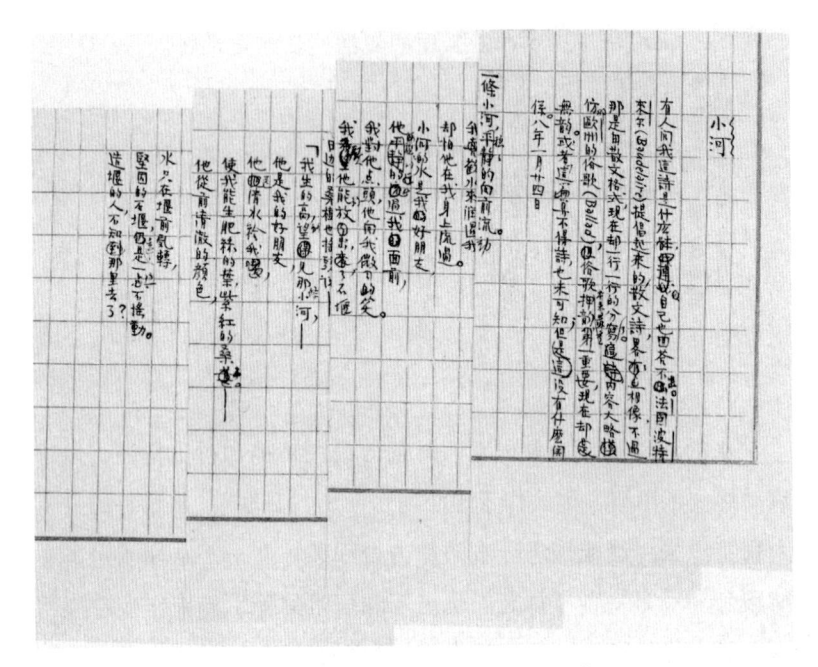

周作人手稿《小河》（节选），上有鲁迅修改

"一条小河，平静的向前流。"鲁迅将"平静"改为"稳稳"，显出河水缓缓流动的状态，并在句子的结尾加上"动"字；把"不能晒干"改为"晒不干"，把"不能冻伤"改为"冻不坏"，虽只是字词顺序的调整，却让语言更加丰富、洗练，而且顺口易读；把"和水草在一处"改为"伴着他卷来的水草"，意思虽相同，但修改后更富有诗意。

当《小河》在《新青年》上发表时，周作人在诗前写了一段引言："有人问我这诗是什么体，连自己也回答不出。法国波特来尔（Baudelaire）提倡起来的散文诗，略略相像，不过他是用散文格式，现在却一行一行的分写了。内容大致仿那欧洲的俗歌；俗歌本来最要叶韵，现在却无韵。或者算不得诗，也未可知；但这是没有什么关系。"① 待此诗编入诗集《过去的生命》时，新诗的体式已经在文坛获得确立，因此周作人把这段引言删去了。

冯文炳（废名）在《〈小河〉及其他》中评价说："有名的一首《小河》长诗，原刊于民国八年二月初版的《新青年》第六卷第二号，当时大家异口同声的说这一首《小河》是新诗中的第一首杰作。"又说："周作人先生在新文学运动中，起初是他介绍外国文学，后来周先生又将中国文学史上的事情提出来了，虽然周先生是思想家，所说的又都是散文方面的话，然而在另一方面周先生却有一个'奠定诗坛'的功劳。"② 康白情（署名"编者"）在《新诗年选》书末"余载"的《一九一九年诗坛略纪》中论及周作人对新诗的贡献："继而周作人随刘复作散文诗之后而作《小河》，新诗乃正式成立。"③

对于《小河》的形式和内容，周作人晚年在《知堂回想录》中总结说："这是民八的一月廿四日所作，登在《新青年》上，共有五十七行，当时觉得有点别致，颇引起好些注意。或者在形式上可以说，摆脱了诗词歌赋的规律，完全用语体散文来写，这是一种新表现，夸奖的话只能说到这里为止。至于内容那实在是很

---

① 周作人:《小河》,《新青年》1919年2月15日第6卷第2号。
② 废名:《谈新诗》,北京：商务印书馆2018年版,第97—99页。
③ 北社编:《新诗年选》,上海：亚东图书馆1922年版,第2页。

旧的，假如说明了的时候，简直可以说这是新诗人所大抵不屑为的，一句话就是那种古老的忧惧。这本是中国旧诗人的传统，不过不幸他们多是事后的哀伤。"①

周作人在新诗创作上略施身手就达到如此的思想和艺术高度，本人的学养和才能自不必说，鲁迅也功不可没。

鲁迅还修改了周作人的另一首新诗，是写于1919年2月的《北风》。②鲁迅对这首诗的修改，有语言文字上的，如将"就在去年大寒的时候，也不曾有这样的好大风"改成"便在去年大寒时候，也不曾有这么大的风"；也有思想内涵上的，如最后一句，原句是"这猛烈的大风，也便是将来春天的先兆"，改成"这猛烈的大风，也正是将来的春天的先兆"，给人以坚定、明朗的信念："这猛烈的大风"过后，春天必然到来。

鲁迅还与周作人探讨文章的"音声之美"问题。1921年9月8日，鲁迅写信给周作人说："我看你译小说，还可以随便流畅一点（我实在有点好讲声调的弊病），前回的《炭画》生硬，其实不必接他，从新起头亦可也。"③"讲声调"是诗味不可或缺的因素，古人"新诗改罢自长吟"便含有追求声韵之美的意图。"声调"既是一种审美体验，也是诗人创作的必要工具，甚至可以说是一种源泉。德国诗人席勒在1796年3月18日致歌德

---

① 周作人：《知堂回想录·小河与新村中》，北京：十月文艺出版社2013年版，第490页。
② 《鲁迅手稿全集》第71册，第216页。
③ 鲁迅：《210908 致周作人》，《鲁迅全集》第11卷，第421页。

的信中就说,他在创作之初内心并没有按因果序列排出的形象,而是往往先产生一种"音乐情调",然后才形成诗意。尼采也认为,诗人在一种音乐性的情感中感受到一种原始和普遍的矛盾与苦痛之后,"在阿波罗的梦的影响下,抒情诗人又能仿佛在一种比喻性的梦景中看到这种音乐了","这梦境使那种原始矛盾和原始痛苦,连同假象的原始快乐,变得感性而生动了"。① 鲁迅翻译的厨川白村《苦闷的象征》中有这样的论述:"在古今东西的文学中,最主要的感觉底要素,那不待言,是诉于耳的音乐底要素。""无论是韵文,是散文,如果这是艺术品,即无不以声调之美为要素。"② 鲁迅后来针对新诗提出的比较宽松的音韵标准,与厨川白村观点相近:"诗须有形式,要易记,易懂,易唱,动听,但格式不要太严。"③

雪莱在《为诗辩护》中也论述过诗歌的声音之美:

> 声音和思想不但彼此之间有关系,而且对于它们所表现的对象也有关系;能理解这些关系的规律,也就能理解思想本身的关系的规律,这两者往往有连系。因此,诗人的语言总是含有某种划一而和谐的声音之重现,没有这重现,就不成其为诗,而且,姑不论它的特殊格调如何,这

---

① 弗里德里希·尼采:《悲剧的诞生》,孙周兴译,上海:上海人民出版社2018年版,第52页。
② 鲁迅译:《苦闷的象征》,《鲁迅译文全集》第2卷,第258页。
③ 鲁迅:《350920 致蔡斐君》,《鲁迅全集》第13卷,第553页。

重现对于传达诗的感染力,正如诗中的文字一样,是绝不可缺少的。①

周作人的《病中的诗》是1921年在病院阴沉、忧伤的氛围中写成的。在《新青年》上发表时,他写了一段话,回忆生病期间作诗的情景:"(我)变成了纯粹的病人,除却生病以外,一件事都不能做了。但是傍晚发热,以及早晨清醒的时候,常有种种思想来到脑里,有的顷刻消灭,有的暂时存留;偶值兄弟走来看我,便将记得的几篇托他笔录下来,作一个纪念,这结果便是我的《病中的诗》。"②周作人所说的"兄弟"就是鲁迅,笔录下来的诗中有一首《过去的生命》:

这过去的我的三个月的生命,那里去了?
没有了,永远的走过去了。
我亲自听见他沉沉的,缓缓的,一步一步的,
在我床头走过去了。
我坐起来,拿了一支笔,在纸上乱点,
想将他按在纸上,留下一些痕迹,——
但是一行也不能写,
一行也不能写。

---

① 雪莱:《为诗辩护》,缪灵珠译,中国社会科学院文学研究所编著:《古典文艺理论译丛》卷1,北京:知识产权出版社2010年版,第84页。
② 周作人:《病中的诗》,《新青年》1921年第9卷第5号。

>我仍是睡在床上,
>亲自听他沉沉的,缓缓的,一步一步的
>在我床头走过去了。

两年后,两兄弟决裂,鲁迅在小说《弟兄》中描写兄弟在医院里谈话的场景,一定想到这首诗:

>靖甫静静地躺在对面,呼吸虽然急促,却是很调匀。桌上的闹钟似乎更用了大声札札地作响。
>他旋转身子去,对了书桌,只见蒙着一层尘,再转脸去看纸窗,挂着的日历上,写着两个漆黑的隶书:廿七。
>伙计送药进来了,还拿着一包书。
>"什么?"靖甫睁开了眼睛,问。
>"药。"他也从惝恍中觉醒,回答说。
>"不,那一包。"
>"先不管它。吃药罢。"他给靖甫服了药,这才拿起那包书来看,道,"索士寄来的。一定是你向他去借的那一本:《Sesame and Lilies》。"
>靖甫伸手要过书去,但只将书面一看,书脊上的金字一摩,便放在枕边,默默地合上眼睛了。过了一会,高兴地低声说:
>"等我好起来,译一点寄到文化书馆去卖几个钱,不知道他们可要……。"[①]

[①] 鲁迅:《彷徨·弟兄》,《鲁迅全集》第2卷,第143—144页。

那"更用了大声札札地作响"的闹钟带走了"过去的生命"。鲁迅写这些段落的时候,心里一定有刺痛感。在小说中,他为寄来图书的人取名"索士"——正是他在日本时期用的笔名,知道的人极少,也没有人能比周作人知道得清楚,而寄来的 Sesame and Lilies 是英国诗人约翰·罗斯金所著演讲集,中译名为《芝麻与百合》,是富有诗意的小品文,讨论读书的重要性和如何选择读书,以及生活的艺术等。这部著作也许是两兄弟共同阅读过的,曾是他们构筑诗意人生的材料。

你是露,我就愿意成花

鲁迅虽然稍一尝试便"洗手不作",并认为新诗整体上成绩不佳,不过,在新文学发生之初,在公开发表的文章中,他很少发表贬低的观点。相反,他给予新诗热烈的赞扬,甚至急切为新诗辩护,与热衷新诗创作的诗人们交往频繁。

除了《新青年》同人的诗人们之外,鲁迅对一些青年诗人也给予了关注和支持,如为湖畔诗人汪静之辩护。

1921 年 6 月 13 日,鲁迅写了一封信给汪静之,谈对其诗集《蕙的风》的看法。原信不存,据汪静之回忆:"'蕙的风'原稿在 1921 年鲁迅先生曾看过,有不少诗他曾略加修改,并在来信里指导我应该怎样努力,特别举出拜伦、雪莱、海涅三个人的诗要我学习。"[①]

---

① 汪静之:《蕙的风·自序》,北京:人民文学出版社 1957 年版。

第七章 新诗改罢自长吟

1922年5月11日，鲁迅收到汪静之寄赠的《湖畔》诗集一册，书面副页题写"鲁迅先生 请批评 漠华、雪峰、修人、静之敬赠"。①1922年8月，汪静之《蕙的风》出版，受到严厉批评。胡梦华在10月24日的《时事新报·学灯》上发表《读了〈蕙的风〉以后》，指责《蕙的风》"堕落""轻薄"，"有不道德的嫌疑"。章衣萍在10月30日的《民国日报·觉悟》上发表《〈蕙的风〉与道德问题》，驳斥胡梦华。几天后，胡梦华又在《民国日报·觉悟》上发表《悲哀的青年——答章鸿熙君》加以反驳，指出《蕙的风》中的一句"一步一回头瞟我意中人"与《金瓶梅》一样有罪。鲁迅在1922年11月17日的《晨报副刊》上以"风声"的笔名发表《反对"含泪"的批评家》，表示"我实在没有这样的粗心和大胆。我以为中国之所谓道德家的神经，自古以来，未免过敏而又过敏了，看见一句'意中人'，便即想到《金瓶梅》，看见一个'瞟'字，便即穿凿到别的事情上去。然而一切青年的心，却未必都如此不净；倘竟如此不净，则即使'授受不亲'，后来也就会'瞟'，以至于瞟以上的等等事"。②

尤其让鲁迅不满的是，这位批评者在《悲哀的青年》中居然对写情诗的青年人说出这样的话："悲哀的青年，我对于他们只有不可思议的眼泪！""我还想多写几句，我对于悲哀的青年底不可思议的泪已盈眶了。"③鲁迅对胡梦华进行回击道："批评文艺，万不

---

① 赵丽霞编著：《鲁迅藏书签名本》，郑州：大象出版社2011年版，第10页。
② 鲁迅：《热风·反对"含泪"的批评家》，《鲁迅全集》第1卷，第425页。
③ 胡梦华：《悲哀的青年——答章鸿熙君》，《民国日报·觉悟》1922年11月3日。

能以眼泪的多少来定是非。文艺界可以收到创作家的眼泪，而沾了批评家的眼泪却是污点。"① 并对胡梦华的主观化批评方式给予严厉的谴责：

> 现在对于文艺的批评日见其多了，是好现象；然而批评日见其怪了，是坏现象，愈多反而愈坏。
>
> 我看了很觉得不以为然的是胡梦华君对于汪静之君《蕙的风》的批评，尤其觉得非常不以为然的是胡君答复章鸿熙君的信。②

不但如此，鲁迅1922年底在创作小说《不周山》时，特意将这位"道德批评家"塑造成滑稽可笑的角色——一个古衣冠的小丈夫出现在女娲的两腿之间，对着裸体的女娲说出一段义正词严的评论："裸裎淫佚，失德蔑礼败度，禽兽行。国有常刑，惟禁！"

> 忽而听到呜呜咽咽的声音了，可也是闻所未闻的玩艺，伊姑且向下再一瞟，却见方板底下的小眼睛里含着两粒比芥子还小的眼泪。③

---

① 鲁迅：《热风·反对"含泪"的批评家》，《鲁迅全集》第1卷，第426—427页。
② 同上书，第425页。
③ 鲁迅：《故事新编·补天》，《鲁迅全集》第2卷，第364页。

这"两粒比芥子还小的眼泪"当然无济于事,"含泪"的批评家是阻挡不了情诗的。

1925年元旦这天,鲁迅除了写作散文诗《希望》,还写了《诗歌之敌》一文,仍在为年轻人的爱情诗辩护,抨击坚守旧道德的保守派。当时,保守人士对爱情诗普遍持反感的态度,将诗人视为浪荡的登徒子,斥为道德败坏。中国传统总说"诗人(文人)无行",但儒家的至圣先师孔子并没有删掉《诗经》中的"郑风",说明允许"发乎情",只不过要求最终"止乎礼义"。传统诗教也有"导之以情,约之以礼"的明示——可见,情是要"导"而不能"堵"的。

周作人在为汪静之《蕙的风》辩护的同时,也为情诗正名和辩护:

> 路易士(E. Lewis)在《凯本德传》里说,"社会把恋爱关在门里,从街上驱逐他去,说他无耻;扪住他的嘴,遏止他的狂喜的歌;用了卑猥的礼法将他围住;又因了经济状况,使健全的少年人们不得在父母的创造之欢喜里成就了爱的目的:这样的社会在内部已经腐烂,已受了死刑的宣告了。"在这社会里不能理解情诗的意义,原是当然的,所以我们要说情诗,非先把这种大多数的公意完全排斥不可。①

---

① 周作人:《自己的园地·情诗》,北京:十月文艺出版社2011年版,第52页。

但反对者不仅反对诗歌常涉感情和恋爱，而且认为诗还说谎，有人竟然说诗是"说谎的艺术"——当时社会上的"反诗歌党"势力很大。鲁迅在《诗歌之敌》中列举了这个"党派"的观点："一，是凡要感得专诉于想象力的或种艺术的魅力，最要紧的是精神的炽烈的扩大，而他们却已完全不能扩大了的固执的智力主义者；二，是他们自己曾以媚态奉献于艺术神女，但终于不成功，于是一变而攻击诗人，以图报复的著作者；三，是以为诗歌的热烈的感情的奔迸，足以危害社会的道德与平和的那些怀着宗教精神的人们。"①"反诗歌党"则对感情做出"正邪"之辨。鲁迅说：

> 中国的大惊小怪，也不下于过去的西洋，绰号似的造出许多恶名，都给文人负担，尤其是抒情诗人。而中国诗人也每未免感得太浅太偏，走过宫人斜就做一首"无题"，看见树桠叉就赋一篇"有感"。和这相应，道学先生也就神经过敏之极了：一见"无题"就心跳，遇"有感"则立刻满脸发烧，甚至于必以学者自居，生怕将来的国史将他附入文苑传。
> 说文学革命之后而文学已有转机，我至今还未明白这话是否真实。但戏曲尚未萌芽，诗歌却已奄奄一息了，即有几个人偶然呻吟，也如冬花在严风中颤抖。听说前辈老先生，还有后辈而少年老成的小先生，近来尤厌恶恋爱诗；可是说

---

① 鲁迅：《集外集拾遗·诗歌之敌》，《鲁迅全集》第7卷，第246页。

第七章　新诗改罢自长吟

也奇怪，咏叹恋爱的诗歌果然少见了。从我似的外行人看起来，诗歌是本以发抒自己的热情的，发讫即罢；但也愿意有共鸣的心弦，则不论多少，有了也即罢；对于老先生的一颦蹙，殊无所用其惭惶。①

中国的现代诗人们唱出爱情的缠绵之音，正是一种人性本真的体现，也是时代的要求——天意君须会，人间要情诗。

鲁迅自己没有写爱情诗，但他翻译的外国作品中，爱情是很热烈的，如花处处开放，如火时时燃烧。《苦闷的象征》中的几首诗，是原作者论述文艺观念时举出的例证，如泰洛尔的《安兰的求婚》片段：

> 先得从民众的心里
> 跳出他要来唱歌的情热；
> 那（情热）是风，箜篌是他，
> 响出他们（情热）的繁变的好音。

勃朗宁咏画圣安特来亚的诗中，关于梦的句子颇富有哲理意味：

> 梦么？
> 抢着去做，

---

① 鲁迅：《集外集拾遗·诗歌之敌》，《鲁迅全集》第7卷，第247—248页。

　　　　拼着去做，
　　　　而做不成。

还有《后拾遗集》中的梦：

　　　　在未辨长夜的起讫之间，
　　　　　　梦里已见过几世的事了。

望莱培格的《夏娃之歌》尝试捕捉灵魂和心灵：

　　　　我不是你们么……
　　　　阿，我的晶莹的眼的光辉
　　　　和我的指尖所触的东西呵，
　　　　我不是你们么？
　　　　你们不是我么？
　　　　我所嗅的花呵，照我的太阳呵，
　　　　沉思的灵魂呵，
　　　　谁能告诉我，我在那里完，
　　　　我从那里起呢？
　　　　唉！我的心觉出到处
　　　　是怎样的无尽呵！
　　　　觉得你们的浆液就是我的血！
　　　　同一的生命在所有一切里，

> 像一条美的河流似的流着,
> 我们都是做着一样的梦。①

鲁迅喜欢爱情诗的一个有力的佐证,是裴多菲仍然活跃在他的书斋,奔涌在他的笔下——他翻译了裴多菲的五首爱情诗,发表于1925年1月12日至26日《语丝》第9期和第11期,署名L.S.。除了《我的父亲的和我的手艺》,其余四首都与爱情有关。《太阳酷热地照临……》希望自己的爱像成熟的谷子一样被心上人收割:

> 太阳酷热地照临,
> 周遭的谷子都已成熟;
> 一到明天早晨,
> 我就开手去收获。
> 我的爱也成熟了,
> 红炽的是我的精神;
> 但愿你,甜蜜的,唯一的,——
> 但愿你是收割的人。

《愿我是树,倘使你……》表达与爱人永在一起的意愿:

---

① 鲁迅:《苦闷的象征》,《鲁迅译文全集》第2卷,第265、238、239、255页。

愿我是树，倘使你是树的花朵；
你是露，我就愿意成花；
愿我是露罢，倘使你是太阳的一条光线：
我们的存在这就打成一家。
而且，倘使你，姑娘，是高天
我就愿意是，其中闪烁的一颗星；
然而倘使你，姑娘，是地狱，——
为要和你一处，我宁可永不超生。

这首诗脍炙人口，现在通行的题目是《我愿意是一棵树》。

《坟墓里休息着……》祭奠死去的恋人并期待新的爱情：

坟墓里休息着我的初恋的人儿，
而我的苦痛就如月亮，当坟墓的夜中。
新的爱从我这里起来了，太阳似的，
而那月亮……在太阳的威力下柔融。

《我的爱——并不是……》表达了"像死一样坚强"的爱：

我的爱——并不是一只夜莺，
在曙红的招呼中觉醒，
用了受白昼的亲吻而赤热了的妙音，
来响彻这人境。

> 我的爱并不是郁郁葱葱的林薮,
> 有白鹄浮泛于闲静的鱼塘,
> 而且以雪白的颈子点首,
> 向了照耀在川水里的月亮的影光。
> 我的爱并不是欢欣安静的人家,
> 花园似的,将平和一门关住,
> 其中有"幸福"慈爱地往来,
> 而抚养那"欢欣",那娇小的仙女。
> 我的爱,就如荒凉的沙漠一般,——
> 一个大盗似的有嫉妒在那里霸着;
> 他的剑是绝望的疯狂,
> 而每一刺是各样的谋杀。[①]

翻译,从某种意义上说,也是一种创作。

由她去罢

鲁迅自己不作情诗,不但不作,还讽刺过情诗。

1920年5月7日,钱玄同在致鲁迅、周作人的信中讽刺当时市面上出现的一本《情诗三百首》:

[①] 鲁迅:《A. Petöfi 的诗》,《鲁迅译文全集》第8卷,第131—133页。

> 今天忽然得了一件奇事，要报告鲁连（指鲁迅及其二弟周作人，取自古人名鲁仲连——引者）兄：
>
> 青云阁后门里有一家书店内有一部书，叫做什么《情诗三百首》，内容之妙，自不待言。①

真正的爱情和情诗是不能取笑的。取笑者往往是没有恋爱过的人，他们假装出一种厌恶，以掩盖渴望爱情的本意。

当鲁迅自己写作有关爱情的诗篇时，成就的却是《我的失恋》那样的讽刺篇章。这一方面可以归因于鲁迅在爱情中所采取的态度——沉郁，遮蔽，迟疑；另一方面则是因为在阜成门宫门口西三条胡同，恋爱正在实际发生。既然已经付诸行动，就不必停留在字面上、诗句里——热恋中人反不写恋爱诗，如西谚所说"亲吻的嘴不再唱歌"。

对比写出如此热烈的爱情诗却没有得到爱情的裴多菲和对爱情有如此睿智的反思却也没有得到爱情的尼采，鲁迅还是幸运的。但是在现实中得到爱情（婚姻），是不是意味着与现实妥协，或者——玄学地说起来——竟是失去了爱情？

鲁迅的恋爱是秘密进行的。他当然可以秘密地作诗，但他却并没有作。便是写了一篇爱情小说《伤逝》，也是藏在抽屉里，编辑小说集《彷徨》时才拿出来发表。可是仔细看，这篇小说又

---

① 沈永宝编:《钱玄同五四时期言论集》，上海：东方出版中心1998年版，第199页。

不像是在讲恋爱——笼统地说是讲人与人之间由亲密到疏远,用于兄弟失和也说得通——周作人正是这么解读这篇小说的。

情诗成为人们茶余饭后的谈资,往往是因为所谓"风流韵事"牵动人们窥探他人隐私的好奇心。

因为看不惯《情诗三百首》之类的泛滥,看不惯新诗"阿呀阿唷,我要死了"的腔调,鲁迅写了"拟古的新打油诗"《我的失恋》:

> 我的所爱在山腰;
> 想去寻她山太高,
> 低头无法泪沾袍。
> 爱人赠我百蝶巾;
> 回她什么:猫头鹰。
> 从此翻脸不理我,
> 不知何故兮使我心惊。

> 我的所爱在闹市;
> 想去寻她人拥挤,
> 仰头无法泪沾耳。
> 爱人赠我双燕图;
> 回她什么:冰糖壶卢。
> 从此翻脸不理我,
> 不知何故兮使我胡涂。

我的所爱在河滨；
　　想去寻她河水深，
　　歪头无法泪沾襟。
　　爱人赠我金表索；
　　回她什么：发汗药。
　　从此翻脸不理我，
　　不知何故兮使我神经衰弱。

　　我的所爱在豪家；
　　想去寻她兮没有汽车，
　　摇头无法泪如麻。
　　爱人赠我玫瑰花；
　　回她什么：赤练蛇。
　　从此翻脸不理我，
　　不知何故兮——由她去罢。

诗的第四节现存手稿，是鲁迅晚年书写给日本朋友的，但与发表时的文本有些出入："欲往从之兮"原为"想去寻她兮"；"仰头"原为"摇头"；"何以赠之"原为"回她什么"。

　　且不说追求爱情的方式，单看"我"回赠爱人的物品，就十分奇特：冰糖葫芦虽然平凡一点儿，究竟还有些童心；猫头鹰、发汗药就有些离谱；赤练蛇更让人心惊肉跳。好在，鲁迅没有写出"送她什么——炸酱面"。冰糖葫芦毕竟比《奔月》里

第七章　新诗改罢自长吟

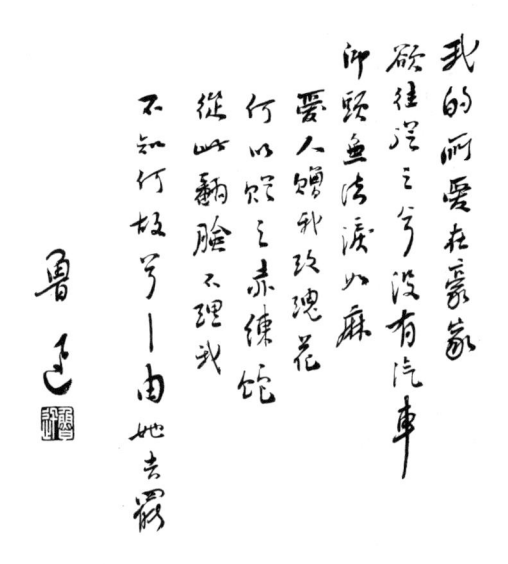

鲁迅《我的失恋》(第四节)手稿

嫦娥不愿吃的乌鸦肉的炸酱面甜蜜和浪漫——吃炸酱面是结婚以后的事了。

冰糖葫芦是民俗的，猫头鹰是不吉利的，这些都是中国诗人不常用的物事，鲁迅却用在男女的恋情上！

拟古之作，只能归结为滑稽突梯，因为原作一般或高蹈，或深情，或柔美，总之是端正严肃，拟之而作者，只好剑走偏锋，节外生枝，玩笑逗乐了。鲁迅所拟对象是东汉张衡的《四愁诗》：

我所思兮在太山，
欲往从之梁父艰。
侧身东望涕沾翰。
美人赠我金错刀，
何以报之英琼瑶。
路远莫致倚逍遥，
何为怀忧心烦劳。

我所思兮在桂林，
欲往从之湘水深。
侧身南望涕沾襟。
美人赠我琴琅玕，
何以报之双玉盘。
路远莫致倚惆怅，
何为怀忧心烦怏。

我所思兮在汉阳，
欲往从之陇阪长。
侧身西望涕沾裳。
美人赠我貂襜褕，
何以报之明月珠。
路远莫致倚踟蹰，

第七章 新诗改罢自长吟

> 何为怀忧心烦纡。
>
> 我所思兮在雁门,
> 欲往从之雪雰雰。
> 侧身北望涕沾巾。
> 美人赠我锦绣段,
> 何以报之青玉案。
> 路远莫致倚增叹,
> 何为怀忧心烦惋。

鲁迅并不反对爱情诗,他为遭到攻击的汪静之的情诗集《蕙的风》辩护便是明证。他也不反对爱情题材,他的作品中,小说《幸福的家庭》《伤逝》,杂感《随感录四十》,演讲《娜拉走后怎样》等,都谈到爱情。他反对的是那种无病呻吟、感情消沉之作。

《我的失恋》有没有具体的讽刺对象呢?孙伏园认为虽然是针对当时盛行的失恋诗的,但直接导因是徐志摩与林徽因的爱情纠葛。徐志摩在跟陆小曼恋爱时,确曾写出过"眉,我们死去吧,眉,你知道我怎样的爱你,啊眉!"[①]之类的情话——但那是后话。徐志摩爱慕林徽因,也有一些情不自禁的言动。他发表过的一首译作《明星与夜蛾》,刊登在1923年12月1日的《晨报五周年

---

① 徐志摩:《爱眉小札》,北京:中国友谊出版公司2003年版,第7页。

纪念增刊》。也是在这个增刊上，鲁迅发表了《宋民间之所谓小说及其后来》一文。鲁迅也许就读到过徐志摩这篇译文。徐志摩的译文注明原作者是 Rose Mary，但英美文学史上并没有这个作家，人们疑心这是徐志摩假托一个外国作家名字写诗表达自己对林徽因的思念之情。诗中有这样的句子：

恋爱　不是　居住　在　荒凉的　高原地的，他是　在　家庭　生活　间。
……
我　决意　要　取得　她，就使　我的　身躯丢失　在火焰　里，我的　残毁的　翼子　永远　在　无尽的　黑夜里　振悸，我　决意　取得　她。

鲁迅的打油诗《我的失恋》开头就是"我的所爱在山腰，想去寻她山太高……"，也许就是在影射"荒凉的高原地"。

鲁迅写作《我的失恋》时，徐志摩已经担任《晨报副刊》的编辑。因此，孙席珍也认为鲁迅的《我的失恋》是针对徐志摩的："诗中有'爱人赠我'和'回她什么'各四，一般认为这是先生随手写下的，未必有深意存乎其间，而实则不然。'爱人'既然是豪门巨室的'千金小姐'，所赠当然都是华美精巧的礼品，如百蝶巾、双燕图、金表索、玫瑰花之类。'诗哲'比较寒酸，献不出奇珍异宝，只能羞答答地报之以自作的诗文：一曰猫头鹰，暗指所作散文《济慈的〈夜莺歌〉》；二曰冰糖壶芦，暗指所作一首题为《冰糖葫芦》的二联诗;三曰发汗药,是从'诗哲'与人论争理屈词穷时的詈人之语中抽绎出来的,说是'你头脑发热,给你两粒阿司匹灵清醒清醒吧!'四曰赤练蛇,是从'诗哲'的某篇文章提到希腊神话中人首蛇身的女妖引伸出来,这点我一时不大记得清楚了。总之,四个'回她什么',个个都是有来历的,决非向壁虚造。"①

《我的失恋》在《语丝》周刊第 4 期发表时,鲁迅特意加写了一段,开头是:"我的所爱在豪家……""豪家"让人产生联想:林徽因出身官宦之家,又嫁入梁家这样的名门。鲁迅与林徽因并无交往,不一定对林徽因有什么意见,但是因为徐志摩以及新月派的缘由,他也不一定欣赏林徽因。他在《〈中国新文学大系〉小说二集序》中称赞过与林徽因同类的北京"闺秀派"女作家凌叔华,称其小说写出了"高门巨族的精魂",而凌叔华是鲁迅的论争对手陈西滢之妻,鲁迅曾以凌叔华的出身讽刺过陈西滢做有钱人家的女婿——恨屋并不一定及乌。

鲁迅曾直言不喜欢徐志摩其人其诗,也让人们为影射和讽刺找到了坚实的理由。

1924 年 11 月 17 日,鲁迅、孙伏园等创办《语丝》周刊,徐志摩投寄了一篇自己翻译的法国波德莱尔的《死尸》,加了一段前记,刊登在《语丝》第 3 期上。徐志摩在前记中称赞波德莱尔的诗是"不朽的花","他的臭味是奇毒的,但也是奇香的,你便让他醉死了也忘不了他那异味",又说波德莱尔诗的"真妙处不

---

① 孙席珍:《鲁迅诗歌杂谈——读鲁迅先生几首诗的一些感想和体会》,《文史哲》1978 年第 2 期。

在他的字义里,却在他的不可捉摸的音节里","我不仅会听有音的乐,我也会听无音的乐(其实也有音就是你听不见)。我直认我是一个甘脆的 Mystic(神秘主义者)。为什么不?我深信宇宙的底质,人生的底质,一切有形的事物与无形的思想的底质——只是音乐,绝妙的音乐。天上的星,水里泅的乳白鸭,树林里冒的烟,朋友的信,战场上的炮,坟堆里的鬼磷,巷口那只石狮子,我昨夜的梦……无一不是音乐做成的,无一不是音乐。……你听不着就该怨你自己的耳轮太笨,或是皮粗,别怨我"。鲁迅看了很不高兴,后来曾回忆:"我更不喜欢徐志摩那样的诗,而他偏爱到各处投稿,《语丝》一出版,他也就来了,有人赞成他,登了出来,我就做了一篇杂感,和他开一通玩笑,使他不能来,他也果然不来了。"①

鲁迅批评徐志摩的杂感,就是发表在《语丝》第5期的《"音乐"?》。鲁迅以调侃的语气写道:

> 我这时立即疑心自己皮粗,用左手一摸右胳膊,的确并不滑;再一摸耳轮,却摸不出笨也与否。然而皮是粗定了;不幸而"捌不留手"的竟不是我的皮,还能听到什么庄周先生所指教的天籁地籁和人籁。但是,我的心还不死,再听罢,仍然没有,——阿,仿佛有了,像是电影广告的军乐。呸!错了。这是"绝妙的音乐"么?再听罢,没……

---

① 鲁迅:《集外集·序言》,《鲁迅全集》第7卷,第4—5页。

接下来是几段模仿徐志摩诗风的文字,固然有音乐性,但意义混乱:

"……慈悲而残忍的金苍蝇,展开馥郁的安琪儿的黄翅,唵,颉利,弥缚谛弥谛,从荆芥萝卜玎琤淜洋的彤海里起来。Br-rrr tatata tahi tal 无终始的金刚石天堂的娇袅苶荑,蘸着半分之一的北斗的蓝血,将翠绿的忏悔写在腐烂的鹦哥伯伯的狗肺上!你不懂么?咄!吁,我将死矣!婀娜涟漪的天狼的香而秽恶的光明的利镞,射中了塌鼻阿牛的妖艳光滑蓬松而冰冷的秃头,一匹黡黮欢愉的瘦螳螂飞去了。哈,我不死矣!无终……"①

徐志摩翻译的波德莱尔的诗本是好诗,译文也顺畅。鲁迅针对徐志摩关于诗的音乐性的议论讽刺挖苦,个中原因很复杂。鲁迅对欧美留学归来的文人印象不佳,曾说过:"至于有一班从外国留学回来,自称知识阶级,以为中国没有他们就要灭亡的,却不在我所论之内,像这样的知识阶级,我还不知道是些什么东西?!"②徐志摩文中"你听不着就该怨你自己的耳轮太笨,或是皮粗"也显示出一定的优越感,让鲁迅不满。还有,徐志摩是

---

① 鲁迅:《集外集·"音乐"?》,《鲁迅全集》第7卷,第55—56页。
② 鲁迅:《集外集拾遗补编·关于知识阶级》,《鲁迅全集》第8卷,第229页。

"现代评论派"的一员,在鲁迅看来,"政治"上也是不正确的吧。

但从徐志摩翻译的《死尸》,尤其是他为译诗写的前记中,并没有明显看到哪些词句讽刺或蔑视那些他认为不懂诗的音乐美的人。他甚至自嘲说:"我自己更是一个乡下人,他的原诗我只能诵而不能懂;但真音乐原只要你听:水边的虫叫,梁间的燕语,山壑里的水响……都只要你有耳朵听,你真能听时,这听便是懂。"他还谦虚地自称"乡下人",说这首译诗是"冒牌:纸做的,破纸做的;布做的,烂布做的"。

鲁迅不喜欢徐志摩,容或还有别的原因,但两位才能卓著的文人竟然不能充分交流,相互欣赏,确为憾事。徐志摩后来死于空难,蔡元培作挽联一幅道:

谈话是诗,举动是诗,毕生行径都是诗,诗的意味渗透了,随遇自有乐土;

乘船可死,驱车可死,斗室坐卧也可死,死于飞机偶然者,不必视为畏途。[①]

[①]《徐志摩去世后挽联、挽诗、祭文》,徐志摩:《徐志摩诗歌精选》,北京:群言出版社 2022 年版,第 234 页。

第八章

我自爱我的野草

过去的生命已经死亡

20世纪20年代中叶,鲁迅的创作达到高峰甚至巅峰。他的小说,从《狂人日记》到《阿Q正传》,从抒情到叙事,从个人的感情宣泄到客观世界的描绘,完成了"呐喊"的使命,向着更细腻的心灵深处开掘。人生不幸诗文幸,相应地,战斗的意气也就减了不少,从生活到思想,鲁迅进入了彷徨期。

在新诗尝试中,鲁迅写得很少。新诗的散漫形式,缺少了紧凑和严格的规范,特别是放松了对仗和韵脚,反而让他难以发挥文字简洁洗练的优势。但在新文学昂扬奋进途中,他不能回复旧体诗写作,即便不"敲边鼓",不呐喊助威,至少不能给人"守旧复古"的印象。

兄弟失和、搬家、生病、恋爱,生活状态的急剧变化,让鲁迅对灰暗和繁杂的社会人生有了多样的感触。小说不能及时虚构化处理这些经验和感想,于是,1919年创作的《自言自语》在此时发酵。这种句子短促,既可以抒情又可以叙事的短文,是散文体,却富有诗意,更多光影闪烁,更玄妙空灵。多年以后,他曾说这些篇章可以"夸大"地称为"散文诗"。[1] 这是鲁迅在彷徨期找到的表达自己的情思的独特文体。这些诗意的篇章,以一种内在的韵律,将零散的文字捆扎和集束起来,最有效地发挥了鲁迅文字的优长。

1923至1926年,鲁迅在兄弟失和、被逐出大家庭的至暗时刻,从"呐喊"坠入"彷徨",面临人生的艰难抉择:是悲观消沉,走向黑暗的深渊,还是挣扎奋起而重见光明?是在怨恨中了此一生,还是在心中继续培育爱的种子,迎接生命之花重放?鲁迅创作《野草》,写下爱恨情仇的故事,抒发失望绝望的情感,描绘世相,思索哲理,自觉不自觉间,创造了一种独特的文体,一种诗性的散文。他得以在诗与散文的对立和融合中、在词句与现实的"对仗"中咀嚼回味。这些作品虽然篇幅短小,但奇特、精警、深刻,鲁迅十分珍视,曾说"技术并不算坏",[2] 在结集时撰写《题辞》宣布:"我将大笑,我将歌唱。我自爱我的野草……"

---

[1] 鲁迅:《南腔北调集·〈自选集〉自序》,《鲁迅全集》第4卷,第469页。
[2] 鲁迅:《341009致萧军》,《鲁迅全集》第13卷,第224页。

第八章　我自爱我的野草

《野草》蕴含着鲁迅的诗学和哲学。

鲁迅初到北京的六七年间（1912—1918），在苦闷中致力于抄录古书，搜集碑拓，一面为学术研究做准备，一面也是消磨时光，如他所说："我于是用了种种法，来麻醉自己的灵魂，使我沉入于国民中，使我回到古代去，后来也亲历或旁观过几样更寂寞更悲哀的事，都为我所不愿追怀，甘心使他们和我的脑一同消灭在泥土里的，但我的麻醉法却也似乎已经奏了功，再没有青年时候的慷慨激昂的意思了。"[1] 他在孤寂中保守着身心的平静。

然而，现在，大家庭破裂、兄弟失和后，他沉入的是自己的内心，而这内心波涛汹涌，不像旧书典籍静如古井水。他回顾这个时期《野草》和《彷徨》两部文集的写作过程：

> 后来《新青年》的团体散掉了，有的高升，有的退隐，有的前进，我又经验了一回同一战阵中的伙伴还是会这么变化，并且落得一个"作家"的头衔，依然在沙漠中走来走去，不过已经逃不出在散漫的刊物上做文字，叫作随便谈谈。有了小感触，就写些短文，夸大点说，就是散文诗，以后印成一本，谓之《野草》。得到较整齐的材料，则还是做短篇小说，只因为成了游勇，布不成阵了，所以技术虽然比先前好一些，思路也似乎较无拘束，而战斗的意气却冷得不少。[2]

---

[1] 鲁迅：《呐喊·自序》，《鲁迅全集》第1卷，第440页。
[2] 鲁迅：《南腔北调集·〈自选集〉自序》，《鲁迅全集》第4卷，第469页。

"布不成阵",是就社会团体层面而言;实际生活中,鲁迅离开了济济一堂、规模整齐的大家庭,租住砖塔胡同绍兴同乡的三间房屋。

在这个临时居所,鲁迅创作了小说集《彷徨》的第一篇《祝福》——以绍兴故乡的鲁四老爷家宅为空间背景,写绍兴的年节风俗。小说具有象征意义和反讽意味:受过新式教育的"我",回到故乡,诸般不适应,特别是遇到一个可怜的妇人,听到一个凄惨的故事,心绪不宁,仓皇逃离。传统年俗"祝福"的温馨气氛与现实悲苦纠结在一起,形成鲜明对照,构成辛辣讽刺:祥林嫂得到的不是"祝福",而是毁灭性一击。小说最后一段虽然诗意浓郁,但读来总觉得与年味不合,读者回想全篇,内心如铅一般沉重:

我在蒙胧中,又隐约听到远处的爆竹声联绵不断,似

《彷徨》封面

乎合成一天音响的浓云,夹着团团飞舞的雪花,拥抱了全市镇。我在这繁响的拥抱中,也懒散而且舒适,从白天以至初夜的疑虑,全给祝福的空气一扫而空了,只觉得天地圣众歆享了牲醴和香烟,都醉醺醺的在空中蹒跚,豫备给鲁镇的人们以无限的幸福。①

鲁迅在现实生活中陷入了彷徨状态,在文字上的主要表现是书写自我的笔墨增多,因为没有了对话的伙伴,只好自我诘问。为民众病苦呼吁,为社会进步担忧,是《呐喊》时期的创作主调;到《彷徨》时期,虽然家乡生活仍然是作品的主要题材,但人物身上明显增加了抒情性和个人印记。

"一个人死了之后,究竟有没有魂灵的?"这是《祝福》中的祥林嫂临死时的终极之问,被问得窘迫不堪的"我"在小说中并不能解决问题,只起到开首结尾、穿针引线的作用;而《在酒楼上》中,主人公的独白成了主要叙述方式,即便有对白,也多是精心设计的"自我对话"。"我"和吕纬甫"在酒楼上"的对话是小说的主干,但"我"与吕纬甫实在是可以合二为一的,吕纬甫是"我"有意"邂逅"的另一个"我"——是"我"安排他上楼,为他备了酒菜,让他讲述他(也是"我")的故事。

《在酒楼上》是鲁迅自叙传成分较多的小说之一,是理解鲁迅"彷徨"时期小说的一把锁钥。它采取的是故事套故事的结构,以

---

① 鲁迅:《彷徨·祝福》,《鲁迅全集》第2卷,第21页。

主人公的独白推进叙事进程。曹聚仁1956年从香港到北京,到八道湾拜访了周作人。回港后,曹聚仁写了《鲁迅逝世二十年纪念——与周启明先生书》,追述两人有关鲁迅小说的谈话。说到鲁迅最好的小说是哪篇,曹聚仁说,鲁迅自己推荐的是《孔乙己》,因为写得从容不迫,而一般人看重的《祝福》则"气急海颓"(绍兴土话,从容不迫的对面),不是鲁迅自己最喜爱的。曹聚仁说自己最喜欢的一篇是《在酒楼上》,周作人表示同意,并说,"这是最富有鲁迅气氛的小说"。①

法国作家法朗士曾说,一切作品都是作家的自叙传。即便虚构人事,作家的气质也会幻化成一种氛围,弥漫在字里行间。福楼拜也说过,杰作的奥秘就在于作家的气质与作品中的氛围一致。鲁迅作品中的气质是怎样的呢?是孤独和沉郁的气质,是特立独行的精神。"彷徨"时期的鲁迅,就像他小说中的主人公一样,因对社会失望而躲上酒楼。如此延续下去,鲁迅在上海,在生命的最后十年,也是"躲进小楼成一统",仍然在彷徨!

《在酒楼上》开篇渲染"我"回到家乡后的忧伤和落寞情绪:

> 我所住的旅馆是租房不卖饭的,饭菜必须另外叫来,但又无味,入口如嚼泥土。窗外只有渍痕斑驳的墙壁,帖着枯死的莓苔;上面是铅色的天,白皑皑的绝无精采,而

---

① 曹聚仁:《鲁迅逝世二十年纪念——与周启明先生书》,孙郁、黄乔生主编:《回望周作人 周氏兄弟》,河南大学出版社2004年版,第84页。

且微雪又飞舞起来了。我午餐本没有饱,又没有可以消遣的事情,便很自然的想到先前有一家很熟识的小酒楼,叫一石居的,算来离旅馆并不远。我于是立即锁了房门,出街向那酒楼去。其实也无非想姑且逃避客中的无聊,并不专为买醉。

鲁迅在写《在酒楼上》等小说的同时,还写了很多短小的篇什,有的抒情,有的记事,类似杂感,但比在《新青年》上发表的偏重社会批评的"随感录"更多文采和诗意。1932年,他在《〈野草〉英文译本序》中谈到这种文风产生的原因:"大抵仅仅是随时的小感想。因为那时难于直说,所以有时措辞就很含糊了。"[①]

《野草》创作于鲁迅的新住处。

1924年4月,鲁迅与母亲、妻子住进阜成门内宫门口西三条二十一号院,进入了新的生活状态。从八道湾三进院落的大宅子到现在一进的小四合院,空间陡然缩小,家庭成员也减少了:一家三口,就是加上"李妈""吕二"或者别的用人,还是显得人丁稀少,而且中老年人居多。

在这个狭小的院子里,鲁迅写下20多篇"散文诗",记录他在人生重大转折时期的情思,写给自己,写给弟弟,写给身边的青年朋友,当然还有,写给恋人。

[①] 鲁迅:《二心集·〈野草〉英文译本序》,《鲁迅全集》第4卷,第365页。

八道湾周宅

　　《野草》的情节和思绪大多来自夜间、梦中的奇思妙想，是鲁迅人生之秋结出的奇异之果，有对现实社会的描述，有对历史的反思，有爱情的迷恋、沉醉和迟疑，有对自我的深刻的反省，也完成了一次精神的觉醒。这也是一次文体的创造，是散文的凝练，是诗的变形。文字在鲁迅手中，像一块魔方，形成不同的图案；像一具变形金刚，变换出种种新体式：似散文，似戏剧，似新诗，似寓言……

　　《野草》是鲁迅一生诗歌创作的枢纽。也是在这个时期，他经历了人生的大痛苦——如果从相反面看的话，也是人生的"大欢喜"。这种大痛苦和大欢喜，让他在写作《野草》的过程中，竭力寻找奇特的表达方式。

　　在沉入自我的过程中，鲁迅并没有逃避现实。一方面，他正经历着坎坷、荆棘、陷阱，现实的混乱、驳杂、丑陋带给他很多精神困扰；但另一方面，现实也让他清醒，甚至让他精神健旺，激发他的斗志，给他启示。接触现实，让他感觉自己活在人间。

《野草》中的"我"，并不只在沉吟等待，也在行动。行动中，"我"思想激烈，内心焕发出充沛活力。

遗忘和说谎做我的前导

很多与周氏兄弟有交往的人有这样的印象："作人冷而鲁迅热"①。的确，鲁迅是一个热情的人，一个内心充满诗意的人。便是在小说中，鲁迅笔下也常常流出浓烈的感情。浪漫是鲁迅性格底色的一部分。但这种感情总是被现实压抑，不得散发。青年时代，他的诗意没有倾注到爱情中。因此，当他走上文学道路，这种情感和诗意就弥漫在他的小说和杂感中了。《狂人日记》如此，便是《阿Q正传》也不乏诗意。鲁迅能从平凡的场景中拈出诗意，哪怕是凡俗的鲁镇和未庄。李长之曾敏锐地指出：

> 如鲁迅自己所说，他之开始写小说，是抱着一种"启蒙主义"，以为必需"为人生"。然而我们看他写出来的东西，却仍是抒情的成分很大，似乎是当时由于他的寂寞之感作用他吧，使他没堕入浅薄的说教的典型里。②

---

① 林语堂：《记周氏兄弟》，《台湾新闻报》1965年3月26日。
② 李长之：《鲁迅批判》，北京：北京出版社2011年版，第19页。

兄弟失和以后，鲁迅创作的小说中多了很多抒情的成分。如《孤独者》如此描述主人公魏连殳的性情：

> 大殓便在这惊异和不满的空气里面完毕。大家都快快地，似乎想走散，但连殳却还坐在草荐上沉思。忽然，他流下泪来了，接着就失声，立刻又变成长嚎，像一匹受伤的狼，当深夜在旷野中嗥叫，惨伤里夹杂着愤怒和悲哀。①

在这篇小说的结尾，作者似乎与主人公合二为一了：形象，道路，环境，声音，月光，冷静和寂寞中，无不透露着悲哀：

> 顺脚一走，不觉出了大门了。潮湿的路极其分明，仰看太空，浓云已经散去，挂着一轮圆月，散出冷静的光辉。
>
> 我快步走着，仿佛要从一种沉重的东西中冲出，但是不能够。耳朵中有什么挣扎着，久之，久之，终于挣扎出来了，隐约像是长嚎，像一匹受伤的狼，当深夜在旷野中嗥叫，惨伤里夹杂着愤怒和悲哀。
>
> 我的心地就轻松起来，坦然地在潮湿的石路上走，月光底下。②

---

① 鲁迅：《彷徨·孤独者》，《鲁迅全集》第2卷，第90—91页。
② 同上书，第110页。

在散文中,尤其是在表达悲愤的时候,鲁迅的文字感情之充沛,甚至超过了很多诗作,如《记念刘和珍君》:

> 真的猛士,敢于直面惨淡的人生,敢于正视淋漓的鲜血。这是怎样的哀痛者和幸福者?然而造化又常常为庸人设计,以时间的流驶,来洗涤旧迹,仅使留下淡红的血色和微漠的悲哀。在这淡红的血色和微漠的悲哀中,又给人暂得偷生,维持着这似人非人的世界。我不知道这样的世界何时是一个尽头! ①

1923 年 7 月,鲁迅告别八道湾,兄弟虽然离散,但旧情难忘。几十年的兄弟情,岂能一刀两断?少年时代,鲁迅和周作人因为失去四弟而悲伤,鲁迅写过多少诗不得而知,周作人连续作了四首。第一首《有感》:

> 络纬鸣方毕,又鸣促织。
> 夜深来伴人悲伤,空悲切。
> 世人纵有回天力,难使弟兄无离别。
> 发冲冠,泪沾臆。
> 欲问昊天天不语,相从地下或相遇。
> 地下途如许,泪如雨。

---

① 鲁迅:《华盖集续编·记念刘和珍君》,《鲁迅全集》第 3 卷,第 290 页。

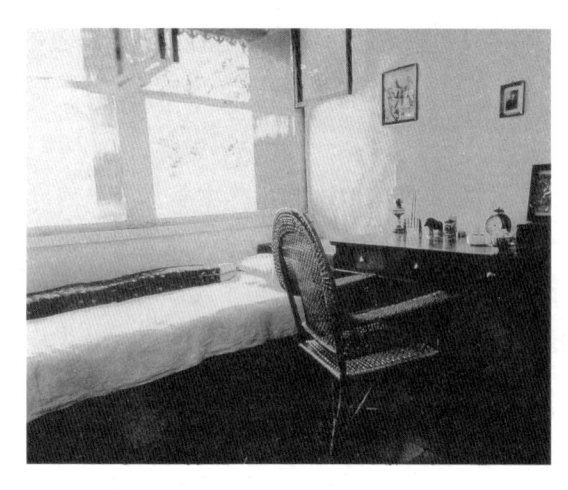

西三条寓所书房
老虎尾巴内景

欲问在何处，万里迢迢，
安得仙人指迷路。①

这些诗，鲁迅很可能读过。是鲁迅，亲手将四弟的遗体放入墓穴，若干年后回乡迁坟，又亲手将遗骸装敛。他将这一经历写进小说《在酒楼上》——这种埋葬行为如今可以隐喻他与周作人的关系。

失和后的鲁迅，虽然内心悲伤，有时情绪激烈，但对外仍表现得冷静沉默——他受伤后的状态大抵如此。1933年6月18日他在给曹聚仁的信中描述的"我是总如野兽一样，受了伤，就回头钻入草莽，舐掉血迹，至多也不过呻吟几声的"②，就是这种体

---

① 王仲三笺注：《周作人诗全编笺注》，上海：学林出版社1995年版，第299页。
② 鲁迅：《330618 致曹聚仁》，《鲁迅全集》第12卷，第405页。

验的自白。即便是遭遇兄弟失和的大伤痛,鲁迅也没有向人诉说,只是将巨大的隐痛化成文字。

《伤逝》是一篇诗意的独白,一篇忏悔录。曾经亲密的情感,渐渐稀薄,终于疏远。子君死去,只留下涓生一人在孤独地咀嚼悲伤,没有人与他一起担负这悲痛——他连向子君当面忏悔一次的机会竟也没有了,这是世上最深重的孤独。

兄弟之间虽然还可以用互相阅读文字的方式交流,但直接的交流不可能再有,这意味着要彻底告别和埋葬这份兄弟之情了,所以鲁迅的小说题目用了一个"逝"字,显然含有祭奠意味。

鲁迅在《伤逝》的结尾写道:

> 我活着,我总得向着新的生路跨出去,那第一步,——却不过是写下我的悔恨和悲哀,为子君,为自己。
>
> 我仍然只有唱歌一般的哭声,给子君送葬,葬在遗忘中。
>
> 我要遗忘;我为自己,并且要不再想到这用了遗忘给子君送葬。
>
> 我要向着新的生路跨进第一步去,我要将真实深深地藏在心的创伤中,默默地前行,用遗忘和说谎做我的前导……。①

鲁迅把兄弟之情"深深地藏在心的创伤中"。好在,他此时

---

① 鲁迅:《彷徨·伤逝》,《鲁迅全集》第 2 卷,第 133 页。

已经有一份新的感情，多少缓解了他的悲伤。写这篇小说的时候，他已经与许广平确定了恋爱关系。

鲁迅纪念兄弟之情的文字还有小说《弟兄》。他在文本中构建了一个兄长欺负小弟的故事，写到兄长在弟弟重病时，想象着弟弟或许要死，而自己此后便要替他照顾其家眷的不健康的心理活动——显然，鲁迅在现实中承受过这样的重压，对未来的生活有过类似的焦虑。小说中的大伯，因为家庭拮据，只能让自己的孩子上学，对弟弟的孩子就采用暴力的手段了：

> 他命令康儿和两个弟妹进学校去了；却还有两个孩子哭嚷着要跟去。他已经被哭嚷的声音缠得发烦，但同时也觉得自己有了最高的威权和极大的力。他看见自己的手掌比平常大了三四倍，铁铸似的，向荷生的脸上一掌批过去……。①

鲁迅不仅表达了对失和的惋惜和悔恨，还可能想求得兄弟的原谅。类似的情感，通过另一个弟弟童年的一件旧事反映出来，就是散文诗《风筝》。《风筝》的背景是严寒肃杀的冬天。冷峻之气逼进故乡的春日，侵袭"我"的回忆，给"我"带来悲哀——那就是20多年前一场对于精神和情感的虐杀——残忍剥夺小弟弟娱乐的权利。这罪变得极沉重，像铅块一样坠在"我"的心里。

---

① 鲁迅：《彷徨·弟兄》，《鲁迅全集》第2卷，第143页。

受害者早已忘却，"我"内心的悔恨却仍不得解脱。"我"没有因为把这件事叙述出来就得到一种轻松，相反，那无可把握的悲哀愈益放大，充斥四周，使"我"无所躲藏。

而当位置和身份改变，即鲁迅认为自己是被害者时，他感受到了另一种或许更悲凉的愤怒，他的付出得到的是驱逐和流放。《颓败线的颤动》里那位"颓败者"虽然是一位老妇，但内心却是一位"黑衣人"——隐藏着鲁迅对自己遭遇放逐的巨大挫败感。

故事也许是虚构的，但表现出了生活的实况或者说"诗的真实"。

当兄弟二人生活在一起的时候，柴米油盐，烦恼不断。一旦失去，回想起来，心中却难免暖意涌动。

《伤逝》写成后，鲁迅没有将之发表，是因为他自己没有经历过爱情而写了一篇并非真正意义上的爱情小说？还是他不愿意让弟弟看出他如此浓烈的感情，受到这样大的伤害？周作人坚持认为鲁迅写这篇小说是假托男女之情悼念兄弟失和，后来在《知堂回想录》中说："《伤逝》不是普通恋爱小说，乃是借假了男女的死亡来哀悼兄弟恩情的断绝的。我这样说，或者世人都要以我为妄吧，但是我有我的感觉，深信这是不大会错的。"[①]

兄弟失和不久，周作人以"丙丁"的笔名发表了他翻译的罗马诗人的《伤逝》，配上琵亚词侣（通译比亚兹莱）的插画，悼念去世的兄弟：

---

① 周作人：《知堂回想录·不辩解说下》，北京：十月文艺出版社2013年版，第536页。

我走尽迢递的长途，
渡过苍茫的大海，
兄弟呵，我来到你的墓前，
献给你一些祭品，
作最后的供献，
对你沉默的灰土，
作徒然的话别，
因为她那运命的女神，
忽而给予又忽而收回，
已经把你带走了。
我照了古旧的遗风，
将这些悲哀的祭品，
来陈列在你的墓上：
兄弟，你收了这些东西吧，
都沁透了我的眼泪，
从此永隔冥明，兄弟，
只嘱咐你一声"珍重"！①

译诗附有一幅原书插图，画的是一位男子伸出右臂，挥手道别，画面上写着"致声珍重"——周作人用汉语音译将这四个字拼出来。

---

① 《京报副刊》1925年10月12日。

1925年10月21日,周作人译诗发表九天之后,鲁迅小说《伤逝》写成。鲁迅很多小说都有亲身经验的成分,周作人在《鲁迅的故家》《鲁迅小说里的人物》等著作中提供了大量资料,还有很多乡亲和故交做了翔实的回忆和考证。《伤逝》中子君与涓生谈雪莱和济慈、租房子、拿决绝信、离开胡同、孤身独处等情节,与鲁迅购买八道湾房产、周作人亲自送来决裂信、鲁迅搬出八道湾等实际生活经历确有相近之处。

对《伤逝》的另一种解读,寄托了鲁迅当时对婚姻和爱情的困惑。其理由是在1906年,母亲送给了鲁迅一件他不想要却不能推却的礼物,即妻子朱安。许寿裳在《亡友鲁迅印象记》中说:"朱夫人是旧式的女子,结婚系出于太夫人的主张,鲁迅曾对我说过:'这是母亲给我的一件礼物,我只能好好地供养它,爱情是我所不知道的。'"① 鲁迅一方面不愿违背母亲的意愿,一方面也因为顾虑婚姻约定和习俗,只好勉强维持。

《伤逝》寄托两性之爱,也有现实依据。1925年3月,许广平开始与鲁迅通信,到当年秋天,二人确立了情人关系。许广平在鲁迅主编的《国民新报副刊》上发表了《同行者》一文:

> 一个意外的机会,使得伫俩不知不觉地亲近起来。这其中,自然早已相互了解,而且彼此间都有一种久被社会里人

---

① 许寿裳:《亡友鲁迅印象记·西三条胡同住屋》,北京:人民文学出版社1953年版,第60页。

间世的冷漠，压迫，驱策；使得佢俩不知不觉地由同情的互相怜悯而亲近起来。

在社会上严厉的戴着道德的眼镜，专唱高调的人们，在爱之国里是不配领略的人们，或者嫉恨于某一桩事，某一方面的，对相爱的佢俩，也许给予一番猛烈的袭击。然而，沐浴游泳于爱之波的佢俩，不知道什么是利害，是非，善恶，只一心一意地向着爱的方面奔驰。从浅的比方一句罢，有似灯蛾赴火，就是归宿到"死"字上。这死，是甜蜜的，值得歌颂的，此外还有什么问题呢？！①

因此，不妨说《伤逝》是手足之情、男女之爱的混合表达，在哀悼"逝者"的同时，表达了寂寞、孤独和对爱的渴望。

彷徨于明暗之间

如果说兄弟之情是散文，那么男女之情则更像诗。有了爱情，诗才润泽、闪光；或者说，爱情要达到诗的程度，才纯粹、浓烈。

在创作《野草》的时期，鲁迅对兄弟之情难以忘怀，对爱情还不无疑惑。因此，在这个过渡时期，他经历了人生和文学的从散文到诗的变化，笔下出现了奇特的文体：散文诗。

---

① 许广平：《同行者》，原载《国民新报副刊（乙刊）》1925年12月12日，署名平林，收入海婴编：《许广平文集》第1卷，南京：江苏文艺出版社1998年版，第3—6页。

第八章　我自爱我的野草

鲁迅与周作人等在北大

经历兄弟失和的鲁迅开始了诗与散文的转换，在自己的文学园地里培育出一朵奇葩。他找到一种更得心应手的文学表达工具。

从散文到诗，或者从诗到散文的创作道路，很多文学家都走过，或者有所偏重，或者两者兼顾。20世纪20年代中期，鲁迅在生活上经历的是从"散文"到"诗"的突变。鲁迅青年时期没有经历过爱情，因此他的创作园地里缺少滋生诗歌的情感土壤。然而，人到中年却有了爱情，诗意随之产生，或者说破土而出。或许是年龄的缘故，他已经不会像年轻人遭遇爱情那样易于兴奋、紧张，甚至处于癫狂状态。他对爱情的表达，至少在形式上，不那么激烈。有了爱情，却不创作情诗，更有甚者，还写了"反情诗"——在《我的失恋》中无奈又达观地说："由她去罢。"而且，他直接写给恋人许广平的文字几乎全部是散文形式。

在鲁迅的青春时代，他将诗作献给了诗友——诗友中最为亲密的是周作人——或者献给"轩辕"，一个象征性的祖先。曾经诗意的兄弟之情，经过八道湾大家族的生活，渐渐稀释为散文；而中年获得的爱情，又让鲁迅从散文走到诗。从兄弟失和后的极度低落到因爱情而重生，鲁迅度过了人生的一个"坎"——这一过程中，创作也成为他的一个精神支撑。

散文诗是散文和诗的混合体。因为不是诗，文字便失却了纪律，所以《野草》显得芜杂，并且其中一些篇章呈现为小杂感的形态，比如《狗的驳诘》《立论》等。那么，鲁迅转向散文诗，是不是意味着他的诗意减弱或稀释？事实上，这些作品是散文形式掩盖下的真正的诗。

鲁迅借《野草》表达了不想为外人明说的情绪，比如爱情——他甚至先用打油诗的方式调侃自己渴望的东西，用伪装和撒谎在虚构中显示出更高的真实。他在与许广平的恋爱中显出真性情，没有了拘谨，没有了掩藏。创作者无论如何做梦，如何构思故事，总会多多少少透露出他的真实想法。

鲁迅的新诗创作不能算成功，但他又不愿捡拾起旧体诗。否定旧文学的宣言、声明言犹在耳，自己却又扎进旧学中，岂不是自相矛盾？直到1926年，他将自己的新旧文章汇集成《坟》，说是为了埋葬过去，实际上也是为自己这样新旧交替的人物找一个立足之地。他已经清楚地看到，这个世界没有那么绝对，新旧的界限不那么分明，就从文字看，他的白话文中也夹杂不少古典。

第八章　我自爱我的野草

旧体诗和新诗，前者是循规蹈矩，有形体上的束缚；后者太放任，无法收束，不符合鲁迅对文字严谨而规整的要求。两者的结合散文诗，形似散文，精神是"诗"。

《影的告别》，如果按诗的体式排列，就是这样：

> 有我所不乐意的在天堂里，我不愿去；
> 有我所不乐意的在地狱里，我不愿去；
> 有我所不乐意的在你们将来的黄金世界里，我不愿去。
> 然而你就是我所不乐意的。
> 朋友，我不想跟随你了，我不愿住。
> ……
> 然而我终于彷徨于明暗之间，
> 我不知道是黄昏还是黎明。
> 我姑且举灰黑的手装作喝干一杯酒，
> 我将在不知道时候的时候独自远行。
> ……
> 但是，我愿意只是黑暗，
> 或者会消失于你的白天；
> 我愿意只是虚空，
> 决不占你的心地。
> 我愿意这样，朋友——
> 我独自远行，不但没有你，
> 并且再没有别的影在黑暗里。

只有我被黑暗沉没,
那世界全属于我自己。

在小说《孤独者》中,鲁迅描写新派人物魏连殳不得不向现实妥协,做了帮忙或帮闲的幕僚。他当上杜师长的顾问,每月薪水现洋八十元。于是,原来冷落的住所,有了"新的宾客,新的馈赠,新的颂扬,新的钻营,新的磕头和打拱,新的打牌和猜拳,新的冷眼和恶心,新的失眠和吐血……"。他还劝"我"也来过这种生活,当然是反讽的意思。作品中的"我"不久就从本城的报纸上看到一些有关魏连殳的"诗":

里面常有关于他的诗文,如《雪夜谒连殳先生》,《连殳顾问高斋雅集》等等;有一回,《学理闲谭》里还津津地叙述他先前所被传为笑柄的事,称作"逸闻",言外大有"且夫非常之人,必能行非常之事"的意思。①

鲁迅借《孤独者》中的人物之口讽刺旧体诗,视之为一种应酬俗套。他自己不愿这样,酬唱之作在他的诗集中几乎没有。

鲁迅对旧体诗词、国粹、中医的讽刺态度是鲜明的,也是前后一致的。对旧体诗更尖刻的嘲讽在小说《高老夫子》中。高老夫子在《大中日报》上发表了《论中华国民皆有整理国史之义务》

---

① 鲁迅:《彷徨·孤独者》,《鲁迅全集》第2卷,第105页。

一文，充斥保存国粹的论调。他因此被贤良女学校的何校长邀请讲授历史课。而何校长自己呢？当然也是国粹论者。从迎接高老夫子的花白胡子的教务长、大名鼎鼎的万瑶圃（别号"玉皇香案吏"）的介绍中可知，何校长是当地诗坛的名流，其与女仙赠答的诗《仙坛酬唱集》正陆续登在《大中日报》上：

"我们的盛德乩坛天天请仙，兄弟也常常去唱和。础翁也可以光降光降罢。那乩仙，就是蕊珠仙子，从她的语气上看来，似乎是一位谪降红尘的花神。她最爱和名人唱和，也很赞成新党，像础翁这样的学者，她一定大加青眼的。哈哈哈哈！"

高老夫子因为备课不充足，心思不定，只听得断断续续：

"……赐了一个荸荠……。'醉倚青鸾上碧霄'，多么超脱……那邓孝翁叩求了五回，这才赐了一首五绝……'红袖拂天河，莫道……'蕊珠仙子说……础翁还是第一回……"①

至于贤良女学校的学生，可想而知，是"很驯良的。她们除听讲之外，就专心缝纫"，"诗教"在这里就没有必要了："可惜内中也有几个想学学做诗，那可是不行的。维新固然可以，但做诗究竟

---

① 鲁迅：《彷徨·高老夫子》，《鲁迅全集》第2卷，第80页。

《野草》封面

不是大家闺秀所宜。蕊珠仙子也不很赞成女学,以为淆乱两仪,非天曹所喜。"①

在这个文化新旧交替的时期,鲁迅个人的生活,也受着哈姆雷特独白中说的"生存还是毁灭"问题的纠缠。鲁迅在矛盾纠结中没有立即做出选择,而在等待甚至拖延中寻求转机,所以《野草》中就有了影子与人身、冰与火、友爱与仇恨等矛盾。他甚至在《死后》和《墓碣文》中模拟了两次自己死后的情形:前者是躺在地上,受世人折磨;后者已经进入坟墓,即将化为灰尘了。

《野草》时期的鲁迅身上有战士和恋人的风姿。他要抗争和突围,然而又羞怯、保守、沉稳。他虽是公众人物,但也要恋爱,有私情,于是只能用模糊的散文诗写出,给亲人、恋人和友人看。

---

① 鲁迅:《彷徨·高老夫子》,《鲁迅全集》第2卷,第81页。

第八章　我自爱我的野草

这些独白或设计出来的对话是他的自述和自辩。

鲁迅这些短小而奇特的篇章也得到了读者的回应。女子师范大学学生许广平倾慕鲁迅，在1925年3月15日写给鲁迅的信中就谈了阅读《过客》的感想：

> 贤哲之所谓"将来"，固然无异于牧师所说的"死后"，但"过客"说过："老丈，你大约是久住在这里的，你可知道前面是怎么一个所在么？"虽然老人告诉他是"坟"，女孩告诉他是"许多野百合，野蔷薇"，两者并不一样，而"过客"到了那里，也许并不见所谓坟和花，所见的倒是另一种事物，——但"过客"也还是不妨一问，而且也似乎值得一问的。①

读者从文风上看出鲁迅的独异之处。高长虹在1926年10月10日出版的《狂飙》周刊第1期上发表《写给〈彷徨〉》，提到《野草》："我初次同鲁迅见面的时候，我正在老《狂飙》周刊上发表《幻想与做梦》，他在《语丝》上发表他的《野草》。他说：'《幻想与做梦》光明得多了！'但我以为《野草》是深刻。他说了他像他所译述的 Kuprin 的一篇小说的主人翁，是一个在明暗之间的彷徨者。我没有看见那篇小说，但《野草》的第二篇《影的告别》便表现得很明白。虽然也可以说是年龄的关系吧，但我以

---

① 鲁迅、许广平：《两地书》，《鲁迅全集》第11卷，第18页。

为时代或者是较真实的原因呢。"① 这番评论为读者了解鲁迅写作《野草》时期的情绪和思想提供了背景材料。

本味何能知

鲁迅创作散文诗来自西方文学译本的启发,特别是波德莱尔。《野草》受两本外国文学作品的影响最大,一本是尼采的《查拉图斯特拉如是说》,一本是波德莱尔的《巴黎的忧郁》。文体上,《野草》更多借鉴了波德莱尔的散文诗;而话语表述上,趋同尼采。他青年时代在日本留学时服膺尼采,期盼尼采式的超人和拜伦、雪莱式的摩罗诗人出现在中国。《野草》中有些想象力充沛、意象奇突的句子,如《死火》中的冰谷和火焰:

> 我梦见自己在冰山间奔驰。
> 这是高大的冰山,上接冰天,天上冻云弥漫,片片如鱼鳞模样。山麓有冰树林,枝叶都如松杉。一切冰冷,一切青白。
> 但我忽然坠在冰谷中。
> 上下四旁无不冰冷,青白。而一切青白冰上,却有红影无数,纠结如珊瑚网。我俯看脚下,有火焰在。
> 这是死火。有炎炎的形,但毫不摇动,全体冰结,像珊瑚枝;尖端还有凝固的黑烟,疑这才从火宅中出,所以枯

---

① 高长虹:《写给〈彷徨〉》,《狂飙》周刊 1926 年 10 月 10 日第 1 期。

焦。这样,映在冰的四壁,而且互相反映,化为无量数影,使这冰谷,成红珊瑚色。①

比尼采的文字更富于文学色彩,形象更生动。尼采的著作文风强悍,说教激昂,论断明晰,没有迟疑,更没有自怨自艾。他隆重地也是高傲地向世人推出"超人",明确表达对衰颓的庸众即所谓"末人"的蔑视:

> 我教你们超人!人是一件东西,该被超越的,你们为要超越他,可曾做过什么了?
> 一切事物历来都做一点东西胜过自己:然而你们却要做这大潮的退潮,并且与其超过人,倒不如回到禽兽么?
> ……
> 在曙光和曙光之间我这里来了一个新真理。
> 我不该做牧人,做坟匠。我再不要对群众说:这是我对死尸说的末一回。
> 我要结识创造者,收获者,祝贺者:我要指示他们虹霓,和所有超人的阶级。②

鲁迅第一篇白话小说《狂人日记》中就不乏尼采式的精警词

---

① 鲁迅:《野草·死火》,《鲁迅全集》第2卷,第200页。
② 尼采:《察拉图斯忒拉的序言》,鲁迅译,《鲁迅译文全集》第8卷,第78、87页。

句,而且,"狂人"与"超人"在思想观念上很有相同之处:

  陈老五也气愤愤的直走进来。如何按得住我的口,我偏要对这伙人说,
  "你们可以改了,从真心改起!要晓得将来容不得吃人的人,活在世上。
  "你们要不改,自己也会吃尽。即使生得多,也会给真的人除灭了,同猎人打完狼子一样!——同虫子一样!"①

  就是在小说中,鲁迅的文字也充满了诗意的张力。鲁迅两次翻译《查拉图斯特拉如是说》的序言,一次用文言,一次用白话。他的译文现在读来仍觉艰涩和奇崛——但这也正是强悍而微妙的思想所需要的表达方式。
  在《野草》中,鲁迅常将语句伸展开来、折叠过去,更多用故事和情景象征地、隐晦地表达情思,从尼采的慷慨激昂转向波德莱尔的曲折柔韧。
  中国散文诗的兴盛,颇得力于波德莱尔的影响。周作人就说,他的新诗《小河》就是借鉴了波德莱尔的散文诗。1921 年,周作人翻译了波德莱尔的《游子》《狗与瓶》《头发里的世界》《你醉》《窗》《海港》,1922 年翻译了《穷人的眼》《月的恩惠》;1921 年,田汉撰写《恶魔诗人波陀雷尔的百年祭》一文;1923 年 3 月,俞

---

① 鲁迅:《呐喊·狂人日记》,《鲁迅全集》第 1 卷,第 453 页。

平伯翻译的《醉着吧》《无论,出这个世界之外吧》刊登在《诗》第2卷第1期上;1924年10月,文学研究会创办的《文学周报》上刊登了苏兆龙译散文诗《月光的眷独》《哪一个是真的》;1925年,鲁迅和周作人主编的《语丝》发表了张定璜翻译的散文诗五首:《镜子》《那一个是真的?》《窗子》《月儿的恩惠》《狗和罐子》。可见波德莱尔在当时的中国文坛受欢迎的程度。

鲁迅一生购买了不少波德莱尔著作,单是《巴黎的忧郁》就有好多个版本:日文的有高桥广江译本(东京青郊社)和三好达治译本(东京厚生阁书店);法文的有巴黎凯佛第二版(编号第49号);中文的有石民译本(1935年上海生活书店)。有关波德莱尔著作及其研究的书籍更多,如《新兴法国文学——诗、小说、思想》(日文,安德烈·毕依著,革野贞之译,1931年东京白水社)、《法国诗选》(日文,山内义雄译,1923年东京新潮社)、《近代法兰西诗集》(日文,波德莱尔等著,大木笃夫译,1923年东京新潮社)、《波德莱尔研究》(日文,辰野隆著,东京第一书房)、《波德莱尔文集》(德文,马克斯·布鲁诺译,莱比锡人人丛书)等。[①]

在写作《野草》之前和期间,鲁迅所翻译的日本厨川白村的《苦闷的象征》《出了象牙之塔》以及岛崎藤村的《从浅草来》等作品中,都有关于波德莱尔及其散文诗的介绍。《苦闷的象征》引用的使用了象征手法的《窗户》就出自《巴黎的忧郁》:

[①] 参见万晓:《鲁迅、波德莱尔及世纪病》,北京鲁迅博物馆鲁迅研究室编:《鲁迅藏书研究》,北京:中国文联出版公司1991年版,第199页。

从一个开着的窗户外面看进去的人，决不如那看一个关着的窗户的见得事情多。再没有东西更深邃，更神秘，更丰富，更阴晦，更眩惑，胜于一支蜡烛所照的窗户了。日光底下所能看见的总是比玻璃窗户后面所映出的趣味少。在这黑暗或光明的隙孔里，生命活着，生命梦着，生命苦着。

在波浪似的房顶那边，我望见一个已有皱纹的，穷苦的，中年的妇人，常常低头做些什么，并且永不出门。从她的面貌，从她的服装，从她的动作，从几乎无一，我纂出这个妇人的历史，或者说是她的故事，还有时我哭着给我自己述说它。

倘若这是个穷苦的老头子，我也能一样容易地纂出他的故事来。

于是我躺下，满足于我自己已经在旁人的生命里活过了，苦过了。

恐怕你要对我说："你确信这故事是真的么？"在我以外的事实，无论如何又有什么关系呢，只要它帮助了我生活，感到我存在和我是怎样？①

鲁迅在翻译《苦闷的象征》时，本来可以使用周作人的译文，但因为与周作人失和，互不来往，他只好请学习法文的常惠重译了这一篇。②

---

① 厨川白村:《苦闷的象征》，鲁迅译，《鲁迅译文全集》第2卷，第252页。
② 鲁迅:《译文序跋集·〈苦闷的象征〉引言》，《鲁迅全集》第10卷，第258页；又《〈有限中的无限〉译者附记》，《鲁迅译文全集》第2卷，第291页。

波德莱尔在《巴黎的忧郁》的《给阿尔塞纳·乌塞》中说,他在有意识地创造一种新的形式:要描写"更抽象的现代生活",必须创造一种新工具:

> 在那雄心勃发的日子里,我们谁不曾梦想着一种诗意散文的奇迹呢?没有节奏和韵律而有音乐性,相当灵活,相当生硬,足以适应灵魂的充满激情的运动、梦幻的起伏和意识的惊厥。①

波德莱尔称自己写的散文小诗是"不伦不类的东西(如果还可以称之为某种东西的话)",是"偶然产生的"。他强调"偶然产生",是因为没有计划,没有前后一贯、组织紧密的结构,而是一种即兴创作,产生一种灵活多变的文体。

鲁迅在创作《野草》时已经熟悉了波德莱尔的相关创作,受其影响很明显。当然,鲁迅受尼采批判精神的影响同时存在。而且,通过翻译《苦闷的象征》,鲁迅也熟悉了日本文艺批评家厨川白村的象征主义创作论。

象征主义与浪漫主义、现实主义方法最大的不同,是作者在注重抒写自己的内心感受和情感的时候,轻描写而重暗示,不直接描写思想感情,而是利用能够唤起读者想象的暗示性的形象

---

① 夏尔·波德莱尔:《巴黎的忧郁》,郭宏安译,北京:商务印书馆2018年版,第4页。

和意境，进行整体性的烘托式表现。《野草》中的《秋夜》《影的告别》《求乞者》《复仇》《复仇（其二）》《雪》《好的故事》《死火》《失掉的好地狱》《墓碣文》《颓败线的颤动》等篇，是运用象征手法的佳作。如《秋夜》，是以一幅秋夜的图景，烘托出作者孤寂、凄凉的心境，表达出抗争的意识。"各式各样地睐着许多蛊惑的眼睛"的"奇怪而高的天空"，天空中"闪闪地鬼睒眼"似的星星，将园中无名的花草冻得发抖的繁霜，天空中"窘得发白"的月亮以及"哇的一声"飞过的夜游的恶鸟，都被赋予了喜怒爱憎。

《野草》中有些篇什造意深曲，幻想奇特，与波德莱尔的作品形神俱似。波德莱尔《巴黎的忧郁》中的《那一个是真的？》写道：

我认识过一个Benedicta。伊用理想装满了这空间，人们从伊眼睛里感受到对于伟大，美，荣誉，以及一切致令我们相信不朽的东西的欲望。

但这个神奇的女孩子因为太美了，不能久活；因此我认识伊之后，没几天伊就死了，当着青春正在墓地里散布芳香的那一天，我亲手把伊葬了。我亲手把伊放在一个和印度棺箱一般香的，坚牢的木棺里葬了。

我眼睛还在注视着埋放了我的宝贝的那块地方，忽然间我看见了一个活像死者的小人，带着一副癫痫的奇怪的狂暴神气，站在那块新鲜的土面上，狞笑的说："是我，我是真正的 Benedicta！我是一个有名的坏东西！因为你的呆傻和你的盲目，我现在罚你来爱我，这个现实的我！"

但是我生气了，我回答伊了："不行！不行！不行！"我因为要格外表示我的拒绝，不提防一下子在地上跳的太使劲了，致令我的脚，一直到膝盖边，竟陷进那个新坟里面去了，于是像一匹狼掉在坑里似的，我至今，恐怕永久也是如此罢，被拴在那理想的墓上。①

波德莱尔对人们在现实中追求的伟大、美、荣誉、爱情等做了否定：这些理想只有在坟墓中才是永久的！张定璜的中译文发表四个月后，鲁迅写了《墓碣文》，叙述"我"对墓中死者产生同情和迷恋，而死者起坐说出生死之"偈"：

我在疑惧中不及回身，然而已看见墓碣阴面的残存的文句——

……抉心自食，欲知本味。创痛酷烈，本味何能知？……

……痛定之后，徐徐食之。然其心已陈旧，本味又何由知？……

……答我。否则，离开！……

我就要离开。而死尸已在坟中坐起，口唇不动，然而

---

① 张定璜译：《Baudelare 散文诗钞》，《语丝》1925 年 2 月 23 日第 15 期。

说——

"待我成尘时,你将见我的微笑!"

最后的结局是,"我疾走,不敢反顾,生怕看见他的追随",① 似乎逃离了虚无主义的纠缠。

然而,这番墓中墓外的对话已足动人心魄,留下了痛苦挣扎的记录。

鲁迅在《〈中国新文学大系〉小说二集序》中介绍沉钟社的文学青年怎样"向外,在摄取异域的营养,向内,在挖掘自己的灵魂"的特点时说:

> 但那时觉醒起来的智识青年的心情,是大抵热烈,然而悲凉的。即使寻到一点光明,"径一周三",却更分明的看见了周围的无涯际的黑暗。摄取来的异域的营养又是"世纪末"的果汁:王尔德(Oscar Wilde),尼采(Fr. Nietzsche),波特莱尔(Ch. Baudelaire),安特莱夫(L. Andreev)们所安排的。②

"世纪末"的果汁,意境苍凉,情绪低落,思想颓废。鲁迅从波德莱尔那里摄取了一杯世纪末的"忧郁"的果汁,而盛果汁的杯碗

---

① 鲁迅:《野草·墓碣文》,《鲁迅全集》第 2 卷,第 207—208 页。
② 鲁迅:《且介亭杂文二集·〈中国新文学大系〉小说二集序》,《鲁迅全集》第 6 卷,第 251 页。

第八章　我自爱我的野草

却是那样精巧和美观，让人喝的时候有一种味觉以外的快感。

天地有如此静穆

鲁迅在与黑暗的对抗中开始了《野草》的创作。

第一篇《秋夜》用热情而倔强的笔调，赞美了虽在寒冷中落尽叶子却依然铁一般地直刺"奇怪而高的天空"的枣树，也对在严霜中做着好梦的小粉红花寄予同情，还对那些为追求光明而死去的小青虫献上敬意。

《野草》全书从两棵枣树开始："在我的后园，可以看见墙外有两株树，一株是枣树，还有一株也是枣树。"两棵枣树虽然离得不远，但毕竟无法成为一体——这或者暗喻着两兄弟当时的状态。

《秋夜》为《野草》搭建了一个舞台——两棵枣树是舞台两边的柱子——也可以说是整部书的纲领，其中隐藏着《野草》的密码——此后的很多篇章从这里生发开去。单就树木花卉来说，就颇有意味：从枣树（《秋夜》）到书中夹着的一片去年的枫叶（《腊叶》），再到野蓟（《一觉》），从生机勃勃到干枯，又从干枯到滋润。

"秋"和"夜"两个时空的结合，是鲁迅的精神漫游的出发点，也是《野草》生长的开端。秋，意味着人生已经到了收获季节；夜，寓意所处的环境由黑暗主宰。

北京的秋天，夜晚，特别是深夜，已经颇有凉意，甚至寒冷。风萧萧，叶簌簌，特别是杨树叶，在秋风中摇动，发出让人肃然的声音。

《秋夜》里所写的西三条二十一号小院是八道湾大宅院的缩小版。鲁迅喜欢树木花卉，从小热心培植。有了自己的院子后，花木自是少不得的。迁入新居第二年的春天，他就对院子进行了全面绿化。1925 年 4 月 5 日，鲁迅请云松阁到家中种植了紫、白丁香各两棵，碧桃一棵，花椒、刺梅、榆梅各两棵，青杨三棵。考虑到院子不大，这阵容也不算小了。

小院表面寂寞，但充满生机。鲁迅揭开夜幕，物象逐渐繁盛起来。各种生物跟着鲁迅在生存和灭亡之间游动和冲撞，和他一样矛盾纠结，感应着他心灵深处的颤动。"野草"不是凭空想象出来的，而是从现实中、从大地（荒原）上生长出来的。从这些物象中，鲁迅构想出奇妙的景观：

> 我不知道那些花草真叫什么名字，人们叫他们什么名字。我记得有一种开过极细小的粉红花，现在还开着，但是更极细小了，她在冷的夜气中，瑟缩地做梦，梦见春的到来，梦见秋的到来，梦见瘦的诗人将眼泪擦在她最末的花瓣上，告诉她秋虽然来，冬虽然来，而此后接着还是春，胡蝶乱飞，蜜蜂都唱起春词来了。[①]

在院子里，鲁迅就像是秋夜里一棵沉思的老树——北方常见的树——粗黑的枝杈，瘦硬而怪异，刺向天空。回到房间里，也只有

[①] 鲁迅:《野草·秋夜》,《鲁迅全集》第 2 卷, 第 166 页。

桌上的灯陪他:"那罩是昨晚新换的罩,雪白的纸,折出波浪纹的叠痕,一角还画出一枝猩红色的栀子。"栀子夏日开花,花多为白色或淡黄色;红色的栀子花是罕见品种,其花六出而红,清香如梅。

因为是初秋,一些花朵还没有凋谢。鲁迅对"瑟缩地做梦"的"粉红花","乱飞"的蝴蝶和"唱起春词"的蜜蜂等的描写都用了童话的笔法。"粉红花"梦到的"瘦的诗人",可能就是八道湾十一号宅院里的俄国诗人爱罗先珂——此时已经不在中国。

鲁迅的诗心营造出一个奇妙的世界。在这篇草木昆虫的童话中,事物之间很少对话,而鲁迅与它们对话,描摹它们,把握它们,仿佛制作标本的生物教师,观察,整理,剪裁成篇章,呈现给读者。

秋天的枣树卸掉了果实,枝条可以伸展开来了,但它身上有很多伤痛,让它哀伤和愤怒。不过,它也知道,来年还要开花结果。鲁迅在这枣树上用笔如此之多,是把自己比作枣树了吗?读者因此不免进一步思考两棵枣树的关系:是不是象征着庭院里两个寂寞的人,彼此不能相通;或者,隐喻庭院内外两个渴望相通也应该相通的灵魂?

鲁迅不是在秋天想到冬天的到来,而是盼望着春天,因为秋冬以后仍是春。他既做小粉红花的梦,又做满身伤痕的枣树的梦。他写出的是人生的循环,是无聊中的生趣。这是历史,是现实,也是未来!

孤独的人时或有这种对事物的沉溺和移情。周边的一切在他眼中都是鲜活的,细小的粉红花在冷的夜气中冻得瑟缩着,却还在做着好梦。这种小花,在《一觉》中以野蓟的面貌出现了。

野蓟,鲁迅的院子里并没有,可以称为"文学植物",即从托尔斯泰的中篇小说《哈吉穆拉特》序曲中读到的牛蒡花。高加索鞑靼人哈吉穆拉特本是当时反抗沙俄的高加索穆斯林教派领袖沙米里的副将,战功卓著,因与沙米里不合,投靠沙俄,后来为了解救家眷,企图逃离,在与追兵交战中殉命。序曲写"我"在路上因为好奇想摘一枝"鞑靼花"(野蓟),但费了很大力气也没有成功,只好放弃。但当"我"回转来又见到这朵花时,发现它虽然遭车轮碾压,仍然显示出旺盛的生命力。"我"联想到书中主人公哈吉穆拉特的命运,感慨道:

> 这棵"鞑靼人"有三个枝杈。其中一枝已断,残枝像砍断的胳膊那样突出着。另外两枝各开着一朵花。这两朵花原是红的,如今已变成黑色。一枝花梗断了,断枝上耷拉着一朵沾着泥巴的花;另一枝花梗虽也沾了黑泥,但仍向上挺立着。看样子,这棵"鞑靼人"被车轮轧过,后来又挺立起来,因此有点歪斜,但毕竟挺立起来了。好像从它身上撕下一块肉,取出一个内脏,砍掉一条胳膊,挖去一只眼睛,但它还是站起来了,不肯向消灭它周围兄弟的人屈服。
>
> "多么顽强啊!"我想,"人类战胜了一切,消灭了亿万棵草木,但这一棵始终没有屈服。"[①]

---

① 托尔斯泰:《哈吉穆拉特》,草婴译,上海:上海文艺出版社2008年版,第19页。

在《野草》的最后一篇《一觉》中，鲁迅写自己在北京大学的教员预备室里得到了文学青年办的刊物《浅草》，由此联想到托尔斯泰笔下的野蓟：

> 就在这默默中，使我懂得了许多话。阿，这赠品是多么丰饶呵！可惜那《浅草》不再出版了，似乎只成了《沉钟》的前身。那《沉钟》就在这风沙颎洞中，深深地在人海的底里寂寞地鸣动。
>
> 野蓟经了几乎致命的摧折，还要开一朵小花，我记得托尔斯泰曾受了很大的感动，因此写出一篇小说来。①

短暂的梦幻之后，作者的意识回到现实：

> 我又听到夜半的笑声；我赶紧砍断我的心绪，看那老在白纸罩上的小青虫，头大尾小，向日葵子似的，只有半粒小麦那么大，遍身的颜色苍翠得可爱，可怜。
>
> 我打一个呵欠，点起一支纸烟，喷出烟来，对着灯默默地敬奠这些苍翠精致的英雄们。②

他从那些可爱的花草树木中游离出来，旋即被小青虫带入新的沉思：它们在玻璃罩上来回丁丁地撞，并且遇到火。他怜悯地注视

---

① 鲁迅：《野草·一觉》，《鲁迅全集》第2卷，第229页。
② 鲁迅：《野草·秋夜》，同上书，第167—168页。

《秋夜》刊照

着它们的死亡。为什么称呼它们是"苍翠精致的英雄"？因为它们虽然渺小，但勇敢无畏，为追求光明献身。

《秋夜》是鲁迅中年期徘徊彷徨生活的象征性描写。

虽然是秋天，是夜间，但草木昆虫自有生趣。院子虽小，但品类繁盛。鲁迅与树木、煤油灯、小虫子对视并且对话，从中感悟生命,审视尘世,思考前途。

尼采善于写太阳,波德莱尔善于写夜。尼采笔下的拜火教创始人查拉图斯特拉,是太阳的崇拜者,他根据这种宗教教义演绎出来的超人是阳刚的;而波德莱尔是现代都市诗人,在月光下忧郁地游荡。

鲁迅习惯于甚至偏好黑夜,这不单因为他喜欢在夜间写作,作息时间黑白颠倒,还因为他通过对黑夜与白昼、黑暗与光明交替的感悟和思考,来应对现实的芜杂。波德莱尔的《窗户》就以一种区隔装置渲染夜的黑暗和隐秘,激发人的好奇和联想。曾到八道湾周宅拜访过周氏兄弟的来自豫西山村的青年诗人徐玉诺在《黑暗》一诗中写道:

> 世界再没有比黑暗更深奥更耐爱更全备的处所了;
> 在那里有人类所要有而且取不尽的东西,
> 在那里有人类所爱看而且看不穷的美丽,
> 在那里有人类所要听而且听不到的低微而且浓厚的音乐⋯⋯
> 自由莫过于在黑暗中,
> 快乐莫过于在黑暗中⋯⋯
> 罩在人类头上的,将要重重落下的黑暗哟! ①

夜的意象严厉、凝重,甚至刚正,但也静谧。人们在黑夜里

---

① 徐玉诺:《黑暗》,《诗》1923 年 5 月第 2 卷第 2 号。

沉静下来，思索白天所遇和未来，反而把世相人心看得更清晰。

鲁迅的全部创作中，散文诗集只有《野草》一部，但他在这方面有更多的创作计划。对"夜"及其奇特景象的感悟，让他在上海时期重新焕发了创作激情，准备再写一本散文诗。1933 年所写的《夜颂》可视为未成之书的小序：

> 夜的降临，抹杀了一切文人学士们当光天化日之下，写在耀眼的白纸上的超然，混然，恍然，勃然，粲然的文章，只剩下乞怜，讨好，撒谎，骗人，吹牛，捣鬼的夜气，形成一个灿烂的金色的光圈，像见于佛画上面似的，笼罩在学识不凡的头脑上。
>
> 爱夜的人于是领受了夜所给与的光明。
>
> ……
>
> 现在的光天化日，熙来攘往，就是这黑暗的装饰，是人肉酱缸上的金盖，是鬼脸上的雪花膏。只有夜还算是诚实的。我爱夜，在夜间作《夜颂》。①

写作《野草》时，鲁迅正辗转于寂寞的暗夜里，孑身孤立，蕴蓄和喷发出巨大的创造力。

鲁迅在 1925 年 3 月 18 日给许广平的信中说："我的作品，太黑暗了，因为我只觉得'黑暗与虚无'乃是'实有'，却偏要向这

---

① 鲁迅：《准风月谈·夜颂》，《鲁迅全集》第 5 卷，第 203、204 页。

些作绝望的抗战,所以很多着偏激的声音。其实这或者是年龄和经历的关系,也许未必一定的确的,因为我终于不能证实:惟黑暗与虚无乃是实有。"[1] 他甚至觉得自己就是夜和黑暗的一部分。此前,1924 年 9 月 24 日,他在给李秉中的信中讲得更悲观:"我自己总觉得我的灵魂里有毒气和鬼气,我极憎恶他,想除去他,而不能。我虽然竭力遮蔽着,总还恐怕传染给别人,我之所以对于和我往来较多的人有时不免觉到悲哀者以此。"[2]

当然,鲁迅沉醉于这样的暗夜,还因为他在夜间发现许多可爱而奇异之物。他沉迷地注视它们,把自己的感觉思绪倾注在它们身上。在寂寞和孤独中,诗意更容易充足圆满。

---

[1] 鲁迅:《250318 致许广平》,《鲁迅全集》第 11 卷,第 466—467 页。
[2] 鲁迅:《240924 致李秉中》,同上书,第 453 页。

第九章

明与暗，友与仇……

爱者与不爱者

《秋夜》中的爱情也许还不明显，但已经隐隐若现。已经光秃了枝叶的枣树还会有人爱吗？

或者还可以具有童话意味地问：小粉红花会爱上枣树吗？

鲁迅需要甚至渴望爱情。《秋夜》中两棵枣树的分离或许隐喻了兄弟的决裂，也隐喻了婚姻生活的不和谐。鲁迅对爱情表现出复杂的心理。表面上看，鲁迅排斥爱情，至少是不关心。在《野草》中，甚至中途突然冒出来一首"反爱情"的"拟古的新打油诗"，对恋爱对象说了一些"赤练蛇"之类的怪话。但实际上，《我的失恋》本不在《野草》的创作计划之内，严格地说，不应该

第九章 明与暗，友与仇……

编入《野草》，因为它不是散文诗，而是"打油诗"。

随着写作进程的发展，当然更因为生活状态的变化，《野草》中的爱情线索越来越明显。1925年3月11日，北京女子师范大学学生许广平写信给鲁迅：

> 现在写信给你的，是一个受了你快要两年的教训，是每星期翘盼着听讲《小说史略》的，是当你授课时每每忘形地直率地凭其相同的刚决的言语，好发言的一个小学生。他有许多怀疑而愤懑不平的久蓄于中的话，这时许是按抑不住了

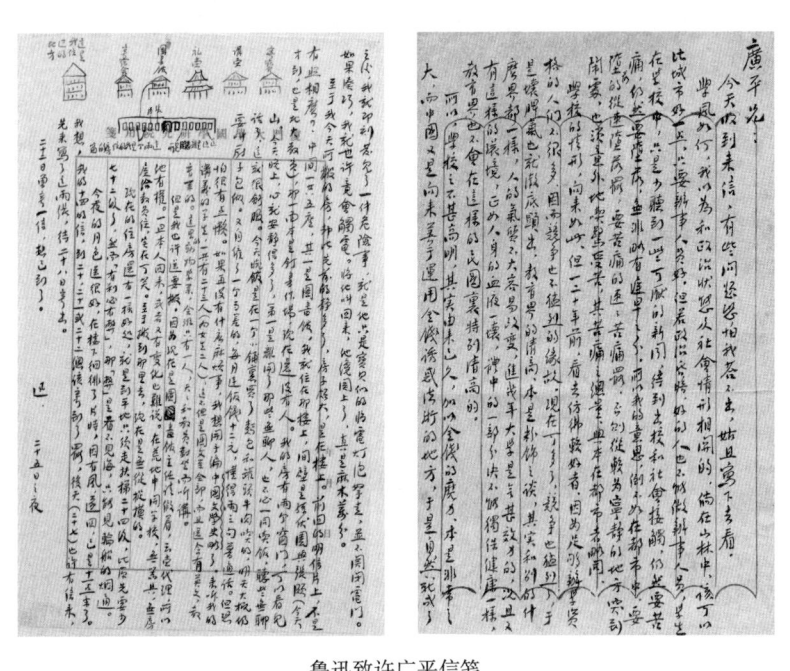

鲁迅致许广平信笺

罢，所以向先生陈诉。①

　　鲁迅立即回复。师生首次通信所谈话题之一，与当年鲁迅与钱玄同的"铁屋对"类似，都是知识者处在进退两难的境地，面临选择时的迟疑彷徨：对于青年的苦恼和悲观，是给他们引导，唤起他们的抗争意识，还是任他们在泥坑里挣扎，自生自灭？

　　这样的交流让师生之间产生了亲切感。在寻求知音的路上，他们逐渐靠近，感情慢慢升温。两人一起经历了女师大风潮，责任感让鲁迅更加积极，原本悲观绝望的他得到了温暖，看到了希望。

　　他们之间感情成熟是在1925年10月。其实，在鲁迅6月份给许广平的信中，玩笑和戏谑话就多了起来。随后有一段时间，他们之间没有了通信，关系亲密，来往频繁，自然不需要书信了。

　　但鲁迅心中仍有很多疑惑，担心现实状况不利于发展这种关系，忐忑于恋情会出现什么结局，带来怎样的影响，怀疑自己有没有爱和被爱的资格。

　　或者可以做这样的比方：枣树在秋夜的徜徉中遇到了小粉红花。在《野草》的中途，在过客奔向坟场之前短暂停留的荒野中，小粉红花又出现了，就是那个小女孩。她送水给长途跋涉、受了伤、体力到了极限的过客，为他包扎伤口。女孩送给过客的一块布，老翁想让过客留下，但过客拒绝了：

　　　　客——（将腰一伸，）好，我告别了。我很感激你们。

---

① 鲁迅、许广平：《两地书》，《鲁迅全集》第11卷，第11页。

第九章 明与暗，友与仇……

（向着女孩，）姑娘，这还你，请你收回去。

（女孩惊惧，敛手，要躲进土屋里去。）

翁——你带去罢。要是太重了，可以随时抛在坟地里面的。

孩——（走向前，）阿阿，那不行！

客——阿阿，那不行的。

翁——那么，你挂在野百合野蔷薇上就是了。

孩——（拍手，）哈哈！好！

翁——哦哦……

（极暂时中，沉默。）

翁——那么，再见了。祝你平安。（站起，向女孩，）孩子，扶我进去罢。你看，太阳早已下去了。（转身向门。）

客——多谢你们。祝你们平安。（徘徊，沉思，忽然吃惊，）然而我不能！我只得走。我还是走好罢……。（即刻昂了头，奋然向西走去。）

（女孩扶老人走进土屋，随即阖了门。过客向野地里跄跄踉踉地闯进去，夜色跟在他后面。）[1]

1925年的冬天，鲁迅为一片夹在书本中的枫叶写了一篇散文诗《腊叶》。这片叶子本来有病，被虫蛀了一个洞，去年被摘下来夹在书里，得以保存，现在突然被翻出来：

---

[1] 鲁迅：《野草·过客》，《鲁迅全集》第2卷，第198—199页。

但今夜他却黄蜡似的躺在我的眼前,那眸子也不复似去年一般灼灼。假使再过几年,旧时的颜色在我记忆中消去,怕连我也不知道他何以夹在书里面的原因了。将坠的病叶的斑斓,似乎也只能在极短时中相对,更何况是葱郁的呢。看看窗外,很能耐寒的树木也早经秃尽了;枫树更何消说得。当深秋时,想来也许有和这去年的模样相似的病叶的罢,但可惜我今年竟没有赏玩秋树的余闲。①

如果将这篇文字中的某些段落改写成诗,题目不妨叫《假如我是一片病叶》,颇有裴多菲诗风:

> 假如我是一片病叶,
> 中间有一点蛀孔,
> 镶着乌黑的花边,
> 在红,黄和绿的斑驳中,
> 像一只明眸,一直凝视着你。
> 你看到我,凝视我,
> 我们不需要说话。
> 你摘下了我,
> 放在手中,爱抚和怜悯
> 带回家,夹在一本书中
> 以后时时翻看。

---

① 鲁迅:《野草·腊叶》,《鲁迅全集》第 2 卷,第 224 页。

> 我从此担心这本书
> 或丢失，或被人借走，
> 或者更惨，冷落在书架上。
> 我希望，夹在你的日记中，
> 每天看到，每月把握，
> 每年转送给下一年，
> 一年又一年。

《腊叶》在对病叶的命运的倾诉中含着淡淡的柔情，意味着孤独的灵魂找到一丝慰藉。鲁迅在《〈野草〉英文译本序》中声明，《腊叶》"是为爱我者的想要保存我而作的"。① 爱我者，就是许广平。他对孙伏园说过这层意思："许公（指许广平——引者）很鼓励我，希望我努力工作，不要松懈，不要怠忽；但又很爱护我，希望我多加保养，不要过劳，不要发很。"② 许广平在《欣慰的纪念》中回忆这段经历说："不过事实的压迫（参看《华盖集》等），章士钊们的代表黑暗的反动力，正人君子的卑劣诬陷，真使先生痛愤成疾了。不眠不食之外，长时期在纵酒。经医生诊看之后，也开不出好药方，要他先禁烟，禁酒。但细察先生，似乎禁酒还可，禁烟则万万做不到。那时有一位住在他家里的同乡，和我商量一同去劝他，用了整一夜反覆申辩的功夫，总算意思转过来了，

---

① 鲁迅：《二心集·〈野草〉英文译本序》，《鲁迅全集》第 4 卷，第 365 页。
② 孙伏园：《鲁迅先生二三事》，长沙：湖南人民出版社 1980 年版，第 19 页。

答应照医生的话,好好地把病医好。"① 许广平当年写的文字记述得更有诗意,敬爱之情充盈于字里行间:

> 他诚实地相信,她的热烈的爱,伟大的工作,要向人类给与以光、力、血,使未来的世界璀灿而辉煌,惟其如此,所以他对于她不时的喝酒,危及她伟大的工作的原故,不惜尽力的劝阻,她惟其亦因负有热烈的爱和伟大的工作的责任,不能立刻离开人间世,而舞台上的各种面孔,常常打击她工作的前进,终于不能禁绝自己的喝酒。所以
> 为了爱——他——答认了禁酒,
> 为了爱——世人——不免于有时喝酒,
> 终于为了爱——矛盾而冲突的爱,
> 她的生命仍在可有可无中前进,
> 而他永远是一个急进的不悔者,去罢!去罢!兼程的赶上前去。②

文中的"她"和"他"是性别颠倒的。

鲁迅在《腊叶》中以"爱者"的口吻说话,把自己——"被爱者"——比作枫叶,因为干枯,故称"腊叶"。岂但干枯,还被

---

① 许广平:《欣慰的纪念》,北京:人民文学出版社 1981 年版,第 44—45 页。
② 许广平:《同行者》,原载《国民新报副刊(乙刊)》1925 年 12 月 12 日,署名平林,收入《许广平文集》第 1 卷,南京:江苏文艺出版社 1998 年版,第 6 页。

第九章 明与暗，友与仇……

虫蛀了一个洞。主人出于同情保存了它。但事过境迁，它已经没有斑斓的颜色。再过些时候，它的形象也许会更丑陋，色彩会更黯淡，主人会把它忘记，即便偶尔看见，也想不起为什么要保存它了。

爱情的产生不易，持久更难，如何永保新鲜？鲁迅在《伤逝》中通过男主人公之口说出悟道之言"人必生活着，爱才有所附丽"，如果"只为了爱，——盲目的爱，——而将别的人生的要义全盘疏忽了"，爱情就没有好的结局，"爱情必须时时更新，生长，创造"。①

恋爱中的人常处于怀疑状态，而人的感情变化无常，难以恒定持久。而且，鲁迅还有特殊情况：因为已经有家室，他的爱情在家庭中无所容身。原配妻子怎么安顿？别人会怎么说？社会能不能包容？这些都没有把握。

最终，他听从"爱者"的劝告，答应好好治病，生活下去。等到了南方，1927年1月11日，鲁迅写信给许广平，表明了决心：

> 我这三四年来，怎样地为学生，为青年拚命，并无一点坏心思，只要可给与的便给与。然而男的呢，他们互相嫉妒，争起来了，一方面不满足，就想打杀我，给那方面也无所得。看见我有女生在坐，他们便造流言。这些流言，无论事之有无，他们是在所必造的，除非我和女人不见面。他们

---

① 鲁迅：《彷徨·伤逝》，《鲁迅全集》第2卷，第124、118页。

貌作新思想，其实都是暴君酷吏，侦探，小人。倘使顾忌他们，他们更要得步进步。我蔑视他们了。我有时自己惭愧，怕不配爱那一个人；但看看他们的言行思想，便觉得我也并不算坏人，我可以爱。①

所谓的"争"起来，是指几个文学社团的青年互相指责和攻讦，争取鲁迅的支持，让鲁迅很为难，也很失望。最让他愤怒的是高长虹得知鲁迅和许广平的关系后，说自己在个人生活方面对鲁迅也有所让步。看来，一些年轻人对他的恋爱并不高兴；而同辈人中，不高兴、不赞成者也不在少数。

但爱情也是人的必需，爱是忍耐，更是勇敢，鲁迅终于要迈出人生道路上的一大步。他像那片被夹在《雁门集》中的腊叶一样，不，他比那片枫叶幸运——现在有人将它保存在一本全新的书中，珍重护持。

《野草》题辞的最后一句是："去罢，野草，连着我的题辞！"很干脆，很洒脱。鲁迅要告别荒芜、混乱的时代和自己沉闷的生活，走上一条新路，这条路一定不是平坦的，但无论如何，他要像过客那样走上去。

当写作《野草》题辞时，鲁迅的身心暂时得到治愈。虽然从生活状态上看，他还在漂泊中，像南方的"水横枝"，"就是一段树，只要浸在水中，枝叶便青葱得可爱"，②但在创作《野草》的

---

① 鲁迅：《270111 致许广平》，《鲁迅全集》第 12 卷，第 11 页。
② 鲁迅：《朝花夕拾·小引》，《鲁迅全集》第 2 卷，第 235 页。

过程中，他发现了新的自我，开始着手新的工作。

《野草》开篇以《秋夜》搭建了一个诗意的舞台，预告了一出波澜壮阔的诗剧。这场戏剧出现了各样的景色和人物，现实和梦想交织，正负面情绪转换，人间与地狱颠倒，将生和未生合并……

鲁迅在广州写《题辞》提到"水横枝"时，可能会想起北京旧居"窗外的白杨的嫩叶，在日光下发乌金光"和开放得很烂漫的榆叶梅。这些植物是《野草》开篇《秋夜》中没有见到的。现在这明亮的颜色，指示着他的觉醒时刻，虽然这明亮接近黄昏——但毕竟不在暗夜中了。

方生未死将生者

《秋夜》是《野草》的开篇，《题辞》是全书的总结，两篇的写作在时间上跨度大，然而成书时却作为全书的前两篇紧挨在一起。

走过一段艰难的人生历程，鲁迅在《题辞》中表现出的心态有所变化：他变得果决勇敢，纷繁的世相变得明朗。遭受心灵震动和情感冲击后完成的《野草》，虽然他后来谦虚地说"大半是废弛的地狱边沿的惨白色小花，当然不会美丽"，[①]但实际上颇为珍爱。

《野草》中虽然梦境很多，但鲁迅一直是清醒的：这个世界在他的眼中和笔下了了分明，充满了对立和争斗。一般人或者不愿意对立，鲁迅却不惧怕甚至欢迎对立。

[①] 鲁迅：《二心集·〈野草〉英文译本序》，《鲁迅全集》第4卷，第365页。

《野草》从头到尾构成了一个完整的个人精神探索的过程。单篇之间并不具有连贯性。这其实是诗的本然，正如歌德在《歌德谈话录》中所说，诗的创作一般都是即兴的，随时有感而发，大的有计划的有结构的作品反而容易出漏洞。鲁迅这些写于同一个时期、心境相同的短小篇什，当然都是即兴创作，只不过写作之初，有一个大体上的想法，设想最终形成一个整体，但自觉不自觉地形成了贯穿始终的线索。如，夜的意象就是从头到尾贯穿的；在空间上，第一篇从书桌开始，最后一篇回到书桌；还有，过客以种种形象一路行走，穿过以野草做装饰的地面，经过人间与地狱模糊不清的世界，走向坟墓，或者说，走向觉醒。

鲁迅在结集出版时没有按内容进行分类，而是按照发表的时间顺序编排——从1924年秋天的《秋夜》到1926年4月的《一觉》。

《秋夜》的沉醉和终篇的《一觉》呈现出一种前后状态的变化。《野草》中多篇文章有对仗、对照或对立，如明与暗，形与影，火与冰，主人与奴才，生与死，友与仇，爱与不爱等。

《聪明人和傻子和奴才》中，聪明人和傻子是对仗，奴才和傻子是对仗，聪明人和奴才也是对仗，整个世界的人互为对仗。希望的对面是虚妄呢，还是绝望？这已经不是简单的对仗，而是更为复杂的多面体，不仅仅是两相对立，而是有否定，有半否定，有否定之否定，最终，或消灭了否定，达到融合和统一，或从对立走向无所有。

在这些对立的关系中，诞生了更奇特的意象组合，如《墓碣文》中的"于浩歌狂热之际中寒；于天上看见深渊。于一切眼中

第九章 明与暗，友与仇……

看见无所有；于无所希望中得救"。①

全书写完一年后，鲁迅在《题辞》中提炼出一种普遍的"对仗"现象：

> 为我自己，为友与仇，人与兽，爱者与不爱者，我希望这野草的死亡与朽腐，火速到来。要不然，我先就未曾生存，这实在比死亡与朽腐更其不幸。

这时，他也已经开始在《朝花夕拾》中对自己的童年、少年和青年时期进行回顾，而"朝花"与"夕拾"竟是当句对！

多年后，聂绀弩在坎坷的生活中阅读鲁迅著作，特别是《野草》，有感于这种对仗（对立）的普遍性和独特性，专为《野草》七篇撰写了七首同题律诗（改《野草》七题为七律），其中第七首演绎《淡淡的血痕中》：

> 苦酒微温酌与人，非醒非醉但微醺。
> 废墟上矗新荒冢，草野中留淡血痕。
> 谁是地天间勇士？这般造物主良民！
> 方生未死将生者，倘不全苏定永沦。②

对仗不只是旧体诗的一种技巧，更是中国人的一种思想方法，

---

① 鲁迅：《野草·墓碣文》，《鲁迅全集》第 2 卷，第 207 页。
② 罗孚等编注：《聂绀弩诗全编》，上海：学林出版社 1992 年版，第 158 页。

甚至可以说是中国哲学的一大特点。20世纪30年代，陈寅恪在清华大学的招生试题中专门考了对仗，参用苏东坡以"韩退之"对"卢行者"先例，用"胡适之"来对"孙行者"。陈寅恪申述如此出题的用意："其形式简单而涵义丰富，又与华夏民族语言文学之特性有密切关系者，以之测验程度，始能于阅卷定分之时，有所依据，庶几可使应试者，无甚侥幸，或甚冤屈之事。阅卷者良心上不致受特别痛苦，而时间精力俱可节省。"①

鲁迅文字讲究对仗，可以说到了极致，岂但律诗如此，不少书名和篇名也对仗工整。如《热风》对《野草》，《呐喊》对《彷徨》，《朝花夕拾》对《故事新编》，《三闲集》对《二心集》，《伪自由书》对《准风月谈》。不但书名之间对仗，而且同一书名中也有对仗，如"朝花"对"夕拾"，"南腔"对"北调"。还有整部书的篇名排列整齐，均采用动宾结构，如《故事新编》中的《补天》《奔月》《理水》《采薇》《铸剑》《出关》《非攻》《起死》等。

对仗，对于鲁迅而言，不仅仅是修辞技巧，更是符合他战士品格的诗学原则。这种文字和思维的对立装置，说明他对世道人心时刻保持警觉。

绝望之为虚妄

鲁迅不但在希望与失望（绝望）的对立中纠结，更在希望与

---

① 陈寅恪：《与刘叔雅论国文试题书》，《学衡》1933年第79期。

第九章 明与暗，友与仇……

虚妄中挣扎。

1925年元旦，这样一个重申志向、坚定信念、展望未来的日子，鲁迅写下了《希望》，开始了"对仗"的思维模式。也就是说，写下"希望"这两个字，正说明他在失望或绝望中挣扎。

这一年鲁迅44岁，正当壮年，但因为心情不好，影响了身体，以至于自以为衰老——在他的弟子高长虹看来是衰退，或倚老卖老。在辞旧迎新的喜庆中，鲁迅却哀悼逝去的青春。青春的逝去给人以寂寞和悲苦之感，似乎进入没有爱憎、没有哀乐、没有颜色和声音的状态。他这样反观自视：

> 我大概老了。我的头发已经苍白，不是很明白的事么？我的手颤抖着，不是很明白的事么？那么，我的魂灵的手一定也颤抖着，头发也一定苍白了。

此时，他还没有开始与许广平通信，看不到希望，内心感到寂寞：

> 我的心分外地寂寞。
> 然而我的心很平安：没有爱憎，没有哀乐，也没有颜色和声音。[①]

他在寻求"身外的青春"，但茫然无所指向：

---

① 鲁迅：《野草·希望》，《鲁迅全集》第2卷，第181页。

我早先岂不知我的青春已经逝去了？但以为身外的青春固在：星，月光，僵坠的胡蝶，暗中的花，猫头鹰的不祥之言，杜鹃的啼血，笑的渺茫，爱的翔舞……。虽然是悲凉漂渺的青春罢，然而究竟是青春。

　　然而现在何以如此寂寞？难道连身外的青春也都逝去，世上的青年也多衰老了么？①

身体衰老，连"魂灵的手"都在颤抖的人，怀念青春时代的生活——那是毁灭与创造的日子，是指点挥斥、血脉偾张的日子，是友爱与复仇的日子，无论周遭多么黑暗，他都用希望的盾去对抗——至少他有"呐喊"。

　　然而，希望是骗人的东西。他喜欢裴多菲那个比喻：

　　　　希望是甚么？是娼妓：
　　　　她对谁都蛊惑，将一切都献给；
　　　　待你牺牲了极多的宝贝——
　　　　你的青春——她就弃掉你。②

　　那么，寄希望于青年如何？他在《随感录四十一》中说："愿中国青年都摆脱冷气，只是向上走，不必听自暴自弃者流的话。

---

① 鲁迅：《野草·希望》，《鲁迅全集》第2卷，第181页。
② 同上书，第182页。该诗作于1845年10—11月。

第九章 明与暗，友与仇……

能做事的做事，能发声的发声。有一分热，发一分光，就令萤火一般，也可以在黑暗里发一点光，不必等候炬火。"① 他觉得青年人应该勇敢："世上如果还有真要活下去的人们，就先该敢说，敢笑，敢哭，敢怒，敢骂，敢打，在这可诅咒的地方击退了可诅咒的时代！"②

然而，可怕的是，很多青年已经没有了青春："青年又何能一概而论？有醒着的，有睡着的，有昏着的，有躺着的，有玩着的，此外还多。但是，自然也有要前进的。"③ 他周围的青年多从事文学，他希望他们进步，但常常失望。青年们并不像鲁迅希望的那样，在教育和环境的形塑下，他们显出老气横秋的模样，不得已，鲁迅说，"只得由我来肉薄这空虚中的暗夜了"。④

鲁迅虽然有些心灰意冷，但在失望和绝望的冷灰中，还藏有希望的火星。他说："见过辛亥革命，见过二次革命，见过袁世凯称帝，张勋复辟，看来看去，就看得怀疑起来，于是失望，颓唐得很了。……不过我却又怀疑于自己的失望，因为我所见过的人们，事件，是有限得很的，这想头，就给了我提笔的力量。'绝望之为虚妄，正与希望相同。'"⑤

希望与绝望，人生常常在这高峰与低谷间升沉。

---

① 鲁迅：《热风·随感录四十一》，《鲁迅全集》第1卷，第341页。
② 鲁迅：《华盖集·忽然想到（五至六）》，《鲁迅全集》第3卷，第45页。
③ 鲁迅：《华盖集·导师》，同上书，第58页。
④ 鲁迅：《野草·希望》，《鲁迅全集》第2卷，第181页。
⑤ 鲁迅：《南腔北调集·〈自选集〉自序》，《鲁迅全集》第4卷，第468页。

我不如彷徨于无地

形与影是自我的分裂，比友与仇、爱者与不爱者更切身。在《野草》中，鲁迅表达了自己的意愿：他更愿意沉入黑夜，虽然也并非不渴望光明。《野草》的第二篇是《影的告别》，鲁迅在这里发现，最艰难的并不是摆脱对黑夜的沉溺，而是必须在明暗之间选择：

> 朋友，我不想跟随你了，我不愿住。
> 我不愿意！
> 呜乎呜乎，我不愿意，我不如彷徨于无地。[①]

影子与肉体是什么关系？形影不离。如果把灵魂比作影子，人是不能没有影子的。没有了灵魂的人只是一个臭皮囊。现在，影子要离形而去了，为什么呢？因为他厌恶形体，不愿再跟随。影子是一个独立的思考者，他要保持自己的完整，不依附他人，即便彻底消亡，也无所顾忌。他不愿意徘徊于明与暗之间，茫茫然不知道是黄昏还是黎明。虽然最终影子要消失于黑暗，但他获得了一份完整的自我意识，找到了自己的位置：本性属于夜，所以宁愿走进黑暗中，"只有我被黑暗沉没，那世界全属于我自己"。

[①] 鲁迅：《野草·影的告别》，《鲁迅全集》第2卷，第169页。

他固然感到寂寞的可怕，但他同时也会感到寂寞中的清洁和高傲。"世界上最有力量的人，是最孤独的人！"易卜生在《人民公敌》一剧中让主人公斯多克芒医生吟诵出这样的诗句。

中国古代的哲人早就体会到形神分离的痛苦，在庄周那似滑稽而实庄严的哲学思考中，形体总是被看轻，因为它往往是精神跃进的阻碍。李白的《月下独酌》书写了人与影的互动：

>花间一壶酒，独酌无相亲。
>举杯邀明月，对影成三人。
>月既不解饮，影徒随我身。
>暂伴月将影，行乐须及春。
>我歌月徘徊，我舞影零乱。
>醒时同交欢，醉后各分散。
>永结无情游，相期邈云汉。

陶渊明也曾感念形影之间形而上的联系，作《形影神》三首，形影对话后，请出神来调停。

>形赠影
>天地长不没，山川无改时。
>草木得常理，霜露荣悴之。
>谓人最灵智，独复不如兹。
>适见在世中，奄去靡归期。

奚觉无一人，亲识岂相思。
但余平生物，举目情凄洏。
我无腾化术，必尔不复疑。
愿君取吾言，得酒莫苟辞。

影答形

存生不可言，卫生每苦拙。
诚愿游昆华，邈然兹道绝。
与子相遇来，未尝异悲悦。
憩荫若暂乖，止日终不别。
此同既难常，黯尔俱时灭。
身没名亦尽，念之五情热。
立善有遗爱，胡为不自竭？
酒云能消忧，方此讵不劣！

神释

大钧无私力，万理自森著。
人为三才中，岂不以我故。
与君虽异物，生而相依附。
结托既喜同，安得不相语。
三皇大圣人，今复在何处？
彭祖爱永年，欲留不得住。
老少同一死，贤愚无复数。

> 日醉或能忘，将非促龄具？
> 立善常所欣，谁当为汝誉？
> 甚念伤吾生，正宜委运去。
> 纵浪大化中，不喜亦不惧。
> 应尽便须尽，无复独多虑。

第一首诗写形对影的赠言，第二首写影对形的回答，第三首是神的判断。形、影、神分别代表内心的三个方面，用三个不同角色演示同一个人的内心矛盾："形"（肉体）愿意长生，"影"渴望立善扬名，"神"则以崇尚自然之义化解。

诗主要表现情感，当然也能表现思想和哲理。陶渊明的诗看起来浅显易懂，并不深奥，更不晦涩。陶渊明之所以高超，是因为他的人生态度和对世界的观念经过生活的挤压和磨炼而不失清纯。他的诗平凡而伟大，浅显而深刻，冲淡而浓厚，简单而神秘。鲁迅在《野草》中也采用了一些奇特的形式，《影的告别》的对话就显出极度矛盾的心理状态。有人说《野草》中含有鲁迅的哲学，但他的哲学思想究竟是什么呢？一种对立和对立中的统一？其实他的哲学就体现在一种情绪从激烈到平和的发展过程。好的诗文，都应该体现出情感的变化多端，都是在激烈和平和之间找到平衡。太强调鲁迅的激烈，与太强调陶渊明的平和一样，是一种偏至。"古今隐逸诗人之宗"的陶渊明心中也有许多不平事，既有悲哀和怜悯之心，又有慷慨豪侠之气。陶渊明在内心的一番矛盾斗争之后达到了平和，这平和不是调和，更不是同流合污。鲁迅的《野草》呈现出一番挣扎,挣扎得越激烈,达到的结果就越平和。

鲁迅的笔下,影对自身的处境怀着忧虑和悲观情绪,但仍然没有绝望。鲁迅总说自己的内心有黑暗,这黑暗折磨着他的形体。他内心的不安以及对悲观绝望的排拒,在《影的告别》中通过多个"然而"呈现出来:

> 我不过一个影,要别你而沉没在黑暗里了。然而黑暗又会吞并我,然而光明又会使我消失。
> 然而我不愿彷徨于明暗之间,我不如在黑暗里沉没。
>
> 然而我终于彷徨于明暗之间,我不知道是黄昏还是黎明。我姑且举灰黑的手装作喝干一杯酒,我将在不知道时候的时候独自远行。①

类似"影与形"纠缠和分离的奇特意象,也出现在《死火》中。鲁迅1919年写的《自言自语》里出现过的"火的冰",现在有了新的名称"死火"。"死火"这个意象,体现出鲁迅卓越的创造力和丰富的想象力。死火虽然有着抑制不住的生命力冲动,却得不到发扬,像冰冻了一般。但被冰包裹的火焰仍在,还可能燃烧。

有人在冰谷里看到了死火,给他以温暖,不但让火焰重新燃烧,而且要带他离开:

---

① 鲁迅:《野草·影的告别》,《鲁迅全集》第2卷,第169页。

第九章 明与暗，友与仇……

> 我拾起死火，正要细看，那冷气已使我的指头焦灼；但是，我还熬着，将他塞入衣袋中间。冰谷四面，登时完全青白。我一面思索着走出冰谷的法子。
>
> 我的身上喷出一缕黑烟，上升如铁线蛇。冰谷四面，又登时满有红焰流动，如大火聚，将我包围。我低头一看，死火已经燃烧，烧穿了我的衣裳，流在冰地上了。

死火的处境是尴尬的：如果没人来救他，不使他燃烧，他不久就会冻灭；如果走出冰谷，他又会烧完：

> "你的醒来，使我欢喜。我正在想着走出冰谷的方法；我愿意携带你去，使你永不冻结，永得燃烧。"
> "唉唉！那么，我将烧完！"
> "你的烧完，使我惋惜。我便将你留下，仍在这里罢。"
> "唉唉！那么，我将冻灭了！"[①]

表露出对无论"爱或不爱"都将消亡的命运的担忧和恐惧。最后，他决然地跟着给他温热的人走出了冰谷。

鲁迅渴求温暖，渴求生命力的发扬。他一直在等待那个来捡拾冰火的人。鲁迅以冰火自喻，如果形成对仗的话，拯救者应该是一位女性，而且是一个有火焰般燃烧的性格的女性。

---

① 鲁迅：《野草·死火》，《鲁迅全集》第 2 卷，第 200—201 页。

好的故事

　　陷入悲观和绝望中的鲁迅，最需要的是"好的故事"。鲁迅写了《希望》不久，"希望"便来了。

　　许广平是天津女子师范学校的学生，后来到北京女子师范大学求学，在鲁迅的"中国小说史"课堂上，她显得比较活跃。1925年春天的一天，她给鲁迅写了信。过了不久，她就造访了鲁迅寓所。

　　西三条二十一号新居的格局是这样的：北屋（正房）的三间，东首是母亲的住屋，中间是堂屋，西屋应该是鲁迅和朱安的卧室。但鲁迅亲手设计的这套房屋沿袭了八道湾十一号大宅院时期的格局，在正房三间堂屋后面接出一间，北京俗称"老虎尾巴"，被他当作卧室兼工作室，以减少日常与朱安的接触。据俞芳《我记忆中的鲁迅先生》回忆，夫妻两个把一只柳条箱的底和盖分开，箱底放在鲁迅的床下，里面是他换下来要洗的衣物，箱盖放在朱安屋门的右边，口朝上，里面是鲁迅替换的干净衣物，这样的默契是为减少交流。① 有一次，朱安做了一件棉裤，被鲁迅拒绝。鲁迅冬天不穿棉裤，是什么原因呢？郁达夫在《回忆鲁迅》中透露，有人对他说过是为了抑制性欲。② 其决绝态度可见一斑。

---

① 俞芳：《我记忆中的鲁迅先生》，杭州：浙江人民出版社1981年版，第137—138页。
② 郁达夫：《回忆鲁迅》，原载上海《宇宙风乙刊》1939年3月9日，收入黄乔生编：《郁达夫散文》，北京：现代出版社2015年版，第294页。

第九章 明与暗，友与仇……

这无爱的婚姻给双方都带来了巨大痛苦。但鲁迅在漫长的黑夜中终于等到了他的"月亮"——许广平，而原配妻子朱安却闭居在这个小院子里"做一世的牺牲"。鲁迅和许广平在上海同居后，常来西三条看望的俞芳问朱安以后怎么办，朱安凄凉地说："过去大先生和我不好，我想好好地服侍他，一切顺着他，将来总会好的。……我好比是一只蜗牛，从墙底一点一点往上爬，爬得虽慢，总有一天会爬到墙顶的。可是，现在我没有办法了，我没有力气爬了。我待他再好，也是无用。"①

抄稿和整理文件的工作，朱安是不能胜任的。过去这样的工作由两个弟弟协助。现在两个弟弟，一个去了上海，一个失和不通音问。鲁迅急需一个助手，许广平填补了这一缺失。

但朱安的存在仍是一个障碍：鲁迅与许广平会面，无论在北屋、南屋，都显得局促，因为院子太小。

在爱情中，鲁迅的住所，对许广平来说是很神秘、很有诗情画意的所在。她做了一次探险式的访问后，凭着想象，将文豪的日常生活用文字呈现出来：

> "秘密窝"居然探险（？）过了！归来的印象，觉得在熄灭了的红血的灯光，而默坐在那间全部的一面满镶玻璃的室中时；偶然出神地听听雨声的滴答；看看月光的幽寂；在枣树发叶结果的时候，领略它风动叶声的沙沙，和打下来熟枣

---

① 俞芳：《我记忆中的鲁迅先生》，杭州：浙江人民出版社1981年版，第142页。

的勃勃；再四时不绝的"个多个多"！"戈戈""戈戈""戈"的鸡声，晨夕之间，或者负手在这小天地中徘徊俯仰，这其中定有一番趣味，是味为何？——在丝丝的浓烟卷〔圈〕中曲折的传入无穷的空际，升腾，分散，是消灭？！是存在？！（小鬼向来不善推想和描写，幸恕唐突！）①

不难看出，许广平的这篇文章也浸染了些"野草"味道。可惜，后来鲁迅和许广平编辑《两地书》时，将这封信中的"秘密窝"改成"尊府"，大大减弱了情书色彩。

很快就有学生说，鲁迅在家里还藏有一个人——南屋西边一间是客房，可以留宿。许广平确曾在这里住过。许广平在《风子是我的爱……》中描述了一个激动人心的恋爱场景：

淡漠无情的风子，时时扳着脸呼呼的刮叫起来。是深山的虎啸，还是狮子吼呢？胆怯而抖擞的，个个都躲避开了。穿插在躲避了的空洞洞中呼号而无应的是我的爱的风子呀！风子是我的爱……，于是，我起始握着风子的手了。

奇怪！风子同时也报我以轻柔而缓缓的紧握；并且我脉搏的跳跃，也正和风子的呼呼的声音相应和。于是，它首先向我说："你战胜了！"真的么？偌大的风子，当我是小孩子的风子，竟至于被我战胜么？从前它将我当作小孩子看的耻

---

① 许广平1925年4月16日致鲁迅信，鲁迅、景宋：《两地书·原信》，中国青年出版社2005年，第34页。

第九章 明与暗，友与仇……

辱，如今洗刷了！这许算是战胜了罢。不禁微微报以一笑。

它——风子——既然承认我战胜了，甘于做我的俘虏了，即使风子有它自己的伟大，有它自己的地位，藐小的我，既得它殷殷的握手，不自量也罢，不相当也罢，同类也罢，异类也罢，合法也罢，不合法也罢，这都于我们不相干，于你们无关系！总之：风子是我的爱……呀！风子。①

"你战胜了"可能有这样的意味：鲁迅本来犹豫不决，不愿进入这样一种危险的爱情关系，但对方比他坚决，已经下定了决心，便是"风子"也爱。那么，他会说："你说服了我，你解决了我的疑惑，你胜利了！"

这篇文章发表时署名平林，后来鲁迅给许广平写信，有时称为"林兄"，这是只有他们自己知道的典故。

1926年3月18日，女师大的同学们要去执政府门前请愿，许广平到西三条鲁迅寓所来通报这个消息。鲁迅留下许广平抄稿，许广平因此没有去参加游行示威。就在这天，她的同学刘和珍和杨德群在执政府门前被政府卫队开枪射杀，酿成惨案。鲁迅非常愤怒，写下了哀悼文《记念刘和珍君》。这愤怒里，含有痛惜、钦佩、后悔和负疚，他觉得自己不如这些青年女学生勇敢，也愧疚于自己的自私。在女师大学潮事件中，于公，鲁迅在帮助学生们斗争和进步，于私，他在为自己的恋人争取权利。他没有让许广

---

① 平林（许广平）：《风子是我的爱……》，《国民新报副刊（乙刊）》1926年2月23日，收入《许广平文集》第1卷，第104—105页。

平去参加游行示威,许广平因此逃过一劫。种种感情交织,铸成了诗一般的文字:

> 我已经说过:我向来是不惮以最坏的恶意来推测中国人的。但这回却很有几点出于我的意外。一是当局者竟会这样地凶残,一是流言家竟至如此之下劣,一是中国的女性临难竟能如是之从容。
>
> 我目睹中国女子的办事,是始于去年的,虽然是少数,但看那干练坚决,百折不回的气概,曾经屡次为之感叹。至于这一回在弹雨中互相救助,虽殒身不恤的事实,则更足为中国女子的勇毅,虽遭阴谋秘计,压抑至数千年,而终于没有消亡的明证了。倘要寻求这一次死伤者对于将来的意义,意义就在此罢。①

爱情是一团火,既已燃烧,便就热烈。但也随时有被湮灭和烧尽的可能。这对恋人面临着更多的障碍和困境——家庭、社会舆论、伦理道德和法律的束缚。鲁迅需要在感情的明暗之间——朱安是明,许广平是暗——选择,因为这种状态不能长久。

弗洛伊德认为创作是作家受压抑的力比多(libido)的转化,这种转化过程他称为"白日梦",甚至断言一切文学创作都是作家的白日梦。鲁迅翻译的厨川白村的《苦闷的象征》宣扬弗洛伊德

---

① 鲁迅:《华盖集续编·记念刘和珍君》,《鲁迅全集》第3卷,第293—294页。

第九章　明与暗，友与仇……

《记念刘和珍君》刊照

的精神分析学说，认为受压抑的生命力的苦闷懊恼是文艺的根柢。《野草》中很多篇章以梦境形式构建。《影的告别》中，影在梦中向形告别；《死火》写"我"梦见自己在冰山间奔驰；《失掉的好地狱》则梦见自己在荒寒的野外和地狱的旁边；《墓碣文》中写在梦里读词句残损而意义玄秘的碑文……

《野草》第一次写梦境正是《好的故事》，此后几乎篇篇写梦，但多是噩梦，唯独这第一个随爱而来的梦境舒缓、轻松、优美，场景是鲁迅童年时代所见的美景：

我仿佛记得曾坐小船经过山阴道，两岸边的乌桕，新

> 禾，野花，鸡，狗，丛树和枯树，茅屋，塔，伽蓝，农夫和村妇，村女，晒着的衣裳，和尚，蓑笠，天，云，竹，……都倒影在澄碧的小河中，随着每一打桨，各各夹带了闪烁的日光，并水里的萍藻游鱼，一同荡漾。诸影诸物，无不解散，而且摇动，扩大，互相融和；刚一融和，却又退缩，复近于原形。边缘都参差如夏云头，镶着日光，发出水银色焰。凡是我所经过的河，都是如此。①

文字轻柔活泼，将美好事物交织成网，生动展开。句子短小，配合着人与物的快速出现，似凌乱而实有序地组成美丽的图案，真如山阴道上的景色，使人目不暇接。但这是幻想中的美景，鲁迅在沉重的人间苦的压迫下想要找到希望。可是，梦醒之后，那云锦却连碎影也没有存留，只有用文字记下来以为纪念。

因为矛盾对立减少，《好的故事》中对仗的词句少了——虽然诗意丝毫不减。

《野草》开始出现一些亮色，除山阴道上的景物来辉耀鲁迅的记忆，南方的雪也来滋润了。这两篇是鲁迅直接讲述自己的故事，而且都是"好的故事"，增加了《野草》温馨的气氛。

《雪》中出现了两种不同的雪：江南的雪是鲁迅幼年在故乡亲近和欢呼过的，朔方的雪是他现在客居京城正审视着的。文章以奇特的视角和敏锐的感受，赋予雪以生命。而且这里也形成对仗：

---

① 鲁迅:《野草·好的故事》,《鲁迅全集》第2卷，第190页。

第九章 明与暗,友与仇……

江南和朔方。

  暖国的雨,向来没有变过冰冷的坚硬的灿烂的雪花。博识的人们觉得他单调,他自己也以为不幸否耶?江南的雪,可是滋润美艳之至了;那是还在隐约着的青春的消息,是极壮健的处子的皮肤。

  ……

  但是,朔方的雪花在纷飞之后,却永远如粉,如沙,他们决不粘连,撒在屋上,地上,枯草上,就是这样。屋上的雪是早已就有消化了的,因为屋里居人的火的温热。别的,在晴天之下,旋风忽来,便蓬勃地奋飞,在日光中灿灿地生光,如包藏火焰的大雾,旋转而且升腾,弥漫太空,使太空旋转而且升腾地闪烁。①

鲁迅不同文体的雪景描写形象各异,如新诗《他》和小说《在酒楼上》都书写了故乡雪景。在《雪》写作之前一年,他创作了自传体小说《在酒楼上》,记叙冬季的一次故乡行。小说中的"我"也对南北方的雪做了一番比较:

  我这时又忽地想到这里积雪的滋润,著物不去,晶莹有光,不比朔雪的粉一般干,大风一吹,便飞得满空如烟雾。

---

① 鲁迅:《野草·雪》,《鲁迅全集》第2卷,第185—186页。

……

　　我转脸向了板桌,排好器具,斟出酒来。觉得北方固不是我的旧乡,但南来又只能算一个客子,无论那边的干雪怎样纷飞,这里的柔雪又怎样的依恋,于我都没有什么关系了。①

　　在《雪》里,鲁迅有所依恋于故乡的雪景,那雪是青春的先声,是处子的皮肤,滋润美艳。天真烂漫的孩童并不惧怕寒冷,而与雪打成一片,堆塑出"壶卢"般的罗汉。但快乐的往昔易亲近却不长久,就像那个雪罗汉很快就会被太阳消融。

　　与江南的雪相比,朔方的雪是孤独的,如粉如沙,不粘连、不滋润、不亲密。在朔风凛冽之下,蓬勃奋飞,弥漫太空,场面壮美。鲁迅已不习惯故乡的雪的湿冷和粘连,在北方冰天雪地里奔驰反让他感到惬意。他爱朔方雪的孤独、粗犷,这不但给他孤寂的生活以慰藉,并且能让他保持警觉。

　　《好的故事》和《雪》给《野草》带来一些温馨和亮色,还有一种冲动——鲁迅要与恋人分享生命中的"好的故事"。

---

① 鲁迅:《彷徨·在酒楼上》,《鲁迅全集》第2卷,第25页。

第十章

但他举起了投枪

下土惟秦醉

在追求爱情的路上,鲁迅不一定总能见到"好的故事"。

《野草》中的"我",并不只在沉吟,也在行动。在与外面世界的对立中,"我"的思想激烈,具有充沛的动力,因为"我"怀着走出这"暗夜"的希望。

鲁迅以现实为参照物,以愤怒和反抗作为保持与人间的联系的方式,或者说,现实将他从沉潜中拉回来,愤怒和反抗激发他的斗志,让他感到自己的存在:

说话说到有人厌恶,比起毫无动静来,还是一种幸福。

> 天下不舒服的人们多着,而有些人们却一心一意在造专给自己舒服的世界。这是不能如此便宜的,也给他们放一点可恶的东西在眼前,使他有时小不舒服,知道原来自己的世界也不容易十分美满。苍蝇的飞鸣,是不知道人们在憎恶他的;我却明知道,然而只要能飞鸣就偏要飞鸣。①

让异己者不舒服,是执着现实的一种方式,也是挽救自己的一种方式。假如一味沉入自己的内心,自我纠结,深陷苦闷,最终只能走向消沉和灭亡。有了对人世间的感应——无论是眷恋,还是厌恶——鲁迅会暂时忘掉个体的痛苦、寂寞和孤独。

批判现实也让鲁迅不断警醒,因而产生的力量是他存在价值的证明。几年后,他在《写在〈坟〉后面》中又说起这层意思,"我还想生活,在这社会里。还有一种小缘故,先前也曾屡次声明,就是偏要使所谓正人君子也者之流多不舒服几天,所以自己便特地留几片铁甲在身上,站着,给他们的世界上多有一点缺陷,到我自己厌倦了,要脱掉了的时候为止"。②

《野草》中的一些篇什很有故事性,有些简直就是小小说,将世相的片段描摹下来,赋予哲理的思考。《狗的驳诘》写狗嘲笑人"势利":

---

① 鲁迅:《坟·题记》,《鲁迅全集》第 1 卷,第 3—4 页。
② 鲁迅:《坟·写在〈坟〉后面》,同上书,第 300 页。

第十章 但他举起了投枪

"我惭愧:我终于还不知道分别铜和银;还不知道分别布和绸;还不知道分别官和民;还不知道分别主和奴;还不知道……"①

这类对现实深刻观察的世相寓言,在鲁迅的作品中是常见的,甚至形成了他对某些动物的偏见。狗和猫本是与人类亲近的动物,但鲁迅对二者都没有多少好感。他曾坦白自己仇猫的原因:

一,它的性情就和别的猛兽不同,凡捕食雀鼠,总不肯一口咬死,定要尽情玩弄,放走,又捉住,捉住,又放走,直待自己玩厌了,这才吃下去,颇与人们的幸灾乐祸,慢慢地折磨弱者的坏脾气相同。二,它不是和狮虎同族的么?可是有这么一副媚态!但这也许是限于天分之故罢,假使它的身材比现在大十倍,那就真不知道它所取的是怎么一种态度。②

还有,"它们配合时候的嗥叫,手续竟有这么繁重,闹得别人心烦,尤其是夜间要看书,睡觉的时候"。他讨厌叭儿狗:

叭儿狗一名哈吧狗,南方却称为西洋狗了,但是,听

---

① 鲁迅:《野草·狗的驳诘》,《鲁迅全集》第 2 卷,第 203 页。
② 鲁迅:《朝花夕拾·狗·猫·鼠》,同上书,第 240 页。

说倒是中国的特产,在万国赛狗会里常常得到金奖牌,《大不列颠百科全书》的狗照相上,就很有几匹是咱们中国的叭儿狗。这也是一种国光。但是,狗和猫不是仇敌么?它却虽然是狗,又很像猫,折中,公允,调和,平正之状可掬,悠悠然摆出别个无不偏激,惟独自己得了"中庸之道"似的脸来。因此也就为阔人,太监,太太,小姐们所钟爱,种子绵绵不绝。它的事业,只是以伶俐的皮毛获得贵人豢养,或者中外的娘儿们上街的时候,脖子上拴了细链子跟在脚后跟。①

但在《狗的驳诘》中,鲁迅为了讽刺社会的不良现象和人性的缺点,设置了人狗对话的场景,狗的形象反而变得比人高尚起来了——至少不是更坏。

《立论》也是描摹世相的寓言,学生提问让老师陷入两难:

"说要死的必然,说富贵的许谎。但说谎的得好报,说必然的遭打。你……"

"我愿意既不谎人,也不遭打。那么,老师,我得怎么说呢?"

"那么,你得说:'啊呀!这孩子呵!您瞧!多么……。

---

① 鲁迅:《坟·论"费厄泼赖"应该缓行》,《鲁迅全集》第1卷,第287—288页。

阿唷！哈哈！ Hehe! he, hehehehe！'"①

《聪明人和傻子和奴才》是一出寓言剧，奴才、聪明人都是漫画式的人物。鲁迅用很少几句对话就勾勒出了两类人的精神品格。"奴才总不过是寻人诉苦。只要这样，也只能这样。"②聪明人怯懦、狡猾，似乎有同情心，实则只能许人理想世界，给人渺茫的希望，结果是让人永远做奴才。

"傻子"曾在《立论》中出现过，也在小说《长明灯》中出现过。也许有人会说傻子做事太鲁莽，不讲策略，不由分说，动手就砸，精神可嘉，但效果却不好——这么说，就又有些"聪明"起来了。四平八稳讲韬略，是并不费事的。梁山泊上百条好汉，李逵虽然不那么"聪明"，却让人喜欢，正在于他性情真。

看一看《记念刘和珍君》等文章，就可以明白鲁迅是同情于傻子的。当英勇的青年女学生饮弹身亡时，聪明人还有什么资格大讲"壕堑战"和"韧性"呢？所以在那篇文章中，鲁迅也表示自己很惭愧，觉得不配做这些女学生的老师。他在《写在〈坟〉后面》中写道："世界却正由愚人造成，聪明人决不能支持世界，尤其是中国的聪明人。"③

聪明人太多的根源，是我们的古老文明积累了很多污泥浊水，渐渐地汇成了一口大染缸，人们蝇营狗苟，习惯在小巧、算计中

---

① 鲁迅：《野草·立论》，《鲁迅全集》第2卷，第212页。
② 鲁迅：《野草·聪明人和傻子和奴才》，同上书，第221页。
③ 鲁迅：《坟·写在〈坟〉后面》，《鲁迅全集》第1卷，第302页。

讨生活：

  我们这曾经文明过而后来奉迎过蒙古人满洲人大驾了的国度里，古书实在太多，倘不是笨牛，读一点就可以知道，怎样敷衍，偷生，献媚，弄权，自私，然而能够假借大义，窃取美名。再进一步，并可以悟出中国人是健忘的，无论怎样言行不符，名实不副，前后矛盾，撒诳造谣，蝇营狗苟，都不要紧，经过若干时候，自然被忘得干干净净；只要留下一点卫道模样的文字，将来仍不失为"正人君子"。况且即使将来没有"正人君子"之称，于目下的实利又何损哉？①

我只得走

  《过客》全篇采用对白形式，主角"约三四十岁，状态困顿倔强，眼光阴沉，黑须，乱发，黑色短衣裤皆破碎，赤足著破鞋，胁下挂一个口袋，支着等身的竹杖"。②

  对于过客，道路崎岖不算什么，更折磨人的是前途渺茫，不知路的终点在哪里。不停地往前行走，是过客的人生使命——他是鲁迅所谓的历史中间物，如在《写在〈坟〉后面》中所说："一

---

① 鲁迅：《华盖集·十四年的"读经"》，《鲁迅全集》第 3 卷，第 138 页。
② 鲁迅：《野草·过客》，《鲁迅全集》第 2 卷，第 193 页。

切事物，在转变中，是总有多少中间物的。动植之间，无脊椎和脊椎动物之间，都有中间物；或者简直可以说，在进化的链子上，一切都是中间物。"①

过客遗世独立，憎恨这个到处是欺诈、剥削、算计和虚伪的社会。他不愿回到他所从来的地方：

> 回到那里去，就没一处没有名目，没一处没有地主，没一处没有驱逐和牢笼，没一处没有皮面的笑容，没一处没有眶外的眼泪。我憎恶他们，我不回转去！②

因此，过客坚决地说："我只得走！"

当他走得极困顿辛劳时，有人来关怀他、爱他、挽留他，他心存感激，但他没有因此而停顿。至于前途有什么，他并不知道，脚下有没有路，他也不在乎。

在这篇短诗剧的结尾，过客蹒跚地走进夜色里面，他的前途分明是坟。鲁迅在《写在〈坟〉后面》中说得很明白："我只很确切地知道一个终点，就是：坟。然而这是大家都知道的，无须谁指引。问题是在从此到那的道路。那当然不只一条，我可正不知那一条好，虽然至今有时也还在寻求。"③

过客的经历也可以看作鲁迅本人生活经历的写照，他在《北

---

① 鲁迅：《坟·写在〈坟〉后面》，《鲁迅全集》第 1 卷，第 301—302 页。
② 鲁迅：《野草·过客》，《鲁迅全集》第 2 卷，第 196 页。
③ 鲁迅：《坟·写在〈坟〉后面》，《鲁迅全集》第 1 卷，第 300 页。

《坟》封面

京通信》中说过:"我自己,是什么也不怕的,生命是我自己的东西,所以我不妨大步走去,向着我自己以为可以走去的路;即使前面是深渊,荆棘,狭谷,火坑,都由我自己负责。"①

现代人的特征之一是自我意识张扬,追求个人主义,发挥自由意志,掌握自己的命运。所以文中老翁的好言相劝是不济事的,那是小心谨慎、明哲保身的老年观点,不合奋斗者的脾气;小女孩觉得坟地好玩,虽然天真可爱,但与过客的思想相距甚远。过客要竭力把怜悯和同情忘掉,他几次沉吟后拒绝女孩对他的同情和帮助,可见他思想上不是没有犹豫。但他最终还是不愿留下,不愿有牵挂。别人的好意他无法报答,那将成为他心上沉重的负

---

① 鲁迅:《华盖集·北京通信》,《鲁迅全集》第3卷,第54页。

第十章　但他举起了投枪

担,使他时时反顾,使他缠绵而怯弱。鲁迅在 1925 年 5 月 30 日写给许广平的信中说:"同我有关的活着,我就不放心,死了,我就安心,这意思也在《过客》中说过。"①

过客有时会遇到乞丐,或者竟是自己化身为乞丐。《求乞者》中的"我"拒绝各种求乞,甚至可怜的孩子的乞讨:

　　一个孩子向我求乞,也穿着夹衣,也不见得悲戚,但是哑的,摊开手,装着手势。
　　我就憎恶他这手势。而且,他或者并不哑,这不过是一种求乞的法子。
　　我不布施,我无布施心,我但居布施者之上,给与烦腻,疑心,憎恶。②

鲁迅以烦腻、疑心和憎恶的态度对待求乞者,拒绝布施,他的理由是:厌恶做戏,警惕虚伪和欺骗。可是,在拒绝布施后,他想到:如果自己沦为乞丐怎么办?他也会做出手势,也得装哑,以哀苦的面容去博取同情,并且那时路人也会像此时的他一样给他烦腻、疑心和憎恶。

要做求乞者,必须放弃自尊这最后一块领地,至少将其掩藏起来。老练的乞讨者都有一种无所谓的做戏似的姿态,就是

---

① 鲁迅:《250530 致许广平》,《鲁迅全集》第 11 卷,第 493 页。
② 鲁迅:《野草·求乞者》,《鲁迅全集》第 2 卷,第 171 页。

为了遮掩尊严的丧失。波德莱尔在巴黎街头做过一场试验，目的是要重新激发起乞丐那被掩盖的自尊——这场试验的过程记录于散文诗集《巴黎的忧郁》中的《把穷人打昏吧！》。他见到一个衣衫褴褛的乞丐"装"出种种可怜相，向他要东西，他抡起拳头，一阵痛打。乞丐先是愣怔一会儿，没有反应，大概没有见过这种"施舍"。他就继续施行侮辱，直到乞丐从地上爬起来，攥紧拳头，劈头盖脸打过来。于是他倒地呻吟，但内心很高兴，因为他实现了自己的目标：乞丐终于找回人的尊严，敢于向施舍者要平等。

过客也是很容易变成乞丐的，因此他不愿接受施舍——爱有时就是一种施舍。为了避免被施舍，就剩下坚决不去求乞这一条路，以无声的刚勇忍受冻饿。

《野草》中的过客与战士其实是一人两面，都是具有韧性和战斗性的。鲁迅写过一篇散文诗《战士和苍蝇》：

　　战士战死了的时候，苍蝇们所首先发现的是他的缺点和伤痕，嘬着，营营地叫着，以为得意，以为比死了的战士更英雄。但是战士已经战死了，不再来挥去他们。于是乎苍蝇们即更其营营地叫，自以为倒是不朽的声音，因为它们的完全，远在战士之上。

　　的确的，谁也没有发现过苍蝇们的缺点和创伤。

　　然而，有缺点的战士终竟是战士，完美的苍蝇也终竟

第十章　但他举起了投枪

过是苍蝇。①

《这样的战士》延续《过客》，展示给读者一个行动力强、志向坚定的人，堪称鲁迅的精神自画像：

> 要有这样一种战士——
>
> 已不是蒙昧如非洲土人而背着雪亮的毛瑟枪的；也并不疲惫如中国绿营兵而却佩着盒子炮。他毫无乞灵于牛皮和废铁的甲胄；他只有自己，但拿着蛮人所用的，脱手一掷的投枪。
>
> 他走进无物之阵，所遇见的都对他一式点头。他知道这点头就是敌人的武器，是杀人不见血的武器，许多战士都在此灭亡，正如炮弹一般，使猛士无所用其力。②

在世俗眼中，这无疑是一个疯子、"狂人"。尼采就被人视为"疯子"，大胆地举起反基督教的大旗，呼吁超人的出现，其犀利言辞如"这样的战士"手中的投枪，刺穿世俗社会华丽的外衣，露出其肮脏的脏腑。

中国需要以笔为枪的战士。鲁迅曾自白："我自己也知道，在中国，我的笔要算较为尖刻的，说话有时也不留情面。但我又知

---

① 鲁迅：《华盖集·战士和苍蝇》，《鲁迅全集》第3卷，第40页。
② 鲁迅：《野草·这样的战士》，《鲁迅全集》第2卷，第219页。

道人们怎样地用了公理正义的美名，正人君子的徽号，温良敦厚的假脸，流言公论的武器，吞吐曲折的文字，行私利己，使无刀无笔的弱者不得喘息。倘使我没有这笔，也就是被欺侮到赴诉无门的一个；我觉悟了，所以要常用，尤其是用于使麒麟皮下露出马脚。"①

战士不宽恕，是因为他知道对手的仁慈都是假装。他能识破一切鬼把戏和幌子。投枪一掷，往往打中要害。鲁迅也预知战士的结局：势单力薄，即便不死于非命，也必将老衰寿终。但即便他的投枪可能会是虚掷，他仍然要战斗。

战士有一种孤绝的战斗方法，即化身为复仇者。鲁迅"因为憎恶社会上旁观者之多，作《复仇》第一篇"。② 其中有一个奇异的场景：

> 然而他们俩对立着，在广漠的旷野之上，裸着全身，捏着利刃，然而也不拥抱，也不杀戮，而且也不见有拥抱或杀戮之意。
>
> 他们俩这样地至于永久，圆活的身体，已将干枯，然而毫不见有拥抱或杀戮之意。
>
> 路人们于是乎无聊；觉得有无聊钻进他们的毛孔，觉得有无聊从他们自己的心中由毛孔钻出，爬满旷野，又钻进别

---

① 鲁迅：《华盖集续编·我还不能"带住"》，《鲁迅全集》第 3 卷，第 260 页。
② 鲁迅：《二心集·〈野草〉英文译本序》，《鲁迅全集》第 4 卷，第 365 页。

人的毛孔中。他们于是觉得喉舌干燥，脖子也乏了；终至于面面相觑，慢慢走散；甚而至于居然觉得干枯到失了生趣。

于是只剩下广漠的旷野，而他们俩在其间裸着全身，捏着利刃，干枯地立着；以死人似的眼光，赏鉴这路人们的干枯，无血的大戮，而永远沉浸于生命的飞扬的极致的大欢喜中。①

中国人是既爱做戏也爱看戏的民族，鲁迅每每称之为"旁观者的民族"。在他的生活经历中，见过无数的旁观者，给他刺激最大的是在日本仙台留学时课堂上看的幻灯片里中国人围观自己同胞被杀。在小说中，鲁迅也艺术化地记下一些场景，如《阿Q正传》中写一群看客跟着囚车听阿Q唱戏，看他被枪毙。在阿Q眼里，群众那渴望见到血腥的眼睛像是狼的眼睛一样"又凶又怯"，"又钝又锋利"，"永是不远不近的跟他走"，而且要连成一气咬啮阿Q的灵魂。小说《示众》中，更有一群可笑的形形色色的人百无聊赖地围观一个罪犯。

那么，战士怎么来对付这些人呢？复仇！鲁迅在给友人的信中解释其寓意："我在《野草》中，曾记一男一女，持刀对立旷野中，无聊人竞随而往，以为必有事件，慰其无聊，而二人从此毫无动作，以致无聊人仍然无聊，至于老死，题曰《复仇》，亦是此意。"②

---

① 鲁迅：《野草·复仇》，《鲁迅全集》第2卷，第176—177页。
② 鲁迅：《340516致郑振铎》，《鲁迅全集》第13卷，第105页。

文章的前半部分激烈昂扬，令人心醉。这种沉痛酣畅的文字透露出鲁迅飞扬沉醉的生命状态，性与爱、爱与血、血与仇纠缠在一起。鲁迅想象着鲜红的热腾的血在爱或恨的尖锐利刃的刺激下，激箭似的灌溉着对方的肉体，在天地洪荒中融合。但《复仇》却并非这样的快乐迷醉的结果。鲁迅有独特的目的：以无聊向看客"复仇"，即让他们无可看。因此，这篇散文诗的后半部中，两个战士裸着全身，捏着利刃，来到旷野之上，对立着，没有拥抱，也没有杀戮。看客们自觉无聊，就像跟在阿Q囚车后的男女老幼埋怨"白跟了一回"一样。

　　以无可看作为对爱热闹者的惩罚，这复仇方式堪称奇特。其实鲁迅早就有了这种想法，在《娜拉走后怎样》的演讲中，他说："群众，——尤其是中国的，——永远是戏剧的看客。牺牲上场，如果显得慷慨，他们就看了悲壮剧；如果显得觳觫，他们就看了滑稽剧。""对于这样的群众没有法，只好使他们无戏可看倒是疗救，正无需乎震骇一时的牺牲，不如深沉的韧性的战斗。"①

　　这两位战士，既不拥抱也不杀戮，并且也不见有这样的意思，就这样站立，似乎要到圆活的身体彻底干枯。他们不仅不愿被看客赏鉴，还要反过来赏鉴看客们的干枯和无聊，以死人似的冷嘲的眼光。但这样他们才感到欢喜吗？这是鲁迅思想的矛盾之处，事实上，以青春的虚掷向生命的干枯复仇，是两败俱伤。因此，后来鲁迅的强硬态度有所松动，在给郑振铎的信中说："但此亦不

---

① 鲁迅：《坟·娜拉走后怎样》，《鲁迅全集》第1卷，第170—171页。

第十章　但他举起了投枪

过愤激之谈，该二人或相爱，或相杀，还是照所欲而行的为是。"①

《复仇》之后的下一篇是《复仇（其二）》，在这篇散文诗中，鲁迅以演绎宗教故事写了真正的杀戮。

他转述《圣经·马可福音》第十五章耶稣临死时的情景的有关记述："从午正到申初，遍地都黑暗了。申初的时候，耶稣大声喊着说：'以罗伊，以罗伊！拉马撒巴各大尼？'（翻出来就是：我的上帝，我的上帝，为什么离弃我？）……气就断了。"当兵士们按惯例，为了减轻钉十字架的痛苦，拿酒给耶稣喝时，他拒绝了。复仇就此开始——耶稣不但要玩味以色列人对待神之子的恶行，悲悯他们的前途，而且要使他们永远记住他的痛楚，记住他受的折磨，记住他那超越一切逆境、克服死亡的绵绵不绝的爱。鲁迅以敏感的心去体验先知的感觉和思想：尖钉丁丁地穿透掌心，穿透脚背，钉碎一块骨，痛楚深入骨髓，遍布一切神经。但他痛得柔和，痛得舒服。沉酣于大欢喜和大悲悯中，他的生命实现了升华。他不愿喝带有麻醉效力的酒，正是为了让民众赏玩他的苦痛，他的目的实现了——用死来惊醒麻木的人们。

在中国，这种复仇方式恐怕用处不大，因为一个健忘的民族只会赏玩牺牲者的痛苦或者蘸了英雄的鲜血自利，更可能卑怯、阴险地折磨先觉者的肉体和精神，耻笑、鞭打他们乃至炒食他们的心肝，正如鲁迅所说："暴君治下的臣民，大抵比暴君更暴；暴君的暴政，时常还不能餍足暴君治下的臣民的欲望。"②

---

① 鲁迅：《340516 致郑振铎》，《鲁迅全集》第 13 卷，第 105 页。
② 鲁迅：《热风·六十五　暴君的臣民》，《鲁迅全集》第 1 卷，第 384 页。

但复仇是要继续下去的，尽管它在人心的荒漠中引起的响动极其微小。鲁迅在《我们现在怎样做父亲》一文中说，觉醒的人为了解放幼者，要一面清结旧账，一面开辟新路："自己背着因袭的重担，肩住了黑暗的闸门，放他们到宽阔光明的地方去；此后幸福的度日，合理的做人。"① 而在古代传说中，那位肩扛闸门的勇士用尽了力气，终于被闸门压死。

有了大痛苦，才可望有大欢喜。生了报复心，却又生了怜悯心，也就是仍有爱心，仍存希望。

对于这朽腐有大欢喜

鲁迅在《野草》中书写了过客和战士都要去往坟墓和地狱。人们常说的一个词语是人间地狱——人间即地狱，有时甚至连地狱还不如。在《失掉的好地狱》中，鲁迅所写的是一个更为复杂的故事，魔鬼战胜了天神，主宰了人间和地狱。人间早已破败不堪，地狱也废弛已久。人类与魔鬼战斗，取得胜利，在地狱门上竖起人类的旌旗。鬼魂们欢呼声未落，便遭受人类整饬。他们反抗即遭镇压，得到永劫沉沦的惩罚，受着酷刑……

这是人类历史的缩影，也是鲁迅正在亲历的一段历史的缩影。改朝换代，最苦的是黎民百姓：前一个凶恶的统治者去了，新来的统治者更凶恶，不过是以暴易暴。老百姓只好怀念以往的"好

---

① 鲁迅：《坟·我们现在怎样做父亲》，《鲁迅全集》第1卷，第135页。

第十章 但他举起了投枪

地狱"——但这"好地狱"已经废弛,只是还能看到一些惨白色小花。鲁迅自述他作《失掉的好地狱》的本意说:"但这地狱也必须失掉。这是由几个有雄辩和辣手,而那时还未得志的英雄们的脸色和语气所告诉我的。"[①] "称为神的和称为魔的战斗了,并非争夺天国,而在要得地狱的统治权。所以无论谁胜,地狱至今也还是照样的地狱。"[②]

鲁迅认为,中国历史走的是一条恶性循环的路,古往今来、普天之下排满了吃人的筵席,统治者满口仁义道德,被统治者愚昧麻木。一次次改朝换代,人心却仍旧险恶和腐败,上诈下愚没有改变。《淡淡的血痕中》写于段祺瑞政府枪击徒手民众惨案之后,鲁迅痛切地感到,在这怯弱者的世界中,人们不敢正视现实,以种种借口来掩饰真实而鲜秾的血迹,在半醉半醒中咀嚼着人我的悲苦,在恐惧中等待欢喜或新的悲苦的到来。鲁迅在这沉醉与清醒之间呐喊,呼唤超人的出现——真的猛士必须是叛逆者,他们对这个世界有深刻的认识,下定决心改造或毁灭它。唯有真的猛士,唯有战士,或者说"傻子",才能使它改观。

但真的猛士在哪里呢?在灰土漫天的古城里,在无物之阵中,战士如何能生存?

如果把《淡淡的血痕中——记念几个死者和生者和未生者》中的造物主与《复仇(其二)》中的上帝作比,后者似乎要"好"

[①] 鲁迅:《二心集·〈野草〉英文译本序》,《鲁迅全集》第4卷,第365页。
[②] 鲁迅:《集外集·杂语》,《鲁迅全集》第7卷,第77页。

得多了。上帝把他的儿子耶稣献出来为人类赎罪,使后世的人们心中打着罪的印记,永远敬畏上帝,皈依爱与仁慈的圣教,天下因此也算太平。然而在耶稣诞生1800多年后,西方的大哲人尼采痛恨宗教使人柔弱而俯首帖耳听从摆布,尤其是在爱与仁慈的幌子下做禽兽行,于是高喊:"上帝死了!"从此,现代人的一次思想反叛开始了。

反叛,带来血腥的战斗、杀戮和毁灭。然而,这也只是"淡淡的血痕"而已:

> 目前的造物主,还是一个怯弱者。
>
> 他暗暗地使天变地异,却不敢毁灭一个这地球;暗暗地使生物衰亡,却不敢长存一切尸体;暗暗地使人类流血,却不敢使血色永远鲜秾;暗暗地使人类受苦,却不敢使人类永远记得。
>
> 他专为他的同类——人类中的怯弱者——设想,用废墟荒坟来衬托华屋,用时光来冲淡苦痛和血痕;日日斟出一杯微甘的苦酒,不太少,不太多,以能微醉为度,递给人间,使饮者可以哭,可以歌,也如醒,也如醉,若有知,若无知,也欲死,也欲生。他必须使一切也欲生;他还没有灭尽人类的勇气。①

---

① 鲁迅:《野草·淡淡的血痕中》,《鲁迅全集》第2卷,第226页。

第十章　但他举起了投枪

过客蹒跚地走进夜色里面，随时可能死亡。他在死亡和坟墓之间有一段奇妙的"生活"——梦见自己"死在道路上"："在我生存时，曾经玩笑地设想：假使一个人的死亡，只是运动神经的废灭，而知觉还在，那就比全死了更可怕。"① 原来自己进入这样的状态，是不是可以说是"半死"？

接下来，他遇到了各种人的议论。相比之下，黄土飞进他的鼻孔倒是小事。这些议论简单但有深意：

　　"死了？……"
　　"嗡。——这……"
　　"哼！……"
　　"啧。……唉！……"②

这就是对他的盖棺论定？

"怎么要死在这里？……"这让"我"思考一个重要的问题：以前以为人在地上虽没有任意生存的权利，却总有任意死掉的权利。现在才知道并不然，无论如何都不能满足他人的要求，适合他人的口味。

接下来是钉棺材钉子的声音。不料这个时候，一个二十几年不见的勃古斋旧书铺的小伙计来推销古书。这很让他生气：这个时候还看什么书呢？

---

① 鲁迅：《野草·死后》，《鲁迅全集》第 2 卷，第 214 页。
② 同上书，第 215 页。

> 万不料人的思想，是死掉之后也还会变化的。忽而，有一种力将我的心的平安冲破；同时，许多梦也都做在眼前了。几个朋友祝我安乐，几个仇敌祝我灭亡。我却总是既不安乐，也不灭亡地不上不下地生活下来，都不能副任何一面的期望。现在又影一般死掉了，连仇敌也不使知道，不肯赠给他们一点惠而不费的欢欣。……①

过客或者战士的终点当然是坟，坟上会有"墓志"。《墓碣文》中的过客在坟地里所见的碑文语句残缺，恰似历史、现实和人生的支离破碎。

> 我梦见自己正和墓碣对立，读着上面的刻辞。那墓碣似是沙石所制，剥落很多，又有苔藓丛生，仅存有限的文句——
> ……于浩歌狂热之际中寒；于天上看见深渊。于一切眼中看见无所有；于无所希望中得救。……
> ……有一游魂，化为长蛇，口有毒牙。不以啮人，自啮其身，终以殒颠。……②

在浩歌狂热中感到寒冷，使人想起鲁迅在寒风凛冽中为自己的杂文集取名《热风》；天上即深渊，如在《失掉的好地狱》中把天堂看作地狱；把现实当作虚空，只有在绝望时才能得救，向

---

① 鲁迅：《野草·死后》，《鲁迅全集》第2卷，第217—218页。
② 鲁迅：《野草·墓碣文》，同上书，第207页。

绝望和虚妄搏击才是正路——这思想早已表达在《希望》一文中。

石碣的背面也是残存的文句：

>……抉心自食，欲知本味。创痛酷烈，本味何能知？……
>
>……痛定之后，徐徐食之。然其心已陈旧，本味又何由知？……
>
>……答我。否则，离开！……①

描述的是"我"自啮的过程和结果。到底真实的"我"是怎样的呢？必须咀嚼，方知真味，但抉食的时候，身体经受剧痛，恐怕难以品出真味。"知本味"是一种永远无法达到的状态。"我"即将陷入矛盾，接近虚无，于是赶紧大叫一声："离开！"他明白这种思想中含着剧毒。

鲁迅思想中缠绕着的各种矛盾，使他极度苦闷和焦虑。他曾在《呐喊·自序》中把寂寞比作一条蛇："这寂寞又一天一天的长大起来，如大毒蛇，缠住了我的灵魂了。"② 毒蛇是咬人而且致命的，寂寞之蛇的奇特之处是它不啮别人，只啮自身，像传说中的"衔尾蛇"，也称"咬尾蛇"，咬啮自己尾巴时，形成圆环，有时会扭结成阿拉伯数字"8"的形状，其名字意为"自我吞食者"

---

① 鲁迅：《野草·墓碣文》，《鲁迅全集》第 2 卷，第 207 页。
② 鲁迅：《呐喊·自序》，《鲁迅全集》第 1 卷，第 439 页。

"我坐在厦门的坟中间"

（self-devourer）。尼采在《查拉图斯特拉如是说》中将蛇描述为世界上"最聪明的动物"：

> （察拉图斯忒拉）疑问模样的看向天空——因为他听得一只鸟的尖利的叫声在他上面。看哪！一只鹰在空中转着大圈，而且一条蛇挂在他这里，不像饵食，却是一个女友：因为伊牢牢的缠在他的脖颈。
>
> "这是我的动物！"察拉图斯忒拉说并且从心里欢喜着。
>
> "太阳下最高傲的动物和太阳下最聪明的动物——他们出来侦察的。

> 他们要侦察,察拉图斯忒拉是否还活着。真的,我还活着么?
>
> 我在人间比在禽兽里更危险。察拉图斯忒拉走着危险的路。愿我的动物引导我!"①

尼采用蛇和鹰隐喻人类精神的两种最高贵的品质——智慧与雄心,以二者的交融象征全书意义的逻辑起点。

鲁迅译完该书的序言后,在附记中说:"Zarathustra 是波斯拜火教的教主,中国早知道,古来译作苏鲁支的就是;但本书只是用他名字,与教义无关,惟上山下山及鹰蛇,却根据着火教的经典和神话。"②

衔尾蛇象征有"自我参照"或"无限循环"的含义,代表恒常而具有自我增生能力、能周期性发展的事物。墓碑背面的自食其心、本味难知之类文字,看似悖论,实际上是在描述一个不断吞食旧我、创造新我,在自我消灭中繁衍的过程。一个思想者,一个不断反省自己、解剖自己的现代人,不会在愤懑和孤寂中耗尽一生——"绝望之为虚妄,正与希望相同。"《墓碣文》中的"我"从坟墓里坐起来,喝令墓外的另一个"我"离开。因此,过客(战士)并没有死去,他经过自我审视、自我解剖,经过对自心的咬啮和咀嚼,获得重生。

到 20 世纪 20 年代中期,鲁迅把此前的文言和白话的论文编集,命名为《坟》,有埋葬旧我、开始新的人生的含义。他在《题

---

① 尼采:《察拉图斯忒拉的序言》,鲁迅译,《鲁迅译文全集》第 8 卷,第 87 页。
② 同上书,第 88 页。

记》中写道：

> 虽然明知道过去已经过去，神魂是无法追蹑的，但总不能那么决绝，还想将糟粕收敛起来，造成一座小小的新坟，一面是埋藏，一面也是留恋。至于不远的踏成平地，那是不想管，也无从管了。①

又在《写在〈坟〉后面》中强调说：

> 只是在自己，却还不能毅然决然将他毁灭，还想借此暂时看看逝去的生活的余痕。惟愿偏爱我的作品的读者也不过将这当作一种纪念，知道这小小的丘陇中，无非埋着曾经活过的躯壳。待再经若干岁月，又当化为烟埃，并纪念也从人间消去，而我的事也就完毕了。②

从"呐喊"到"彷徨"，鲁迅走过生着野草的地面，徘徊于废弛的地狱边缘，进行墓中墓外的对话，度过人生中艰难的转折期。他虽然悲苦缠身，但也初尝爱情的甜美。在苦乐交织、爱恨纠结中，鲁迅以薄薄一本《野草》，将散文升华为诗。

---

① 鲁迅：《坟·题记》，《鲁迅全集》第1卷，第4页。
② 鲁迅：《坟·写在〈坟〉后面》，同上书，第303页。

第十一章

"身外的青春"

笑的渺茫,爱的翔舞

鲁迅在北京住得久了,不免有些厌烦,一面觉得外界吵闹,一面内心颇感寂寞。俄国诗人爱罗先珂在八道湾周宅住了一段时间,向鲁迅述说自己对北京生活的感受,引发鲁迅的感慨和反思:

> 俄国的盲诗人爱罗先珂君带了他那六弦琴到北京之后不多久,便向我诉苦说:
> "寂寞呀,寂寞呀,在沙漠上似的寂寞呀!"
> 这应该是真实的,但在我却未曾感得;我住得久了,"入芝兰之室,久而不闻其香",只以为很是嚷嚷罢了。然而

我之所谓嚷嚷，或者也就是他之所谓寂寞罢。①

鲁迅终于同意爱罗先珂关于北京城的论断，是在他陪爱罗先珂看了一场俄国歌剧团的演出之后。他在《为"俄国歌剧团"》一文中写道：

有人初到北京的，不久便说：我似乎住在沙漠里了。
是的，沙漠在这里。
没有花，没有诗，没有光，没有热。没有艺术，而且没有趣味，而且至于没有好奇心。
沉重的沙……②

俄国歌剧团带来了优美的歌声，健美或柔美的舞蹈，传奇的故事，配着炫彩的服装："他们舞蹈了，歌唱了，美妙而且诚实，而且勇猛。"结果只引发了观众的低俗反应："兵们拍手了，在接吻的时候。兵们又拍手了，又在接吻的时候。非兵们也有几个拍手了，也在接吻的时候，而一个最响，超出于兵们的。"古老中国的古都里，人们缺乏同情心，他们不能理解这活泼、酣畅的舞蹈和歌唱。所以，鲁迅加重地说："比沙漠更可怕的人世在这里。"③

---

① 鲁迅：《呐喊·鸭的喜剧》，《鲁迅全集》第1卷，第583页。
② 鲁迅：《热风·为"俄国歌剧团"》，同上书，第403页。
③ 同上书，第403—404页。

第十一章 "身外的青春"

这是一个死气沉沉的国度——鲁迅后来称之为"无声的中国":"人是有的,没有声音,寂寞得很。——人会没有声音的么?没有,可以说:是死了。倘要说得客气一点,那就是:已经哑了。要恢复这多年无声的中国,是不容易的,正如命令一个死掉的人道:'你活过来!'"[①]

五四前后陈独秀、李大钊呼唤的"青春中国"并没有出现。

不过,一个有声的中国、活的中国出现的希望是永在的,因为青年人一代又一代地接续到来。

20世纪20年代,鲁迅经历了一个与青年密切交往的时期。一方面,他因为文名,对文学青年有示范和引领作用——他被目为青年的导师、思想界的权威;另一方面,他本人需要将自己的思想和文学投射到更广大或者说更能引起共鸣的人群和伙伴中。正如他自己所说,他在寻找身外的青春,因为他认为自己身中有迟暮:经历了失去大家庭和睦的创痛,没有了亲情的滋润,连八道湾院子里那一点温馨也没有了。更确切地说,他缺少亲情和事业的交织产生的安静和快乐,人生的中年仍处在漂泊和孤寂的苍茫大海,寂寞感比进入沙漠更厚重。

《野草》中的《希望》作于1925年元旦,虽然表达的是一种失望、绝望的情绪,却起了一个积极的题目,乃是因为世上还有青年,身外还有青春。作者以为自己已经"陆续地耗尽了我的青春","但以为身外的青春固在:星,月光,僵坠的胡蝶,暗

[①] 鲁迅:《三闲集·无声的中国》,《鲁迅全集》第4卷,第12—13页。

中的花,猫头鹰的不祥之言,杜鹃的啼血,笑的渺茫,爱的翔舞……"鲁迅意识到"身外的青春"对自己是何等重要:"我就还要寻求那逝去的悲凉漂渺的青春,但不妨在我的身外。因为身外的青春倘一消灭,我身中的迟暮也即凋零了。"① 他在黑夜中徜徉,在形影间徘徊,在荒野上彷徨,在地狱和天堂之间挣扎;他在奔波,在突围;他觉醒,离开,前进,战斗;他或走向坟墓,或获得新生。

自我的振作是必需的,但青年的围绕、敬仰和爱戴也不可或缺。正在鲁迅彷徨的时期,一些文学青年来到他身边。他们组建社团,寻求鲁迅的加盟或支持。他们的到来热热闹闹地填充了鲁迅这个时期的空虚,带给他很多快慰。自然,烦恼和矛盾是有的,但毕竟让鲁迅的生活充实,从某种意义上说,甚至让他的生命获得拯救,因为青年人的朝气蓬勃消除了他身上的暮气,为他注入了热情。没有他们的闪烁和翔舞,鲁迅的生活会失去很多意义。

这些社团有的以诗社号召,有的以诗歌创作为主。这些青年诗人、文学家即便不能替代异性对鲁迅的慰藉和拯救作用,至少大大地丰富了他的生命。"湖畔"率意、执着,"浅草-沉钟"温雅而富有才情,"狂飙"豪迈、高蹈,"未名"沉稳、坚实。在与这四个青年文学团体交往的过程中,鲁迅获得了在人生和文学世界中的深度体验。

---

① 鲁迅:《野草·希望》,《鲁迅全集》第2卷,第181、182页。

第十一章 "身外的青春"

我们歌哭在湖畔

　　1903年,冯雪峰出生在浙江义乌的一个农民家庭。20多年后,他在上海与鲁迅建立了亲密的关系。

　　1925年春,在北京,冯雪峰一面自修日文,一面借潘漠华的入学证去北京大学旁听,所听课程中就有鲁迅的"中国小说史"。同时,他还与未名社的李霁野、韦素园、台静农等相识。1926年6月,冯雪峰开始翻译日文作品,并通过李霁野将自己译的森鸥外的短篇小说《花子》投给鲁迅主持的《莽原》,鲁迅在刊发前对译文做了修订。鲁迅早年也曾翻译过森鸥外的《游戏》和《沉默之塔》,收入《现代日本小说集》(1923年6月商务印书馆)。1926年4月25日,冯雪峰拜访周作人,借阅《高濑舟》等书。《高濑舟》正是森鸥外的作品。1926年8月,冯雪峰为办刊物与潘漠华拜访了鲁迅,但因为鲁迅正准备南下,见面非常匆忙。鲁迅只在那天的日记中记下:"晚冯君来,不知其名。"[①]

　　1928年冬,因在家乡参加暴动失败而逃到上海的冯雪峰通过柔石结识了鲁迅。12月9日鲁迅日记记载:"柔石同画室来。"[②]画室是冯雪峰的笔名。

　　冯雪峰9岁开始读私塾,后转学到县立第三高等小学,16岁

[①] 《鲁迅全集》第15卷,第632页。
[②] 《鲁迅全集》第16卷,第104页。

考进金华省立第七中学师范科时，正赶上五四运动，颇受影响，在校时喜欢阅读《新青年》《新潮》等刊物，还试着写新诗，在风气保守的学校里显得"另类"。

1921 年，冯雪峰发起学生运动，要求学校辞退一个守旧的学监。遭校方拒绝后，冯雪峰带领同学们冲进学监宿舍，扔了他的铺盖，冯雪峰因此被学校开除。于是他去往杭州，考进浙江省立第一师范学校。在校期间，他参加了晨光文学社，社员中有柔石、潘漠华、汪静之等，他一生中的大部分诗歌都创作于这一时期。

1922 年，冯雪峰与汪静之、潘漠华、应修人在杭州结成"四诗友"，出版诗集《湖畔》。《湖畔》中的篇什大多率真自然，大胆唱出青年人对爱情的渴望。冯雪峰的《落花》写道：

鲁迅赠冯雪峰照片

> 片片的落花，尽随着流水流去。
>
> 流水呀！
> 你好好地流罢。
> 你流到我家底门前时，
> 请给几片我底妈；——
> 戴在伊底头上，
> 于是伊底白头发可以遮了一些了。
> 请给几片我底姊；——
> 贴在伊底两耳旁，
> 也许伊照镜时可以开个青春的笑呵。
> 还请你给几片那人儿，——
> 那人儿你认识么？
> 伊底脸上是时常有泪的。①

传统的落花流水意象，被赋予现代人的精神品格，以表达情思。"那人儿"即"脸上是时常有泪的"的伊人，让人揣想：年轻诗人爱恋的对象一定因什么不幸遭遇而时常流泪，或者可能也在思念着诗人？

《灵隐道上》写的是对轿夫和轿中年轻妇人的观察，表露出诗人多愁善感的心灵：

---

① 《落花》，《冯雪峰全集》第1卷，北京：人民文学出版社2016年版，第16页。

> 在到灵隐去的那条路上,
> 我们碰着许多轿子;
> 但我只留眼过一把。
> 轿夫底脸还没有洗,
> 可见他们底早餐也不曾用过了;
> 但这时太阳已很高了。
> 轿内是一个年青的妇人,
> 伊虽坐得很端正,
> 却睒着眼儿看看我们;
> 伊虽打扮得很美丽,
> 却遮不住满心的悲苦。
> ——于是我们知道
> 苦痛的种子已散遍人间了。[①]

冯雪峰不像启蒙者那样对社会不公发出愤怒的抨击,而认为虽然轿子内外两个阶层的人外表差距很大,内心却一样悲苦。《花影》写道:

> 憔悴的花影倒入湖里,
> 水是忧闷不过了;
> 鱼们稍一跳动,

[①] 《灵隐道上》,《冯雪峰全集》第1卷,北京:人民文学出版社2016年版,第21页。

第十一章 "身外的青春"

> 伊底心便破碎了。①

还有《山里的小诗》：

> 鸟儿出山去的时候，
> 我以一片花瓣放在它嘴里，
> 告诉那住在谷口的女郎，
> 说山里的花已开了。②

都跳动着爱的愁绪和巧思。

鲁迅当时与湖畔诗社另一位诗人汪静之有些直接联系。

1922年4、5月间，汪静之多次写信给周作人，并把湖畔诗社成员的作品寄去求教。4月17日的信中说："我和修人，潘训，雪峰四人组织了一个'湖畔诗社'。四人的诗合编为《湖畔》，拟由亚东书馆出版。我的诗因为要收入《蕙的风》，故此处只有几首小诗。（我们觉得此事很有兴趣，就告诉你了。）""今寄上我们三人的诗数首，请删改；如认为可以发表，就代转交《晨报副刊》罢。"③潘训即潘漠华。

汪静之的口吻，虽然显得不礼貌，但出于天真的少年性情，

---

① 《花影》，《冯雪峰全集》第1卷，北京：人民文学出版社2016年版，第18页。
② 《山里的小诗》，同上书，第36页。
③ 北京鲁迅博物馆鲁迅研究室编：《鲁迅研究资料》第8辑，天津：天津人民出版社1981年版，第31—32页。

可以理解。5月9日，汪静之又写信给周作人，口气简直是命令式了：

> 《湖畔》今天印好了。我们想托北大新知代售，请你去替我们接洽。本当要等你回信答应，我们再把书寄上；但因南北断绝交通，恐延误太久，所以明后日就先寄一百本给你，费神代转交。想北大新知总可以寄售罢？
>
> 我们恳切地请你批评《湖畔》，或作文介绍！
>
> 我们已登广告在《学灯》，《觉悟》。请你代接洽，再登广告在《晨报副刊》（第四版）。广告格式大概照《觉悟》，《学灯》一样。日期，先连登五天，以后逢一，五登两月（共十七天）。广告费若干，望来信告知，随即寄上。
>
> 奉赠你和你哥哥两册《湖畔》。①

面对知名作家，这种初生牛犊不怕虎的野气，鲁迅可能也是喜欢的吧——在汪静之笔下，他也不过是"你哥哥"而已。

湖畔诗人主动与周作人亲近，一个直接的因素自然是周作人是新诗界乃至文坛权威者。周氏兄弟对汪静之虽然不太反感，但从鲁迅1921年7月13日致周作人信中说的"我想汪公之诗，汝可略一动笔，由我寄还，以了一件事"，② 似不无敷衍之意。当时

---

① 北京鲁迅博物馆鲁迅研究室编：《鲁迅研究资料》第8辑，天津：天津人民出版社1981年版，第33页。
② 鲁迅：《210713致周作人》，《鲁迅全集》第11卷，第392页。

第十一章 "身外的青春"

周作人正在西山养病,鲁迅代为拆信阅览并回复。

湖畔诗社的这种待人接物的轻松率意不仅体现在对待周氏兄弟的态度上,更体现在他们彼此相处时。1922年4月20日,应修人在给潘漠华的信中说:"我觉得你们都未回答我十分详尽,尤其是静,或者你和丝娜姊姊都除外。"汪静之对这些称谓解释道:"丝娜姊姊是修人和雪峰开玩笑,替雪峰取的绰号。修人的性情是女性化的,很象一个姑娘,他爱把一切都女性化。他到杭州的第二天就写了一首诗《第一夜》,称我为姊姊,我说:'你比我大两岁,怎么叫我姊姊呢?'以后他就叫我'静妹'。他叫漠华'姑姑',因为漠华比较老成,没有孩子气,所以把漠华高升一辈,称为'姑姑'。"①

《湖畔》的扉页上有两句题词:"我们歌笑在湖畔,我们歌哭在湖畔。"一哭一笑,又哭又笑,率意和任性跃然纸上。朱自清在《读〈湖畔〉诗集》中赞美这部诗集充满了"少年的气分":"这因作者都是二十上下的少年,都还剩着些烂漫的童心;他们住在世界里,正如住在晨光来时的薄雾里。他们究竟不曾和现实相肉搏,所以还不至十分颓唐,还能保留着多少清新的意态。"②

鲁迅与湖畔诗社成员之间很少诗歌创作和批评上的交往,只审阅修订过汪静之的《蕙的风》。在驳斥胡梦华的《反对"含泪"的批评家》一文中,他并没有称赞汪静之的诗歌内容或艺

---

① 楼适夷、赵兴茂编:《修人集》,杭州:浙江人民出版社1982年版,第241页。
② 朱自清:《读〈湖畔〉诗集》,《朱自清书评集》,苏州:古吴轩出版社2018年版,第89—90页。

术，而主要不满于胡梦华主观随意的评议方式和以淫意的眼光看待爱情诗：

> 我以为中国之所谓道德家的神经，自古以来，未免过敏而又过敏了，看见一句"意中人"，便即想到《金瓶梅》，看见一个"瞟"字，便即穿凿到别的事情上去。然而一切青年的心，却未必都如此不净；倘竟如此不净，则即使"授受不亲"，后来也就会"瞟"，以至于瞟以上的等等事，那时便是一部《礼记》，也即等于《金瓶梅》了，又何有于《蕙的风》？

并说："批评文艺，万不能以眼泪的多少来定是非。文艺界可以收到创作家的眼泪，而沾了批评家的眼泪却是污点。"①

周作人在 1922 年 10 月 12 日的《晨报副刊》上发表《情诗》一文，斥责胡梦华指汪静之诗"有不道德的嫌疑"的观点，为情诗辩护：

> 我们对于情诗，当先看其性质如何，再论其艺术如何。情诗可以艳冶，但不可涉于轻薄；可以亲密，但不可流于狎亵；质言之，可以一切，只要不及于乱。这所谓乱，与从来的意思有点不同，因为这是指过分——过了情的分限，即是性的游戏的态度，不以对手当做对等的人，自己之半的态

---

① 鲁迅:《热风·反对"含泪"的批评家》,《鲁迅全集》第 1 卷, 第 425—427 页。

第十一章 "身外的青春"

度:简单的举一个例,私情不能算乱,而蓄妾是乱;私情的俗歌是情诗,而咏"金莲"的词曲是淫诗。

……

静之因为年岁与境遇的关系,还未有热烈之作,但在他那缠绵宛转的情诗里却尽有许多佳句。我对于这些诗的印象,仿佛是散在太空里的宇宙之爱的霞彩,被静之用了捉胡蝶的网兜住了多少,在放射微细的电光。①

鲁迅定居上海以后,与汪静之几无往来。汪静之最后一次出现在鲁迅日记里是1929年11月25日访问鲁迅。此时,鲁迅与冯雪峰的关系突飞猛进。1928年12月,冯雪峰由柔石陪同到景云里鲁迅家中拜访,从此成为鲁迅最亲密的忘年交之一。他们主要谈论马克思主义和革命运动,一起建设中国的左翼革命文学理论,创建左翼作家联盟。鲁迅在《萌芽月刊》上发表的中国左翼革命文学理论的纲领性文章《对于左翼作家联盟的意见》,就是由冯雪峰根据鲁迅在左联成立大会上的讲话整理的。鲁迅还与冯雪峰共同策划编译了"科学的艺术论丛书",鲁迅承担了苏联马克思主义理论著作普列汉诺夫《艺术论》和卢那察尔斯基《文艺与批评》的翻译。他在《文艺与批评》译者附记中写道:"这首先要感谢雪峰君,他于校勘时,先就给我改正了不少的脱误。"②

---

① 周作人:《情诗》,《晨报副刊》1922年10月12日。
② 鲁迅:《译文序跋集·〈文艺与批评〉译者附记》,《鲁迅全集》第10卷,第332—333页。

冯雪峰与鲁迅并非一开始就意见一致、配合默契，而是在频繁的交流中，发生了精神共振，产生了亲密的友情。冯雪峰在鲁迅晚年以及鲁迅去世后都坚定地支持和赞颂鲁迅，尤其是在鲁迅去世前的"两个口号"论争中，他起草和笔录了鲁迅的《答托洛斯基派的信》《答徐懋庸并关于抗日统一战线问题》等文章。

冯雪峰后半生命运多舛。1957年，54岁的他被划为"右派"，之后被开除党籍。"文革"爆发后，他又被定为"修正主义分子"，关进"牛棚"。1971年平反回到北京后，才继续他拟定的《鲁迅全集》修订计划。

作为诗人，冯雪峰很少写旧体诗。湖畔诗社解散后，他虽然写诗不多，但寓言等短章，诗意盎然。尤其值得一提的是，他用白话编写的《百喻经故事》，是对《百喻经》中近百个寓言故事的翻译和改写——鲁迅在北京时曾抄校并出资刻印这部佛经。

冯雪峰晚年受到政治运动的折磨，健康状况极差。他也写了一些旧体诗，如七律《探日》：

> 夸父欲探日出处，即行与日竞奔波。
> 直朝旸谷飞长腿，不惜身躯掷火涡。
> 饮尽渭黄不止渴，再趋北泽死其阿。
> 英雄建业多如此，血汗曾流海不过。①

---

① 冯雪峰：《冯雪峰全集》第1卷，北京：人民文学出版社2016年版，第169页。

颇有英雄气概。冯雪峰的旧体诗多是与鲁迅的其他几位弟子如胡风、聂绀弩唱和,如聂绀弩的诗集中有这样的题目《雪峰以诗见勖,依韵奉答》①。

冯雪峰六十寿辰时,聂绀弩作诗四首祝贺,其二曰:

> 小帽短衣傲一时,灵山献颂见衿期。
> 头颅险在上饶砍,名姓岂惟中国知?
> 扬州明月茅台酒,鲁迅文章画室诗。
> 他人有此或非乐,我老乡将不辞。②

在聂绀弩心目中,世上有四样美物:扬州的明月、贵州的茅台酒、鲁迅的文章和冯雪峰的诗。

冯雪峰有一首长诗《雪的歌》,其中一节是:

> 我从暗黑的天空,飘落到暗黑的地上,
> 一片一片地飘飞;
> 一片雪儿一个光,
> 一个光附随着一个黑影儿;
> 我大阵大阵地弥天的飞撒,
> 弥天的暗黑被我所扰乱;

---

① 罗孚等编注:《聂绀弩诗全编》,上海:学林出版社1992年版,第82页。
② 同上书,第86页。

> 我以飘逸而奔放的旋舞的姿态，
> 轻柔的步调，
> 比美丽的羽毛更美丽，
> 曼舞在空中；
> 从容而悠闲地，像梦的到来，
> 爱人的柔吻，人们所渴望的爱抚，
> ……
> 我以晶亮纯青的光，
> 俯视着浓绿的大地，
> 而人们敬仰着我
> 将我看作最高洁的表象。①

堪称自述。1976年1月31日，冯雪峰去世。

将真和美歌唱给寂寞的人们

  文学团体沉钟社是在浅草社的基础上发展而来的，由于《浅草》和《沉钟》两个刊物成员构成基本一致，文学观念一脉相承，因此一些文学史论著将两个文学社团并称为"浅草-沉钟社"。该社成员多以诗歌和小说创作见长，内容反映出对理想的爱情和人生自由的追求。

---

① 冯雪峰：《雪的歌》，《冯雪峰全集》第1卷，北京：人民文学出版社2016年版，第95—102页。

第十一章 "身外的青春"

1922年,在上海读书的林如稷发起成立浅草社,成员主要有陈翔鹤、陈炜谟等。浅草社于1923年起陆续出版了四期《浅草》季刊,由上海泰东书局发行。1925年,浅草社社员决定出一本新刊物,受德国戏剧家霍普特曼的象征剧《沉钟》启发,冯至提议将新刊物定名为《沉钟》,以剧中的铸钟者亨利坚韧不拔的精神自勉,创刊号首页眉端标出英国作家吉辛的名句:"而且我要你们一齐都证实……我要工作啊,一直到我死之一日。"

《沉钟》创刊号上的代启事《无题》有这样一段话:"有人说:我们的社会是一片沙漠。——如果当真是一片沙漠,这虽然荒漠一点也还静肃;虽然寂寞一点也还会使你感觉苍茫。何至于像这样的混沌,这样的阴沉,而且这样的离奇变幻!"引起了鲁迅的共鸣。鲁迅在《一觉》中引用了这段话,说自己仿佛从中触摸到了青年们的真挚灵魂:"是的,青年的魂灵屹立在我眼前,他们已经粗暴了,或者将要粗暴了,然而我爱这些流血和隐痛的魂灵,因为他使我觉得是在人间,是在人间活着。"[①]

1926年8月10日,《沉钟》半月刊第1期出版,至第12期停刊;1932年10月15日复刊,1933年3月30日出至第24期再次休刊;直到1934年2月28日出至第34期,才最后结束。鲁迅在《〈中国新文学大系〉小说二集序》中赞扬沉钟社是"中国的最坚韧,最诚实,挣扎得最久的团体"[②]。

---

① 鲁迅:《野草·一觉》,《鲁迅全集》第2卷,第229页。
② 鲁迅:《且介亭杂文二集·〈中国新文学大系〉小说二集序》,《鲁迅全集》第6卷,第252页。

沉钟社出版"沉钟丛刊"七种，包括冯至诗集《昨日之歌》、陈翔鹤小说集《不安定的灵魂》、陈炜谟小说集《炉边》、杨晦译《悲多汶传》(《贝多芬传》)、冯至诗集《北游及其他》、杨晦戏剧集《除夕及其他》、郝荫潭长篇小说《逸如》，都偏重纯文艺。《除夕及其他》收录了杨晦的五个独幕剧本：《笑的泪》《庆满月》《磨镜子》《老树的荫凉下面》《除夕》，卷首题词引用古希腊戏剧家埃斯库罗斯的诗句：

> Zeus, who prepared for men
>   The path of wisdom, binding fast
> Learning to suffering. In their sleep
>   the mind is visited again
> With memory of affliction past.
>   Without the Will, reflection deep
> Reads lessons that perforce shall last,
> Thanks to the power that wields the Sovran
>   Oar,
> Resistless, toward the eternal shore.
>   —Aeschylus.[①]

沉钟社作家的戏剧和小说洋溢着饱满的诗意，着力向灵魂深

---

① 杨晦：《除夕及其他》，北平沉钟社1929年版。

处挖掘。社员们不满于社会的黑暗,但又无力改变,作品总体上表现出忧郁沉闷的气氛。陈翔鹤的小说集《不安定的灵魂》所收同名中篇小说叙述了一个躁动不安的知识分子最终抑郁而死的故事,全书由多封书信构成,以心灵独白的形式渲染主人公的哀伤情绪。

浅草-沉钟社诗人与鲁迅结缘是在1923年的下半年,当时一些社员在北京大学听鲁迅讲授《中国小说史略》。陈翔鹤首先鼓起勇气,写信给鲁迅,不久便得到鲁迅的回信。冯至在《鲁迅与沉钟社》中写道:"据陈翔鹤生前回忆说,鲁迅给他写过一封长达三张信纸的信,信中对自己过去的消沉情绪进行自我批评,希望现在的青年不要像他过去那样。"[1] 这封信没有留存下来,但鲁迅担心自己的消沉情绪会对青年产生不良影响一类的话也出现在其他地方,冯至就指出《呐喊·自序》中"至于自己,却也并不愿将自以为苦的寂寞,再来传染给也如我那年青时候似的正做着好梦的青年"[2],就是这样的意思。其他地方也能见到鲁迅此类自省,如1924年9月24日在给李秉中的信中说:"我自己总觉得我的灵魂里有毒气和鬼气,我极憎恶他,想除去他,而不能。我虽然竭力遮蔽着,总还恐怕传染给别人,我之所以对于和我往来较多的人有时不免觉到悲哀者以此。"[3]

沉钟社同人与鲁迅的直接交往虽然不多,但给鲁迅留下很深印

---

[1] 冯至:《鲁迅与沉钟社》,《冯至全集》第4卷,石家庄:河北教育出版社1999年版,第209页。
[2] 鲁迅:《呐喊·自序》,《鲁迅全集》第1卷,第441—442页。
[3] 鲁迅:《240924 致李秉中》,《鲁迅全集》第11卷,第453页。

象。1923年秋,郁达夫到北京大学讲授统计学。陈翔鹤首次访问鲁迅,就是在郁达夫的引荐下同去的。因为浅草社与创造社最初的大本营都在上海,两社成员多有来往,陈翔鹤与郁达夫相交甚笃。

冯至在《鲁迅与沉钟社》中回忆,中学时代,他在北京四中读书时便知道了鲁迅:"一个同班的同学名戴昌霆,他指着鲁迅和唐俟的名字向我说,鲁迅、唐俟都是一个人不同的笔名,是他父亲教育部的同事,他常听他父亲说,鲁迅的思想如何深刻,学识如何渊博,他劝我仔细读一读这篇小说《药》。戴昌霆的父亲就是鲁迅在早期的日记里经常提到的戴螺舲,他精通艺术,是一个画家。"①

社团成员给鲁迅送刊物的情节被鲁迅记录在散文诗《一觉》中:

> 我忽然记起一件事:两三年前,我在北京大学的教员预备室里,看见进来了一个并不熟识的青年,默默地给我一包书,便出去了,打开看时,是一本《浅草》。就在这默默中,使我懂得了许多话。阿,这赠品是多么丰饶呵!可惜那《浅草》不再出版了,似乎只成了《沉钟》的前身。那《沉钟》就在这风沙洞中,深深地在人海的底里寂寞地鸣动。
>
> 野蓟经了几乎致命的摧折,还要开一朵小花,我记得托尔斯泰曾受了很大的感动,因此写出一篇小说来。但是,草木在旱干的沙漠中间,拚命伸长他的根,吸取深地中的水

---

① 冯至:《鲁迅与沉钟社》,《冯至全集》第4卷,石家庄:河北教育出版社1999年版,第205页。

泉，来造成碧绿的林莽，自然是为了自己的"生"的，然而使疲劳枯渴的旅人，一见就怡然觉得遇到了暂时息肩之所，这是如何的可以感激，而且可以悲哀的事！？①

冯至后来在《鲁迅与沉钟社》中写道："鲁迅在《〈中国新文学大系〉小说二集序》里谈到《浅草》季刊时说：'向外，在摄取异域的营养，向内，在挖掘自己的魂灵，要发见心里的眼睛和喉舌，来凝视这世界，将真和美歌唱给寂寞的人们'。这与其说是浅草社，倒不如说更适合沉钟社的实情。"②浅草社的诗人中有不少受到创造社风格的影响，发展到沉钟社时期，大都形成了自己的独特风格。

沉钟社时期，社员们在翻译上倾注了更多精力，译介对象有俄国安德烈夫、契诃夫，匈牙利裴多菲，德国莱辛、歌德、霍夫曼，奥地利里尔克，法国伏尔泰、古尔蒙、法朗士，英国吉辛，瑞典斯特林堡，美国爱伦·坡等。

诗人们从中外诗歌中汲取营养，将"真和美"歌唱给与自己一样的寂寞的人，这情绪感染了青年人，也感染了像鲁迅这样的中年人。鲁迅在他们青春的镜像里看到自己的身影，他在散文诗《一觉》中写到阅读《沉钟》的感受，以及他对青年们袒露的真诚灵魂的理解和欣赏：

---

① 鲁迅：《野草·一觉》，《鲁迅全集》第2卷，第229页。
② 冯至：《鲁迅与沉钟社》，《冯至全集》第4卷，石家庄：河北教育出版社1999年版，第208页。

我照作品的年月看下去，这些不肯涂脂抹粉的青年们的魂灵便依次屹立在我眼前。他们是绰约的，是纯真的，——阿，然而他们苦恼了，呻吟了，愤怒，而且终于粗暴了，我的可爱的青年们！

　　魂灵被风沙打击得粗暴，因为这是人的魂灵，我爱这样的魂灵；我愿意在无形无色的鲜血淋漓的粗暴上接吻。漂渺的名园中，奇花盛开着，红颜的静女正在超然无事地逍遥，鹤唳一声，白云郁然而起……。这自然使人神往的罢，然而我总记得我活在人间。①

　　为什么是"一觉"？字面上理解是"一次觉醒"。人们每天都在寻求觉醒，渴望走出暗夜，得见黎明的曙光。但这里的"一觉"也许还有别的意义。对鲁迅来说，这是他的一次觉醒，或者说是与青年诗人们的一种"共觉"，更毋宁说，青年们的言行催促了他的觉醒。所以他特别强调，青年们的魂灵来到眼前，粗暴，充满了生气，让他感到活着有意义，促使他与他们一起努力。

　　沉钟社的青年诗人们崇尚西方诗歌美学，尤其从德语诗歌中多所借鉴。他们创作出一系列带有极强倾诉性和抒情性的诗歌，这些作品情感饱满而又热忱，高扬个体自我的价值，倾吐内心苦恼，不追求恢宏气势，而是注重感受的细腻。他们尝试散文诗、小诗、抒情长诗、十四行诗等多种体式，不断拓展诗歌艺术的向度。

---

① 鲁迅：《野草·一觉》，《鲁迅全集》第 2 卷，第 228 页。

第十一章 "身外的青春"

鲁迅在《〈中国新文学大系〉小说二集序》中肯定浅草和沉钟社在小说方面的成就时,特意写了一句,称冯至是"中国最为杰出的抒情诗人"。[①]

1927年,冯至的诗集《昨日之歌》以"沉钟丛刊"的名义出版,作品充盈着感伤的基调、爱情的苦闷和心灵的寂寞。冯至曾回忆:"诗里抒写的是狭窄的情感、个人的哀愁,如果说它们还有些许意义,那就是从这里边还看得出五四以后一部分青年的苦闷。"[②] 很多篇什注重感情的自我表现,突出主体与现实之间的对立,因为在现实中,他们总是找不到明确的前途出路,只能与自身对话,倾吐着在现实中徘徊的苦楚、疲劳与颓唐。面对现实环境,诗人往往只能采取鲁迅式的"荷戟独彷徨"姿态,虽然前路不明,文字浸润着感伤情调,但他们不甘沉沦,对人生持积极进取的态度。

1928年初,冯至在哈尔滨写完长诗《北游》,收到未名社寄来的鲁迅译著《小约翰》。他从自己的诗歌与鲁迅的译著中看到了某种精神的契合,因此,将《小约翰》的最后一句题在诗集《北游及其他》卷首:"他逆着凛冽的夜风,上了走向那大而黑暗的都市,即人性和他们的悲痛之所在的艰难的路。"[③]

沉钟社的青年诗人的诗歌感伤色彩重,一面宣泄寂寞,一面

[①] 鲁迅:《且介亭杂文二集·〈中国新文学大系〉小说二集序》,《鲁迅全集》第6卷,第251页。
[②] 冯至:《冯至诗文选集》,北京:人民文学出版社1978年版,第1页。
[③] 冯至:《北游及其他》,北平沉钟社1929年版。

渴望温情。其抒情主体常常是一个个孤立无援的"零余者"或是游走在街头的"孤独者"。寂寞飘零的"孤独者"或"孤影"形象不断出现在冯至笔下。

《瞽者的暗示》表达个体生命因无法融入社会整体而产生的虚空感：

> 黄昏以后了，
> 我在这深深的
> 深深的巷子里，
> 寻找我的遗失。
>
> 来了一个瞽者，
> 弹着哀怨的三弦，
> 向没有尽头的
> 暗森森的巷中走去。①

瞽者是诗人的另一个自我，他的哀怨的弹唱拨动无数苦闷的无路可走的青年的心弦。

沉钟社的青年诗人们并未过分沉溺于小情感而滑入个人情调的喃喃叙事，他们并非只是一味地"为艺术而艺术"。他们虽然尊

---

① 冯至：《瞽者的暗示》，冯姚平编：《悲欢的形体：冯至诗集》，北京：新星出版社2018年版，第12页。

崇文学的个性主义，意图远离物质社会的浮躁与喧嚣，尽情表现自我的个性情绪，但也没有忘记对现实的反省与思考。他们控诉传统势力对自由爱情的种种阻挠，对美好却饱含折磨苦痛的爱扼腕叹息。

冯至是一个真诚、严肃而勤谨的诗人。他在思索社会的同时，也不断地审视内心。海涅、拜伦、歌德、里尔克的浪漫的、富有哲理的韵味和精神，都显现于他的诗篇。《蛇》以客观对应物表现内在精神，描摹主体的寂寞状态：

> 我的寂寞是一条蛇，
> 静静地没有言语。
> 你万一梦到它时，
> 千万啊，不要悚惧！ [①]

这意象，可以在鲁迅的《墓碣文》对自我的寂寞的描写中看到某种相通："有一游魂，化为长蛇，口有毒牙。不以啮人，自啮其身，终以殒颠。"[②] 同样是结合了梦境，同样是奇特的想象力，在冯至笔下，以蛇作喻，直接形象地点明抒情主体的寂寞状态——不过，抒情者不甘寂寞，将蛇引入姑娘的梦；而在鲁迅笔下，游魂却化为长蛇，自啮其身，传达出极其深重的绝望和虚无情绪。

---

① 冯至：《蛇》，冯姚平编：《悲欢的形体：冯至诗集》，北京：新星出版社2018年版，第23页。
② 鲁迅：《野草·墓碣文》，《鲁迅全集》第2卷，第207页。

鲁迅的声援给青年诗人们极大的鼓舞，鲁迅自己也从中得到莫大的安慰。

多年后，冯至回忆两代诗人的交往，特别感动于鲁迅的那具有象征意义的"一觉"。这不但是诗人灵感的闪现，更是诗友之间心灵的共鸣、精神的契合。他赋诗一首献给鲁迅：

在许多年前的一个黄昏
你为几个青年感到一觉；
你不知经验过多少幻灭，
但是那一觉却永不消沉。

我永远怀着感谢的深情
望着你，为了我们的时代：
它被些愚蠢的人们毁坏
可是它的维护人却一生

被摒弃在这个世界以外——
你有几回望出一线光明，
转过头来又有乌云遮盖。

你走完了你艰苦的行程，
艰苦中只有路旁的小草

第十一章 "身外的青春"

曾经引出你希望的微笑。①

冯至在抗日战争的烽火中写成患难之书《杜甫传》，他也为诗圣写了一首十四行诗。对读两首诗，冯至心目中两位文学家的崇高形象巍然屹立：

> 你在荒村里忍受饥肠，
> 你常常想到死填沟壑，
> 你却不断地唱着哀歌
> 为了人间壮美的沦亡：
>
> 战场上健儿的死伤，
> 天边有明星的陨落，
> 万匹马随着浮云消没……
> 你一生是他们的祭享。
>
> 你的贫穷在闪烁发光
> 像一件圣者的烂衣裳，
> 就是一丝一缕在人间
>
> 也有无穷的神的力量。

---

① 冯至:《鲁迅》，初收《十四行集》，原诗只有序号无标题，重刊于《文艺时代》1946年8月15日第1卷第3期的《十四行十一首》；又见《冯至全集》第1卷，石家庄：河北教育出版社1999版，第226页。

> 一切冠盖在它的光前
> 只照出来可怜的形象。①

太阳是我的朋友

　　1924 年，26 岁的高长虹创立狂飙社并主持出版《狂飙》月刊与周刊。读过几期《狂飙》后，鲁迅对高长虹产生好感。此后二人见面，谈得很是投机。

　　高长虹，1898 年生，山西盂县人，又名高仰愈，笔名残红、C、C. H. 等。1922 年发表处女作《红叶》（诗歌）。1924 年在北京从事狂飙运动，编辑出版《狂飙》月刊，后又在《国风日报》上创办《狂飙》周刊和《世界语周刊》。1925 年《狂飙》周刊停刊后，参加鲁迅发起组织的莽原社。

　　1925 年 3 月，鲁迅计划创办《莽原》。他邀请的第一个合作者就是高长虹。《莽原》在短短的一年零四个月里，发表了高长虹的 31 篇作品，是所有作者中数量最多的。

　　高长虹在 1925—1927 年出版了《精神与爱的女神》（诗集，1925，永华印刷局）、《闪光》（长诗，1925，永华印刷局）、《心的探险》（散文、诗合集，1926，北新书局）、《光与热》（散文集，1927，开明书店）、《给——》（诗集，1927，光华书局）、

---

① 冯至：《杜甫》，原载《文艺月刊》1941 年 6 月 16 日战时特刊第 11 期 6 月号，为组诗《十四行诗》第三首，初收《十四行集》；又见《冯至全集》第 1 卷，第 227 页。

第十一章 "身外的青春"

《献给自然的女儿》(诗集，1927，现代书局)。

鲁迅倾心提携的同乡许钦文出版小说集《故乡》，出版费用由鲁迅垫付。按说，最有资格给《故乡》作序的是鲁迅，但鲁迅却将作序的机会让给高长虹，并希望高长虹将该书重编出版，足见鲁迅对高长虹的看重。

1925年4月，许广平在《莽原》上看到署名"长虹"的《绵袍里的世界》一文，以为是鲁迅的作品，就写信问询。鲁迅回信说："《莽原》第一期的作者和性质，都如来信所言，但长虹不是我，乃是我今年新认识的。意见也有一部分和我相合，而是安那其主义者。他很能做文章，但大约因为受了尼采的作品的影响之故罢，常有太晦涩难解处；第二期登出的署著 C. H. 的，也是他的作品。"①1925年3月，高长虹的第一本诗集《精神与爱的女神》出版，许广平函购一册，并开始与高长虹通信。6月17日，许广平在给鲁迅的信中谈了对高长虹作品的感想：

> 长虹君的《精神与爱的女神》，草草看了一遍，篇首的《精神的宣言》，其前半多可观，以后即逊色了，其余的诗，我不懂得好处在那(哪)里，别人也是这样，这大约是青年人的粗心，不能一口口的细细咽下去，致发销不畅呢？还是好似《工人绥惠略夫》的深奥，不为群众所领会呢？还是此君宜于行文不宜于作古诗呢？那我可不晓得。②

---

① 鲁迅：《250428 致许广平》，《鲁迅全集》第11卷，第485页。
② 鲁迅、景宋：《两地书·原信》，北京：中国青年出版社2005年版，第72—73页。

可惜，鲁迅和高长虹的亲密关系没有延续多久。1925年8月，韦素园在他主编的《民报》副刊的广告中称鲁迅是"中国思想界之权威者"。高长虹本就对韦素园不满——其时以韦素园为核心的安徽青年作者群开始在《莽原》上投稿，并且也获得鲁迅青睐——反感地说："中国所需要的正是自由思想的发展……要权威者何用？"鲁迅想调和高、韦的关系，说"权威"一词外国人用得多了，无非是一种商业炒作，不必太当真。高长虹既不接受鲁迅的调解，更反感鲁迅被其他青年拥戴为"权威"，自此疏远了鲁迅。

1926年8月，鲁迅离开北京南下，委托韦素园负责《莽原》编务。高长虹约来高歌和向培良的两篇稿件，韦素园对高歌的诗《剃刀》做了退稿处理，对向培良的戏剧《终夜》按下未发。高长

鲁迅为高长虹书设计的封面

第十一章 "身外的青春"

虹很气愤,分别给鲁迅和韦素园写了两封公开信《给韦素园先生》《给鲁迅先生》,刊发于《狂飙》上,言辞颇为激烈。

鲁迅收到信没有立刻表态,引发高长虹不满。10月和11月,鲁迅在给许广平的信中屡屡谈及此事:

> 长虹和韦素园又闹起来了,在上海出版的《狂飙》上大骂,又登了一封给我的信,要我说几句话。他们真是吃得闲空,然而我却不愿意陪着玩了,先前也陪得够苦了,所以拟置之不理。(闹的原因是因为《莽原》上不登培良的一篇剧本。)我的生命,实在为少爷们耗去了好几年,现在躲在岛上了,他们还不放。(10月23日)

> 我这几年来,常想给别人出一点力,所以在北京时,拚命地做,不吃饭,不睡觉,吃了药校对,作文。谁料结出来的,都是苦果子。一群人将我做广告自利,不必说了;便是小小的《莽原》,我一走也就闹架。长虹因为他们压下(压下而已)了投稿,和我理论,而他们则时时来信,说没有稿子,催我作文。我才知道牺牲一部分给人,是不够的,总非将你磨消完结,不肯放手。我实在有些愤怒了,我想至二十四期止,便将《莽原》停刊,没有了刊物,看他们再争夺什么。(10月28日)

> 长虹和素园的闹架还没有完,长虹迁怒于《未名丛刊》,连厨川白村的书也忽然不过是"灰色的勇气"了。(11月9日)

> 不过先前利用过我的人,知道现已不能再利用,开始攻

击了。长虹在《狂飙》第五期已尽力攻击，自称见过我不下百回，知道得很清楚，并捏造了许多会话（如说我骂郭沫若之类）。其意盖在推倒《莽原》，一方面则推广《狂飙》销路，其实还是利用，不过方法不同。（11月15日）①

鲁迅站在未名社一边。他15日的信件尚未寄达，许广平16日去信劝解道：

> 你就因为长虹辈的批评而气短吗？别人的批评你就不顾，而只任一面之辞而信托吗？我好久有一套话，要和你见面商量，我觉得要走的路还在开垦，成绩不一定恶，人又何必因了一点小障碍而不走路呢？②

鲁迅的情绪暂时有所缓解。但他在11月20日给许广平的信中又说起了新冲突：

> 这回长虹笑我对章士钊的失败道"于是遂戴其纸糊的'思想界的权威者'之假冠，而入于身心交病之状态矣"。但他八月间在《新女性》登广告，却云"与思想先驱者鲁迅合办《莽原》"，自己加我"假冠"，又因别人所加之"假冠"

---

① 《鲁迅全集》第11卷，第588、590、609、615页。
② 鲁迅、景宋：《两地书·原信》，北京：中国青年出版社2005年版，第202—203页。

第十一章 "身外的青春"

而骂我,真是不像人样。①

鲁迅信中所说事,是同年8月高长虹主持的新杂志《新女性》出刊启事中声称的"与思想先驱者鲁迅合办《莽原》"。鲁迅以子之矛攻子之盾,讽刺高长虹:之前韦素园称自己为"思想界之权威",高长虹竭力反对;现在他自己却也想利用鲁迅的"思想界先驱"身份为新刊物造势。

鲁迅与许广平定情并一起南下,引发传言。高长虹的诗集《给——》第28首"月亮诗"被认为与鲁、许爱情有关:

> 我在天涯行走,
> 月儿向我点首,
> 我是白日的儿子,
> 月儿呵,请你住口。

> 我在天涯行走,
> 夜做了我的门徒,
> 月儿我交给他了,
> 我交给夜去消受。

> 夜是阴冷黑暗,

---

① 鲁迅:《261120 致许广平》,《鲁迅全集》第11卷,第621页。

月儿逃出在白天，
只剩着今日的形骸，
失却了当年的风光。

我在天涯行走，
太阳是我的朋友，
月儿我交给他了，
带她向夜归去。

夜是阴冷黑暗，
他嫉妒那太阳，
太阳丢开他走了，
从此再未相见。

我在天涯行走，
月儿又向我点首，
我是白日的儿子，
月儿呵，请你住口。①

1926年11月9日，高长虹在《时代的命运》一文中说："我对于鲁迅先生曾献过最大的让步，不只是思想上，而且是生活上，这倒是我最大的遗憾呢！"他后来回顾这段经历，说"青年时代的狂

---

① 高长虹：《给——》，《狂飙》1926年11月21日第7期。

想，人是必须加以原谅的"，似乎对许广平有过追求之意，但了解到"景宋在鲁迅家里的厮熟情形"后，他即"停止与景宋通信"。①他所说的在生活上对鲁迅"献过最大的让步"大约就指此事。

1927年初，鲁迅写信给许广平说："长虹的拚命攻击我是为了一个女性，《狂飙》上有一首诗，太阳是自比，我是夜，月是她。他（韦素园——引者）还问我这事可是真的，要知道一点详细。我这才明白长虹原来在害'单相思病'，以及川流不息的到我这里来的原因，他并不是为《莽原》，却在等月亮。但对我竟毫不表示一些敌对的态度，直待我到了厦门，才从背后骂得我一个莫名其妙，真是卑怯得可以。我是夜，则当然要有月亮的，还要做什么诗，也低能得很。"②

鲁迅不但写文章反击高长虹，还在《奔月》的小说中借后羿的徒弟逢蒙企图射杀后羿来讽刺高长虹的背叛行为：

> 对面是弓如满月，箭似流星。飕的一声，径向羿的咽喉飞过来。也许是瞄准差了一点了，却正中了他的嘴；一个筋斗，他带箭掉下马去了，马也就站住。
>
> 逢蒙见羿已死，便慢慢地蹩过来，微笑着去看他的死脸，当作喝一杯胜利的白干。
>
> 刚在定睛看时，只见羿张开眼，忽然直坐起来。

---

① 《一点回忆——关于鲁迅和我》，高长虹：《生的跃动》，太原：北岳文艺出版社2020年版，第267页。
② 鲁迅、许广平：《两地书》，《鲁迅全集》第11卷，第280页。

"你真是白来了一百多回。"他吐出箭,笑着说,"难道连我的'啮镞法'都没有知道么?这怎行。你闹这些小玩艺儿是不行的,偷去的拳头打不死本人,要自己练练才好。"

"即以其人之道,反诸其人之身……。"胜者低声说。

"哈哈哈!"他一面大笑,一面站了起来,"又是引经据典。但这些话你只可以哄哄老婆子,本人面前捣什么鬼?俺向来就只是打猎,没有弄过你似的剪径的玩艺儿……。"①

1926年秋,高长虹到上海,恢复了《狂飙》周刊的编辑出版。1927年2月,高长虹在《小说月报》发表诗作《死的舞曲》,这样描绘过他的妻子:"我也爱过我的女人,我曾经做过她的母亲,她比我是更下等的奴隶呵,但她却有那奴隶的灵魂!"还写了这样的诗句:"昨日的蜇语呵,今日可正射中了我身。"②所谓的"蜇语",大概就是指有关月亮诗引发的鲁迅、许广平和他三人之间关系的传言。实际上,许广平与高长虹的见面很少,见面也多在鲁迅寓所。高长虹意识到许、鲁二人的关系后,就中止了与许广平的来往。

1928年,高长虹创办狂飙出版部和演剧部,编辑《长虹周刊》。1928年4月,上海泰东图书局印行了高长虹写给儿子高曙的书信集《曙》。高长虹向儿子透露诗集《给——》写的是自己的

---

① 鲁迅:《故事新编·奔月》,《鲁迅全集》第2卷,第376—377页。
② 高长虹:《死的舞曲》,《高长虹文集》上卷,北京:中国社会科学出版社1989年版,第428页。

第十一章 "身外的青春"

爱情。如果将爱情比喻为创作,那么,他的曾经夭折的爱情是一个被中断的创作:

> 传说讲的,海棠是一个相思的女子掉下来的眼泪所化生的。这故事非常恰合于我的那一个朋友;她在想着的便是我。我也想她已三年了,呵!然而这只是一个无名的悲剧,没有几个人知道其中的秘密。我呢,唉,我是一个负心人了!
>
> 便是这一个无名的朋友,我在我的诗里曾为她画了几幅极美的像。你将来读我的那本《给——》时你如看见最美的诗,你便可知道那是为谁而写的了。……①

他没有明确说《给——》是写给哪位女性的。此时,鲁迅已偕许广平定居上海。

与鲁迅发生矛盾冲突后,高长虹在文坛的声誉和地位大为降低。1930年春夏之交,高长虹东渡日本,研究语言学,并试图建立一门"行动学",但似乎成绩不佳,生活也很困顿。1931年,他赴欧洲研究政治经济学,在法国还参加了共产党。1937年抗日战争全面爆发后,他辗转经意大利、英国到香港,经潘汉年介绍到武汉,后又到重庆。其间开始重视民间文艺形式,参与抗日活动。1941年11月,经历了七年海外留学和三年国统区生活的高长虹到达延安。延安最初对他很重视,邀请他到鲁艺做报告,他

---

① 《高长虹文集》上卷,北京:中国社会科学出版社1989年版,第509页。

还曾被推举为陕甘宁边区文协第二次理事会筹委会副主任，但他拒绝接受这一职位，可能是因为该委员会主任柯仲平在狂飙社时地位在他之下。他对边区的一些现象看不惯，不断向上级提意见。1942年5月，有关部门将毛泽东等人署名的文艺座谈会的请柬送给他，他却以自己是学经济的为由拒绝参加。1946年初，他到东北解放区，试图开发金矿，为国家建设筹备资金。但夏秋之交到哈尔滨后，患上精神分裂症，1949年曾出入沈阳的精神病院。1950年后，他潜心于文法研究。1956年，还有人看见他在沈阳作协饭厅用餐。此后即无踪迹。

高长虹在延安见到的狂飙社同人柯仲平也是个狂放的诗人。鲁迅与柯仲平通信和见面次数不少，欣赏其性格、勇气和才能。柯仲平说话嗓门大，年纪轻轻就蓄了一部浓髯。他到鲁迅家，喜欢拿出自己的诗稿朗诵给鲁迅听。有时为了抒发出豪放气势，他干脆站到凳子上朗诵。鲁迅母亲特别担心这个高声大气、"头发都吊在脸上的人"与鲁迅打起来。不过，柯仲平每次朗诵完后都会毕恭毕敬、细声细语地向鲁迅弯腰请示："先生，请指教。"鲁迅总是耐心地给他提意见，给予鼓励，还将其《伟大是"能死"》发表在《语丝》上。《伟大是"能死"》颇有狂飙突进的战斗气势，其中"地狱管理权"的称呼与鲁迅当月写作的《失掉的好地狱》中的意思相近：

> 这山河愿被战火烧溶，
> 莫使"地狱管理权"当我们的生世，

第十一章 "身外的青春"

>　　还握在敌人的手中；
>　　愿战火将一切烧溶呵！将一切烧溶！
>　　伟大是"能死"！愿伟大将一切捆拢！
>　　伟大有"能死"！愿伟大将一切捆拢！①

　　1931年1月17日，因反对王明在中共六届四中全会上的活动，柯仲平与柔石、殷夫、胡也频等30余人在上海东方旅社秘密集会被捕。柔石等24人被杀害，柯仲平获得取保就医，逃亡日本，抗战全面爆发后回国。1937年10月19日，武汉举行了鲁迅逝世周年纪念大会，柯仲平在会上朗诵了他的诗作《赠爱人》。

　　青年文学家中，高长虹与鲁迅的冲突最为激烈。高长虹性格偏激、恃才傲物，有时特别在乎一己的得失。就质疑鲁迅的"思想界之权威"而言，高长虹表达的一些意见并非完全没有道理。在提倡民主自由的时代，青年人更注重解放思想，而不是树立什么权威——哪怕是所谓正确的权威。

　　人性本有的一些干涉、压制、侦查等不良倾向，当然也会在师生关系中暴露出来，鲁迅在与青年文人的交往中见到不少此类现象。他在给许广平的信中感叹道：

>　　我现在真自笑我说话往往刻薄，而对人则太厚道，我竟从不疑及衣萍之流到我这里来是在侦探我；并且今天才知道

---

① 《语丝》1925年6月15日第31期。

我有时请他们在客厅里坐,他们也不高兴,说我在房里藏了月亮,不容他们进去了。①

好花从泥土里出来

鲁迅差不多同一时间接触到狂飙社与未名社两个青年群体,前者偏重创作,后者偏重翻译。如果说高长虹在与鲁迅的关系中并非绝对听从,而是敢于表现出自己的独立性和强烈个性——尽管这个性和独立意识并不完全合理健全——与之相反,未名社的青年成员对鲁迅更多表现出听从和依赖,以至于鲁迅离开北京南下后,社团在经营上无力独当一面,致使社务陷入危机。

如果说高长虹在与鲁迅的关系中自觉追求平等,甚至有意向前辈权威发起质疑和挑战,表现出更具现代性的人格,那么未名社青年作家与鲁迅的关系是传统型的,他们始终以传统的学生对待师长之道对待鲁迅。

两派中,鲁迅做了选择。几年后,鲁迅在《〈中国新文学大系〉小说二集序》中说明了认同未名社的原因:

> 但狂飙社却似乎仅止于"虚无的反抗",不久就散了队,现在所遗留的,就只有向培良的这响亮的战叫,说明着半绥惠略夫(Sheveriov)式的"憎恶"的前途。

---

① 鲁迅:《270111 致许广平》,《鲁迅全集》第 12 卷,第 12 页。

第十一章 "身外的青春"

> 未名社却相反,主持者韦素园,是宁愿作为无名的泥土,来栽植奇花和乔木的人,事业的中心,也多在外国文学的译述。①

未名社成立于 1925 年 8 月。在盛夏的一个晚上,鲁迅在阜成门内西三条的寓所会见了几个安徽籍的年轻人——李霁野、韦素园、韦丛芜、台静农等。鲁迅向他们谈起日本的丸善书店原来规模很小,是由几个大学生慢慢经营起来的。这几位青年正为他们的译作无法出版发愁,听了鲁迅的介绍,觉得不妨自己办一家书店出版期刊和书籍。于是,他们与鲁迅合资,先出版四次半月刊和一本书,此后卖前书,印后稿,逐步发展。就这样,未名社成立了。他们行动迅速,第二个月就出版了第一本书:鲁迅翻译日本文艺理论家厨川白村的学术随笔集《出了象牙之塔》。当时,鲁迅正在替北新书局编印专收翻译的"未名丛刊",他就把这个丛书连同其名字拿过来,用在这个新成立的社团上。最初社址设在北京大学一院对过沙滩新开路 5 号韦素园的住处——鲁迅后来戏称为"破寨"。这一年,鲁迅 45 岁,韦素园 24 岁、李霁野 22 岁、台静农 24 岁、韦丛芜 22 岁、曹靖华 27 岁。除曹靖华外,其余四位都是安徽霍邱叶集人,多是明强小学的校友。

鲁迅初次见到韦素园,就是在沙滩的"破寨"中:

---

① 鲁迅:《且介亭杂文二集·〈中国新文学大系〉小说二集序》,《鲁迅全集》第 6 卷,第 263 页。

未名社的同人，实在并没有什么雄心和大志，但是，愿意切切实实的，点点滴滴的做下去的意志，却是大家一致的。而其中的骨干就是素园。

于是他坐在一间破小屋子，就是未名社里办事了，不过小半好像也因为他生着病，不能上学校去读书，因此便天然的轮着他守寨。

我最初的记忆是在这破寨里看见了素园，一个瘦小，精明，正经的青年，窗前的几排破旧外国书，在证明他穷着也还是钉住着文学。……

……他太认真；虽然似乎沉静，然而他激烈。认真会是人的致命伤的么？至少，在那时以至现在，可以是的。一认

未名社四杰合影

真,便容易趋于激烈,发扬则送掉自己的命,沉静着,又啮碎了自己的心。①

未名社成立初期,主要成员都还是围绕翻译文学而开展活动。慢慢地,青年成员们各自也有了文学创作,他们创作了小说、散文、诗歌和戏剧,主要都是在鲁迅离开北京后完成的。未名社出版两种丛书:"未名新集"和"未名丛刊"。"未名新集"包含6种:1.《君山》,韦丛芜著情诗40首,林风眠作书面,司徒乔插画10幅。2.《朝花夕拾》,鲁迅回忆文10篇,陶元庆作书面,内锌板插画4幅。3.《地之子》,台静农著,马慈溪作书面。4.《影》,李霁野著短篇小说6篇,司徒乔作书面。5.《冰块》,韦丛芜著杂诗集。6.《建塔者》,台静农著短篇小说第二集。"未名丛刊"译作8种:1.《出了象牙之塔》,日本厨川白村著,鲁迅译。2.《往星中》,俄国安特列夫著,李霁野译。3.《穷人》,俄国陀思妥耶夫斯基著,韦丛芜译。4.《外套》,俄国果戈理著,韦素园译。5.《白茶》,俄国班柯等著,曹靖华译。6.《小约翰》,荷兰望蔼覃著,鲁迅译。7.《文学与革命》,俄国特罗茨基著,韦素园与李霁野译。8.《格里佛游记(卷一)》,英国斯伟夫特著,韦丛芜译。

1934年7月,鲁迅在《忆韦素园君》中回顾未名社的文学业绩,称"未名新集""在那时候,也都还算是相当可看的作品",

---

① 鲁迅:《且介亭杂文·忆韦素园君》,《鲁迅全集》第6卷,第66—67页。

而"未名社的译作,在文苑里却至今没有枯死的"。①

未名社成员的诗作主要传达生活的苦闷和烦恼以及对爱情的渴望和体验,对社会问题表现不多。诗人韦丛芜以"三一八"惨案为题材,写下过《我踯躅,踯躅,有如幽魂》《我披着血衣爬过寥阔的街心》等诗作,但此类篇什不是他们的创作重心。他们的苦闷源于小镇青年在现代都市中的挣扎和游离。

未名社成员在诗歌创作上最有成就的是韦丛芜。韦丛芜的人生跌宕起伏。1928年4月,他与台静农、李霁野三人因为未名社翻译托洛茨基的《文学与革命》遭北洋军阀政府查封,被捕入狱。1933年9月,他辞去河北女子师范学院教授的职务,回到故乡霍邱从事乡村建设运动,一度代理霍邱县长。霍邱的"土改"以失败告终。1955年,在肃反运动中,韦丛芜被上海公安机关拘留审查,一年后被无罪释放。1958年他因历史问题再次被逮捕,1960年被判处有期徒刑三年,缓刑二年,全家被迫从上海迁居杭州,生活陷入贫困。1978年12月,韦丛芜逝世,一年后,被上海市中级人民法院宣告无罪,予以平反。因为这样的经历,他的作品几乎被淹没,以至于很多读者不知道他的存在,不知道鲁迅对他曾经相当看重和欣赏。

韦丛芜的《君山》是中国新诗史上最早的长篇叙事诗之一。1922年秋,韦丛芜考入湖南岳阳湖滨大学附中二年级,次年春放寒假时在火车上认识了岳阳城内教会女中的两姐妹。《君山》

---

① 鲁迅:《且介亭杂文·忆韦素园君》,《鲁迅全集》第6卷,第70页。

第十一章　"身外的青春"

即以姐妹为原型,写"我"与其恋爱的幻想,颇有感伤风味,结构和韵律相当精美。沈从文对其大加肯定:"韦丛芜的'群山'(《君山》),写故事诗明白婉约,清丽动人且为中国最长之述事抒情诗。"① 1927年,《君山》在邮寄给鲁迅的途中,被当作赤色读物扣留,鲁迅在《扣丝杂感》中愤慨地说:"这一本诗,不但说不到'赤',并且也说不到'白',正和作者的年纪一样,是'青'的,而竟被禁锢在邮局里。"② 鲁迅认为《君山》是青春期的写作,与湖畔诗社的情诗相比,少了些清浅单纯,多了些忧郁和感伤。

《冰块》是韦丛芜的第二部诗集,收录十几首短诗,卷首以《我踟蹰,踟蹰,有如幽魂》中的两句为题词:"消不了的是生的苦恼,治不好的是世纪的病。"这可以与鲁迅对当时文学青年的状态的描述相印证:"那时觉醒起来的智识青年的心情,是大抵热烈,然而悲凉的。即使寻到一点光明,'径一周三',却更分明的看见了周围的无涯际的黑暗。摄取来的异域的营养又是'世纪末'的果汁:王尔德(Oscar Wilde),尼采(Fr. Nietzsche),波特莱尔(Ch. Baudelaire),安特莱夫(L. Andreev)们所安排的。"③

韦丛芜还写过系列散文诗《我和我的魂》,多《野草》式充

---

① 沈从文:《我们怎么样去读新诗》,《沈从文全集》第16卷,太原:北岳文艺出版社2002年版,第457页。
② 鲁迅:《而已集·扣丝杂感》,《鲁迅全集》第3卷,第504页。
③ 鲁迅:《且介亭杂文二集·〈中国新文学大系〉小说二集序》,《鲁迅全集》第6卷,第251页。

满矛盾的意象,诸如热血凝结成的冰块、绿绿的灼火等。《冰块》中的前几首应该说是散文诗,分明受了鲁迅的影响。韦丛芜的短诗,虽多感伤之作,但韵律是明快的。《在电车上》表现了对不幸患病者的同情:

  电车载着我的病身,
    两旁坐着两个官人,
  我惨视同难的朋友,——
    我们的命运凭人决定。

  大街上飞动着嘈杂的色彩和喧闹,
    车身不住地震动,空冬……空冬……
  哦,世界!哦,生命!
    朦胧……朦胧……朦胧……①

未名社的"守寨人"韦素园在罹患肺病前后创作了一系列诗歌和散文诗,表达悲观情绪,如《生命苦了我》:

  生命苦了我,
  我忍受地笑着,
  五年间床上长眠,

---

① 《韦丛芜选集》,合肥:安徽文艺出版社1985年版,第68页。

第十一章 "身外的青春"

将青春悄悄地度过。

1929年4月30日,韦素园作《白色的丁香》,审视自己的病况:

这里有一株白色的丁香,
　　干枯地在春风里开放。
　　枝间生了几簇稀疏的嫩叶,
　　枝头还是去年的憔悴的模样。

啊,去年的今日,
我曾在这花前细想:
　　倘若我一朝能将病魔除去,
　　我定要园丁般的来将你培养。

可惜我今年仍和去年一样,
　　你,经过了严冬,又寂寞地在这里开放。
　　这样枯瘦是你的命运么?——
　　　　丁香,我可怜你不幸地来到世上。①

此诗写成后第三年,韦素园因肺病去世——肺结核在当时是

---

① 《韦素园选集》,合肥:安徽文艺出版社1985年版,第82、75页。

很难治愈的疾病。从1926年底病倒去北京西山疗养到去世,韦素园一直缠绵病榻,绝望无助的体验让他的文字更形凄苦。

鲁迅欣赏韦素园的才能和奉献精神,称他为执着的耕耘者。韦素园早年留学俄国,与瞿秋白同学,俄文相当熟练。他曾帮助李霁野翻译《往星中》等作品,因为李霁野与韦丛芜是以英语为翻译媒介语的,需要他参阅俄文原著校阅。五四以后,尽管中国现代作家对俄苏文学译介非常重视,但真正精通俄文且能直接以俄文翻译者并不多。鲁迅着意发掘韦素园在翻译方面的才华,期待他有更大的作为。

未名社成员安葬韦素园时,鲁迅亲笔写下墓志铭:

韦君素园之墓。

君以一九又二年六月十八日生,一九三二年八月一日卒。呜呼,宏才远志,厄于短年。文苑失英,明者永悼。弟丛芜,友静农,霁野立表;鲁迅书。①

鲁迅写悼念文章《忆韦素园君》时,对这位勤奋的青年以陀思妥耶夫斯基为偶像,在自己病床边的墙上挂着这位俄国文豪的画像深有触动,也寄予极大的同情:"对于这先生,我是尊敬,佩服的,但我又恨他残酷到了冷静的文章。他布置了精神上的苦刑,一个个拉了不幸的人来,拷问给我们看。现在他用沉郁的眼光,

---

① 鲁迅:《且介亭杂文·韦素园墓记》,《鲁迅全集》第6卷,第64页。

第十一章 "身外的青春"

凝视着素园和他的卧榻,好像在告诉我:这也是可以收在作品里的不幸的人。"①

韦素园也创作散文诗,但篇什不多。《影的辞行》可能受了鲁迅的《影的告别》的影响,以奇特的梦境形式表现了影的告别——为了脱离病体:

> ——我为着你抛弃了家,抛弃了兄弟,甚至抛弃了心爱的情侣——他讲到这里停了一停,便又提高了话声——先生你知道么,现在我那最好的唯一的友人,也要离弃我——这原因是因为我好久不能和他亲近。——他说这话,一面略略向我弯身。
>
> ——先生,我要向你辞行。②

未名社成员大多写过新诗。20年代末30年代初,台静农几次入狱,在狱中以诗言志。《狱中见落花》写监狱阻隔了恋人,诗人只好通过落花向恋人传达情感:

> 我悄悄地将花瓣拾起,
> 虔诚地向天空抛去;
> 于是我叮咛地祈求:

---

① 鲁迅:《且介亭杂文·忆韦素园君》,《鲁迅全集》第6卷,第69页。
② 韦素园:《影的辞行》,《韦素园选集》,合肥:安徽文艺出版社1985年版,第53页。

"请飞到伊的窗前,
报道有人幽寂!"

花瓣凄然落地,
好像不愿重行飞去;
于是我又低声疑问:
"是否从伊处飞来,
伊孤独地在窗前啜泣?"①

另一首《时代的北风》前题"狱中草"三字,可见也是狱中所写。对女友的思念是他牢狱生活的最大安慰,也是鼓励他获得自由的希望所在:

潺潺的流水长堤,
　　两岸的杨柳依依,
我们怅然地别了,
　　从此将深深地守着孤寂!

这幽禁使我们忘却春天,
　　春天呵,我们将永远别离!
　　　三月的芳菲繁华,

---

① 台静农:《狱中见落花》,《白沙草　龙坡草》,郑州:海燕出版社2015年版,第128页。

第十一章 "身外的青春"

> 四月的春风老了杨花,
> 　五月的榆钱片片,落在人家,
> 这样春色梦中,我们忍耐的怅望着——
> 　怅望着我们时代的春的新生!

> 友啊,要是没有冬夜的北风,
> 　那里会有春色的萌芽?
> 我们是遇了时代的北风,
> 　这北风将吹开我们时代的好花! ①

未名社社员中唯一不从事翻译的是台静农。其实,他的创作也不多,只是为了支持未名社刊物,且受社友的督促,他才开始小说创作。小说集《地之子》从他的故乡取材,是乡土文学的优秀之作,深得鲁迅赏识。鲁迅在编辑《中国新文学大系》小说二集时,收录他四篇作品。

鲁迅与韦丛芜以及未名社其他青年作家没有在诗歌创作上形成对话,他们的诗意的共振共鸣多集中在翻译文学上。总体上说,他们更倾向于苦闷的、沉郁的、凝重的诗风,喜欢的是安特莱夫、梭罗古勃、陀思妥耶夫斯基的"阴冷"。对此,鲁迅在离开北京后对他们有所提醒,他们自己也做了检讨。李霁野在《鲁迅先生与未名社》中回忆鲁迅对他的指导说:"就我所写的少数短篇小说,

---

① 台静农:《时代的北风》,《白沙草　龙坡草》,郑州:海燕出版社2015年版,第130页。

尤其是《微笑的脸面》,他就曾指出,安特列夫对我的影响有好的一面,也有坏的一面。他说这会钻进牛角尖,最危险不过。他对素园抱着很大的希望,因此惋惜他受了梭罗古勃的太大的不良影响。"① 鲁迅自己曾经有过情绪的阴冷时期,时常自我警惕,并告诫青年作者不要学他。

未名社成员的性格偏于沉实。他们缺少沉钟社的才情,没有狂飙社的高蹈,但勤奋、可靠、温和、忠诚,像大地一样坚实。与他们的交往,鲁迅感到安稳。他在《未有天才之前》的演讲中说:

> 泥土和天才比,当然是不足齿数的,然而不是坚苦卓绝者,也怕不容易做;不过事在人为,比空等天赋的天才有把握。这一点,是泥土的伟大的地方,也是反有大希望的地方。而且也有报酬,譬如好花从泥土里出来,看的人固然欣然的赏鉴,泥土也可以欣然的赏鉴,正不必花卉自身,这才心旷神怡的——假如当作泥土也有灵魂的说。②

鲁迅在面对未名社和狂飙社的矛盾争端时,选择偏向于前者,在他可能有些遗憾,但也是一种必然。时至中年,不可能继续留在浪漫的诗情里,而必须脚踏实地。

---

① 李霁野:《鲁迅先生与未名社》,北京:人民文学出版社1984年版,第204页。
② 鲁迅:《坟·未有天才之前》,《鲁迅全集》第1卷,第177页。

第十一章 "身外的青春"

鲁迅本人曾说,他在广东目睹了大屠杀,原来深信的"青年必胜于老年"的进化论思想彻底轰毁,青年观产生了一次质变。[①]不过,此前的量变也不能忽视——他对青年早已不是完全信任了。他知道,来他这里的青年,有请求指导和帮助的,有愿意合作的,也有心存利用的。他们总尊他为导师,但鲁迅却给他们泼冷水:"我敢说:他们将永远寻不到。寻不到倒是运气;自知的谢不敏,自许的果真识路么?凡自以为识路者,总过了'而立'之年,灰色可掬了,老态可掬了,圆稳而已,自己却误以为识路。假如真识路,自己就早进向他的目标,何至于还在做导师。"[②]在与湖畔、沉钟、狂飙和未名四个文学社团交往的时候,鲁迅已过了"不惑"之年,虽有"战士"的风采,但毕竟相当圆稳而实际,甚至有些"世故"了。他不愿为人指出具体的前进方向,只是想以一个"老青年"的身份与他们联合起来做事。但"忘年"和"忘我"并不容易,合作不顺利的时候常有,反目成仇的事也屡次发生。

[①] 鲁迅:《而已集·答有恒先生》,《鲁迅全集》第3卷,第473页。
[②] 鲁迅:《华盖集·导师》,同上书,第58页。

第十二章

善戏谑兮不为虐

白眼看鸡虫

鲁迅在《一件小事》中写"我"到京城生活工作了六年,"其间耳闻目睹的所谓国家大事,算起来也很不少;但在我心里,都不留什么痕迹,倘要我寻出这些事的影响来说,便只是增长了我的坏脾气,——老实说,便是教我一天比一天的看不起人"。[①]

1926年,鲁迅离开居住了14年的京城,到了厦门,感受如何呢?"北京如大沟,厦门则小沟也,大沟污浊,小沟独干净乎哉?"[②] 大学本有"象牙塔"之称,却弥漫着文人相轻的气氛,充

[①] 鲁迅:《呐喊·一件小事》,《鲁迅全集》第1卷,第481页。
[②] 鲁迅:《261023 致章廷谦》,《鲁迅全集》第11卷,第583页。

第十二章　善戏谑兮不为虐

厦门大学学生欢送辞

斥着钩心斗角的计谋。鲁迅对厦门大学的感受："是一个秘密世界，外面谁也不明白内情。据我所觉得的，中枢是'钱'，绕着这东西的是争夺，骗取，斗宠，献媚，叩头。没有希望的。"①

鲁迅在厦门写了《朝花夕拾》中的几篇，还写了小说《铸剑》，都是很有诗意的作品。但与恋人之间却少有热烈思念的表白，更没有写他曾经讽刺的那种"爱呀死呀"的诗句，甚至连玫瑰、百合之类象征爱情的花卉也不大提起，倒时不时说说龙虱、香蕉之类的南方水果。难道他的恋爱是散文的？非也！恋爱的基调永远是诗的，恋人们即便说的是日常生活，也饱含诗意。是

---

① 鲁迅：《270112 致翟永坤》，《鲁迅全集》第12卷，第13页。

不是分节,是骈是散,只是一种外貌,诗意才是本质。鲁迅写作《野草》期间,没有爱的时候,爱情诗写成了打油诗、讽刺诗;有了爱,散文也有了诗意。"两地书"中的挂念、等待乃至生活琐事都有浪漫情调:"廿七日寄上一信,到了没有?今天是我在等你的信了,据我想,你于廿一二大约该有一封信发出,昨天或今天要到的,然而竟还没有到。所以我等着。"①

鲁迅天天盼望许广平的来信。他觉得邮政所管理混乱,担心来信丢失,所以每天都要去看一下。寄出信时也小心翼翼,因为对邮政所的伙计很不放心——附近有两个邮筒:一个在邮政所内,五点以后进不去;一个在所外。有一次,鲁迅夜里将信投入所外邮筒,但担忧邮政所新来的伙计不及时甚至忘记打开,所以回来又写了一封,准备第二天上午投到所内邮筒。②

鲁迅在厦门写给北京文友的信,也颇有诗意,如《厦门通信(二)》写道:

> 我的住所的门前有一株不认识的植物,开着秋葵似的黄花。我到时就开着花的了,不知道他是什么时候开起的;现在还开着;还有未开的蓓蕾,正不知道他要到什么时候才肯开完。"古已有之","于今为烈",我近来很有些怕敢看他了。还有鸡冠花,很细碎,和江浙的有些不同,也红红黄黄

---

① 鲁迅:《260930 致许广平》,《鲁迅全集》第11卷,第556—557页。
② 鲁迅:《261203 致许广平》,同上书,第641页。

地永是这样一盆一盆站着。

　　我本来不大喜欢下地狱,因为不但是满眼只有刀山剑树,看得太单调,苦痛也怕很难当。现在可又有些怕上天堂了。四时皆春,一年到头请你看桃花,你想够多么乏味?即使那桃花有车轮般大,也只能在初上去的时候,暂时吃惊,决不会每天做一首"桃之夭夭"的。

　　然而荷叶却早枯了;小草也有点萎黄。①

这文字本是写给许广平的信,觉得满意而且不妨公开,便寄出去发表了。

在中山大学,鲁迅除教学之外,行政事务十分繁杂:

　　学校大事,盖无过于补考与开课也,与别的一切学校同。于是点头开会,排时间表,发通知书,秘藏题目,分配卷子,……于是又开会,讨论,计分,发榜。②

鲁迅在南方虽然只有一年时间,但心态变化很大。总体上说,对社会更失望,内心的郁愤更多,特别是在所谓"革命的策源地"的广州,他的梦幻和希望破灭了:

　　我抱着梦幻而来,一遇实际,便被从梦境放逐了,不过

---

① 鲁迅:《华盖集续编·厦门通信(二)》,《鲁迅全集》第3卷,第392页。
② 鲁迅:《三闲集·在钟楼上——夜记之二》,《鲁迅全集》第4卷,第34页。

剩下些索漠。我觉得广州究竟是中国的一部分，虽然奇异的花果，特别的语言，可以淆乱游子的耳目，但实际是和我所走过的别处都差不多的。倘说中国是一幅画出的不类人间的图，则各省的图样实无不同，差异的只在所用的颜色。黄河以北的几省，是黄色和灰色画的，江浙是淡墨和淡绿，厦门是淡红和灰色，广州是深绿和深红。我那时觉得似乎其实未曾游行，所以也没有特别的骂詈之辞，要专一倾注在素馨和香蕉上。①

好在有爱情。

到广州与许广平会合后，不但思念得到抚慰，而且增加了安全感：有人照顾他的生活，为他当翻译，即便遇到党派争端和残杀，两人也可以互相关照，一起躲避和逃脱。

鲁迅曾对许广平说，他不是一个能从事实际革命活动的人，尤其不能当领导者：

> 凡做领导的人，一须勇猛，而我看事情太仔细，一仔细，即多疑虑，不易勇往直前；二须不惜用牺牲，而我最不愿使别人做牺牲（这其实还是革命以前的种种事情的刺激的结果），也就不能有大局面。所以，其结果，终于不外乎用空论来发牢骚，印一通书籍杂志。②

---

① 鲁迅：《三闲集·在钟楼上——夜记之二》，《鲁迅全集》第4卷，第33页。
② 鲁迅：《250331 致许广平》，《鲁迅全集》第11卷，第471页。

因为从旁观察，能看得较为透彻；然而也因为总在观察，就更容易怀疑。他曾这样描述这种失望、怀疑和对失望、怀疑的怀疑：

> 见过辛亥革命，见过二次革命，见过袁世凯称帝，张勋复辟，看来看去，就看得怀疑起来，于是失望，颓唐得很了。民族主义的文学家在今年的一种小报上说，"鲁迅多疑"，是不错的，我正在疑心这批人们也并非真的民族主义文学者，变化正未可限量呢。不过我却又怀疑于自己的失望，因为我所见过的人们，事件，是有限得很的，这想头，就给了我提笔的力量。①

经过各种现实纷扰和心理干扰，鲁迅还保有对爱情和建立小家庭的信心，也就是他的广州观察最后聚焦的"素馨"和"香蕉"——此后，他要照顾自己和小家庭了。

无毒不丈夫

《诗经·卫风·淇奥》："善戏谑兮，不为虐兮。"与人开玩笑而不让人难堪，符合孔子的诗教：诗可以兴观群怨，可以讽刺，但更要"温柔敦厚"——埋怨而不仇恨，乐而不淫，哀而不伤。总之是保守中庸原则，不要过度和偏激。

鲁迅青年时代，看到西方的摩罗诗派的气象风韵，大为佩服，

---

① 鲁迅：《南腔北调集·〈自选集〉自序》，《鲁迅全集》第4卷，第468页。

反观故乡，觉得中国的诗教过于温吞，缺少反抗之音，劝百讽一，难以起到补救时弊、匡正人心的作用。他在《摩罗诗力说》中追溯中国文学史上的反抗精神，一面表彰屈原的"放言无惮，为前人所不敢言"，一面也表达了不满："然中亦多芳菲凄恻之音，而反抗挑战，则终其篇未能见，感动后世，为力非强。"①

鲁迅的讽刺才能，就是在给人起绰号方面也显得很突出。他在《五论"文人相轻"——明术》中介绍了一个现象，并将中国和俄国做了比较。果戈理夸俄国人善于给别人起名号："名号一出，就是你跑到天涯海角，它也要跟着你走，怎么摆也摆不脱。这正如传神的写意画，并不细画须眉，并不写上名字，不过寥寥几笔，而神情毕肖，只要见过被画者的人，一看就知道这是谁；夸张了这人的特长——不论优点或弱点，却更知道这是谁。可惜我们中国人并不怎样擅长这本领。"梁山泊好汉的诨名，或从形体上着眼，如"花和尚鲁智深""青面兽杨志"，或从才能方面下笔，如"浪里白跳张顺""鼓上蚤时迁"，是较浅的方式。鲁迅认为，"批评一个人，得到结论，加以简括的名称，虽只寥寥数字，却很要明确的判断力和表现的才能的。必须切帖，这才和被批判者不相离"。鲁迅还说，论争对手加给自己的名号如"封建余孽""布尔乔亚"等都显得空泛而不准确；至于叠加合成的"无政府主义封建余孽"或"布尔乔亚破锣利己主义者"，更是胡乱拼凑，原因就在于命名者观察不精，因此"品题也不确，所以即使用尽死劲，流完大汗，写了出去，也还是和对方不相干，就是用浆糊粘在他身上，不久也就脱落了"。

---

① 鲁迅：《坟·摩罗诗力说》，《鲁迅全集》第1卷，第71页。

他的结论是:"创作难,就是给人起一个称号或诨名也不易。假使有谁能起颠扑不破的诨名的罢,那么,他如作评论,一定也是严肃正确的批评家,倘弄创作,一定也是深刻博大的作者。"①

鲁迅之所以是文化巨人,就在于思想的深度和文字的精确。他表现出一种洞彻世事的智慧,从反面而言,尝被称为"世故老人"。鲁迅反对用口号、谩骂乃至人格侮辱的方式攻击对手。他有时候讽刺得特别尖刻,但基本上遵守了"谑而不虐"的诗学原则。

鲁迅从少年时代起就言语犀利。因为不满也不屑小弟弟的告密行为,就给他起了个绰号"谗人",出自《诗经·小雅·青蝇》:"谗人罔极,构我二人。"但还没有读过《诗经》的小弟弟不明其义,也许只能从大哥的神态或"谗人"与"建人"的谐音中体会这名号的讽刺性。②

随着阅历的丰富,鲁迅的眼光更加敏锐,话语也愈发尖刻。

在日本留学期间,同乡、同学们多有领教。许寿裳说:"他(鲁迅)的观察很锐敏而周到,仿佛快镜似的使外物不能遁形。因之,他的机智也特别丰富,文章上固然随处可见,谈吐上尤其层出不穷。这种谈锋,真可谓一针见血,使听者感到痛快,有一种涩而甘,辣而腴的味道。……吾友邵铭之听他的谈话,曾当面评为'毒奇'。鲁迅对这'毒奇'的二字评,也笑笑首肯的。"③

---

① 鲁迅:《且介亭杂文二集·五论"文人相轻"——明术》,《鲁迅全集》第6卷,第394、395、396页。
② 本书第二章,第45页。
③ 许寿裳:《亡友鲁迅印象记·仙台学医》,北京:人民文学出版社1953年版,第15—16页。

鲁迅在《学界的三魂》一文中记录他在日本的一次经历：有日本同学问他，中国最有大利的买卖是什么，他答道："造反。"①

鲁迅善于给人起绰号，例如为绍兴同乡邵铭之起的绰号是"熊爷"，因为邵铭之体胖，多胡须，而且去了北海道一所大学读书，北海道多熊，天地人很是相合。在章太炎先生的小学和文学课堂上，他给钱玄同起的绰号是"爬来爬去"（后来年龄增长当然就成了"爬翁"）。这种才能用在诗上，往往会成为讽刺诗或打油诗。流传下来鲁迅留日时期的一些偶然戏笔，显露出他在这方面的才华。如为从革命派转变为保皇派的蒋智由起的绰号"无威仪"和"活剥"蒋智由诗"敢云吾发短，要使此心存"的"敢云猪叫响，要使狗心存"等。②据留日同学回忆，鲁迅写过一首诗讽刺同在日本留学的浙江慈溪人王惕斋。此人反对革命运动，平时喜欢攀龙附凤，巴结权势，对清廷官员迎来送往，趋奉唯恐落后。每有清朝官吏到日本，他就在接待方面狠下功夫，钦差和王爷到来，其忙碌情态更可想见。鲁迅对他很反感，赋诗一首讽刺，传下来的只有两句："钦差唤过王爷叫，忙煞新桥独臂翁。"③王惕斋住在日本东京新桥时，一臂被车马碾断，故平时自称"独臂翁"。钦差指清末曾出使日本的那桐，王爷指出席东京博览会的载振。这首诗差不多是在咒骂，可见当时这位王翁多么令人讨厌。

据沈瓞民回忆，鲁迅还写过一首宝塔诗。当时，东京有一所

---

① 鲁迅：《华盖集续编·学界的三魂》，《鲁迅全集》第3卷，第221页。
② 参见本书第四章。
③ 沈瓞民：《回忆鲁迅早年在弘文学院的片断》，《文汇报》1961年9月23日。

第十二章 善戏谑兮不为虐

中国留学生学习陆军的预备学校,名叫成城学校,学生多为清廷选派的皇亲国戚。其中有些纨绔子弟,无心读书,日常花天酒地,准备期满回国,捞个军官职位"为朝廷效劳"。他们当然是保皇派,平日做出"大将军"派头,摆出"我大清江山"的傲态,蔑视和嘲笑倾向革命的留学生们提出的"自由平等"理念。

> 兵
> 成城
> 大将军
> 威风凛凛
> 处处有精神
> 挺胸肚开步行
> 说什么自由平等
> 哨官营官是我本分①

鲁迅一生讥讽、责骂了很多人,包括郭沫若、田汉、梁实秋、徐志摩等文坛才俊。网络上有一段骂郭沫若的话,有人将著作权归了鲁迅:"远看是条狗,近看是条东洋狗,到了眼前,哦,原来是沫若先生。"虽然鲁迅若在世,可能会说"我的确没有说过"。鲁迅称郭沫若是"才子+流氓",郭沫若反唇相讥,骂鲁迅是"封

---

① 沈瓞民:《回忆鲁迅早年在弘文学院的片断》,《文汇报》1961 年 9 月 23 日。这是不是鲁迅的作品,难以确定。鲁迅成了文豪特别是去世后被尊奉为文化英雄,有些无名主的作品就归在他的名下。

建余孽",实有其事,而骂为狗,就是所谓"谑而虐"了,真实性待考。

鲁迅与人打笔仗,用词生动而准确,如"丧家的资本家的乏走狗""叭儿狗""洋场恶少""四条汉子"等,都让读者眼前一亮,心中一震,随即会心一笑——讽刺对象的特点就很鲜明地留在脑海里了。①

骂人者,人亦骂之。鲁迅北京时期在与甲寅派、现代评论派等的论战中提出了打"落水狗",而对方也将这称呼回赠了他。陈源将鲁迅说成一个爱构陷别人罪状、爱放冷箭、常散布流言、捏造事实、无故骂人、言行不一的刑名师爷形象。陈源认为林语堂画的《鲁迅先生打叭儿狗图》颇能表现鲁迅的官僚气,并且嫌林语堂画作想象力不足,替他构想出一个率众犬狂吠、不断变换主子的"叭儿狗"形象:

> 你看他面上八字胡子,头上皮帽,身上厚厚的一件大氅,很可以表出一个官僚的神情来。不过林先生的打叭儿狗的想象好像差一点。我以为最好的想象是鲁迅先生张着嘴立在泥潭中,后面立着一群悻悻的狗,"一犬吠影,百犬吠声",不是俗语么?可是千万不可忘了那叭儿狗,因为叭儿狗能今天跟了黑狗这样叫,明天跟了白狗那样叫,黑夜的时候还能在暗中猛不防的咬人家一口。

---

① 参见《"丧家的""资本家的乏走狗"》《论"费厄泼赖"应该缓行》《答徐懋庸并关于抗日统一战线问题》等。

第十二章　善戏谑兮不为虐

陈源这里说的"不断变换主子",指的是鲁迅在教育部的经历:"袁世凯称帝,他在教育部,曹锟贿选,他在教育部,'代表无耻的彭允彝'做总长,他也在教育部,甚而至于'代表无耻的章士钊'免了他的职后,他还大嚷'佥事这一个官儿倒也并不算怎样的"区区"'。"①

一般人阅读文字,可能产生这样的印象:周作人温柔敦厚,不像鲁迅刻薄冷峻。其实,周作人也同样尖刻,只是他竭力隐藏刻薄凌厉的面相,刻意以平淡温和示人。1922年8月11日,胡适到八道湾周宅与周氏兄弟交谈,发现了周家某种性格特点的"祖传性":

> 周氏兄弟最可爱,他们的天才都很高。豫才兼有赏鉴力与创造力,而启明的赏鉴力虽佳,创作较少。启明说,他的祖父是一个翰林,滑稽似豫才;一日,他谈及一个负恩的朋友,说他死后忽然梦中来见,身穿大毛的皮外套,对他说:"今生不能报答你了,只好来生再图报答。"他接着谈下去:"我自从那回梦中见他以后,每回吃肉,总有点疑心。"这种滑稽,确有点像豫才。②

这故事鲁迅自然也知道的,所以他在小说中借狂人之口说出从"仁义道德"的字里行间看到"吃人"两个字。

鲁迅的随笔文字也像诗一般简洁锐利,体现出他的"毒奇"眼光。《新青年》的"随感录"专栏为这种独特的文体提供了园

---

① 陈源:《致志摩》,《晨报副刊》1926年1月30日。
② 胡适:《胡适日记全编》第3卷,合肥:安徽教育出版社2001年版,第755页。

地。他对社会现象，或论敌的言论，迅速做出反应，"对于有害的事物，立刻给以反响或抗争，是感应的神经，是攻守的手足。"①他的文章往往抓住对手要害，一击致命，因此被喻为"投枪""匕首"。

鲁迅观察和剖析历史和现实问题深邃而犀利。写于20年代中期的《灯下漫笔》，把中国历史概述成人民想做奴隶而不得和暂时做稳了奴隶的时代：

"时日曷丧，予及汝偕亡！"愤言而已，决心实行的不多见。实际上大概是群盗如麻，纷乱至极之后，就有一个较强，或较聪明，或较狡猾，或是外族的人物出来，较有秩序地收拾了天下。厘定规则：怎样服役，怎样纳粮，怎样磕头，怎样颂圣。而且这规则是不像现在那样朝三暮四的。于是便"万姓胪欢"了；用成语来说，就叫作"天下太平"。

任凭你爱排场的学者们怎样铺张，修史时候设些什么"汉族发祥时代""汉族发达时代""汉族中兴时代"的好题目，好意诚然是可感的，但措辞太绕湾子了。有更其直捷了当的说法在这里——

一，想做奴隶而不得的时代；

二，暂时做稳了奴隶的时代。②

---

① 鲁迅：《且介亭杂文·序言》，《鲁迅全集》第6卷，第3页。
② 鲁迅：《坟·灯下漫笔》，《鲁迅全集》第1卷，第224—225页。

高度凝练的语言,既上升到哲理,又颇具文学色彩,让人立刻想起元代诗人张养浩的《山坡羊·潼关怀古》:"望西都,意踌躇。伤心秦汉经行处,宫阙万间都做了土。兴,百姓苦;亡,百姓苦。"鲁迅的杂感与诗一样,充满了哀伤和怨愤。

读这样的文字当然快意,但快意中也隐藏着危险——只为了说得好,说得痛快,最终却没有行动——鲁迅自己对此也是警惕的。中国的书本上写着很多好话,古人并不是不能写得优美高尚,但做起来却是另一套。关键在于行动。鲁迅在《青年必读书》中说:"我看中国书时,总觉得就沉静下去,与实人生离开。""少看中国书,其结果不过不能作文而已。但现在的青年最要紧的是'行',不是'言'。只要是活人,不能作文算什么大不了的事。"①

而且,鲁迅也担心自己的"有毒"思想给青年人带来负面影响。他在《呐喊·自序》中说不愿让青年人像自己年轻时那么失望和寂寞,在《写在〈坟〉后面》中又写自己从青年读者手中接到买书款时心中的不安:"还记得三四年前,有一个学生来买我的书,从衣袋里掏出钱来放在我手里,那钱上还带着体温。这体温便烙印了我的心,至今要写文字时,还常使我怕毒害了这类的青年,迟疑不敢下笔。"② 当得知一些中小学国文老师将《呐喊》作为教材时,他表示反对。③

---

① 鲁迅:《华盖集·青年必读书》,《鲁迅全集》第3卷,第12页。
② 鲁迅:《坟·写在〈坟〉后面》,《鲁迅全集》第1卷,第301页。
③ 孙伏园:《关于鲁迅先生》,《晨报副刊》1924年1月12日。

城头变幻大王旗

鲁迅的南下，一方面因为"写文章写得倦了"，一方面也因为对文章的作用产生疑惑。当然，更重要的是生活状态的改变——结束单身状态。如此说来，他南下首先并不是为了革命，而是为了恋爱，为建立新家庭做准备。无疑，对北方官气很重的环境的厌烦和痛恨，让他对南方的革命多少有些好感和期盼。

鲁迅关心北伐，更关心在广州加入了国民党的许广平。他对政党活动不但不热心，甚至是怀疑和厌恶的。实际上，他对政党斗争情况不太清楚——他是到了广州才知道一些内幕的。[①]

文化人怀着改造社会甚至改良人性的理想，竭力鼓吹革命，政党的领袖为了夺取执政权，急需文化人为之效力。北伐军兴，形势大好，一时间便有很多文人学者如郭沫若、郁达夫等云集"革命的策源地"广州。

然而，在广州，鲁迅又看到掌握武器的成功者即所谓英雄的手段，无非不择手段，排挤倾轧，残酷杀戮，争来争去，"城头变幻大王旗"，让他实地感受了政治斗争的残酷和血腥。国共合作破裂，一场大屠杀后，鲁迅愤然辞去中山大学一切职务。1927年7月23日和26日，鲁迅到广州夏期学术讲演会演讲《魏晋风度及文章与药及酒之关系》，介绍魏晋时代以曹操、建安七

---

① 鲁迅：《而已集·通信》，《鲁迅全集》第3卷，第469页。

子和竹林七贤为代表的文学风格和文人的生活态度,分析魏晋时期文学与政治的关系。他对敢于反抗旧礼教的嵇康、阮籍等给予同情和理解,而对曹操及司马氏捏造罪状、铲除异己的恶行予以揭露,影射国民党右派屠杀共产党人的暴行。鲁迅1928年12月30日致陈濬信说:"弟在广州之谈魏晋事,盖实有慨而言。"①

鲁迅在《通信》一文中列举自己在广州的种种遭遇,指出国民党正在试图进行全面的"统制"——主要是思想管控:"我又仿佛感到有一个团体,是自以为正统,而喜欢监督思想的。我似乎也就在被监督之列,有时遇见盘问式的访问者,我往往疑心就是他们。"②

1927年9月4日,鲁迅在《答有恒先生》中对自己这段时间的思想变化做了总结,"现在沉默的原因,却不是先前决定的原因,因为我离开厦门的时候,思想已经有些改变",并说在经历了白色恐怖后,自己的一种妄想破灭了:"我至今为止,时时有一种乐观,以为压迫,杀戮青年的,大概是老人。这种老人渐渐死去,中国总可比较地有生气。现在我知道不然了,杀戮青年的,似乎倒大概是青年,而且对于别个的不能再造的生命和青春,更无顾惜。"③在"思路轰毁"后,鲁迅调整心态,重新看待自己和这个世

---

① 鲁迅:《281230致陈濬》,《鲁迅全集》第12卷,第143页。
② 鲁迅:《而已集·通信》,《鲁迅全集》第3卷,第469页。
③ 鲁迅:《而已集·答有恒先生》,同上书,第473页。

界:"总而言之,现在倘再发那些四平八稳的'救救孩子'似的议论,连我自己听去,也觉得空空洞洞了。"①

一个新政权即将登台,"英雄们"的真面目已经显露,而文人们的处境是越来越危险了。

1927年10月,鲁迅携许广平定居上海。

乌乎噫嘻

鲁迅明白自己不是"登高一呼应者云集"的领导者,并不想做拿破仑似的英雄。但现实社会中,人们崇拜英雄并且崇拜成功的英雄——无论他原本是流氓、无赖——"所以中国一向就少有失败的英雄,少有韧性的反抗,少有敢单身鏖战的武人,少有敢抚哭叛徒的吊客;见胜兆则纷纷聚集,见败兆则纷纷逃亡。"②

文人学者对社会的影响力,从眼前和实际看,不如政治家、军事家,如鲁迅在黄埔军校的演讲所说:

> 中国现在的社会情状,止有实地的革命战争,一首诗吓不走孙传芳,一炮就把孙传芳轰走了。自然也有人以为文学于革命是有伟力的,但我个人总觉得怀疑,文学总是一种余

---

① 鲁迅:《而已集·答有恒先生》,《鲁迅全集》第3卷,第476—477页。
② 鲁迅:《华盖集·这个与那个》,同上书,第152—153页。

裕的产物,可以表示一民族的文化,倒是真的。

人大概是不满于自己目前所做的事的,我一向只会做几篇文章,自己也做得厌了,而捏枪的诸君,却又要听讲文学。①

这或者是客气话,其实,听众"诸君"的枪炮也不一定对社会带来多大的改变,结果可能只是多杀了一些人而已。拿破仑似的英雄,更是踩着无数的尸体成就了"英名"。

在广州的惊心动魄的杀戮场景过后,鲁迅写下不少箴言一样的文字。《小杂感》尤其精警,其中有这样一则:

要上战场,莫如做军医;要革命,莫如走后方;要杀人,莫如做刽子手。既英雄,又稳当。②

1930年9月1日,鲁迅将这个意思以诗句的形式写给许广平的表妹冯蕙熹:

杀人有将,救人为医。
杀了大半,救其孑遗。
小补之哉,乌乎噫嘻!

---

① 鲁迅:《而已集·革命时代的文学》,《鲁迅全集》第3卷,第442页。
② 鲁迅:《而已集·小杂感》,同上书,第554页。

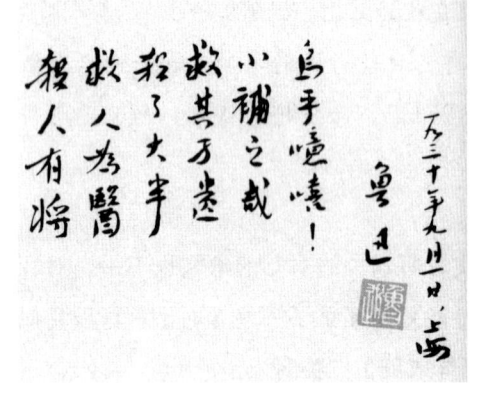

鲁迅题赠冯蕙熹

冯蕙熹1927年进入北京协和医学院，1932年毕业后在协和医院当眼科医生。鲁迅题诗时，她是该校三年级学生。

冯蕙熹的同学吴世昌这样介绍此诗发现的经过："一九三三年，有一个同学拿一本册子来，指定要我在上面写下一篇我的已经发表的短文。但这册子并不是这位同学自己的。她是受了另一个朋友之托来转请我写的。这个朋友是当时北京协和医学院的医生冯蕙熹。"[1]

鲁迅在广州的经验是这首诗的素材。他在《革命时代的文学》中说："有实力的人并不开口，就杀人，被压迫的人讲几句话，写几个字，就要被杀。"[2] 当然，有杀人的，也有救人的："杀人有将，救人为医"，但杀人容易救人难，杀人速度快，救人速度慢，"杀了大半，救其孑遗"。青年鲁迅曾信奉医学救人、科学救国的理

---

[1] 吴世昌：《鲁迅集外的四言诗》，《天津晚报》1962年12月23日。1976年1月《文物·革命文物特刊》正式发表这首诗时，附有手迹照片。

[2] 鲁迅：《而已集·革命时代的文学》，《鲁迅全集》第3卷，第436页。

念,但在日本仙台学医期间"幻灯事件"的刺激下弃医从文。如今,又一代青年人抱着医学救国的热心,请求前辈指示。鲁迅此时一定想起了《呐喊·自序》中那段自述弃医从文原因的话:

> 我便觉得医学并非一件紧要事,凡是愚弱的国民,即使体格如何健全,如何茁壮,也只能做毫无意义的示众的材料和看客,病死多少是不必以为不幸的。所以我们的第一要著,是在改变他们的精神,而善于改变精神的是,我那时以为当然要推文艺,于是想提倡文艺运动了。①

他当然不能劝这位学生从文,于是就"实话实说":医生的工作只是"小修小补"。

历史上,许多杀人者被世人礼赞,许多功德无量的救人者却被淡忘,实在荒谬。几年后,1934年11月6日,鲁迅写下《拿破仑与隋那》:"要得称赞,最好是杀人……我想,这是真的。拿破仑的战绩,和我们什么相干呢,我们却总敬服他的英雄。甚而至于自己的祖宗做了蒙古人的奴隶,我们却还恭维成吉思;从现在的纳字眼睛看来,黄人已经是劣种了,我们却还夸耀希特拉。因为他们三个,都是杀人不眨眼的大灾星。"②而另一方面,英国医生隋那虽然发明了牛痘接种,"在世界上真不知救活了多少孩

---

① 鲁迅:《呐喊·自序》,《鲁迅全集》第1卷,第439页。
② 鲁迅:《且介亭杂文·拿破仑与隋那》,《鲁迅全集》第6卷,第146页。

子……但我们有谁记得这发明者隋那的名字呢?"鲁迅的结论是:

> 杀人者在毁坏世界,救人者在修补它,而炮灰资格的诸公,却总在恭维杀人者。
> 这看法倘不改变,我想,世界是还要毁坏,人们也还要吃苦的。①

文章的主旨与这首小诗异曲同工。

鲁迅这个时期还写下"夜记"之一的《虐杀》,痛斥当局"屠戮之凶",断言政治给民众带来的戕害甚于疾病。②当一个人的文字带着愤怒的时候,还觉得有希望尚可为,而当文字带着滑稽和调侃的时候,就是绝望即将或者已经到来了。1928年10月,鲁迅编辑在南方辗转期间所写的杂感成《而已集》,取来《华盖集续编》末尾的一段话作为《题辞》:

> 这半年我又看见了许多血和许多泪,
> 然而我只有杂感而已。
>
> 泪揩了,血消了;
> 屠伯们逍遥复逍遥,

---

① 鲁迅:《且介亭杂文·拿破仑与隋那》,《鲁迅全集》第6卷,第146页。
② 鲁迅:《二心集·做古文和做好人的秘诀》,《鲁迅全集》第4卷,第277页。

> 用钢刀的，用软刀的。
> 然而我只有"杂感"而已。
>
> 连"杂感"也被"放进了应该去的地方"时，
> 我于是只有"而已"而已！①

"而已"两个字，就是"乌乎噫嘻"的另一种表达。从1926年到1928年，鲁迅经历了人生中最后也是最激烈的一次暴力革命，党派斗争酿成"杀杀杀"的惨剧，很多青年包括自己的学生丢掉了性命。此后，愤怒的情绪和讽刺的笔调在鲁迅笔下渐渐浓重起来。

烟花场上没人惊

1924年秋，北京女子师范大学学生驱逐校长杨荫榆的斗争，达到了高潮。5月20日，杨荫榆公开发表《对于暴烈学生之感言》，批评发动学潮的学生，并为开除学生等措施辩护。6月2日的《晨报》上出现了汪懋祖致全国教育界的意见书，为杨荫榆辩护，呼吁师生不要"相煎"。6月5日，鲁迅写了《咬文嚼字（三）》进行反击，其中包含一首"活剥诗"："据考据学家说，这曹子建的《七步诗》是假的。但也没有什么大相干，姑且利用它

---

① 鲁迅：《而已集·题辞》，《鲁迅全集》第3卷，第425页。

来活剥一首,替豆萁伸冤。"① 曹植的《七步诗》是真实事件还是传说,至今尚有争论,但该诗及其故事流传久远:曹操死后,曹丕继位,但从小志向远大且富有学识的曹植对他是一个很大的威胁。据《世说新语·文学》记载:"文帝尝令东阿王七步中作诗,不成者行大法,应声便为诗曰:'煮豆持作羹,漉菽以为汁。萁在釜下燃,豆在釜中泣。本自同根生,相煎何太急。'帝深有惭色。"

鲁迅从《七步诗》中"活剥"出来《豆萁歌》,被后人称为"替豆萁伸冤":

> 煮豆燃豆萁,萁在釜下泣——
> 我烬你熟了,正好办教席!②

鲁迅将原诗的"豆在釜中泣"改为"萁在釜下泣"。"豆"比喻大学当局,"萁"比喻学生,学生的苦痛成就了学校当权者的地位和威望。本来师生的关系利害攸关,应该相辅相成,此时此地却形成对立,一方要毁掉另一方,让人心寒。鲁迅认为所谓"有尊长之心"的杨荫榆等人在以办教育为名,行残害学生之实。全诗前两句文言,后两句白话,形成对照,幽默诙谐中蕴含悲愤。

北京女子师范大学的一些学生对杨荫榆很反感,许广平是坚决反对者之一,曾被开除学籍。她这样描绘杨荫榆:"在人们的

---

① 鲁迅:《华盖集·咬文嚼字(三)》,《鲁迅全集》第3卷,第92页。
② 同上。

第十二章　善戏谑兮不为虐

印象中就只见那扎着白头绳的带子的人，穿着黑花缎的旗袍和斗篷，像一个阴影的移来移去，如果有人真个去请教时，据说又有事出去了。否则，她的卧室就在校舍的幽静的一角，学生们除了去开储藏室的门，是不会听到紧邻的她的房间的喊喊喳喳，低声媚笑的。"①

曹子建的《七步诗》讲的只是兄弟不和，汪懋祖用其豆相煎的典故，把本是杨荫榆等对学生的迫害说成学生反对和驱逐杨荫榆——学生成了烧人的"萁"，杨荫榆倒成了被烧的"豆"了。鲁迅的诗文锋芒指向以杨荫榆为代表的营垒，立场鲜明。

在杂感《"碰壁"之后》中，鲁迅针对杨荫榆借请客吃饭"解决种种重要问题"的托词有一段生动的描述和尖刻的嘲讽："我吸了两支烟，眼前也光明起来，幻出饭店里电灯的光彩，看见教育家在杯酒间谋害学生，看见杀人者于微笑后屠戮百姓，看见死尸在粪土中舞蹈，看见污秽洒满了风籁琴，我想取作画图，竟不能画成一线。"②虽有电灯光，似乎透明，实则暗箱操作。

鲁迅对中国诗歌发展史的看法与章太炎先生的观点相近——退化论。章太炎在《国故论衡·辨诗》中认为"唐以后诗，但以参考史事存之可也，其语则不足诵"，"宋世诗势已尽"：

> 故其吟咏情性，多在燕乐。今词又失其声律，而诗龙

---

① 许广平：《欣慰的纪念》，北京：人民文学出版社1981年版，第36页。
② 鲁迅：《华盖集·"碰壁"之后》，《鲁迅全集》第3卷，第76—77页。

奇愈甚。考征之士，睹一器，说一事，则纪之五言。陈数首尾，比于马医歌括。及曾国藩自以为功，诵法江西诸家，矜其奇诡，天下鹜逐。古诗多诘诎不可诵，近体乃与杯珓谶辞相等。①

既然好诗在唐代已经作完，后人只好生吞"活剥"，依样画葫芦，袭取模仿。这当然是过于绝对的论断，中国诗歌发展之路不至于这么狭窄。"活剥"之作本身，也是诗歌传统的一部分，为诗坛增添了不少佳话。"活剥"有顺原诗之意者，也有反其意者。晚明张岱的《陶庵梦忆》卷六"噱社"条："沈虎臣出语尤尖巧。仲叔候座师收一帽套，此日严寒，沈虎臣嘲之曰：'座主已收帽套去，此地空余帽套头。帽套一去不复返，此头千载冷悠悠。'"②章太炎也"活剥"过此诗。喻血轮《绮情楼杂记》载："项城欲称帝，黎元洪被软禁瀛台，太炎尝改昔人诗吊之！诗云：'此人已化黄鹤去，此地空余黄鹤楼。黄鹤一去不复返，白狼千载空悠悠。晴川历历汉阳树，芳草萋萋白鹭洲。日暮乡关何处是，黄兴门外使人愁。'项城因是防之益严。"③

郭沫若反其意"活剥"过《七步诗》，题目就叫《反七步诗》：

---

① 章太炎：《国故论衡·辨诗》，长春：吉林出版集团股份有限公司2017年版，第125页。
② 张岱：《陶庵梦忆 西湖梦寻》，南京：江苏凤凰文艺出版社2019年版，第69页。
③ 喻血轮：《绮情楼杂记》，北京：中国长安出版社2010年版，第58页。

> 煮豆燃豆萁,豆熟萁已灰。
> 熟者席上珍,灰作田中肥。
> 不为同根生,缘何甘自毁?

郭沫若认为曹植虽然"粲溢今古,卓尔不群",但性格不好,骄纵任性,恃才傲物,作品中毛病亦复不少,"形式多出于摹仿,而且痕迹异常显露"。他在《论曹植》中说,《七步诗》"站在豆的一方面说,固然可以感觉到萁的煎迫未免过火;如果站在萁的一方面说,不又是富于牺牲精神的表现吗?"[①] 于是,他的《反七步诗》意在歌颂豆萁"燃烧自己"的奉献精神。然而,为反而反,故意拗调,是会堕入没话找话、"为做诗而做诗"的恶趣的。

鲁迅还以"活剥"的方式写外国作家,如吊卢骚:

> 脱帽怀铅出,先生盖代穷。
> 头颅行万里,失计造儿童。[②]

剥的是王士禛的《咏史小乐府》:"长揖横刀出,将军盖代雄。头颅行万里,失计杀田丰。"王诗咏袁绍,鲁诗吊卢梭。怀铅,即从事著述。南朝梁沈约《到著作省谢表》:"臣艺不博古,学谢专家,乏怀铅之志,惭梦肠之术。"

---

① 郭沫若:《论曹植》,《历史人物》,北京:文津出版社2021年版,第35、40页。
② 鲁迅:《三闲集·头》,《鲁迅全集》第4卷,第93页。

杂感《学生和玉佛》中也有一首"活剥"之作：

寂寞空城在，仓皇古董迁，
头儿夸大口，面子靠中坚。
惊扰讵云妄？奔逃只自怜：
所嗟非玉佛，不值一文钱。①

同名杂感《学生和玉佛》发表在1933年《论语》半月刊第11期。该文编入《南腔北调集》时，鲁迅对诗做了修饰，将"头儿吹大话"改为"头儿夸大口"；诗前"'堕落文人'周动轩先生见之，有诗歌曰"改为"有诗叹曰"，少数标点也做了改动。

1933年的一首吊大学生的诗出自杂感《崇实》，"活剥"得也颇为生猛：

阔人已骑文化去，此地空余文化城。
文化一去不复返，古城千载冷清清。
专车队队前门站，晦气重重大学生。
日薄榆关何处抗，烟花场上没人惊。②

这是"活剥"唐代诗人崔颢《黄鹤楼》的——沈虎臣和章太炎

---

① 鲁迅：《南腔北调集·学生和玉佛》，《鲁迅全集》第4卷，第491页。
② 鲁迅：《伪自由书·崇实》，《鲁迅全集》第5卷，第14—15页。

"活剥"过的。可见，原诗越有名，效果就越好。

事情的原委是：1932年10月间，日军进逼关内，华北危急，北平文教界江瀚等30多人向国民党政府呈送意见书，以北平保存有"寄付着国家命脉，国民精神的文化品物"和"全国各种学问的专门学者，大多荟萃在北平"为由，要求"明定北平为文化城"，将"北平的军事设备挪开"，用不设防来求得北平免遭炮火。这实在是一种不得已的策略，但让一般民众不满，也给反政府人士以口实。

1933年1月日本侵占山海关后，国民党政府为"减少日军目标"，将历史语言研究所、故宫博物院等收藏的古物分批从北平运至南京、上海。1月28日，教育部电令北平各大学，不准大学生逃难。鲁迅在《学生和玉佛》中引用电令："据各报载榆关告紧之际，北平各大学中颇有逃考及提前放假等情，均经调查确实。查大学生为国民中坚份子，讵容妄自惊扰，败坏校规，学校当局迄无呈报，迹近宽纵，亦属非是。仰该校等迅将学生逃考及提前放假情形，详报核办，并将下学期上课日期，并报为要。"古物隆重运走，人员却不得移动。大学生只好"所嗟非玉佛，不值一文钱"了。

这两首"活剥"之作针对的是同一件事。

何妨赌肥头

鲁迅旧体诗不只有"活剥"，还有"谑语"，多见于"打油诗"。"打油"之作宜于用俚俗字面，或流行的"新名词"之类。

当讽刺的笔尖对准文化人士时,鲁迅似乎更得心应手,因为这是他熟悉的领域,了解内情。1932年,他连续作了四首《教授杂咏》:

作法不自毙,悠然过四十。
何妨赌肥头,抵当辩证法。

可怜织女星,化为马郎妇。
乌鹊疑不来,迢迢牛奶路。

世界有文学,少女多丰臀。
鸡汤代猪肉,北新遂掩门。

名人选小说,入线云有限。
虽有望远镜,无奈近视眼。[1]

1932年12月29日鲁迅日记载:"午后为梦禅及白频写《教授杂咏》各一首",[2] 即本诗第一首和第二首。同月31日,许寿裳来访:"(那天)我经过上海去访鲁迅,不记得怎么一来,忽而谈到旧诗。我问他还有工夫做旧诗么,他答道偶尔玩玩而已,就立

---

[1] 鲁迅:《集外集拾遗·教授杂咏》,《鲁迅全集》第7卷,第459页。
[2] 《鲁迅全集》第16卷,第340页。

刻取了手头的劣纸，写了许多首旧作给我看。"① 其中就有《教授杂咏》四首。可见，鲁迅1932年已经完成了四首诗的创作。

第一首写钱玄同。钱玄同是新文化运动的干将，曾经十分勇猛，但后来渐趋平和，在大学讲坛和书斋里过上安静生活。由于多重原因，他与鲁迅的关系越来越紧张，终至于见面无话可说。1932年鲁迅回北平探亲，时任北平师范大学国文系主任的钱玄同听说学生要去请鲁迅来讲演，怒气冲冲地说："要是鲁迅来师大讲演，我这个主任就不再当了。"他还在学校里说："头可断，辩证法不可开课。"鲁迅在1934年5月10日给台静农的信中说："北平诸公，真令人齿冷，或则媚上，或则取容，回忆五四时，殊有隔世之感。"②钱玄同正是"诸公"之一。钱玄同在思想激进的时代曾说过："人过四十，就该枪毙。"但他现在早已过了四十，却还活着。鲁迅就将中国成语"作法自毙"送给他，而且加上"悠然"两个字，是说他现在活得很滋润，身体发福。既然如此，就用肥头当作赌注来抵挡"辩证法"课程吧。

钱玄同曾是鲁迅的挚友，留学东京时期的同学，新文化运动时期的战友，不但批评文章犀利、幽默，而且是著名学者，在音韵学等方面贡献巨大。晚年，在日本侵略军进入华北后，他坚持民族立场，誓不与敌伪当局合作。鲁迅早逝，当然不知道他晚节忠贞。如此讽刺，读来略觉有伤厚道——鲁迅生前并没有发表这首诗。

---

① 许寿裳：《我所认识的鲁迅·怀旧》，北京：人民文学出版社1959年版，第27页。
② 鲁迅：《340510 致台静农》，《鲁迅全集》第13卷，第96页。

第二首写赵景深。赵景深,四川宜宾人,当时是复旦大学教授。1929年,梁实秋在《论鲁迅先生的"硬译"》中说:"部分的曲译即使是错误,究竟也还给你一个错误,这个错误也许真是害人无穷的,而你读的时候究竟还落个爽快。死译就不同了:死译一定是从头至尾的死译,读了等于不读,枉费时间精力。"①鲁迅写了《"硬译"与"文学的阶级性"》一文为自己辩解,称自己翻译外国理论著作是在"窃火给人",须忠于原作,"倘有曲译,倒反足以有害"。②赵景深在《论翻译》一文中申述:"译得错不错是第二个问题,最要紧的是译得顺不顺。倘若译得一点也不错,而文字格里格达,吉里吉八,拖拖拉拉一长串,要折断人家的嗓子,其害处当甚于误译。""所以,严复的'信''达''雅'三个条件,我认为其次序应该是'达''信''雅'。"③赵景深的言论是偏向梁实秋主张的。鲁迅因此将攻击硬译的人分为三代:祖师是梁实秋教授,徒弟是赵景深教授,接下来是一位大学生杨晋豪。他概括赵景深的主张是"与其信而不顺,不如顺而不信"。但鲁迅指出赵景深误译很多,造成曲解很严重。例如,赵景深在《小说月报》上刊出《国外文坛消息》,介绍德国作家 F. Thiess 的四部曲《离开了乐园》《世界之门》《健身》和《半人半牛怪》。四部作品两

---

① 梁实秋:《论鲁迅先生的"硬译"》,《新月》1929年9月10日第2卷第6、7期合刊。
② 鲁迅:《二心集·"硬译"与"文学的阶级性"》,《鲁迅全集》第4卷,第214页。
③ 赵景深:《论翻译》,《读书月刊》1931年3月第1卷第6期。

部名称译错:《健身》应译为《魔鬼》,《半人半牛怪》应译为《半人半马怪》。他还在翻译契诃夫小说《万卡》时,将英文 Milky Way(银河)误译为"牛奶路"。鲁迅写了《风马牛》一文,斥责他"遇马发昏,爱牛成性,有些'牛头不对马嘴'",指出他的"宁达而不信"论调实际上是在主张"乱译"。① 这首诗也抓住赵景深的翻译错误,说织女本来是牛郎的妻子,在赵景深笔下却"化为马郎妇";还把银河译成"迢迢牛奶路",那恐怕将导致"乌疑不来"了。

在翻译问题争论以后,鲁迅仍与赵景深保持联系,还为他编辑的刊物撰稿。

第三首写章衣萍。章衣萍曾在北京大学听过鲁迅的课,曾给《语丝》投稿。1926年以后到上海,先后任暨南大学文学院教授、北新书局撰稿人。他曾在介绍世界文学名著时说:"我们觉得中国新文坛上,创作的作品,是一天少一天了,无聊的废话是一天多一天。我们大家都少说些废话,多写东西吧。"② 不过,他自己写的一些文字如《情书一束》《枕上随笔》之类,颇遭人诟病。如"中国文豪的世界文学知识,都是从欧美日本几种报纸杂志得来的,他们只懂得些人的名字与书的大纲",口气很大。还有"懒人的春天哪!我连女人的屁股都懒得去摸了!"③之类,被人讥为"摸屁

---

① 鲁迅:《二心集·风马牛》,《鲁迅全集》第4卷,第355—356页。
② 章衣萍:《章衣萍集:随笔三种及其他》,上海:汉语大词典出版社1993年版,第131页。
③ 有人说是章衣萍的句子,也有人说是湖畔诗人汪静之的句子,章只是引用。

股诗人"。他编了一些通俗读物,向北新书局支取大量稿费,颇为得意,宣称"钱多了可以不吃猪肉,大喝鸡汤"。鲁迅的诗句"世界有文学""少女多丰臀",便是将他这些言论集中起来加以讽刺。但最后一句提到北新关门,可能会让读者联想为章衣萍说了猪肉一词让北新书局背锅遭殃。实际情况是,1932年北新书局出版了一本民间故事《小猪八戒》,其中有情节引起回民的不满和聚众抗议,闹得沸沸扬扬,致使当年10月北新停止营业。[①]但《小猪八戒》的作者并不是章衣萍,而叫朱扬善。鲁迅在风波发生后总结其得失说:"此次回教徒之大举请愿,有否他故,所不敢知。其实自清朝以来,冲突本不息止,新甘二省,或至流血,汉人又油腔滑调,喜以秽语诬人,及遇寻仇,则延颈受戮,甚可叹也。北新所出小册子,弟尚未见,要之此种无实之言,本不当宣传,既启回民之愤怒,又导汉人之轻薄,彼局有编辑四五人,而悠悠忽忽,漫不经心,视一切事如儿戏,其误一也。及被回人代表诘责,弟以为惟有直捷爽快,自认失察,焚弃存书,登报道歉耳。而彼局又延宕数日(有事置之不理,是北新老手段,弟前年之几与涉讼,即为此),迨遭重创,始于报上登载启事,其误二也。"[②]可见此事与章衣萍无关。鲁迅的意思不外乎,北新出版章衣萍编写的无聊图书,闹得乌烟瘴气,关门是必然结局。

从1930年起,鲁迅与章衣萍就再也没有联系了。

---

① 鲁迅:《321103致许寿裳》,《鲁迅全集》第12卷,第335页。
② 同上。

第十二章　善戏谑兮不为虐

第四首写复旦大学教授谢六逸。谢六逸编《模范小说选》，选录鲁迅、茅盾、叶绍钧、冰心、郁达夫的作品，1933年3月由上海黎明书局出版。他在《自序》中写道："在号称革命的人看来，文学原是末流，最要紧的是'意识正确'，且须懂得'拥护自身阶级的利益'。不过，愚意以为新八股写得太多了，也许要妨害'意识的正确'，甚或不免减少'拥护自身阶级利益'的力量。我们的希望很简单，不但要大家的'意识正确'，'能拥护自身阶级的利益'，更盼望他们少写几句新八股文，不要一味模仿他人；须能自铸新辞才好。"意在拿这五位作家与"革命文学"作家对照。还说："翻开坊间出版的中国作家辞典一看，我国的作家快要凑足五百罗汉之数了。但我在这本书里只选了五个作家的作品，我早已硬起头皮，准备别的作家来打我骂我。而且骂我的第一句话，我也猜着了。这句骂我的话不是别的，就是'你是近视眼啊'，其实我的眼睛何尝近视，我也曾用过千里镜在这沙漠地带，向各方面眺望了一下。国内的作家无论如何不止这五个，这是千真万确的事实。不过现在我所做的是'匠人'的工作，匠人选择材料时，必要顾到能不能上得自己的'墨线'，我选择的结果，这五位作家的作品可以上我的'墨线'，所以我要'唐突'他们的作品一下了。"① 于是，鲁迅除了讽刺"望远镜（千里镜）"和"近视眼"外，还有"名人选小说，入线云有限"。

谢六逸后来多次写信给鲁迅，希望鲁迅为他编的报纸写稿，鲁

---

① 谢六逸：《模范小说选·自序》，上海：黎明书局1933年版，第2—4页。

迅均婉言拒绝。他对鲁迅是有善意和尊重的——他编纂的中国现代小说选本收录鲁迅作品最多。鲁迅去世，他作《挽鲁迅先生》：

> 鲁鸡啼甫旦，迅尔溘然逝！
> 先路千千言，生年五五岁。
> 精心何洁白，神志特坚锐。
> 不料乍西归，死哀人尽涕。①

是一首藏头诗，合成"鲁迅先生精神不死"。

刀笔儒酸浪得名

1936年2月1日，鲁迅在给黎烈文的信中说："对于讽刺文学，中国人是其实不大欢迎的。"② 因为中国人所受的诗教是"温柔敦厚"，讲和气，爱面子，受不了因而也就讨厌讽刺。鲁迅在《从讽刺到幽默》中写道：

> 讽刺家，是危险的。
> 假使他所讽刺的是不识字者，被杀戮者，被囚禁者，被压迫者罢，那很好，正可给读他文章的所谓有教育的智

---

① 无堂（谢六逸）：《挽鲁迅先生》，《立报》1936年10月25日副刊"言林"。谢时任副刊主编。
② 鲁迅：《360201 致黎烈文》，《鲁迅全集》第14卷，第17页。

第十二章 善戏谑兮不为虐

识者嘻嘻一笑,更觉得自己的勇敢和高明。然而现今的讽刺家之所以为讽刺家,却正在讽刺这一流所谓有教育的智识者社会。

因为所讽刺的是这一流社会,其中的各分子便各各觉得好像刺着了自己,就一个个的暗暗的迎出来,又用了他们的讽刺,想来刺死这讽刺者。①

鲁迅是要讽刺"所谓有教育的智识者社会"的。他对幽默并不感兴趣——虽然他是很幽默的人。他批评当时流行的幽默文学说:

我想:这便是去年以来,文字上流行了"幽默"的原因,但其中单是"为笑笑而笑笑"的自然也不少。

然而这情形恐怕是过不长久的,"幽默"既非国产,中国人也不是长于"幽默"的人民,而现在又实在是难以幽默的时候。于是虽幽默也就免不了改变样子了,非倾于对社会的讽刺,即堕入传统的"说笑话"和"讨便宜"。②

1932年5月13日,鲁迅在给增田涉的信中明言中国缺少幽默:"你在《世界幽默全集》中负责中国部分,这很好。但也是很大的难题。中国究竟有无'幽默'作品?似乎没有。多是一些拙

---

① 鲁迅:《伪自由书·从讽刺到幽默》,《鲁迅全集》第5卷,第46页。
② 同上书,第47页。

劣鄙野之类的东西。……中国没有幽默作家，大抵是讽刺作家。"①该书收入鲁迅两篇作品：《阿Q正传》和《幸福的家庭》。

鲁迅晚年，一直没有从大屠杀的阴影中走出来，对党派、当局和社会采取了一种不信任的态度。而且，他在上海日夜劳作，靠著译养家糊口，身体透支，难得悠闲，不愿幽默。悲愤淤积，更导致牢骚增多，恶意加大。

1932年3月31日，鲁迅应姚蓬子之约写了《赠蓬子》一诗，戏谑对方的长相（朝天大鼻孔），虽有失厚道，但考虑到两人同属左翼，又较为熟悉，也就不算冒犯了：

蓦地飞仙降碧空，云车双辆挈灵童。
可怜蓬子非天子，逃去逃来吸北风。②

姚蓬子是浙江诸暨（今属绍兴）人。"飞仙"指穆木天的妻子麦广德。"云车"是仙人所乘的车，典出王翰《峨眉怨》："王母嫣然感君意，云车羽旆欲相迎。""灵童"是对麦广德的儿子的戏称。"天子"本指古代神话中驾八骏西游的穆天子即周穆王，此处戏称穆木天。穆木天也是左联成员。战争爆发后，穆木天的妻子联系不上丈夫，情急之中，雇了两辆人力车，到处寻找。找到了姚蓬子家，没有找到穆木天，姚蓬子遂陪同麦广德母子到鲁迅寓所寻找。

---

① 鲁迅：《320513致增田涉》，《鲁迅全集》第14卷，第207—208页。
② 鲁迅：《集外集拾遗·赠蓬子》，《鲁迅全集》第7卷，第457页。

第十二章 善戏谑兮不为虐

鲁迅根据麦广德母子在战乱中避难寻亲的经历写成此诗，戏谑地把坐人力车的麦氏比作乘云车的"飞仙"，携着"灵童"突然降临。天子和蓬子恰好相对。"逃去逃来吸北风"既是写麦广德，也是写姚蓬子。麦广德到姚蓬子家，没有见到丈夫，因无处投奔，向姚蓬子提出暂时借住。姚蓬子没有答应，说他自己还要出去借宿，不能留宿他人。结果麦氏只好出去"吸北风"。①从姚蓬子这一面来说也是如此，生活同样艰难，也要投宿他方，也将要喝西北风，而且，他吸起来更畅快，因为他长了一对朝天的大鼻孔——鲁迅暗示其相貌特征，可谓"恶谑"。《绮情楼杂记》记载胡适有诗嘲弄杨杏佛的大鼻子："人人有鼻子，独君大得凶，直悬一座塔，倒挂两烟囱，亲嘴全无分，闻香大有功，江南一喷嚏，江北雨濛濛。"②两人是十分亲密的朋友，谑而不虐，当事人看了不但不生气，反而视为知言——还留作后世的美谈。

人生在世，有时议论讽刺别人，同时也要受别人议论和讽刺。鲁迅对别人谐谑，自己也要承受讽刺。人的关系是微妙的。熟知者一言不合会成仇敌，缘悭一面也会带来麻烦。

1929年12月下旬，林庚白到鲁迅寓所拜访，不知道什么原因，鲁迅日记里只记着：24日"林庚白来，不见"，26日"晚林庚白来信谩骂"。③"不见"，按鲁迅日记体例，就是在家而拒绝见面。这态度惹怒了林庚白。林庚白是南社社员，曾任中国大学、

---

① 锡金：《鲁迅诗本事》，《文学月刊》1956年第11月号。
② 喻血轮：《绮情楼杂记》，北京：中国长安出版社2011年版，第202页。
③ 《鲁迅全集》第16卷，第164页。

俄文专修馆法学教授，众议院及非常国会秘书长，国民党立法院立法委员。他对鲁迅的文豪身份有所怀疑，想见面看看鲁迅到底有无真才实学。他知道鲁迅在家，投上名片，应门人却说不认识他，还推说主人上街了，总之是不见。这让他大为生气，在信中提出四个问题：一、鲁迅居然也会"挡驾"吗？二、鲁迅毕竟是段祺瑞政府的教育部佥事不是？三、鲁迅是新式名士吗？因为名士不愿意随便见人。四、像吴稚晖一流的鲁迅是否革命前途的障碍物，要得要不得？①

林庚白信中附了一首诗，题目为《讽鲁迅 有引》：

余初不识鲁迅，顾以凤喜无介诣人，又每疑鲁迅近于吴稚晖一流，造访果尔，诗以风之，鲁迅其知返乎？

鲁迅文章久自雄，痴聋如许殆成翁？

婢知通谒先求刺，客待应声俨候虫。

毕竟犹存官长气，寻常只道幕僚风。

景云里畔飘檐滴，一笑先生技未穷！

信的最后，林庚白特别就其中一个字说了几句怪话："鲁迅先生以为何如？婢字也许太唐突，说不定是妻，女，妾，随便用那一字吧！"②他对鲁迅的家庭情况究竟有多少了解，很难确定，但把应

---

① 《林庚白致鲁迅》，周海婴编、北京鲁迅博物馆鲁迅研究室注释:《鲁迅、许广平所藏书信选》，长沙：湖南文艺出版社1987年版，第94页。

② 同上书，第95页。

门人称为婢女或妾,似在影射鲁迅的生活状态。

鲁迅不理睬林庚白的谩骂。两天后,林庚白又寄给鲁迅一信并诗一首,再质鲁迅:

> 刀笔儒酸浪得名,略谙日语果何成?
> 挟持译本欺年少,垄断书坊是学氓!
> 垂老终为吴蔡续,失官遂与段章争。
> 曾闻艺苑呈供状,醉眼镰锤梦亦惊。[①]

拜访被挡驾,写信又无回音,林庚白觉得没有面子。第二首诗讽刺鲁迅虽然官气十足,实际上不过一个幕僚而已。从诗中对鲁迅的攻击之词可以看出,他很了解鲁迅在文坛上的地位:说鲁迅浪得虚名,意味着鲁迅的确有名;说鲁迅略谙日语,拿外国理论的译本吓唬和欺骗青年,说明鲁迅的翻译颇有影响;说鲁迅学氓霸道,"垄断书坊",透露出鲁迅的著作相当畅销。林庚白了解这样的史实:鲁迅被章士钊免去教育部的职务时,有人讽刺鲁迅"还大嚷'佥事这一个官儿倒也并不算怎样的"区区"',怎样有人在那里钻谋补他的缺"。[②] 林庚白诗暗含的意思是:自己的官职比鲁迅高,但鲁迅居然不知道他的鼎鼎大名,竟拒不接见!尾联可能是指鲁迅与顾颉刚关于拥护还是反对民党的那场官司,而且,

---

① 《林庚白致鲁迅》,周海婴编、北京鲁迅博物馆鲁迅研究室注释:《鲁迅、许广平所藏书信选》,长沙:湖南文艺出版社1987年版,第95页。
② 鲁迅:《华盖集续编·不是信》,《鲁迅全集》第3卷,第247页。

还比较明显地透露出鲁迅与镰刀铁锤之间的关系。

鲁迅大约知道林庚白是文坛上有名的狂士,议论纵横,挥笔豪放,所以没有应答,避其锋芒,免生是非。林庚白著有《孑楼诗词话》《丽白楼诗话》,月旦时贤,率多锐评。《孑楼诗词话》对鲁迅诗评价甚高:"晚近文人,以左倾称者,余所知有鲁迅、郁达夫、郭沫若、田汉、黄素,皆能为旧体诗词。录鲁迅、达夫各一律。鲁迅作云:'惯于长夜过春时……(略)'不假雕琢,耐人寻味。'缁衣'句,殆以鲁迅常御和服,纪实而云耳。达夫作云:'病肺年来惯出家,老龙顶上煮桑芽。五更衾薄寒难耐,九月秋迟桂始花。香暗时挑闺里梦,眼明不吃雨前茶。题诗为报霞君道,玉局清游兴未赊。'诗亦颇似玉局,第三句稍弱。于此有愿与二君共商榷者:'梦里依稀慈母泪'之句,以诗论固佳,然吾侪士大夫阶级之意识与情绪,盖不自觉其流露,'布尔什维克'无是也;达夫诗末一语,以玉局自况,而境地殊不类,得毋趁笔之累耶?"① 读了鲁迅的《悼丁君》,林庚白评论道:"近见鲁迅吊丁玲绝句极佳,此老固无所不能耶?……以论工力,突过义山。"② 几年前求见鲁迅未被接见,并没有影响他对鲁迅文采的评价。

---

① 张寅彭主编:《民国诗话丛编》第 6 册,上海书店出版社 2002 年版,第 103 页。《资治通鉴·后唐庄宗同光元年》:"蜀主诏于玉局化设道场。"胡三省注:"玉局化在成都。彭乘《记》曰:后汉永寿元年,李老君与张道陵至此,有局脚玉床自地而出,老君升坐,为道陵说《南北斗经》,既去而坐隐,地中因成洞穴,故以'玉局'名之。"此处代指苏轼,因苏轼曾任玉局观提举。

② 张寅彭主编:《民国诗话丛编》第 6 册,上海书店出版社 2002 年版,第 128 页。

鲁迅看到了在《晨报》上连载的《孑楼诗词话》，并不感激。也可能是杨霁云将这段文字通报给了他，他在回信中"辞谢"了林庚白的"抬举"："玉豀生清词丽句，何敢比肩，而用典太多，则为我所不满，林公庚白之论，亦非知言……"①

"狂士"毕竟狂，林庚白虽佩服鲁迅的诗才，却没有收敛对文坛"权威"的挑战姿态。1934年7月26日《申报》刊出的《微风文艺社声讨鲁迅林语堂　昨举行首次社务会议》称："大会提交声讨鲁迅林语堂应如何办理案、议决（甲）发表通电，……（乙）函请国内出版界在鲁迅林语堂作风未改变前拒绝其作品之出版、（丙）函请全国报界在鲁迅林语堂未改变作风以前一概拒绝其作品之发表及广告、（丁）呈请党政机关严厉制裁鲁迅及林语堂两文妖、（戊）警告鲁迅及林语堂迅即改变其作风、否则誓与周旋。"

微风社又称微风文艺社、微风文学会，林庚白是主要成员之一。

南无阿弥陀

社会动乱，杀戮不断，当局专横，钳制言论。20世纪二三十年代，中国有骨骼的知识分子还能藏身并稍抒言议的地方只有上海的租界了。

鲁迅曾有回北京居住的计划，原因之一是想继续做学问："我

---

① 鲁迅：《341220 致杨霁云》，《鲁迅全集》第13卷，第307页。

还是喜欢北京，单是那一个图书馆，就可以给我许多便利。"①但他的原配夫人住在北京寓所，回去有种种不便。在上海，他也不想去大学教书，因为在厦门和广州很尝到当大学教授的苦头。好在，他有稿费和版税，足以维持生计。而且，他幸运地得到时任大学院院长的蔡元培的帮助，以该院特约著述员的身份拿到每月300元津贴。②

社会上种种丑恶现象，令人气愤，用文字加以揭露挞伐，虽然说得严厉，却也没有什么结果，只能——由他去罢！

偶或苦笑一声，念一句佛偈：

廿年居上海，每日见中华：
有病不求药，无聊才读书。
一阔脸就变，所砍头渐多。
忽而又下野，南无阿弥陀。③

这是鲁迅1931年春写给内山完造的一首打油诗，题为《赠邬其山》。手迹题款为"辛未初春书请　邬其山仁兄教正"。

内山完造1913年来华，先经营眼药水和《圣经》买卖，后在

---

① 鲁迅：《341218 致杨霁云》，《鲁迅全集》第13卷，第301页。
② 鲁迅1927年12月18日日记："晚收大学院聘书并本月分薪水泉三百。"（《鲁迅全集》第16卷，第52页）鲁迅领取补助费至1931年1月，总计得14700元。
③ 鲁迅：《集外集拾遗·赠邬其山》，《鲁迅全集》第7卷，第451页。

第十二章　善戏谑兮不为虐

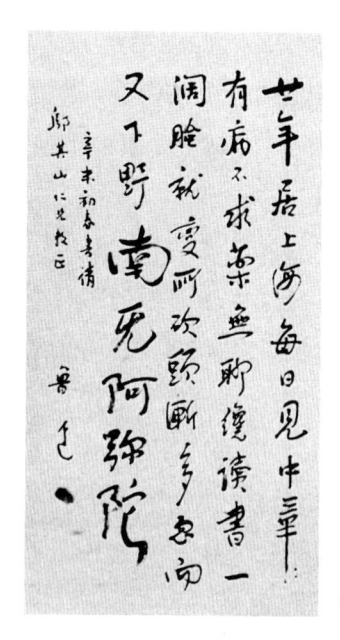

鲁迅《赠邬其山》手稿

上海开设内山书店。1927年10月与鲁迅结识后，常有交往。著有《活中国的姿态》《花甲录》等。"邬其"是日文"内"的音译。

1927年10月的一个下午，内山书店里没有顾客。内山外出，只有内山夫人和一名店员在值班，进来一个人，身穿竹布长衫，一头似乎没有梳理过的长头发，咬着一只竹制的烟嘴。这是鲁迅第一次到内山书店。他浏览过书架后，挑选了十几本书，价值50多元，已经超出了内山书店一天的营业额，因此引起店员和内山夫人的注意。没过几天，鲁迅又来了。内山恰巧在店堂里坐着，内山夫人就把前几天此人买书的事情对丈夫讲了，内山便上前攀谈："尊姓？"鲁迅答："叫周树人。""啊……你就是鲁迅先生么？久仰大名了……"①

鲁迅常到书店，坐在店堂靠外的一张椅子上，与内山完造喝茶聊天，有一个时期几乎天天去，一般都在下午两三点钟的时候。内山书店的茶座成了上海文化界一个胜景。

1931年初春的一天，谈天中，内山感慨道："我在上海居住了二十年之久，眼看中国的军阀政客们的行动，和日本的军阀政客的行动，真是处处相同；那就是等待时机，一朝身在要职，大权在握时，便对反对他们的人们，尽其杀害之能事，可是到了局势对他们不利的时候，又像一阵风似地销声匿迹，宣告下野，而溜之大吉了。"第二天，鲁迅根据内山谈话内容，写赠了这首诗。②

"南无"，归命、敬礼的意思。"阿弥陀"，即阿弥陀佛，大乘佛教的佛名。鲁迅诗稿几乎没有标点符号，最后一句五个字写得比前面几句大，以随意挥洒的气度创造出一种特别的意趣。左下角署名处没有钤印，却按了一个指印。许广平回忆："当鲁迅先生把这幅立轴赠给内山先生的时候，内山先生笑着指出署名的下面没有盖章。鲁迅先生便随手用身旁的印泥，按了一个指印。这大概是鲁迅先生所遗留下的唯一指印了。"③

鲁迅中年时期在北京读过大量佛经。在上海，繁忙、烦琐的日常家庭生活，加上文坛斗争和政治乱局，让他连栖身到佛经里去的时间和精力都没有了。而且，佛经被"英雄人物"利用，成了他

---

① 内山完造：《鲁迅先生》，雨田译，《译文》1936年第2卷第3期。
② 许广平：《鲁迅的诗和邬其山》，《新民晚报》1961年3月3日。
③ 同上。

第十二章 善戏谑兮不为虐

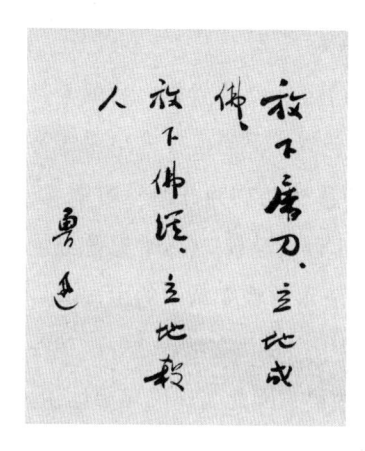

佛偈手稿

们下野失势后暂时憩息之地，正如鲁迅在杂感中讽刺的："民国以来，有过许多总统和阔官了，下野之后，都是面团团的，或赋诗，或看戏，或念佛，吃着不尽……"① 鲁迅岂能去凑这样的热闹。

鲁迅还曾书写佛偈一首赠日本基督教传教士清水安三：

　　放下屠刀，立地成佛。
　　放下佛经，立地杀人。

清水把这首佛偈装裱放置在一个木盒里，精心保存。晚年，他在盒上题写了一段话："朝花夕拾。安三　七十七。此书是周树人先生之真笔也。思慕故人不尽，添四个字在此。这是鲁迅先生书名也。"2005年版《鲁迅全集》收录这首佛偈，有一错字："放

---

① 鲁迅：《准风月谈·外国也有》，《鲁迅全集》第5卷，第363页。

下屠刀,立地成佛。放下佛教,立地杀人。"①

清水安三出生于日本滋贺县。1917年,清水立志以唐朝鉴真和尚东渡日本传授佛教为榜样献身教会事业,便由日本组合基督教会派遣,到中国沈阳传教。1919年移居北京并开始学习中文,1921年与夫人一起在北京创办"崇贞工读女学校"(今北京陈经纶中学的前身),后改名"崇贞学园"。清水曾将变革中的中国的一些新情况传送到日本,是日本最早介绍中国现代文学者之一。他参与北京日文报《北京周报》的撰稿与约稿,因此与周氏兄弟结识。清水安三这样记述他与鲁迅的戏剧性初识:

> 至今我还清楚地记得第一次拜访鲁迅时的情景。严格地说,当时我不是专程去拜访鲁迅而是去拜访周作人的。可是,当时不知是因为我没人介绍单独去的缘故呢,还是周作人真的不在家,反正我被中国人惯用的"没在家"这一挡箭牌挡住了,吃了个闭门羹。……尽管被告知周作人没在家,但我还是再三恳求听差的,说只要给我五分钟就行,请他一定行个方便。这时,一个鼻子下蓄着黑胡须的中年男子从西厢房掀开门帘,探出头来说:"如果我也可以的话,就进来吧,我们聊聊。"于是我进了房间与他进行了交谈,没想到这个人就是鲁迅。②

---

① 鲁迅:《集外集拾遗补编·题寄清水安三》,《鲁迅全集》第8卷,第154页。
② 清水安三:《回忆鲁迅》,转引自清水畏三编:《朝阳门外的清水安三》,北京:社会科学文献出版社2012年版,第172—173页。

可惜的是，鲁迅 1922 年的日记至今不知下落，无法将清水的回忆与日记的记载相互印证。现存鲁迅日记中，清水安三的名字首次出现在 1923 年 1 月 20 日："晚爱罗先珂君与二弟招饮今村、井上、清水、丸山四君及我，省三亦来。"① 第二次出现清水安三的名字已到了同年 8 月 1 日，是鲁迅与周作人失和以后，当时鲁迅正准备迁出八道湾。鲁迅日记记载："上午往伊东寓治齿，遇清水安三君，同至加非馆小坐。"② 55 年后，清水安三在东京对来访的中国学者回忆道：

> 一九二三年八月一日，鲁迅在日记里记着在伊东寓所遇见我，同至咖啡馆小坐，因为要搬家，借车子。我认识一个叫福本的海关税员，是大山郁夫的弟弟，他有汽车。第二天搬家，弟兄俩闹翻了。……后来从砖塔胡同搬到西三条，也是我给借的车子。③

清水安三对鲁迅十分尊敬和推重。他在发表于《读卖新闻》的《周三人》一文中极力赞美鲁迅："正当上海文士青社的每个人都在就《聊斋》中那些未写好的故事随随便便写文章的时候，发表了唯一称得上是创作作品的人，实际上就是周树人。"④ 清水安

---

① 《鲁迅全集》第 15 卷，第 458 页。
② 同上书，第 477 页。
③ 唐弢：《清水安三会见记》，《唐弢近作》，成都：四川人民出版社 1982 年版，第 207—208 页。
④ 清水安三：《周三人》，转引自清水畏三编：《朝阳门外的清水安三》，北京：社会科学文献出版社 2012 年版，第 168 页。

三晚年还写了《值得爱戴的大家:鲁迅》《回忆鲁迅》《怀念鲁迅》等文,缅怀当年与鲁迅的交谊,如在《值得爱戴的大家:鲁迅》中感慨道:"我认识很多中国人,但是像鲁迅那样平易近人、善解人意、谈笑风生、见识高深的人还未曾遇到过。"①

鲁迅手书这一佛偈可能写于1931年前后。这一年,鲁迅、内山完造和清水安三应该有机会在上海见面交谈。如果将《赠邬其山》一诗浓缩一下,特别是把后四句加以引申,正合此偈的精神。

鲁迅一生最厌恶社会上那些"无特操"者——他称之为"流氓"——并特别提醒人们警惕政客党棍、文人学士用理论和"主义"进行欺骗:"倘在文人,他总有一番辩护自己的变化的理由,引经据典。譬如说,要人帮忙时候用克鲁巴金的互助论,要和人争闹的时候就用达尔文的生存竞争说。无论古今,凡是没有一定的理论,或主张的变化并无线索可寻,而随时拿了各种各派的理论来作武器的人,都可以称之为流氓。"②

但在中国历史上、现实中,流氓文化极为盛行,常常实际上占据统治地位,如鲁迅所说:

> 其实是中国自南北朝以来,凡有文人学士,道士和尚,大抵以"无特操"为特色的。晋以来的名流,每一个人总有

---

① 清水安三:《值得爱戴的大家:鲁迅》,清水安三:《周三人》,转引自清水畏三编:《朝阳门外的清水安三》,北京:社会科学文献出版社2012年版,第171页。
② 鲁迅:《二心集·上海文艺之一瞥》,《鲁迅全集》第4卷,第304页。

第十二章 善戏谑兮不为虐

三种小玩意,一是《论语》和《孝经》,二是《老子》,三是《维摩诘经》,不但采作谈资,并且常常做一点注解。唐有三教辩论,后来变成大家打诨;所谓名儒,做几篇伽蓝碑文也不算什么大事。宋儒道貌岸然,而窃取禅师的语录。清呢,去今不远,我们还可以知道儒者的相信《太上感应篇》和《文昌帝君阴骘文》,并且会请和尚到家里来拜忏。

耶稣教传入中国,教徒自以为信教,而教外的小百姓却都叫他们是"吃教"的。这两个字,真是提出了教徒的"精神",也可以包括大多数的儒释道教之流的信者,也可以移用于许多"吃革命饭"的老英雄。[①]

他的杂感中颇多此类人物形象,如在给杨霁云的信中批评戴季陶说,"他的忽而教忠,忽而讲孝,忽而拜忏,忽而上坟,说是因为忏悔旧事,或藉此逃避良心的责备,我以为还是忠厚之谈,他未必责备自己,其毫无特操者,不过用无聊与无耻,以应付环境的变化而已"。[②]《归厚》一文讽刺中国官场怪象道:"古时候虽有'放下屠刀,立地成佛'的人,但因为也有'放下官印,立地念佛'而终于又'放下念珠,立地做官'的人,这一种玩意儿,实在已不足以昭大信于天下:令人办事有点为难了。"[③]

鲁迅虽不信教,但对笃信力行的教中人心怀敬佩。清水安三

---

① 鲁迅:《准风月谈·吃教》,《鲁迅全集》第5卷,第328页。
② 鲁迅:《340424 致杨霁云》,《鲁迅全集》第13卷,第84页。
③ 鲁迅:《准风月谈·归厚》,《鲁迅全集》第5卷,第390页。

1910年考入京都的同志社大学神学部，学习期间读到德富苏峰的《中国漫游记》，又在奈良唐招提寺了解到鉴真和尚的事迹，深受感动，立志到中国传教。鲁迅对他是赞赏的。他也敬佩鲁迅"痛苦地诅咒了真正黑暗的人生""将中国的旧习惯和风俗加以咒骂"的思想和文风。

第十三章

翘首东云惹梦思

今我来思

鲁迅一生与日本人交往很多,赠诗(主要是旧体诗,包括自作诗和中国古代诗词)是其颇具特色的交往方式。日本文化得益汉文化影响甚多,日本文化界有作汉诗的传统,而与鲁迅交往者自然与中国颇有渊源,能读汉诗甚至能写汉诗者自不乏人。

晚年的鲁迅,已经几乎不再写白话诗,便是将自己的白话小说集《呐喊》《彷徨》赠给日本人,鲁迅也用了两首旧体诗题署。鲁迅赠给日本友人的诗作占据了他的旧体诗的大部分。在日本人心目中,鲁迅不但是新文学的大师,更是中华文化传统的继承者,可以做中国文坛乃至整个中华文化的代言人。

在北京，特别是住在八道湾十一号期间，鲁迅在文坛上已颇有名气，加上与两个娶了日本媳妇的弟弟住在一起，与日本人的交往自然更为频繁。

鲁迅和周作人的日记中这方面的记载很多——惯常的情形是两兄弟一起会见日本人。如青木正儿到中国访问，拜访周氏兄弟，谈中国文学，并撰写了介绍当时中国文学界情况的文字，是将鲁迅的小说和新诗介绍给日本读者的第一人。日本《读卖新闻》驻中国记者清水安三也是八道湾的常客。

鲁迅与日本人的"诗交"正是这个时期开始的。

1923年1月5日，鲁迅与蔡元培、许寿裳等参加日本友人的邀宴。鲁迅当天日记记载："晚访季市。永持德一君招饮于陶园，赴之，同席共九人，至十时归。"① 东道主永持德一研究汉学，陆续有《中国剧鉴赏》《中国文明的基础知识》《日中习俗异同漫描》《中国人生活的变迁》等著作出版。他举办这次聚会的目的，是将前来北京大学学习中国文学的竹田复介绍给蔡元培、鲁迅和许寿裳。

永持德一备了册页，请求在座各位的墨宝。鲁迅写的是《诗经·采薇》句："昔我往矣，杨柳依依；今我来思，雨雪霏霏。"其后书："一九二三年一月五日　永持先生属书　鲁迅。"蔡元培写了《孟子·滕文公下》的一节："居天下之广居，立天下之正位，行天下之大道；得志，与民由之；不得志，独行其道。富贵

---

① 《鲁迅全集》第15卷，第457页。

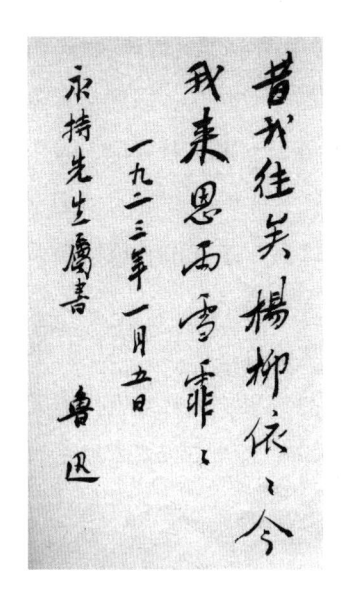

第十三章　翘首东云惹梦思

鲁迅手书《诗经·采薇》句

不能淫，贫贱不能移，威武不能屈，此之谓大丈夫。"其后书："写孟子一节，请永持先生正之。"①

爱罗先珂在八道湾借住期间，常有日本人来访问周氏兄弟和爱罗先珂。鲁迅日记里不断有记载，如1923年1月20日："晚爱罗先珂君与二弟招饮今村、井上、清水、丸山四君及我，省三亦来。"②2月11日，贺慈章陪同今关天彭访问鲁迅，今关以其所著《北京的顾亭林祠》一册相赠。今关1918年秋到北京，从事中国古代学术史的整理工作，著有《宋元明清儒学年表》《颜李之学

---

① 《鲁迅手稿全集》第5册，第474页。参见黄乔生：《鲁迅像传》（修订版），北京：生活·读书·新知三联书店2022年版，第148页。
② 《鲁迅全集》第15卷，第458页。

风》《汗漫游诗》《中国现代之学术界》《中国现代之诗界》等。4月15日"午丸山招饮,与爱罗及二弟同往中央饭店,同席又有藤冢、竹田、耀辰、凤举,共八人",5月4日"丸山君来部,为作一函致孙北海,绍介竹田、小西、胁水三君参观图书馆",5月8日"上午往大学讲。见丸山及石川半山二君。晚丸山君招饮于大陆饭店,同坐又有石川及藤原镰兄二人"。①

日本记者清水安三曾将自己的诗作拿给鲁迅请教。鲁迅几乎一字不落地做了修改,并说:"作无韵诗是好事,但日本人作不了啊。"② 那时的鲁迅,虽然自己不大写旧体诗,但批评起日本朋友的汉诗来却当仁不让,底气十足。

每日见中华

鲁迅到上海后,与日本人来往更频繁,诗交也陡然多起来。

内山完造开设的内山书店是一个中日文化界人士会面的好地方。住在上海的一些日本人发起组织了"中国剧研究会",主持其事的是上海丰田纺织厂的塚本助太郎,他回忆道:

> 一方面内山书店鉴于日本出版界的情况、上海日侨的激增、日中文化交流的发展,就从魏盛里迁移到施高塔路,以

---

① 《鲁迅全集》第15卷,第461、466、468页。
② 清水畏三编:《朝阳门外的清水安三》,北京:社会科学文献出版社2012年版,第176页。

店主内山完造为中心,渐渐扩充强化,自然地结成了"上海文艺漫谈会",发行了充分发挥邬其山老板的人格的机关志《万华镜》。

邬其山老板的周围有很多兴趣相同的人,除了塚本、升屋、竹内即所谓"梨园三巨头"之外,还有秋元二郎、松尾兔洋、石井政吉、宫崎仪平、清水菫三、岛津四十起、荻原贞雄、山本初枝等老朋友中的文艺爱好者。

在中国人方面,有欧阳予倩、田汉、郁达夫、唐有壬、唐槐秋、傅彦长、王独清、郑伯奇、陶晶孙等,也是我们的朋友。①

内山书店的双开间里,东西北三面放置了一人多高的书架,房子中间一排书架后面摆了一张小桌子和一套藤沙发,就是所谓的"漫谈席"。鲁迅也曾受邀参加漫谈会。

漫谈会没有章程规则,也没有固定的会员,参加者就当时政治、文艺等问题自由讨论。日本方面的参加者大多是生活在上海或路过的人文学者。由于内山书店所处的虹口一带是所谓"越界筑路"地段,名义上是公共租界,实际上归日本人统治,中国警察不能到这个地区巡逻,因此,内山书店为中国文化人士特别是左翼文艺界人士会面谈话提供了一个便利的场所。

---

① 塚本助太郎:《鲁迅先生与内山完造——回忆上海文艺漫谈会》,上海鲁迅纪念馆编:《高山仰止——鲁迅逝世五十周年纪念集》,上海:上海文艺出版社1986年版,第221页。

漫谈会合影

1930年8月6日，鲁迅参加旅居上海的日本文化界人士和中国文化界人士举行的文艺漫谈会："晚内山邀往漫谈会，在功德林照相并晚餐，共十八人。"①日记的记载比较简略，从合影照片看，参加漫谈的中方人士有郁达夫、欧阳予倩等。

鲁迅有一首诗赠给升屋治三郎：

春江好景依然在，海国征人此际行。
莫向遥天忆歌舞，西游演了是封神。

诗稿题署"辛未三月送升屋治三郎兄东归"，②收入《集外集》时

---

① 《鲁迅全集》第16卷，第207页。
② 《鲁迅手稿全集》第5册，第431页。

取题为《赠日本歌人》。① 升屋原名菅原英次郎,笔名胡儿,当时是上海丰田纺织厂的职员,业余写戏剧评论。鲁迅这样命名这首诗,或有两个原因:一是诗是写给别人即一位"歌人"的,此次只是抄录给升屋;一是他平时与这些日本文艺爱好者尤其是戏曲爱好者并不十分熟悉,不大清楚对方的身份。

诗中的春江指春申江,是黄浦江的别称,因战国楚春申君黄歇疏凿而得名。"西游"即《西游记》,"封神"指《封神演义》,是当时上海演出的两部取材于同名小说的连台本京戏。鲁迅在诗中表达了对上海戏曲舞台的不满——鲁迅对中国传统戏剧特别是京剧兴趣不大,何况在政局动荡、国运不昌的时候,上海还上演神仙鬼怪一类的戏码。据郁达夫《回忆鲁迅》记述,有一天他与鲁迅谈话间说到京剧:

> 我有一次谈到了予倩、田汉诸君想改良京剧,来作宣传的话,他根本就不赞成。并且很幽默的说,以京剧来宣传救国,那就是"我们救国啊啊啊啊了,这行么?"②

不管怎么说,因为有内山书店这样的场合,中国的文人们也有机会坐下来交流信息。太阳社、创造社的成员中有不少曾留学日本,也常来参加漫谈。鲁迅刚到上海时,遭到创造社和太阳社"革

---

① 鲁迅:《集外集·赠日本歌人》,《鲁迅全集》第7卷,第149页。诗中"海",在《全集》中作"远","忆"在《全集》中作"望"。
② 郁达夫:《回忆鲁迅》,黄乔生编著:《郁达夫散文》,北京:现代出版社2015年版,第296页。

命文学家"的围剿,被戴上"封建余孽""小资产阶级""二重反革命"的大帽子。此时,鲁迅一方面承受着来自当局的政治压力,在言论上不自由;一方面卷入了文坛内部斗争,被多派文人攻击。鲁迅两面受敌,处境艰难。为了回应革命文学家的攻击,鲁迅阅读了很多革命文学理论书籍,还翻译了苏联的一些文论著作和文化政策文件。鲁迅在《三闲集·序言》中说:"我有一件事要感谢创造社的,是他们'挤'我看了几种科学底文艺论,明白了先前的文学史家们说了一大堆,还是纠缠不清的疑问。并且因此译了一本蒲力汗诺夫的《艺术论》,以救正我——还因我而及于别人——的只信进化论的偏颇。"① 最后,在中国共产党高层领导的干预下,双方停止论争,共同组织左联。漫谈会上见面交谈,有助于矛盾的缓解。

当然,漫谈一两次,不一定能达到握手言欢、泯灭恩仇的效果。直到1934年12月18日,鲁迅还在给杨霁云的信中说:"叭儿之类,是不足惧的,最可怕的确是口是心非的所谓'战友',因为防不胜防。例如绍伯之流,我至今还不明白他是什么意思。为了防后方,我就得横站,不能正对敌人,而且瞻前顾后,格外费力。"② 绍伯是田汉的化名。

岂惜芳馨遗远者

在上海,鲁迅用旧体诗作为交往手段,满足日本朋友的要求,

---

① 鲁迅:《三闲集·序言》,《鲁迅全集》第4卷,第6页。
② 鲁迅:《341218 致杨霁云》,《鲁迅全集》第13卷,第301页。

答谢日本朋友的关心,而赠写新诗却只有一次,是将自己早年写的打油诗《我的失恋》的一节写给内山完造。但这首诗严格地说也非新诗,而是"拟古的打油诗"。

当然,鲁迅作旧体诗,并不是为了对外交际应酬。且不说1930年为左联五位青年作家被杀害写的七言律诗《悼柔石》,虽然自称"积习抬头",实则情动于衷,不得不发,就是一般的赠诗,也无不是表达自己的感情和思想。

《送O. E. 君携兰归国》是写给一位做兰花生意的日本人小原荣次郎的。鲁迅1931年2月12日记载:"日本京华堂主人小原荣次郎君买兰将东归,为赋一绝句,书以赠之。"① O. E. 是小原荣次郎日语读音的罗马字拼音Obara Eijiro的缩写。小原在东京开设京华堂,经营中国文房四宝和古玩,后做中国兰草生意,售卖栽培,主办兰花展会,翻译中国兰花典籍,编辑出版兰花杂志。鲁迅的送行诗写道:

椒焚桂折佳人老,独托幽岩展素心。
岂惜芳馨遗远者,故乡如醉有荆榛。

兰花在中国文化传统中代表高雅,是所谓四君子(梅兰竹菊)之一,历代诗人吟诵不绝。《离骚》:"杂申椒与菌桂兮,岂惟纫夫蕙茝。"椒和桂都是香木,象征美好的人物。《淮南子·说山训》:

---

① 《鲁迅全集》第16卷,第243页。

"兰生幽谷,不为莫服而不芳。"空谷幽兰,孤芳自赏,不为俗态,因此,兰有"素心"的美誉。陶渊明喜欢用"素心"二字写兰,《移居》中有:"闻多素心人,乐与数晨夕。"《归园田居》中有:"素心正如此,开径望三益。"虽然陶渊明最有名的咏花诗句是"采菊东篱下,悠然见南山",但兰花却是他的最爱。

这首诗是鲁迅生前公开发表的为数不多的旧体诗之一,1931年8月10日《文艺新闻》第22号以《O. E. 君携兰归国》为题与《送M. K. 女士》(即《无题(大野多钩棘)》)、《送S. M. 君》(也称《湘灵歌》)同在《鲁迅氏的悲愤——以旧诗寄怀》的报道中刊出。编者加了一段说明文字:

> 闻寓沪日人,时有向鲁迅求讨墨迹以作纪念者,氏因情难推却,多写现成诗句酬之以了事。兹从日人方面,寻得氏所作三首如下……

小原得到鲁迅的诗作,非常宝爱,编入影印线装的《兰华谱》内。该谱所收均为中国名人题咏兰花的诗画作品。郭沫若在《我是中国人》的第一节中写到他在日本曾看到过鲁迅这首诗的手迹:

> 京华堂就在斜对面的街上,我踱进那店里,打算去打听小原荣次郎的情形。我在这儿又看见了鲁迅写的那首诗(略)。
>
> 那是一幅小中堂,嵌在玻璃匣里面,静静地悬挂在账台

旁边的壁上。①

1937年，郭沫若在旅日时期，曾应小原邀请，作诗一首：

菉葹盈室艾盈腰，谁为金漳谱寂寥；
九畹既滋百亩树，美君风格独嶕峣。
小原荣次郎君作兰华谱索题，赋此以应。丁丑新夏　郭沫若②

《送 M. K. 女士》（后称《无题》）是 1931 年 3 月 5 日写赠给片山松藻小姐（即为日后的内山嘉吉夫人，当时尚未结婚）的：

大野多钩棘，长天列战云。
几家春袅袅，万籁静愔愔。
下土惟秦醉，中流辍越吟。
风波一浩荡，花树已萧森。③

"战云"出自陆游诗《焉耆行》："汉家诏用李轻车，万丈战云来压垒。""秦醉"，汉张衡《西京赋》："昔者大帝说（悦）秦穆公而觏之，飨以钧天广乐，帝有醉焉。乃为金策，锡（赐）用此土，

---

① 郭沫若:《郭沫若选集》第2卷，成都：四川人民出版社1982年版，第72页。
② 陈梦熊:《鲁迅和郭沫若书赠日本友人的题兰绝句》,《破与立》1979年第1期。
③ 鲁迅:《集外集·无题》,《鲁迅全集》第7卷，第148页。

而剪诸鹑首。"鹑首,星次名,中国古代将星宿分为十二次,配属于各国,鹑首指秦国疆土。"越吟",典出《史记·张仪列传》,陈轸适至,秦惠王曰:"子去寡人之楚,亦思寡人不?"陈轸对曰:"王闻夫越人庄舄乎?"王曰:"不闻。"曰:"越人庄舄仕楚执珪,有顷而病。楚王曰:'舄故越之鄙细人也,今仕楚执珪,贵富矣,亦思越不?'中谢对曰:'凡人之思故,在其病也。彼思越则越声,不思越则楚声。'使人往听之,犹尚越声也。今臣虽弃逐之楚,岂能无秦声哉。"

这首诗每一联都对仗,而"秦醉"对"越吟"是全诗的中心。秦是中国大一统的第一个朝代,具有开创规模之功,然而名声却很不好,始皇帝的专制统治虽至二世而斩,但中国自汉代以后一直沿袭这种政治体制,拘禁活动,钳制思想,迟滞社会发展,造成畸形文化。文人学士每每埋怨天帝可能是醉酒糊涂而眷顾秦国。庾信《哀江南赋》:"以鹑首而赐秦,天何为而此醉。"李商隐《咸阳》:"咸阳宫阙郁嵯峨,六国楼台艳绮罗。自是当时天帝醉,不关秦地有山河。"相比之下,"越吟"就比较苦痛。王粲《登楼赋》:"钟仪幽而楚奏兮,庄舄显而越吟;人情同于怀土兮,岂穷达而异心!"

此诗写作前十多天,1931年2月18日,鲁迅致信李秉中说:"时亦有意,去此危邦,而眷念旧乡,仍不能绝裾径去,野人怀土,小草恋山,亦可哀也。"[①] 不愿生活在专制独裁、昏乱暴虐的国

---

① 鲁迅:《310218 致李秉中》,《鲁迅全集》第12卷,第257—258页。

家，但又不忍离开故土，正是鲁迅当时的处境和心境。

松藻女士是内山完造的弟弟内山嘉吉的未婚妻。内山嘉吉出生于1900年，当时担任日本东京成城学园小学部美术教师。1931年8月，他到上海度暑假期间，应鲁迅之邀为暑期木刻讲习班讲授木刻技法，鲁迅亲自担任翻译。嘉吉与松藻于同年8月22日在上海结婚，鲁迅到贺。同年8月和9月夫妻两人先后回日本，此后常与鲁迅通信。

1981年，内山嘉吉夫妇向日本《朋友》杂志记者讲述了鲁迅赠诗给内山松藻的事。原来，他们是通过内山完造向鲁迅提出请求的。内山松藻离开上海时，鲁迅又书写欧阳炯词相赠：

洞口谁家，木兰船系木兰花，红袖女儿相引去，游南浦，笑倚春风相对语。
录欧阳炯南乡子词奉应　　内山松藻女史雅属　　鲁迅[1]

内山嘉吉回忆：

贱内比我还受到了鲁迅先生的喜爱（笑）。我没有请鲁迅先生写点什么，但是他却给贱内写了两帧条幅。这条幅，原打算在许广平先生来日本参加战后召开的禁止核弹世界大会时交还给她，可是没有来得及；在她回国以后，又把它裱糊好，才

---

[1]《鲁迅手稿全集》第5册，第483页。

寄到中国去的。我们说这就放心了,我们有个复制品就可以了。在那以后不久,就寄回来了经过裱糊的漂亮的复制品。①

石头城上月如钩

鲁迅日记1931年6月14日记载为宫崎龙介和白莲女士各书一幅,这便是后来收入《集外集拾遗》的《无题二首》:

> 大江日夜向东流,聚义群雄又远游。
> 六代绮罗成旧梦,石头城上月如钩。
>
> 雨花台边埋断戟,莫愁湖里余微波。
> 所思美人不可见,归忆江天发浩歌。②

"群雄",手迹作"英雄";"不可见"作"杳不见"。③

"六代"指的是三国(吴),东晋,南朝的宋、齐、梁、陈六个朝代,均建都南京,合称六朝。"绮罗",华美的丝织品。"石头城",本名金陵城,故址在今南京清凉山,东汉末年孙权重筑,改称"石头城",代指南京。"雨花台"在南京城南聚宝山上,也称

---

① 山田敬三采访:《漫谈鲁迅》,江流译,《鲁迅研究资料》第11辑,天津:天津人民出版社1983年版。
② 鲁迅:《集外集拾遗·无题二首》,《鲁迅全集》第7卷,第452页。
③ 《鲁迅手稿全集》第5册,第435—436页。

石子岗。据《高僧传》,南朝梁武帝时云光法师在此讲经,感动上天,落花如雨,因而得名。辛亥革命时,革命军进攻南京,曾在此血战多日。"莫愁湖",在南京水西门外,相传六朝洛阳女子卢莫愁曾居于此。"浩歌",语出《楚辞·九歌·少司命》:"望美人兮未来,临风恍兮浩歌。"王逸注:"望司命而未肯来,临疾风而大歌,望神之来至。"

宫崎龙介是一位律师,其叔父宫崎寅藏,又名宫崎滔天,号白浪庵滔天,曾赞助孙中山领导的民主革命运动,并以此经历写成自传体小说《三十三年落花梦》。宫崎寅藏为开展社会主义运动创办了《革命评论》杂志,提倡土地公有,反对军国主义,呼吁世界和平。1906年,鲁迅回乡结婚后返回日本,在东京拜访过宫崎寅藏。

白莲女士,即柳原烨子,宫崎龙介的夫人。夫妻两个将去中国首都南京参访,所以鲁迅诗中多用南京典故。

辛亥革命胜利后,南京临时政府曾在莫愁湖边建阵亡将士纪念碑,孙中山题"建国成仁"碑额。这些都是鲁迅熟悉的,因为他曾两度在南京居住,一次是读书,一次是短期在中华民国临时政府教育部工作。

《赠画师》是写给日本画家望月玉成的:

风生白下千林暗,雾塞苍天百卉殚。
愿乞画家新意匠,只研朱墨作春山。①

---

① 鲁迅:《集外集拾遗·赠画师》,《鲁迅全集》第7卷,第465页。

现存这幅诗稿有残缺，是"申年之春写请……生教正……"。[①]尽管题赠对象的名字和鲁迅自己的署名均被涂去，但写作日期与日记中的记录"为画师望月玉成君书一笺云（略）"一致。

1933 年 1 月 26 日，农历大年初一，鲁迅为许寿裳、望月玉成、内山完造、台静农各写了一幅字，算是新年礼物。

诗的前两句写时局的黑暗，"千林暗""百卉殚"形容专制统治下一片肃杀萧条的景象。后两句希望画家别具匠心，以一支画笔描绘出美好景象。望月玉成，生于京都，祖父望月玉泉、父亲望月玉溪均为日本知名画家。望月玉成毕业于京都绘画专门学校，师从西山翠嶂和父亲望月玉溪。此时，他来为绘画寻找题材。鲁迅对南京的关注，不但有个人经历的缘由，更在于这里是当时中国的首都，政治中心。

值得一提的是，也就是在这对日本友人来访的时期，中国共产党前领导人陈独秀被国民党当局关押在南京的老虎桥监狱。

鲁迅和陈独秀的人生经历都与南京有关联。鲁迅在南京上过学，做过官；陈独秀青年时代在南京参加过科举考试，如今却是作为共产党领袖在南京服刑。陈独秀在南京监狱中写成了组诗《金粉泪》，其中有两首是：

放弃燕云战马豪，胡儿醉梦倚天骄。
此身犹未成衰骨，梦里寒霜夜渡辽。

[①] 《鲁迅手稿全集》第 5 册，第 453 页。

第十三章 翘首东云惹梦思

> 自来亡国多妖孽,一世兴衰过眼明。
> 幸有艰难能炼骨,依然白发老书生。①

五代时,后晋石敬瑭以燕云十六州割让给契丹,借外力巩固自己的统治,造成了中原地区长期的战乱,因此"燕云"二字是媾和的象征。"天骄",是汉代匈奴的自称,即天之骄子。契丹族在中国北方建立的政权称辽。南京是六朝金粉之地,虎踞龙盘之都,历史上屡经兴衰,沧海桑田,令人扼腕叹息:无能之辈祸国殃民,正义之士徒唤奈何。

面对军败如山倒、民众流离失所、国将不国的局面,鲁迅的颓丧心情和愤怒情绪与陈独秀一样强烈。1932 年 1 月 23 日,鲁迅赠给日本人高良富子诗一首:

> 血沃中原肥劲草,寒凝大地发春华。
> 英雄多故谋夫病,泪洒崇陵噪暮鸦。②

"肥劲草",《后汉书·王霸传》:"光武谓霸曰:'颍川从我者皆逝,而子独留。努力! 疾风知劲草。'"《诗经·小雅·小旻》:"谋夫孔多,是用不集。"郑玄笺:"谋事者众,而非贤者,是非相夺,莫适可从。""崇陵",高丘。钱起《送崔十三东游》:"丹凤城头

---

① 陈独秀:《金粉泪》第一、五十六首,安庆市陈独秀学术研究会编注:《陈独秀诗存》,合肥:安徽教育出版社 2003 年版,第 83、107 页。
② 鲁迅:《集外集拾遗·无题》,《鲁迅全集》第 7 卷,第 455 页。

噪晚鸦。"国民政府文武官员钩心斗角，互相倾轧，明哲保身，贪图享受，不关心国民福祉和国家前途，忘了初心和使命。革命先行者的陵墓气氛凄凉，乌鸦聒噪，令人扼腕叹息。

陈独秀是新文化的倡导者，这时候却也起劲地作起旧体诗来。陈独秀一代人如此，他们的下一代人——新文化培育下成长的一代——也是如此。鲁迅的弟子辈如聂绀弩、胡风、冯雪峰、萧军等，都曾在囚禁中写诗。

陈独秀在监狱中对当时的文坛有所议论，涉及五四运动以来的诗歌创作。他主张用白话文代替文言文，主要指文章，但对诗歌应采白话还是文言，他没有拿出肯定的意见。之所以不谈，是想看看白话是不是可以写出好诗来。现在看起来，白话诗还不能证明它已建立起来，可以取旧体诗而代之。新诗很少让人诵吟不厌的优秀作品。陈独秀说："诗歌究竟不同于散文，它要有情趣，要读之铿锵作声，要使读者有同情之心，生悠然之感。我反对诗不像诗，文不像文，不费推敲，小儿学语式地乱写。"针对当代青年人要不要学作古诗的问题，陈独秀的意见是："我不提倡也不赞成。因为古诗讲究音韵格律，青年搞这一套太浪费时日，音韵格律是写诗一大障碍，有人穷毕生之力，也不能运用自如。要么严守格律，写出东西来毫无生气，要么破律放韵，仅求一句之得，据此而求千古绝唱，难矣"。[①] 可见他还是觉得古诗必须讲韵律。律诗是中国诗体裁中最标准的诗体。律诗的影响非常大，

[①] 濮清泉:《我所知道的陈独秀》，杨扬编:《陈独秀》，上海：上海三联书店1997年版，第111页。

齐梁以下的诗人中,诗集中如果没有律诗,就仿佛缺了灵魂。历代"试帖诗"都以律诗为正体。唐以后的词曲都是律诗的化身。宋以后,律诗创作就都是对于唐风宋调的模仿。

鲁迅的意见与陈独秀的意见相近。新文化运动发起者的一代都受过旧体诗的训练,深知它的繁难,因此不愿青年人花很多时间和精力去练习。鲁迅在《重三感旧》一文中就有关《庄子》《文选》的争论发表意见,奉劝青年人不要钻进故纸堆里,从古书中寻章摘句:

> 有些新青年,境遇正和"老新党"相反,八股毒是丝毫没有染过的,出身又是学校,也并非国学的专家,但是,学起篆字来了,填起词来了,劝人看《庄子》《文选》了,信封也有自刻的印板了,新诗也写成方块了,除掉做新诗的嗜好之外,简直就如光绪初年的雅人一样,所不同者,缺少辫子和有时穿穿洋服而已。①

态度与他20年代中期宣言"少看中国书"的主张一致,就是希望不要以繁难而用处不大的东西耽误青年人的时间,阻碍他们的进步。他后期还从自身经验出发为"少看中国书"的观点做了辩解:

> 我读确是读过一点中国书,但没有"非常的多";也并不"偏不让人家读"。有谁要读,当然随便。只是倘若问我的

---

① 鲁迅:《准风月谈·重三感旧》,《鲁迅全集》第5卷,第342—343页。

意见,就是:要少——或者竟不——看中国书,多看外国书。

这是这么一个意思——

我向来是不喝酒的,数年之前,带些自暴自弃的气味地喝起酒来了,当时倒也觉得有点舒服。先是小喝,继而大喝,可是酒量愈增,食量就减下去了,我知道酒精已经害了肠胃。现在有时戒除,有时也还喝,正如还要翻翻中国书一样。但是和青年谈起饮食来,我总说:你不要喝酒。听的人虽然知道我曾经纵酒,而都明白我的意思。

我即使自己出的是天然痘,决不因此反对牛痘;即使开了棺材铺,也不来讴歌瘟疫的。①

可是,鲁迅和陈独秀在文学革命后却也写起旧体诗,给人"言不由衷""说一套做一套"的印象。这是中国现代文学的一个奇特的现象,一方面当然可以说是古典诗词的魅力对青年有很大的诱惑;一方面也说明新诗还不能取代旧诗。

直到今天,旧体诗词仍然活跃于文坛。

心随东棹忆华年

当中日两国交战,鲁迅写给日本友人的诗也显得凝重了,如《一·二八战后作》:

---

① 鲁迅:《集外集拾遗·这是这么一个意思》,《鲁迅全集》第 7 卷,第 274 页。

第十三章 翘首东云惹梦思

> 战云暂敛残春在,重炮清歌两寂然。
> 我亦无诗送归棹,但从心底祝平安。①

鲁迅一生经历过许多次战争和动乱,但仗打到自己家门口的只有一次,就是1932年初发生于上海的"一·二八"事变。战争给他极大的震撼,也促使他思考很多问题。

1月28日,驻上海日军突然发起进攻,鲁迅的住地北四川路拉摩斯公寓陷于火线中。屋子中了四弹,门窗玻璃震碎甚多,书桌腿也被打穿一个洞。数日后的2月6日,他得到内山完造的帮助,避入福州路内山书店支店楼上,直到战事缓和后的3月19日才复回原寓。

日本友人山本初枝女士也住在虹口一带,战乱中曾写信向鲁迅问安,鲁迅回旧寓后,她又登门慰问。当年7月,山本初枝离开住了十多年的上海,随同丈夫回日本。鲁迅手书一条幅为之送行,写的就是这首七绝。"战云暂敛"表明鲁迅对时局的观察和对未来形势的估量:更大的战事还在后头。

写于1931年12月2日的《送增田涉君归国》是送别增田涉的:

> 扶桑正是秋光好,枫叶如丹照嫩寒。
> 却折垂杨送归客,心随东棹忆华年。②

---

① 鲁迅:《集外集拾遗·一·二八战后作》,《鲁迅全集》第7卷,第458页。
② 同上书,第454页。

中国常以"扶桑"指称日本。最后两个字让人想起李商隐的《锦瑟》:"一弦一柱思华年。"一般诗中说华年的时候,作者已经老矣,至少是到得中年了。

增田涉是日本岛根县人,1929年从东京大学文学部中国文学科毕业,历任岛根大学、大阪市立大学、关西大学教授,著有《中国文学史研究》等。

增田涉于1931年3月来到上海,经内山夫妇介绍与鲁迅认识,就鲁迅《中国小说史略》中的疑难问题向鲁迅请教,准备翻译成日文。4月11日晚,鲁迅宴请内山完造夫妇和增田涉。从此,鲁迅每天下午抽出三四个小时与他商量译事,延续了3个月。其间,鲁迅给增田涉以多方面的帮助,介绍他做讲演,参观画展,还陪同他拜访郑振铎、郁达夫等作家和文学史家。增田涉后来回忆:"就我个人来说,直到现在所接触过的人——当然日本人也算在内,和鲁迅比较起来,在为人上我最尊敬他,对他感到亲爱。"[①]鲁迅也用"很愉快"三个字总结他与增田涉相处的约8个月时光。

同年12月,增田涉离沪回国。此后,他在翻译和研究中遇有疑难问题就写信请教鲁迅。从1932年1月至1936年10月,两人每月约有两次书信往返。[②]

[①] 增田涉:《鲁迅的印象》,钟敬文译,长沙:湖南人民出版社1980年版,第18页。

[②] 增田涉珍藏了鲁迅的来信和鲁迅寄给他的书籍,身后捐给了关西大学,书信后来由华东师范大学出版社以《鲁迅·增田涉师弟答问集》之名出版。伊藤漱平、中岛利郎编,杨国华译,朱雯校:《鲁迅·增田涉师弟答问集》,上海:华东师范大学出版社1989年版。

《中国小说史略》日译本于1935年在东京出版，装帧设计精美。鲁迅当年6月10日写信给增田涉说："《中国小说史》豪华的装帧，是我有生以来，著作第一次穿上漂亮服装。我喜欢豪华版，也许毕竟是小资的缘故罢。"① 鉴于翻译过程中鲁迅付出了很多精力，增田涉写信给鲁迅，提议署两人合译，鲁迅婉言谢绝。②

日本多所大学曾用《中国小说史略》为教材。鲁迅的学术研究成果在日本汉学界产生影响，增田涉功不可没。

"华年"显然指鲁迅在日本留学的青春年代。鲁迅在秋末冬初写这首诗，但不愿写"冬"字，因为秋已经够萧瑟的了。他怀念自己的青春时代，所以即便是在秋天和冬天，也要用"杨柳"这样的春天植物来装点诗境。

中日之间的师生情谊在鲁迅的交游中早有先例，他与增田涉的友情应该说是他与藤野先生师生情谊的延续。

《偶成》一诗也表现鲁迅对留日青春年华的怀恋：

文章如土欲何之，翘首东云惹梦思。
所恨芳林寥落甚，春兰秋菊不同时。③

屈原《九歌·礼魂》："春兰兮秋菊，长无绝兮终古。"唐石贯《和主司王起》："绛帐青衿同日贵，春兰秋菊异时荣。"杜甫《咏怀古

---

① 鲁迅：《350610致增田涉》，《鲁迅全集》第14卷，第359页。
② 鲁迅：《350430致增田涉》，同上书，第356页。
③ 鲁迅：《集外集拾遗·偶成》，《鲁迅全集》第7卷，第456页。

迹》："萧条异代不同时。"

这首诗是鲁迅躲避战火回寓后写的，来自亲身感受：文章如同尘土，我还能到哪里去呢？举目遥望，东瀛风景明瑟，青年时代曾经游览，时常引动思念。所谓"文章如土"，事有所本——1932年3月20日，鲁迅致信母亲，详述寓所物品丢失情况：

> 当时虽有友人代为照管，但究不能日夜驻守，故衣服什物，已有被窃去者，计害马衣服三件，海婴衣裤袜子手套等十件，皆系害马用毛线自编，厨房用具五六件，被一条，被单五六张，合共值洋七十元，损失尚算不多。两个用人，亦被窃去值洋二三十元之物件。惟男则除不见了一柄洋伞之外，其余一无所失，可见书籍及破衣服，偷儿皆看不入眼也。①

芳林寥落，一派萧条。文艺园林的荒凉让鲁迅感到痛心，他寄希望于春兰秋菊相继开放。

日本留学七年是鲁迅一生经历中很重要的阶段，是他孕育文学梦的青春期。

岁暮何堪再惆怅

即便躲在小楼中，鲁迅仍能看到上海滩上的种种生活场景——

---

① 鲁迅：《320320 致母亲》，《鲁迅全集》第12卷，第291页。

第十三章　翘首东云惹梦思

至少从报纸上感知。鲁迅的杂感揭露时弊、抨击乱象,他的诗作自然也如此。但诗歌比起杂感,要含蓄蕴藉得多。

从公义上说无产阶级革命的大众文学,可以义愤填膺,拉开积极斗争的架势,但具体到个人的苦难和伤痛,在文字中特别是在诗词中表现时,就更需要柔和委婉。1932年12月31日,鲁迅书赠内山夫人的《所闻》一诗,写的是在一个宴会上遇到的歌女:

华灯照宴敞豪门,娇女严装侍玉樽。
忽忆情亲焦土下,佯看罗袜掩啼痕。①

许寿裳认为,这首诗"一方写豪奢,一方写无告,想必是一九三二年'一二八'闸北被炸毁后的所闻"。② 读者对这种场景并不陌生。"朱门酒肉臭,路有冻死骨",杜甫及之前更早的诗人都有这种对社会阶层差异的描绘。

1932年12月28日晚,坪井芳治邀鲁迅往日本饭店共食河豚,滨之上信隆同座,他们都是上海日本篠崎医院的医生。③ 鲁迅写诗赠给两位日本朋友:

故乡黯黯锁玄云,遥夜迢迢隔上春。

---

① 鲁迅:《集外集拾遗·所闻》,《鲁迅全集》第7卷,第461页。
② 许寿裳:《我所认识的鲁迅·怀旧》,北京:人民文学出版社1959年版,第28页。
③ 《鲁迅全集》第16卷,第340页。

> 岁暮何堪再惆怅,且持卮酒食河豚。
>
> 皓齿吴娃唱柳枝,酒阑人静暮春时。
> 无端旧梦驱残醉,独对灯阴忆子规。①

岁暮何堪再惆怅,是鲁迅晚年状态的生动写照:内心惆怅,身体劳累,很想休息一下,然而又舍不下工作,放心不下小家庭的生活。鲁迅一直有到外地、外国休养的想法,1931年2月18日在给李秉中的信中就说:

> 日本为旧游之地,水木明瑟,诚足怡心,然知之已稔,遂不甚向往,去年颇欲赴德国,亦仅藏于心。今则金价大增,且将三倍,我又有眷属在沪,并一婴儿,相依为命,离则两伤,故且深自韬晦,冀延余年……②

"柳枝"原为古代民间曲调,名《折杨柳》或《折柳枝》。唐代进入教坊,名《杨柳枝》。白居易有《杨柳枝词》八首,其中有句"古歌旧曲君休问,听取新翻《杨柳枝》"。"子规"即杜鹃,暮春时啼血而死。师旷《禽经》:"春夏有鸟如云不如归去,乃子规也。"

这些酬唱之作,内容其实与受赠人没有多少联系。因为他与这些日本人交往并不深,或者只能说些应景的话,或者就借机抒

---

① 鲁迅:《集外集拾遗·无题二首》,《鲁迅全集》第7卷,第462页。
② 鲁迅:《310218 致李秉中》,《鲁迅全集》第12卷,第258页。

发自己的情怀。按说，酬唱之作应该有喜悦气氛，然而鲁迅的此类篇什却总表达"惆怅"，有点儿煞风景。好在日本朋友拿到毛笔书写的诗轴或条幅，虽然也许一时不很明白诗句的含义，却仍然欢喜——"中国的文豪给我写字了！"

鲁迅与日本人的诗交，总体上是不平衡的，他赠送日本友人诗多，收到的回赠很少，更少步韵唱和之作。除了关于三义鸽的那首《题三义塔》外，只与日本女诗人山本初枝有一些诗交。

1931年5月，鲁迅开始与山本初枝交往。山本初枝的丈夫是日清汽船公司的职员山本正雄。1932年"一·二八"事变爆发，鲁迅一家和山本初枝母子都到内山书店楼上避难，朝夕相处了一个星期，友情更加亲密。不久，山本初枝随丈夫回国，向鲁迅辞行时，请赐墨宝。鲁迅当时没有写，后来写了两幅，委托内山完造转寄，一幅是《一·二八战后作》，另一幅是《无题（惯于长夜过春时）》。山本收到鲁迅报平安的信，写了一首短歌，其中有这样两句："战火分离各东西，鲁迅无恙心欢喜。"[1] 他们之间保持着通信，鲁迅的信中谈周边环境和自己的处境，颇多怨愤之语。如1932年11月7日的信中说："近来，很想写点东西，可什么也不能写。政府及其狗们，把我们封锁起来，几与社会隔绝。"[2] 1933年7月11日的信中说："倘用暗杀就可以把人吓倒，暗杀者就会更跋扈起来。他们造谣，说我已逃到青岛，我更非住在上海不可，并且写文章骂

---

[1] 李菁：《鲁迅与日本友人山本初枝》，山东师范学院聊城分院中文系图书馆编：《鲁迅在日本》，1977年版，第216页。

[2] 鲁迅：《321107致山本初枝》，《鲁迅全集》第14卷，第226页。

他们，还要出版，试看最后到底是谁灭亡。"①

山本初枝珍视与鲁迅的友谊，写了多首怀念鲁迅的短歌，如：

居家在毗邻，鲁迅常与共。
相处又相宜，今思尤有幸。

还有：

浓眉黑须现眼帘，寂寞今夜更怀念。②

自是俳句风味。

鲁迅总是写悲愤情绪，会不会让人产生这样的感觉：鲁迅痛恨中国文化，不愿生在中国，可能发展成吃里扒外，里通外国，因此就有了所谓"汉奸"嫌疑。即便自己没有通敌、助敌的主观愿望，客观上也会被日本军国主义者利用，作为反对中国政府的工具。1935年，日本诗人、庆应大学教授野口米次郎访问印度途经中国，在上海见到鲁迅。10月21日，朝日新闻社在六三园设宴，鲁迅、野口和内山完造等聚谈。同年11月12日，《东京每日新闻》发表了野口的《与鲁迅谈话》③。谈话中，鲁迅对中国

---

① 鲁迅：《330711 致山本初枝》，《鲁迅全集》第14卷，第254页。
② 李菁：《鲁迅与日本友人山本初枝》，山东师范学院聊城分院中文系图书馆编：《鲁迅在日本》，1977年版，第217页。
③ 中译文《一个日本诗人的鲁迅会谈记》，流星译，上海《晨报·书报春秋》1935年11月23日；又《与鲁迅谈话》，陈福康译，上海《大美晚报》1935年11月30日。

的现实特别是政治说了一些十分失望、严厉批评的话："可怜的是一般的老百姓,不过,有一点是幸运的,那就是他们与当前的政治完全无关。他们对谁掌权、不掌权这类事毫不关心,像蚂蚁或者蜜蜂那样生活着。他们是与政治无关系的存在,这是有国家以来便如此的。怪不得即使中国到了亡国的时候,中国人这个民族也永远不会亡。"野口向鲁迅提出了"谁来管理中国更好"的问题:

> 我对鲁迅说:"像英国人在印度那样,如果雇请某个国家来当女管家似地治理中国,那一般老百姓也许会更幸福吧?"他立刻回答说:
> "横竖都是被榨取的话,与其让外国人来,那情愿让本国人榨取。总之,与其让别人拿走财产,还不如给自家的小孩用。……归根结底,这是一个感情问题。"

野口米次郎的记述用诗人的夸张手法,或用新闻记者的剪辑方法,歪曲了鲁迅的原意。鲁迅在给增田涉的信中抱怨:"和名流的会见,也还是停止为妙。野口先生的文章,没有将我所讲的全部写进去,所写部分,恐怕也为了发表的缘故,而没有按原样写。……我觉得日本作者与中国作者之间的意见,暂时尚难沟通,首先是处境和生活都不相同。"[①]

[①] 鲁迅:《360203 致增田涉》,《鲁迅全集》第 14 卷,第 382 页。

在大是大非问题上,鲁迅没有迟疑。在与日本社会学教授圆谷弘会见时,鲁迅批评了日本军国主义政府宣扬的所谓"亚细亚主义":"日本用军队来维持中国的时候,中国就已经是日本的奴隶了。我想,日本打出'亚细亚主义'的幌子,也只是日本的一部分人的想法,这并不是日本人民说的话。日本人也与中国人一样,不能自由地说话吧?即使对'亚细亚主义',日本的人民与中国的人民也不可能以同样的想法接近。中国,必须由中国人自己走出路来!"①

"岁暮何堪再惆怅"的下一句是"且持卮酒食河豚"。河豚是可以致命的食物,既给食客一种危险的警告,也提供一种大胆尝试的刺激,让日常生活中的人产生冒险的快感,显示出孤勇和决绝的气概。

1936年初,鲁迅的身体已经相当虚弱。日本改造社社长山本实彦到上海,通过内山完造引荐,在新月亭宴请鲁迅:

> 冬天一个微寒的日子。三个人悬肘曲肱轻松地吃着烧鹌鹑。那天,他脸色很苍白,但情绪却分外愉快,好像从平日的忧郁之中解放了出来。他威严的眼睛眯起来,这是愉快时刻不留痕迹的一种表情。……他在那段日子里似乎已经想到自己在人世的日子已经不多了。死亡的预感,好像已经在不知不觉间偷偷挨近了他的身边。在那瞬息间的笑脸上笼罩着

---

① 圆谷弘:《与鲁迅谈话》,陈福康译,《鲁迅研究月刊》1991年第5期。

一丝阴云,然而他几次一饮倾杯。说肉的味道很好,不时把筷子伸到锅里。他一只手夹着香烟,一只手拿着筷子,没有一点倦怠的样子。①

这次,鲁迅没有留下诗作。他已经不堪"再惆怅"了吧!而且,"且持卮酒食河豚"也缺少诗意。

鲁迅是猫头鹰或乌鸦式作者,几乎不写歌颂诗文,笔下所多的是惆怅甚至愤怒的情绪。在"千林暗""百卉殚"的氛围里,能写出一句"只研朱墨作春山",已经很难得了。话说回来,暮年之人已不堪惆怅,在浓重的寂寞和哀愁中,应该也必须有点儿明朗和暖意。

---

① 山本实彦:《鲁迅某种内心的历史》,《改造》1936年12月号。

第十四章

惯于长夜过春时

弄文罹文网

鲁迅有诗《无题（惯于长夜过春时）》，是他的七律的代表作。因为参加左翼作家联盟和自由运动大同盟，鲁迅遭到通缉，而几位左翼青年作家遭到杀戮时，鲁迅更感到了死亡的威胁。

1930年2月16日，鲁迅与郑伯奇、蒋光慈、冯乃超、彭康、冯雪峰、沈端先、钱杏邨、柔石、洪灵菲、阳翰笙、戴平万等12人集会筹备并具名发起成立中国左翼作家联盟。这是中国共产党领导下的革命文学组织。潘汉年代表中央文化工作委员会参加会议。3月2日，鲁迅出席中国左翼作家联盟成立大会。当时联盟会员有50余人，当天参会者40余人。大会通过左联《纲领》，申明"目的在求新兴阶级的解放","反对一切对我们运动的压迫"。联盟下设马克思主义文艺理论研究会、文艺大众化研究会等组织,先后在北平、天津和日本东京建立分盟,在广州、武汉、南京等地成立小组,并加入国际革命作家联盟,成为该盟的中国支部。机关刊物先后有《拓荒者》《萌芽月刊》《巴尔底山》《世界文化》《十字街头》《北斗》《文学月报》等,还曾秘密发行《文学导报》(创刊号为《前哨》)、《文学》半月刊等期刊。

鲁迅积极参加左联活动,致力于马克思主义文艺理论的宣传和研究,揭露国民党当局逮捕和杀害左联作家的暴行,提倡革命文学创作,探讨文艺大众化问题。他还在经济上不断给左联的各种刊物以资助,如1933年5月3日他以"周乔峰"名义写信给王志之说,"家兄嘱代汇洋贰拾元",是给《文学杂志》的捐款;①1934年11月1日致窦隐夫信说"捐几块钱在现在还不算难事",指的是为《新诗歌》杂志捐款;1935年9月8日给徐懋庸寄去了"稿费收据三张,为印刷之用",是以自己的几笔稿酬做左联机关刊物《文艺群众》的印刷费。②

鲁迅在左联成立大会上的讲话,由冯雪峰记录,经他自己补充修改,加上《对于左翼作家联盟的意见——三月二日在左翼作家联盟成立大会讲》的题目,发表在1930年4月1日出版的《萌芽月刊》第1卷第4期。鲁迅从政治、思想和组织上总结革命文学运动的历史,批评当时左翼文艺队伍中存在的个人主义、宗派

---

① 鲁迅:《330503 致王志之》,《鲁迅全集》第12卷,第390页。
② 鲁迅:《350908 致徐懋庸》,《鲁迅全集》第13卷,第249、538页。

主义等倾向,特别对极左的幼稚病做了剖析和批判。

鲁迅认为成立一个作家联盟可以壮大左翼文学的力量:"我们应当造出大群的新的战士。因为现在人手实在太少了,譬如我们有好几种杂志,单行本的书也出版得不少,但做文章的总同是这几个人,所以内容就不能不单薄。一个人做事不专,这样弄一点,那样弄一点,既要翻译,又要做小说,还要做批评,并且也要做诗,这怎么弄得好呢?这都因为人太少的缘故,如果人多了,则翻译的可以专翻译,创作的可以专创作,批评的专批评;对敌人应战,也军势雄厚,容易克服。"① 这是联盟的领导者对未来工作的部署,更是前辈对后辈的忠告。

鲁迅并不是联盟的实际领导人,他的话有多大效力很难说。据冯雪峰回忆:会场上当时就有人不重视甚至抵触鲁迅的讲话,有人说:"鲁迅说的还是这些话。"言下之意:一、鲁迅对于创造社、太阳社以及其他一些人还是有所批评,对于一些问题固执己见;二、鲁迅说的这些话是"老生常谈",不足重视。② 史沫特莱也说,她在左联为鲁迅五十寿辰举办的集会上遇到一位青年向她

---

① 鲁迅:《二心集·对于左翼作家联盟的意见》,《鲁迅全集》第4卷,第241页。鲁迅在左联成立大会上的讲话,当时没有安排人记录。冯雪峰回忆说:"后来在《萌芽月刊》上发表的,是我过了三四天后根据记忆记出经鲁迅看过的。其中有些话在大会上未讲过,但平日与我谈话时讲过,我也就记进去,也经鲁迅同意的。编进《萌芽月刊》(我是编者)时就随便写上了一个记录人的名字——'王黎民'。"冯雪峰:《一九二八至一九三六年的鲁迅·冯雪峰回忆鲁迅全编》,上海:上海文化出版社2009年版,第290页。
② 冯雪峰:《一九二八至一九三六年的鲁迅·冯雪峰回忆鲁迅全编》,上海:上海文化出版社2009年版,第252—253页。

第十四章 惯于长夜过春时

埋怨:"令人失望,不是么?我是指鲁迅对待无产阶级文学的态度,真叫青年人泄气。"①

鲁迅对那天到场的盟员也不满意。文化界对他加入左联有一些议论,正面的说是为青年人当梯子、做贡献,反面的则说是与一些水平很低的人为伍,浪费时间和精力。成立大会后不久,鲁迅致信章廷谦说:

> 梯子之论,是极确的,对于此一节,我也曾熟虑,倘使后起诸公,真能由此爬得较高,则我之被踏,又何足惜。中国之可作梯子者,其实除我之外,也无几了。所以我十年以来,帮未名社,帮狂飙社,帮朝花社,而无不或失败,或受欺,但愿有英俊出于中国之心,终于未死,所以此次又应青年之请,除自由同盟外,又加入左翼作家连盟,于会场中,一览了荟萃于上海的革命作家,然而以我看来,皆茄花色,于是不佞势又不得不有作梯子之险,但还怕他们尚未必能爬梯子也。哀哉!②

鲁迅在讲话中特别告诫左翼作家,不要以为自己是作家、诗人,就高人一等:"从前海涅以为诗人最高贵,而上帝最公平,诗人在死后,便到上帝那里去,围着上帝坐着,上帝请他吃糖果。

---

① 史沫特莱:《中国的战歌》,江枫译,北京:作家出版社1986年版,第89页。
② 鲁迅:《300327 致章廷谦》,《鲁迅全集》第12卷,第226—227页。

在现在,上帝请吃糖果的事,是当然无人相信的了,但以为诗人或文学家,现在为劳动大众革命,将来革命成功,劳动阶级一定从丰报酬,特别优待,请他坐特等车,吃特等饭,或者劳动者捧着牛油面包来献他,说:'我们的诗人,请用吧!'这也是不正确的;因为实际上决不会有这种事,恐怕那时比现在还要苦,不但没有牛油面包,连黑面包都没有也说不定,俄国革命后一二年的情形便是例子。如果不明白这情形,也容易变成'右翼'。"①

几年后,鲁迅在给友人的信中回顾左翼作家联盟成立之初的情形时也谈到,左翼文艺队伍中那种宗派主义、高谈阔论、故作激烈等现象,虽然因"左联起来,将这压下去了,但病根未除"。②

虽然如此,鲁迅对左联的活动是热心参加的。1930年3月9日,他在中华艺术大学发表了题为"革命文学"的演讲。据陪同者回忆:"鲁迅先生讲着,还用粉笔在黑板上画了一个人,一只脚站在一个写着'革命'二字的葫芦上,一只脚站在一个写着'文学'二字的葫芦上。当时,大家望着那富有深刻意义的绘画,都忍不住大笑。但鲁迅先生却不笑,他辞锋一转,便批评创造社的诗人,后来变成托派的王独清。"鲁迅鼓动青年两只脚都站在革命上,做一个"革命人","则无论写的是什么事件,用的是什么材料,则都是革命文学。从喷泉里出来的都是水,从血管里出

---

① 鲁迅:《二心集·对于左翼作家联盟的意见》,《鲁迅全集》第4卷,第239—240页。
② 鲁迅:《341210致萧军、萧红》,《鲁迅全集》第13卷,第287页。

来的都是血……"①

此前，2月12日，鲁迅与柔石、郁达夫、田汉、夏衍、冯雪峰等人在上海发起成立了中国自由运动大同盟，是中国共产党领导的外围群众团体。同盟成立宣言号召争取言论、出版、结社、集会自由，反对国民政府专制统治，创办机关刊物《自由运动》。随后在南京、汉口、天津等地相继设立50多个分会，吸收了许多学校、文艺团体和工人组织参加。6月，自由运动大同盟在上海召开会议，决定建立全国总同盟，选举鲁迅、周全平、郑伯奇、潘汉年、田汉等为执行委员。②同年3月18日，国民党的机关报《民国日报》副刊《觉悟》，以《呜呼，"自由运动"竟是一群骗人的勾当》为题，刊载了署名"敌天"的来稿，攻击鲁迅"公然作反动的宣传，在事实上既无此勇气，竟借了文艺演讲的美名而来提倡所谓'中国自由运动大同盟'的组织，态度不光明，行动不磊落，这也算是真正革命的志士吗？"

鲁迅本来并不十分热心加入有政治倾向的组织，也没有预料到加入自由大同盟影响如此之大。他在当年3月21日给章廷谦

---

① 李乔：《不能忘记的声音》，《光明日报》1961年9月16日。李乔认为演讲是在1930年秋，与3月9日时间出入较大。曹白、江丰在《鲁迅先生对于版画工作的年表》记录本日讲题为《美术上的写实主义问题》，而张望《鲁迅论美术·鲁迅美术活动年谱》将其记为8月6日的讲题，待考。

② 关于"中国自由运动大同盟"成立大会的召开时间、地点，说法各异，此据1930年4月15日《新思潮》第5期和7月10日《自由运动》第1期刊登的该盟《宣言》所署日期。至于开会地点，据郑伯奇回忆是在汉口路圣公会，冯雪峰则认为是当年2月13日鲁迅日记所记的法教堂。

的信中解释说:"自由运动大同盟,确有这个东西,也列有我的名字,原是在下面的,不知怎地,印成传单时,却升为第二名了(第一是达夫)。近来且往学校的文艺团体演说几回,关于文学的。我本不知'运动'的人,所以凡所讲演,多与该同盟格格不入,然而有些人已以为大出风头,有些人则以为十分可恶,谣诼谤骂,又复纷纭起来。"①他后来在《二心集·序言》中反击道,"一位勇敢的青年在政府机关的上海《民国日报》上给我批评,说我的那些话使他非常看不起,因为我没有敢讲共产党的话的勇气。谨案在'清党'以后的党国里,讲共产主义是算犯大罪的,捕杀的网罗,张遍了全中国,而不讲,却又为党国的忠勇青年所鄙视。这实在只好变了真的蜗牛,才有'庶几得免于罪戾'的幸福了"。②

因为参加了与共产党关系密切的组织,鲁迅遭到国民党政府的通缉。3月的一天,他避居北四川路底施高塔路内山书店楼上,至4月19日夜回寓(4月1日至5日曾回家暂宿)。这是在上海的第一次避难。后来鲁迅在《关于许绍棣叶溯中黄萍荪》中记述:

当我加入自由大同盟时,浙江台州人许绍棣,温州人叶溯中,首先献媚,呈请南京政府下令通缉。二人果渐腾达,许官至浙江教育厅长,叶为官办之正中书局大员。

有黄萍荪者,又伏许叶嗾使,办一小报,约每月必诋我

---

① 鲁迅:《300321致章廷谦》,《鲁迅全集》第12卷,第225页。
② 鲁迅:《二心集·序言》,《鲁迅全集》第4卷,第194页。

第十四章 惯于长夜过春时

两次,则得薪金三十。黄竟以此起家,为教育厅小官,遂编《越风》,函约"名人"撰稿,谈忠烈遗闻,名流轶事,自忘其本来面目矣。"会稽乃报仇雪耻之乡",然一遇叭儿,亦复途穷道尽!①

1931年,左翼共产党员作家柔石、殷夫、胡也频、冯铿等,为抵制中央负责人王明的政策,到东方旅社开会。由于叛徒的告密,与会人员遭军警逮捕,一起被关押在龙华警备司令部。②1月20日,鲁迅听到搜捕自己的传言,立即烧掉朋友们的信札,在内山完造的帮助下离开寓所,携眷移居日本人开设的花园庄旅馆避难。

其间,鲁迅见过两封柔石化名从监狱里写给同乡的信,第一封写他和难友被押解到龙华,上了镣,预料案情重大,一时恐难出狱,"且跟殷夫兄学习德文";第二封谈到狱中"困苦不堪,饥寒交迫,冯妹(指冯铿)脸带青肿……"③。信中还提出希望鲁迅请求蔡元培设法营救。柔石还通过同乡将一些与鲁迅安全有关的情况告知鲁迅,如说自己回答捕房和公安局的讯问时,没有透露

---

① 鲁迅:《集外集拾遗补编·关于许绍棣叶溯中黄萍荪》,《鲁迅全集》第8卷,第450页。
② 据上海龙华烈士陵园档案,从1月17日到21日,先后在东方旅社、中山旅社和沪东华德路等处被捕的共有20多人,另一左翼共产党员作家李伟森也于1月18日被捕。
③ 柔石狱中写出的第二封信,鲁迅虽"没有抄下",但并未散佚,现存上海鲁迅纪念馆。

鲁迅的地址等。有一封信的背面写着他想要的物品："洋铁饭碗，要二三只。"①

柔石等被捕后，鲁迅遭到各种谣言的困扰，有说他同时被捕的，有说他已遭杀害的。至亲好友十分担心和挂念。1月21日，鲁迅给许寿裳写了一封信，不用真名，不加句读，发表在报纸上，其中提到许寿裳熟知的"索士"和"令斐"两个名字，是自己在日本时期用过的，以换住医院隐指离家避居："昨至宝隆医院看索士兄病则已不在院中据云大约改入别一病院而不知其名"，"近日浙江亲友有传其病笃或已死者恐即因出院之故恐兄亦闻此讹言为之黯然故特此奉白"。②写给北平家人和友人如韦素园、曹靖华等报告平安的书信也有六七通。

关于柔石等人的下落，当时传闻很多。有人说柔石曾经被巡捕带到明日书店，问是不是书店的编辑；还有人说自己曾经被巡捕带往北新书局去，验证是不是柔石；还有人说看见柔石手上上了铐，可见案情严重。有人说柔石等人可以赎身，但也有人说他们已经被解往南京。

终于传来消息：柔石和其他23人，于2月7日夜或8日晨，在龙华警备司令部被枪毙。柔石身中十弹。

鲁迅悲愤地写了一篇控诉文字《黑暗中国的文艺界的现状》，揭露国民党当局残酷迫害左翼作家的罪行。他将文章交给美国记

---

① 鲁迅：《南腔北调集·为了忘却的记念》，《鲁迅全集》第4卷，第499—500页。
② 鲁迅：《310121 致许寿裳》，《鲁迅全集》第12卷，第251页。

第十四章 惯于长夜过春时

者史沫特莱,托她转《新群众》杂志发表。史沫特莱担心发表后危及鲁迅的安全,提醒他慎重考虑。鲁迅毅然回答:"这几句话,是必须说的。中国总得有人出来说话!"[1]文章直言:"属于统治阶级的所谓'文艺家',早已腐烂到连所谓'为艺术的艺术'以至'颓废'的作品也不能生产,现在来抵制左翼文艺的,只有诬蔑,压迫,囚禁和杀戮;来和左翼作家对立的,也只有流氓,侦探,走狗,刽子手了。"[2]

左联杂志《前哨》创刊号即为"纪念战死者专号",战死者即2月7日被害的左联5位作家和1930年秋天在南京被害的左翼剧联成员宗晖(谢伟檠)。由于刊名容易引起当局注意,《前哨》从第2期起改名《文学导报》,原定为半月刊,但由于当局管制,不能按时出版,而且只出到第8期(1931年11月15日)便告终刊。

4月25日,《前哨》发表鲁迅参与起草的《中国左翼作家联盟为国民党屠杀大批革命作家宣言》《为国民党屠杀同志致各国革命文学和文化团体及一切为人类进步而工作的著作家思想家书》(文件译成俄、英、日文发往国外)。国际上有人道主义情怀的作家纷纷表示声援。出席世界进步作家大会的代表、奥地利作家翰斯·迈伊尔写了一首诗《中国起了火》,抗议国民党当局残杀青年作家的恶行,鲁迅将其译为中文:

---

[1] 许广平:《鲁迅回忆录》,北京:作家出版社1961年版,第142页。
[2] 鲁迅:《二心集·黑暗中国的文艺界的现状》,《鲁迅全集》第4卷,第292页。

鲁迅译翰斯诗手稿

中国到处伸出烈焰的舌头。
大猛火一直冲到天宇。
地面如被千万的狂呼所烧红;
从顺的中夏之邦起了火。

二

这火决不是龙舟的祭赛,
也绝不是为佛陀和基督而腾舞;
如此炎炎的只是自由和饥饿的
铁律的丰碑:中国起了火。①

---

① 《文学导报》1931年8月5日第1卷第2期,收入《鲁迅译文全集》第8卷,第436页。

第十四章 惯于长夜过春时

刊物还发表了鲁迅的《中国无产阶级革命文学和前驱的血》（署名 L. S.）、《柔石小传》以及遇难者遗作。鲁迅写道："中国的无产阶级革命文学在今天和明天之交发生，在诬蔑和压迫之中滋长，终于在最黑暗里，用我们的同志的鲜血写了第一篇文章。"①

忍看朋辈成新鬼

左联五烈士牺牲两年后，鲁迅写下《为了忘却的记念》，为几位青年朋友，为自己的一段"左翼生活和工作"留下了"不能忘却"的纪念。文中介绍了《悼柔石》一诗的写作经过：

> 在一个深夜里，我站在客栈的院子中，周围是堆着的破烂的什物；人们都睡觉了，连我的女人和孩子。我沉重的感到我失掉了很好的朋友，中国失掉了很好的青年，我在悲愤中沉静下去了，然而积习却从沉静中抬起头来，凑成了这样的几句：
>
> > 惯于长夜过春时，挈妇将雏鬓有丝。
> > 梦里依稀慈母泪，城头变幻大王旗。
> > 忍看朋辈成新鬼，怒向刀丛觅小诗。
> > 吟罢低眉无写处，月光如水照缁衣。②

---

① 鲁迅:《二心集·中国无产阶级革命文学和前驱的血》,《鲁迅全集》第 4 卷，第 289 页。
② 鲁迅:《南腔北调集·为了忘却的记念》,《鲁迅全集》第 4 卷，第 500—501 页。

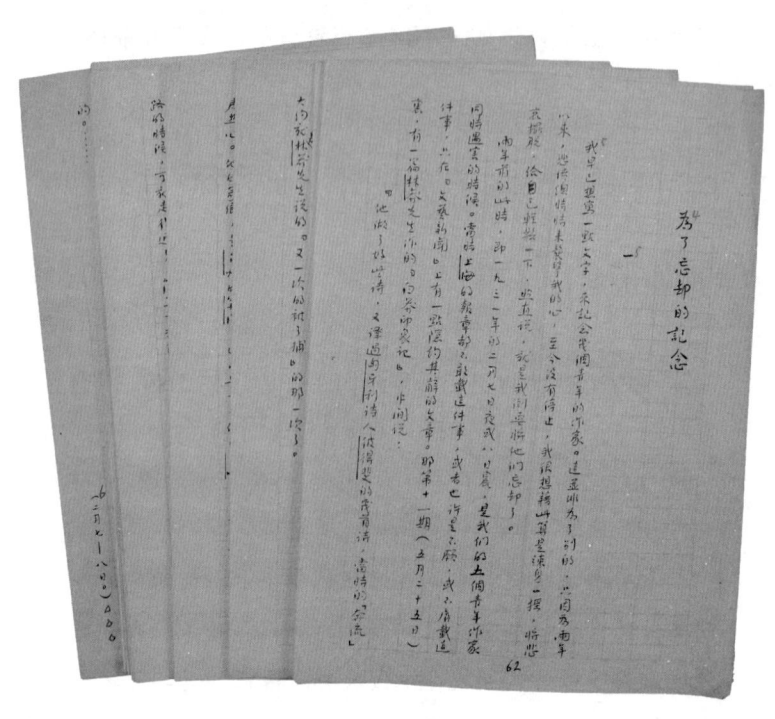

鲁迅《为了忘却的记念》手稿

　　将这首诗命名为《无题》并不确切；题为《惯于长夜》《为了忘却的记念》或《惯于长夜过春时》，更易滋生混乱。其实，鲁迅是自题为《悼柔石》的，他在给《集外集》编辑者杨霁云的信中说，"悼柔石诗，我以为不必收入了，因为这篇文章已在《南腔北调集》中，不能再算'集外'"。①类似这样的作品本来可单

---

① 鲁迅：《341220 致杨霁云》，《鲁迅全集》第 13 卷，第 306—307 页。

独编入一本诗集的,但鲁迅到此时仍没有想过要编诗集——或者因为他觉得自己的诗作数量还不够多,或者因为他并不把自己当作诗人。

《为了忘却的记念》在《现代》第 2 卷第 6 期(1933 年 4 月)发表前,颇费了一番周折。鲁迅交给两家杂志,都因题材敏感没有被采用。最终,施蛰存主编的《现代》杂志决定刊载:

> 鲁迅给《现代》的文章,通常是由冯雪峰直接或间接转来的,也有托内山书店送货员送来的。但这篇文章却不是从这两个渠道来的。那一天早晨,我到现代书局楼上的编辑室,看见有一个写了我的名字的大信封在我的桌上。折开一看,才知道是鲁迅的来稿。问编辑室的一个校对员,他说是门市部一个营业员送上楼的。再去问那个营业员,他说是刚才有人送来的,他不认识那个人。这件事情很是异常,所以我至今还记得。
>
> ……
>
> 我看了这篇文章之后,也有点踌躇。要不要用?能不能用?自己委决不下。给书局老板张静庐看了,他也沉吟不决。考虑了两三天,才决定发表,理由是:(一)舍不得鲁迅这篇异乎寻常的杰作被扼杀,或被别的刊物取得发表的荣誉。(二)经仔细研究,这篇文章没有直接犯禁的语句,在租界里发表,顶不上什么大罪名。
>
> 于是,我把这篇文章编在《现代》第二卷第六期的第一

篇,同时写下了我的《社中日记》。①

在柔石、殷夫、胡也频等五位青年作家被害后不久,鲁迅在愤怒和悲痛的情绪中写下《中国无产阶级革命文学和前驱的血》,表示"我们现在以十分的哀悼和铭记,纪念我们的战死者,也就是要牢记中国无产阶级革命文学的历史的第一页,是同志的鲜血所记录,永远在显示敌人的卑劣的凶暴和启示我们的不断的斗争"。②处在愤怒情绪中的鲁迅,言辞极具冲击力。但由于这期《前哨》杂志很快就被查封,文章产生的实际影响有限。

当鲁迅写这篇《为了忘却的记念》时,情绪已经平复得多,而且题目是"为了忘却",至少有一个意图,是要把自己对青年朋友们的纪念做一个总结,隐藏在内心,"为了忘却"是反语——当然是不可能忘却的。在文章中,鲁迅竭力保持着"沉静",细致入微地叙述他和柔石、殷夫的友谊交往,没有像《中国无产阶级革命文学和前驱的血》那样厉声痛斥"当权者"——而且,事情已经过去两年,鲁迅的顾忌也少了,甚至在文章中直接说出了五位被害者的姓名,被害的地点和年、月、日,以及在狱中被迫害的情况。

柔石于1930年5月参加中国共产党,是左翼作家联盟的中坚。鲁迅非常信赖柔石,在《为了忘却的记念》中称他是"惟

---

① 陈子善、徐如麒编选:《施蛰存七十年文选》,上海:上海文艺出版社1996年版,第218—219页。
② 鲁迅:《二心集·中国无产阶级革命文学和前驱的血》,《鲁迅全集》第4卷,第290页。

第十四章　惯于长夜过春时

一的不但敢于随便谈笑，而且还敢于托他办点私事的人"。① 参与《朝花》旬刊和朝花社的工作，是鲁迅一生最后一次跟文学青年结社合作，虽然又一次受骗，但合作过程中留下了很多愉快的回忆。

跟青年人在一起让鲁迅不断获得力量。鲁迅后来遇到共产党人瞿秋白，因为不能公开这种关系，只进行了短暂的秘密的合作，不像他与柔石那样一起做过长远的规划。鲁迅晚年的一大伤心是青年才俊一个一个死去，且多非正常死亡，他不免有人才凋零、风雨如晦之感。《为了忘却的记念》结尾写道：

> 年青时读向子期《思旧赋》，很怪他为什么只有寥寥的几行，刚开头却又煞了尾。然而，现在我懂得了。
>
> 不是年青的为年老的写记念，而在这三十年中，却使我目睹许多青年的血，层层淤积起来，将我埋得不能呼吸，我只能用这样的笔墨，写几句文章，算是从泥土中挖一个小孔，自己延口残喘，这是怎样的世界呢。……②

柔石等青年的惨死像一块巨石重压在鲁迅心头。直到1934年11月，他撰写的《中国文坛上的鬼魅》（后收入《且介亭杂文》）中仍谈到此事，说政府对付革命文学"最先用的是极普通

---

① 鲁迅：《南腔北调集·为了忘却的记念》，《鲁迅全集》第4卷，第495页。
② 同上书，第502页。

的手段：禁止书报，压迫作者，终于是杀戮作者，五个左翼青年作家就做了这示威的牺牲"，但革命青年用血"浇灌了革命文学的萌芽"。①1936 年 4 月 15 日，他在致颜黎民信中说："至于看桃花的名所，是龙华，也有屠场，我有好几个青年朋友就死在那里面，所以我是不去的。"②桃之夭夭，灼灼其华，不是鲁迅的诗风。

鲁迅看重《为了忘却的记念》，更看重文章中这首诗。文章写成之前，他曾把这首诗抄录给几位朋友。许寿裳在《怀旧》一文中提到："距今三年前春天，我经过上海去访鲁迅，不记得怎么一来，忽而谈到旧诗。我问他还有工夫做旧诗么，他答道偶尔玩玩而已，就立刻取了手头的劣纸，写了许多首旧作给我看。"③他还在回忆录中提到那天鲁迅与他谈起这首诗的情况：

> 鲁迅更有一篇《为了忘却的记念》（《南腔北调集》）写得真挚沉痛，中有一诗如下：（略）
> 他对我解释道："那时我确无写处的，身上穿着一件黑色袍子，所以有'缁衣'之称。"同时他又写给我看许多首旧作。这诗中"刀丛"二字，他后来写给我的是作"刀边"。④

---

① 鲁迅：《且介亭杂文·中国文坛上的鬼魅》，《鲁迅全集》第 6 卷，第 158 页。
② 鲁迅：《360415 致颜黎民》，《鲁迅全集》第 14 卷，第 77 页。
③ 许寿裳：《我所认识的鲁迅·怀旧》，北京：人民文学出版社 1959 年版，第 27 页。
④ 许寿裳：《亡友鲁迅印象记·上海生活——前五年》，北京：人民文学出版社 1953 年版，第 79—80 页。

第十四章 惯于长夜过春时

鲁迅还将《悼柔石》书赠台静农。①诗稿与日记中所录，字句略有改动。第三联的"忍看"，日记原作"眼看"，较为平实；"刀丛"，日记作"刀边"，写给许寿裳时也作"刀边"②，1933年4月写入《为了忘却的记念》时定为"刀丛"。"刀边"显示走在危险境地的边缘，"刀丛"则表示直面强大的黑暗势力。

"无写处"，字面的意思是没有地方可把所吟的诗写下来，专制统治下没有言论自由。不过，这篇文章和这首诗的发表，证明尚有写处——这当然与两年以后形势有所松动有关。

诗中还有两个字特别引人注目，一个"慈"字，写出母爱；一个"怒"字，是鲁迅对反动派屠戮生民的谴责。慈母泪与大王旗，朋辈与刀丛，一正一反，对比鲜明。而且，朋辈与刀丛还有因果关系。

诗歌创作不仅需要主题、题材的开拓，更需要诗人的良知与胆识。柳亚子称赞此诗："郁怒情深，兼而有之。"③爱憎分明，方为诗人。

鲁迅与柔石有父子一样的情分。他在《为了忘却的记念》中特别提到，自己选用珂勒惠支的木刻《牺牲》刊登在杂志上，就是为了纪念柔石。画面是一个目盲的母亲，悲哀地将自己的孩子献出去，正是柔石与其母亲关系的写照：

---

① 《鲁迅手稿全集》第5册，第430页。
② 同上书，第428页。
③ 萧三：《论诗歌的民族形式》，《文艺战线》1939年11月16日第1卷第5号。

我记得柔石在年底曾回故乡,住了好些时,到上海后很受朋友的责备。他悲愤的对我说,他的母亲双眼已经失明了,要他多住几天,他怎么能够就走呢?我知道这失明的母亲的眷眷的心,柔石的拳拳的心。当《北斗》创刊时,我就想写一点关于柔石的文章,然而不能够,只得选了一幅珂勒惠支(Käthe Kollwitz)夫人的木刻,名曰《牺牲》,是一个母亲悲哀地献出她的儿子去的,算是只有我一个人心里知道的柔石的记念。①

"梦里依稀慈母泪"一句,可以理解为柔石的母亲听到柔石牺牲的消息的悲痛,也可以理解为鲁迅感受到远在北平的母亲对

珂勒惠支木刻《牺牲》

---

① 鲁迅:《南腔北调集·为了忘却的记念》,《鲁迅全集》第4卷,第501页。

自己的牵挂。鲁瑞听到儿子被捕的传言，忧虑焦急，不断打电报、写信询问。如鲁迅1931年2月4日致李秉中信说："上月中旬，此间捕青年数十人，其中之一，是我之学生。（或云有一人自言姓鲁）飞短流长之徒，因盛传我已被捕。……文人一摇笔，用力甚微，而于我之害则甚大。老母饮泣，挚友惊心。十日以来，几于日以发缄更正为事，亦可悲矣。"①

鲁迅对青年人不但有父亲般的教诲，而且有母亲般的慈爱。端木蕻良在《鲁迅先生和萧红二三事》中回忆，有一次萧红问鲁迅："您对青年们的感情，是父性的呢？还是母性的？"鲁迅答："我想，我对青年的态度，是'母性'的吧！"②鲁迅挑选了这幅木刻，将自己代入柔石母亲的角色。

林中的响箭

除了柔石，鲁迅对殷夫也有慈母般的感情。鲁迅一直保存着殷夫（白莽）的《孩儿塔》和"几个同时受难者的零星遗稿"，并为《孩儿塔》作序。写序言的起因，是他得到一封远道寄来的书信邀请，信的开首是："我的亡友白莽，恐怕你是知道的罢。……"③这其实是一个文坛掮客骗取鲁迅稿件以光其刊物门面的。此人名叫史济行，给鲁迅的信上署名齐涵之。史济行惯于编造借口，骗

---

① 鲁迅：《310204 致李秉中》，《鲁迅全集》第 12 卷，第 255 页。
② 端木蕻良：《鲁迅先生和萧红二三事》，《新文学史料》1981 年第 3 期。
③ 鲁迅：《且介亭杂文末编·白莽作〈孩儿塔〉序》，《鲁迅全集》第 6 卷，第 511 页。

取文坛名家文稿,已受鲁迅等人鄙弃,几次约稿均遭鲁迅拒绝。此次史济行化名写信恳请鲁迅为白莽的遗诗作序,正所谓"君子可以欺以方"。在一个月后作的《续记》中,鲁迅将他的欺骗行为通报给读者,并说:"我所要特地声明的,只在请读了我的序文而希望《孩儿塔》出版的人,可以收回了这希望,因为这是我先受了欺骗,一转而成为我又欺骗了读者的。"① 实际上,鲁迅是不得不受骗的,他对殷夫的深深怀念之情借这篇序文表露出来了。序言中写道:

> 这《孩儿塔》的出世并非要和现在一般的诗人争一日之长,是有别一种意义在。这是东方的微光,是林中的响箭,是冬末的萌芽,是进军的第一步,是对于前驱者的爱的大纛,也是对于摧残者的憎的丰碑。一切所谓圆熟简练,静穆幽远之作,都无须来作比方,因为这诗属于别一世界。
>
> 那一世界里有许多许多人,白莽也是他们的亡友。②

鲁迅对殷夫诗歌的称赞不无溢美之词。在实际交往中,鲁迅更看重的是殷夫的翻译,他在《为了忘却的记念》中说起与殷夫的相识就缘起于翻译,而且缘起于他们对匈牙利诗人裴多菲的共同爱好,鲁迅曾说过"我向来原是很爱 Petöfi Sándor(裴多

---

① 鲁迅:《且介亭杂文末编·续记》,《鲁迅全集》第6卷,第515页。
② 鲁迅:《且介亭杂文末编·白莽作〈孩儿塔〉序》,同上书,第512页。

菲——引者）的人和诗的"①：

> 我们相见的原因很平常，那时他所投的是从德文译出的《彼得斐传》，我就发信去讨原文，原文是载在诗集前面的，邮寄不便，他就亲自送来了。看去是一个二十多岁的青年，面貌很端正，颜色是黑黑的，当时的谈话我已经忘却，只记得他自说姓徐，象山人；……
>
> 夜里，我将译文和原文粗粗的对了一遍，知道除几处误译之外，还有一个故意的曲译。他像是不喜欢"国民诗人"这个字的，都改成"民众诗人"了。……②

鲁迅借给殷夫的两本德文版的诗集（其中有裴多菲的诗），因殷夫被捕而消失，也让鲁迅挂念：

> 为我的那两本书痛惜：落在捕房的手里，真是明珠投暗了。那两本书，原是极平常的，一本散文，一本诗集，据德文译者说，这是他搜集起来的，虽在匈牙利本国，也还没有这么完全的本子，然而印在《莱克朗氏万有文库》（Reclam's Universal-Bibliothek）中，倘在德国，就随处可得，也值不到一元钱。不过在我是一种宝贝，因为这是三十

---

① 鲁迅：《集外集拾遗补编·〈勇敢的约翰〉校后记》，《鲁迅全集》第 8 卷，第 352 页。
② 鲁迅：《南腔北调集·为了忘却的记念》，《鲁迅全集》第 4 卷，第 494 页。

年前,正当我热爱彼得斐的时候,特地托丸善书店从德国去买来的,……这回便决计送给这也如我的那时一样,热爱彼得斐的诗的青年,算是给它寻得了一个好着落。所以还郑重其事,托柔石亲自送去的。①

鲁迅对殷夫寄托着希望:裴多菲的翻译者、社会革命的参与者、未来的歌唱者——一位战士诗人。鲁迅保存的殷夫遗物中,有一本《裴多菲诗集》:

较熟的要算白莽,即殷夫了,他曾经和我通过信,投过稿,但现在寻起来,一无所得,想必是十七那夜统统烧掉了,那时我还没有知道被捕的也有白莽。然而那本《彼得斐诗集》却在的,翻了一遍,也没有什么,只在一首《Wahlspruch》(格言)的旁边,有钢笔写的四行译文道:
"生命诚宝贵,
　爱情价更高;
若为自由故,
　二者皆可抛!"
又在第二叶上,写着"徐培根"三个字,我疑心这是他的真姓名。②

---

① 鲁迅:《南腔北调集·为了忘却的记念》,《鲁迅全集》第4卷,第495页。
② 同上书,第501—502页。

鲁迅和周作人在东京从事翻译和写作时,周作人译过这首诗:

> 欢爱自由,为百物先。
> 吾以爱故,不惜舍生。
> 并乐蠲爱,为自由也。①

茅盾在《匈牙利爱国诗人裴都菲的百年纪念》一文中翻译了这首诗:

> 我一生最宝贵:恋爱与自由,
> 为了恋爱的缘故,生命可以舍去;
> 但为了自由的缘故,
> 我将欢欢喜喜的把恋爱舍去。②

殷夫的译文虽然不是字句准确对译,但朗朗上口,易懂好记。殷夫是以自己的生命追求自由的人,对这首诗有深刻的体验。他的译文具有创作的性质,不是原文的直译和模仿。1929年,殷夫从德文翻译了一位奥地利人写的裴多菲传,对这位英雄诗人的生平比较熟悉。他曾把《自由,爱情》诗简译成"爱比生命更可宝,但为自由尽该抛!",说明殷夫是有意选择古体来翻译这首诗的。他的

---

① 《天义报》1907年第八、九、十册合刊,署名"独应"。
② 沈雁冰:《匈牙利爱国诗人裴都菲的百年纪念》,《小说月报》1923年第14卷第1期。

四句古体译文，像一首用中文写成的五绝，语言简练，节奏铿锵，符合中国读者的审美习惯。因为鲁迅在《为了忘却的记念》援引并根据德文加上了题目、标点和落款，这首诗便成了脍炙人口的精品，广为流传。此诗后来屡有新译，略举两例。孙用的译文是：

　　自由，爱情！
　　我要的就是这两样。
　　为了爱情，
　　我牺牲我的生命；
　　为了自由，
　　我又将爱情牺牲。①

兴万生的译文：

　　自由与爱情！
　　我都为之倾心。
　　为了爱情，
　　我宁愿牺牲生命，
　　为了自由，
　　我宁愿牺牲爱情。②

---

① 《裴多菲诗选》，孙用译，北京：人民文学出版社1954年版，第82页。
② 《裴多菲抒情诗选》，兴万生译，南京：江苏人民出版社1987年版，第237页。

这两种译文都是"以原著为中心"的传统译法,即"忠实"地把原作内容表达出来,不曲解,不增删。但这种译文不大表现译者的主体意识,缺少个性。

在中国现代的艰难岁月里,许多人为了独立和自由,默诵着这首诗,奋起抗战。

又为斯民哭健儿

1961年,为纪念鲁迅诞辰八十周年,毛泽东赋诗两首,其一为:

> 博大胆识铁石坚,刀光剑影任翔旋。
> 龙华喋血不眠夜,犹制小诗赋管弦。①

可见他对《悼柔石》印象很深。这里"犹"字似乎在问,这个极为悲痛的时候还能作诗吗?有人说,人在感情极度强烈的时候不宜作诗。鲁迅对此早有感触,1925年6月28日他在给许广平的信中说:"我以为感情正烈的时候,不宜做诗,否则锋芒太露,能将'诗美'杀掉。"②向秀的《思旧赋》之所以很短,是因为悲痛正强烈时,人常常说不出话。如果强说出来,锋芒太露,破坏了诗

---

① 《毛泽东诗词集》,北京:中央文献出版社2003年版,第184页。
② 鲁迅:《250628 致许广平》,《鲁迅全集》第11卷,第500页。

情;更重要的是,这个时候哪里还有心思写文章?

相比于《自嘲》的略带消极的情绪,《悼柔石》是鲁迅的深情流露。其所得到的好评不只来自许寿裳这样的老友和柳亚子这样的诗坛名家,就是曾对鲁迅有意见甚至反对他的人,也颇致赞词。当年7月19日,一向自诩"古今第一"的南社诗人林庚白在《晨报》上撰文,称赞这首诗"不假雕琢,耐人寻味"。①

这首诗形成一个框架,一种模式,一种悲愤情绪的发泄方法,让那些出身贫寒的、思想激进的左翼人士产生共鸣。

然而,鲁迅却只作了一首,即便是这一首,也是夹杂在文章中的——文章是两年以后写的——而且这以后他不再写了,不但不写诗,文章也不写了。为殷夫的遗作写序是因为受了欺骗,可见他内心对几位左翼青年仍然不能忘怀。《孩儿塔》序言之后,鲁迅不再写纪念文章,不再写诗,真的是要"忘却",而去做其他事。

鲁迅的弟子、朋友、追随者乃至崇拜者出于对这首诗的喜爱,常常抑制不住诗情,写出很多步韵之作,"犹制小诗",绵绵不绝。

尘无的《哭鲁迅先生》是较早的一首。尘无即影评家王尘无,1911年出生于江苏海门,担任过《晨报》副刊《每日电影》的编辑,曾任中共海(海门)启(启东)中心县委秘书,因身份暴露而潜往上海,先参加中国左翼作家联盟,后转中国左翼戏剧家联盟,1933年3月与夏衍、钱杏邨(阿英)、石凌鹤、司徒慧敏组建了共产党的"电影小组"。他从1932年起四五年间写了不少影

---

① 林庚白:《孑楼诗词话》,张寅彭主编:《民国诗话丛编》第6册,上海:上海书店出版社2002年版,第103页。

第十四章 惯于长夜过春时

评文章,常引用鲁迅的观点。1933年夏,他为一家书店编辑了一本《鲁迅的北平五讲和上海三嘘》,可惜印刷所被查封,稿子也被没收。鲁迅逝世时,他正病得很重,但抱病参加了鲁迅丧仪,还写了一篇以《为了忘却的记念》为题的悼文,赞扬鲁迅不管在什么时候,总是代表被压迫的人们,一面严格地审问敌人,一面搜寻着光明。

40年后,他的朋友于伶在题为《鲁迅"北平五讲"及其他》的文章中记述:1936年10月22日下午,在殡仪馆的人群中,遇到泣不成声,咯着血的尘无同志。暮色苍茫中回市区的路上,久有肺病得不到治疗的尘无,支撑不住了。凌鹤与于伶扶着他走。走着走着,尘无要求坐下来休息时,吟了一首律诗:

哭鲁迅先生

为主为奴此一时,中原北望乱如丝。
人群久已推光焰,文阵而今折大旗!
病里颇闻仍执笔,刀丛犹记独吟诗。
"热风""野草"分明在,读罢遗编泪满衣!①

尘无受肺病困扰多年,于1938年在故乡去世。

朱学勉(1912—1944),浙江象山人,1937年10月奔赴延安,11月加入中国共产党。1938年2月由中共派回浙江工作,曾

---

① 于伶:《鲁迅"北平五讲"及其他》,《鲁迅回忆录》一集,上海:上海文艺出版社1978年版,第198页。

任中共鄞县县委组织部长、余姚县委书记、诸暨县委书记。1944年5月在反"扫荡"斗争中牺牲。

萧三主编的《革命烈士诗抄》收录了朱学勉在抗日战争初期步鲁迅《悼柔石》原韵写的《有感》：

> 男儿奋发贵乘时，莫待萧萧两鬓丝！
> 半壁河山沦异域，一天烽火遍旌旗。
> 痛心自古多奸佞，怒发而今独赋诗。
> 四万万人同誓死，一心一德一戎衣。①

抗日军兴，全民抵抗，赋诗者自不乏人。

郭沫若对鲁迅的《悼柔石》赞赏备至，称其"大有唐人风韵，哀切动人，可称绝唱"。② 中国进入全面抗战后，郭沫若从日本秘密归国。"是什么人把我呼唤回来的呢？我要坦白地说是我们的鲁迅先生。"归国船上，他步《悼柔石》韵作诗一首，表明心迹：

> 又当投笔请缨时，别妇抛雏断藕丝。
> 去国十年余泪血，登舟三宿见旌旗。
> 欣将残骨埋诸夏，哭吐精诚赋此诗。

---

① 萧三主编：《革命烈士诗抄》，北京：中国青年出版社2015年版，第148页。
② 郭沫若：《沫若文集》第8卷，北京：人民文学出版社1958年版，第422—423页。

第十四章　惯于长夜过春时

> 四万万人齐蹈厉，同心同德一戎衣。①

十年后的1947年秋，国共两党交战进入白热化阶段，国统区当局对支持共产党的民主党派人士施行镇压和迫害。郭沫若在上海为和平、民主、团结奔走呼号，被特务监视跟踪，几乎失去自由，处境十分危险。党组织为了他的安全，安排他离开上海，取道香港到达解放区。离沪前夕，郭沫若作《再用鲁迅韵书怀》：

> 成仁有志此其时，效死犹欣鬓有丝。
> 五十六年余鲠骨，八千里路赴云旗。
> 讴歌土地翻身日，创造工农革命诗。
> 北极不移先导在，长风浩荡送征衣。②

表达了对共产党的支持和对红色中国的向往。

1957年，郭沫若也有步韵之作《纪念"七七"（用鲁迅韵）》：

> 二十年前国难时，中华命脉细于丝。
> 盟刑白马挥黄钺，誓缚苍龙树赤旗。
> 大业全凭三法宝，长征不朽七言诗。

---

① 郭沫若：《鲁迅和我们同在》，《文汇报·世纪风》1946年10月20日。
② 上海社会科学院、上海图书馆主编：《郭沫若在上海》，上海：上海社会科学院出版社1994年版，第228页。

芦沟桥上将圆月，照耀农民衣锦衣。①

这时的郭沫若已经是共和国的高级干部、文化界的领袖了。

　　郭沫若曾自谦自嘲说："老郭不算老，诗多好的少。"②作得多，诗艺或可纯熟乃至烂熟，但也可能产生没话找话、为作诗而作诗的弊病。尽管诗歌为时为事而作，可以有所变化，但变化多端，甚至自相矛盾，就不但如醇酒的被稀释，而且有变味变质的危险。有些人后来对郭沫若颇有微词，不一定是因为他作诗太多，而是因为他的随时俯仰的姿态。民间流传一些嘲笑郭沫若的诗，其中《刺郭》一首写道：

　　　　淡抹浓妆务入时，两朝恩遇鬓垂丝。
　　　　曾闻召对趋前席，又见讴歌和圣词。
　　　　好古既能剖甲骨，厚今何苦注毛诗。
　　　　民间疾苦分明在，辜负先生笔一支。

传说出自梁漱溟的手笔，但梁在世时予以否认。单就诗而言，应非梁漱溟之作，原因有二：一者这首诗本来是要步鲁迅诗韵的，但只有第一联做到，从第二联开始即跟不上韵脚，可见笔力不健。梁漱溟如果操刀，想不至于如此。二者梁漱溟与鲁迅不大同调，他虽然是鲁迅的同时代人，但一生很少论及鲁迅。他即便要作诗，

---

① 郭沫若：《纪念"七七"（用鲁迅韵）》，《人民日报》1957年7月7日。
② 郭沫若：《读了"孩子的诗"》，《人民日报》1958年12月20日。

第十四章 惯于长夜过春时

也不一定会步鲁迅诗韵。

不知道郭沫若在世时是否见到过这首诗。

胡风因"反革命集团"案被捕入狱后,"奇冤如梦命如丝",但仍抱着希望。1956年初至1957年春,他在自名为"怀春室"的囚牢中,步鲁迅这首诗原韵吟成多首,因为"无写处",只能刻在自己的记忆里。①

1957年春天,整风运动热火朝天地开展起来。知识分子以空前的热情,响应党的号召,大鸣大放,踊跃建言。监狱里的胡风也被准许阅读《人民日报》,他欢喜地认为自己不久就能走出监狱,投身运动,因此又步鲁迅诗韵写了两首《拟出狱志感》:

> 长昼无声苦度时,恢恢日影照风丝;
> 惊闻赦令双行泪,喜见晴空一色旗;
> 拾得余生还素我,逃开邪道葬歪诗;
> 牢房文苑同时别,脱却囚衣换故衣。
>
> 感恩重获自由时,对妇偎儿泪似丝。
> 桶底幸存三斗米,墙头重挂万年旗。
> 远离禁苑休回首,学种番茄当写诗。
> 负荷尚堪糊数口,晴穿破衲雨蓑衣。②

---

① 牛汉、绿原编:《胡风诗全编》,杭州:浙江文艺出版社1992年版,第322页。
② 同上书,第329—330页。

经历人生磨难的胡风写旧诗的目的竟与鲁迅相似：不得已而为之。鲁迅写旧诗只为抒发个人感情，或赠给朋友。他们都是"新文学"的坚定拥护者，旧诗原本是他们极力反对的僵化的体式。

据彭燕郊回忆，聂绀弩曾告诉他，胡风在桂林的时候试作了几首旧体诗，拿给聂绀弩看，聂绀弩看了觉得不怎么样，背后还评论了一句："想不到他怎么也写旧诗？"1938年秋，彭燕郊在新四军第一次见到聂绀弩时，看到一处墙上贴着聂绀弩抄录的鲁迅诗《亥年残秋偶作》，就请他给自己写一张，并说"最好写你自己的诗"。但聂绀弩回答道："我不会写旧诗。"那个时期，彭燕郊确实没有见过聂绀弩写旧体诗。① 然而，20多年后，聂绀弩被发配到北大荒期间，也操练起这种旧形式了——历史跟他们开了一个玩笑。

聂绀弩《为鲁迅先生百岁诞辰而歌》（二十二首）中的《记梦（用"惯于长夜"韵）》，写于"大跃进"年代：

　　知是秋时是夏时，风方片片雨丝丝。
　　普天下士骄红日，八五〇场拔白旗。
　　万烛风前齐有泪，何人笔下敢无诗？
　　一场冬梦醒无迹，依旧乾坤一布衣。②

聂绀弩这些旧体诗得到高度评价，但他自己却并不为之兴高采

---

① 彭燕郊：《"千古文章未尽才"》，罗孚等编注：《聂绀弩诗全编》，上海：学林出版社1992年版，第452页。

② 罗孚等编注：《聂绀弩诗全编》，上海：学林出版社1992年版，第160页。

第十四章 惯于长夜过春时

烈。据彭燕郊回忆,聂绀弩曾写信给他说:"你说我的诗达夫作不出,但达夫的诗我也作不出,谁的诗我也作不出。你说用典而不为典所用,咱们老友,斤两悉知,我总共知道几个典?平生每笑鲁、郭、茅、达……一面反对文言,一面作旧诗,自诩平生未如此矛盾。不料活到六十岁时,自己也作了,比他们更作得厉害了。……"当被问及为什么不写小说、散文、新诗而写旧体诗时,聂绀弩回答道:"我还能写吗?"新文学创作为他带来深刻的伤痛和毁灭性的折磨,让他噤若寒蝉。他说自己写旧体诗是"无聊消遣",实则属于不得已而为之。旧体诗是多功能的,既可用以"致君尧舜上",也适宜于"遣兴",壮志难酬,就只能用平仄韵脚来消磨时光。①

鲁迅有句"无聊才读书",或者也可以写成"无聊才写诗"吧。

"三家村"的一家邓拓写过《鲁迅两周年祭——步鲁迅遗诗原韵》(1938)和《鲁迅三周年祭——再步鲁迅遗诗原韵》(1939):

> 当年长夜度春时,苦战人间满鬓丝。
> 荷戟孤征诛腐恶,投枪万众望旌旗。
> 伤心两载风云色,咽泪重刊呐喊诗。
> 再祭他年烽火后,血花一缀自由衣。②

> 凄绝临危绝笔时,叮咛后死语如丝。

---

① 彭燕郊:《"千古文章未尽才"》,罗孚等编注:《聂绀弩诗全编》,上海:学林出版社1992年版,第454页。
② 邓拓:《邓拓全集》第4卷,广州:花城出版社2002年版,第18页。

莫怀地下长行者,高举人间正义旗。
半晌有心偏苦念,满腔热泪不成诗。
风烟大地今番壮,三载遗言记甲衣。①

1962年仲夏,邓拓用鲁迅《悼柔石》原韵写了《题钱瘦铁〈鲁迅故乡揽胜图〉》:

会稽山水阅儿时,长历文场满鬓丝。
荷戟孤军征腐恶,投枪大众望旌旗。
人间万里风云色,笔底千秋呐喊诗。
三十余年烽火后,血花染就自由衣。②

1950年底,柳亚子在京探望友人,友人请他步鲁迅诗韵作诗。他没有作七律,而吟成七绝一首:"崔颢题诗在上头,谪仙才调岂终休?难忘二十年前事,温峤甘居第二流。"③表现出自我谦抑和对鲁迅的钦敬。

---

① 邓拓:《邓拓全集》第4卷,广州:花城出版社2002年版,第22页。
② 同上书,第233页。
③ 朱靖宇:《柳亚子诗忆鲁迅》,北京市政协文史资料研究委员会编:《文史钩沉》,中国文史出版社1993版,第359—360页。

第十五章

俯首甘为孺子牛

芳荃零落无余春

鲁迅参加左翼,反对国民党政府的苛政和乱政,写了大量揭露和抨击的杂感,对于反对者而言,固然是所谓"千夫指",但也成为赞同者心目中的英雄。鲁迅的这种公众形象,在为他带来危险的同时,也带来赞誉,带来刺激,带来精神亢奋和继续前进的动力。

家庭中的鲁迅,是孝顺的儿子、温情的丈夫和慈爱的父亲。"俯首甘为孺子牛"是慈父形象的诗意写照。他去世前不久写了一篇文章《"这也是生活"……》,表达了这样的意思:凡俗的生活是战士生活的一部分,战士不能一天到晚总在战斗,对战士不能求全责备:"中国古人,常欲得其'全',就是制妇女用的'乌鸡白凤丸',也将全鸡连毛血都收在丸药里,方法固然可笑,主意却是不错的。删夷枝叶的人,决定得不到花果。"他的结论是:"其实,战士的日常生活,是并不全部可歌可泣的,然而又无不和可歌可泣之部相关联,这才是实际上的战士。"①

20世纪30年代,中国处在战乱中,国民党军队在围剿共产党的军队,报纸上每天可以看到战报。鲁迅经常看报,自然会看到国民党军队屠杀民众的报道,所以他的《赠邬其山》诗中有句"所砍头渐多"。他还撰写了谴责"砍头"酷刑的文章,如发表于1928年4月30日《语丝》第4卷第18期的《铲共大观》。文章的起因是,1928年4月6日的《申报》上有一则通讯,题为《湘省共产党省委会破获》,副标题是"处死刑者三十余人,黄花节斩决八名",讲述中共湖南省委会被"破获"后,当局对被逮捕者施行斩首时群众围观的"盛况":"……是日执行之后,因马(淑纯,十六岁;志纯,十四岁)傅(凤君,二十四岁)三犯,系属女性,全城男女往观者,终日人山人海,拥挤不通。加以共魁郭亮之首级,又悬之司门口示众,往观者更众。司门口八角亭一带,交通为之断绝。计南门一带民众,则看郭亮首级后,又赴教育会看女尸。北门一带民众,则在教育会看女尸后,又往司门口看郭首级。全城扰攘,铲共空气,为之骤张;直至晚间,观者始不似日间之拥挤。"鲁迅引述这些报道后,愤怒地写道:

---

① 鲁迅:《且介亭杂文末编·"这也是生活"……》,《鲁迅全集》第6卷,第624、626页。

第十五章　俯首甘为孺子牛

> 我临末还要揭出一点黑暗，是我们中国现在（现在！不是超时代的）的民众，其实还不很管什么党，只要看"头"和"女尸"。只要有，无论谁的都有人看，拳匪之乱，清末党狱，民二，去年和今年，在这短短的二十年中，我已经目睹或耳闻了好几次了。①

让鲁迅深感悲哀的是，中国社会在经历了这么多次事变、革命后，民众中仍多"看客"，与他在仙台医学课堂上看到的幻灯片中看砍头的人们一样，表情麻木。他还在杂感《头》中写道："说到挂头，是我看了今天《申报》上载湖南共产党郭亮'伏诛'后，将他的头挂来挂去，'遍历长岳'，偶然拉扯上去的。可惜湖南当局，竟没有写了列宁（或者溯而上之，到马克斯；或者更溯而上之，到黑格尔等等）的道德上的罪状，一同张贴，以正其影响之罪也。"②

1931年春，鲁迅写下《湘灵歌》：

> 昔闻湘水碧如染，今闻湘水胭脂痕。
> 湘灵妆成照湘水，皎如皓月窥彤云。
> 高丘寂寞竦中夜，芳荃零落无余春。
> 鼓完瑶瑟人不闻，太平成象盈秋门。③

---

① 鲁迅：《三闲集·铲共大观》，《鲁迅全集》第4卷，第107页。
② 鲁迅：《三闲集·头》，同上书，第92页。
③ 鲁迅：《集外集》，《鲁迅全集》第7卷，第150页。

"湘灵"是湘水之神。《楚辞·远游》："使湘灵鼓瑟兮，令海若舞冯夷。"《后汉书·马融传》唐李贤注："湘灵，舜妃，溺于湘水，为湘夫人也。"宋洪兴祖《楚辞补注》则说："上言二女，则此湘灵为湘水之神，非湘夫人也。"高丘，楚国山名。《离骚》："忽反顾以流涕兮，哀高丘之无女。"瑶瑟，瑟之饰有美玉者。刘禹锡《潇湘神》："楚客欲听瑶瑟怨，潇湘深夜月明时。""太平成象"从"太平无象"变化而来，出自《资治通鉴》唐文宗太和六年："上御延英，谓宰相曰：'天下何时当太平，卿等亦有意于此乎！'僧孺对曰：'太平无象，今四夷不至交侵，百姓不至流散，虽非至理，亦谓小康，陛下若别求太平，非臣等所及。'"秋门，唐代李贺《自昌谷到洛后门》："九月大野白，苍岑竦秋门。"唐东都洛阳有宜秋门、千秋门，这里借指南京。

这首诗与其他几首赠给日本朋友的诗，一同发表于1931年8月10日《文艺新闻》第22号。鲁迅曾于1931年3月5日书赠该诗给日本友人松元三郎，手稿上，"如染"作"于染"，"妆成"作"装成"，"皎如皓月"作"皓如素月"，"零落"作"苓落"。①

《文艺新闻》编者按说："闻此系作于长沙事件后及闻柔石死耗时，故语多悲愤云。"《文艺新闻》的编者将两件性质近似的事合在一起：政府使用残酷血腥的手段镇压民众。

关于这首诗的寓意，自来争讼不已：是写湘江战役，还是另有所指？

---

① 《鲁迅手稿全集》第5册，第434页。

"胭脂"一词是有关这首诗争论的焦点。胭脂一般形容色彩鲜艳,其中自不乏红色,而另一句"皎如皓月窥彤云"中的"彤云"也是红色,有人认为"胭脂痕""彤云"指红色革命根据地景色美好,而"无余春""盈秋门"则指国民党政权统治区域的萧条肃杀,正好构成鲜明对比。胭脂在古诗里一般指美颜,而传说中的湘灵又是忧伤的,在革命时代,鲁迅的诗笔却关注眉黛,显得不合时宜。因此,有解释者将胭脂、彤云往红色政权上靠,如周建人就说:"鲁迅身处白区,心向苏区,写了《湘灵歌》、《无题》('血沃中原肥劲草,寒凝大地发春华')等不少诗歌,热情地歌颂了毛主席所领导的红色根据地。"① 聊备一说。

其实,鲁迅用"胭脂"意象固然可以暗喻被杀害的巾帼英雄,也可以明喻好奇心重的女性看客。

1931年2月,国民党政权在上海秘密杀害了包括五位左翼作家在内的几十名共产党人,花木枯萎凋零,了无春天气息,湘灵所奏曲调杳然,统治者却仍在歌舞升平,装点美好。身处这样的"太平盛世",人们只好待在家里,过着"弄妆梳洗迟"的自娱自乐的"温馨"日子。更贴合生活本质的描述是,娱乐的日子里,人们也可以对时局和未来怀着忧虑。如此,两种红色——远方的血腥和身边的胭脂——同时出现在诗中。

鲁迅诗中出现"秋"字和秋天肃杀的意象远比出现令人感到温馨(春温)的场景为多。秋风秋雨愁煞人,是他的同乡、女革

---

① 周建人:《学习鲁迅 深入批修》,《红旗》1971年第3期。

命家秋瑾吟诵过的诗句。这首诗最后一句"太平成象盈秋门"中的"秋"字，虽然不一定描写气候，但其音形引发联想，令人伤感，也含有讽刺之意。

这首诗不合七律格式，多用拗句，准确地说是一首古风，与李贺的《雁门太守行》类似：

> 黑云压城城欲摧，甲光向日金鳞开。
> 角声满天秋色里，塞上燕脂凝夜紫。
> 半卷红旗临易水，霜重鼓寒声不起。
> 报君黄金台上意，提携玉龙为君死。

鲁迅身处高压和动乱社会，自不能避开政治。即便平时不参加政治活动，不一定明确赞成哪个党派或反对哪个政府，也不免会有政治倾向。到上海后，他的政治立场渐渐左倾，与共产党人交往较多，对国民党当局则不但疏远，而且时常给予批评，特别是遇到当局以迫害和杀戮的手段对待异见分子时。

相较于杂感，诗歌特别是旧体诗的表达隐晦曲折。鲁迅曾向友人报告《集外集》送审时杂感和旧体诗得到的不同待遇：

> 《集外集》既送审查，被删本意中事，但开封事亦犯忌却不可解，大约他们决计要包庇中外古今一切黑暗了。而古诗竟没有一首删去，却亦不可解，其实有几首是颇为"不妥"的。至于引言被删，则易了然，盖他们不许有人为我作

序或我为人作序而已。颠倒书名,则以显其权威,此亦叭儿脾气,并不足异。

尤奇的是今年我有两篇小文,一论脸谱并非象征,一记娘姨吵架,与国政世变,毫不相关,但皆不准登载。又为《文学》作一文,计七千字,谈明末事,竟被删去五分之四(此文当在二月号刊出);我乃续作一文,谈清朝之禁汉人著作,这回他们自己不删了,只令生活书局中人动手删削,但所存较多(大约三月号可刊出)。这一点责任,也不肯负,可谓全无骨气,实不及叭儿之尚能露脸狂吠也。①

回眸时看小於菟

鲁迅的家庭生活,在他到上海一年多后发生了重大变化。

1929年初秋,鲁迅近50岁得子,其高兴可想而知。有人说鲁迅非常溺爱孩子,《答客诮》就是回答人们这种议论的,如许寿裳所说:"这大概是为他的爱子海婴活泼会闹,客人指为溺爱而作。'救救孩子',情见乎辞。"② 其实,这首诗没有"救救孩子"那么严肃和沉重。鲁迅1933年1月22日将《答客诮》书赠坪井芳治时,落款为"未年之冬戏作录请 坪井先生哂正 鲁迅"③,虽

---

① 鲁迅:《350129致杨霁云》,《鲁迅全集》第13卷,第362—363页。
② 许寿裳:《我所认识的鲁迅·怀旧》,北京:人民文学出版社1959年版,第27页。
③ 《鲁迅手稿全集》第5册,第450页。

然是"戏作",却含有感激之意。

坪井芳治（1898—1960）是日本著名兰学家坪井信道的后代,父亲坪井次郎是东京帝国大学医科大学教授,后任京都帝国大学医科大学院长。坪井芳治1924年京都帝国大学医学部毕业后,到庆应大学医学部小儿科进修,1926年秋到上海筱崎医院小儿科工作。他1932年5月20日开始为海婴治病,到1933年6月8日最后一次为海婴注射,担任鲁迅儿子的主治医师一年多。鲁迅先后于1932年7月3日和1933年4月23日两次在知味观宴请他。坪井芳治也在1932年12月28日邀鲁迅到日本餐馆食河豚。鲁迅三次书赠自作诗给坪井,1932年12月31日书七绝《无题（皓齿吴娃唱柳枝）》一幅,1933年1月22日书七绝《答客诮（无情未必真豪杰）》一幅,同年6月21日鲁迅又为坪井的朋友樋口良平书自作七绝《悼杨铨（岂有豪情似旧时）》一幅。鲁迅1933年1月22日日记有关书赠《答客诮》诗的记载是:"晚往坪井先生寓,致自写所作诗一轴,并饼饵、茗、果共三色。夜风。"① 也就是说,这首诗是亲自送去的,而且还附送了"三色"礼品,堪称隆重——此无他,为"小儿"也。《答客诮》写道:

无情未必真豪杰,怜子如何不丈夫。
知否兴风狂啸者,回眸时看小於菟。

---

① 《鲁迅全集》第16卷,第356页。

第十五章 俯首甘为孺子牛

《左传》宣公四年记载楚人"谓虎於菟","於菟"——其实是"虎"的别称——成了这首诗的中心意象。明代解缙有诗《虎顾众彪图》："虎为百兽尊，谁敢触其怒？惟有父子情，一步一回顾。"

鲁迅的儿子海婴出生后，曾有无聊文人在报刊上发表一些讽刺讥诮文字。鲁迅在1931年2月2日给韦素园的信中就提到自己"有了一个男孩，已一岁另四个月，他生后不满两月之内，就被'文学家'在报上骂了两三回，但他却不受影响，颇壮健"。①其中有一位"讥诮"者杨邨人在小报上编排故事道：

> 这时恰巧鲁迅大师领到当今国民政府教育部大学院的奖赏；于是乎汤饼会便开成了。……这日鲁迅大师的

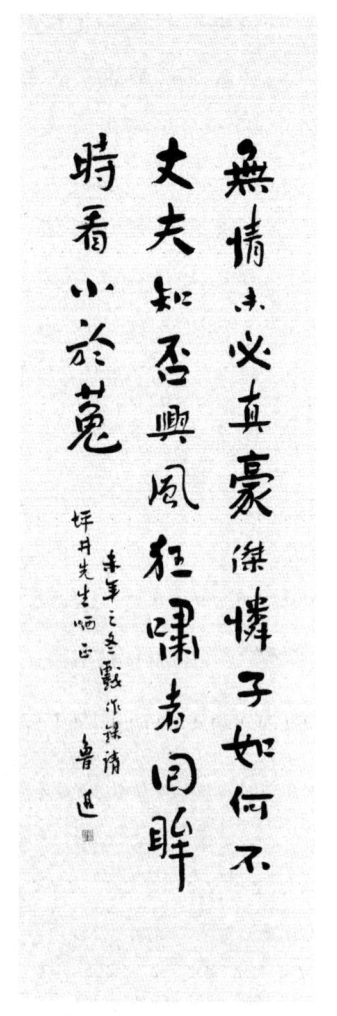

鲁迅《答客诮》手稿

---

① 鲁迅：《310202 致韦素园》，《鲁迅全集》第12卷，第253页。

汤饼会到会的来宾,都是海上闻人,鸿儒硕士,大小文学家呢。那位郁达夫先生本是安徽大学负有责任的,听到这个喜讯,亦从安庆府连夜坐船东下呢。郁先生在去年就产下了一个虎儿,这日带了郁夫人抱了小娃娃到会,会场空气倍加热闹。酒饮三巡,郁先生首先站起来致祝辞,大家都对鲁迅大师恭喜一杯,鲁迅大师谦逊着致词,说是小囝将来是龙是犬还未可知,各位今天不必怎样的庆祝啦。座中杨骚大爷和白薇女士同声叫道,一定是一个龙儿呀!这一句倒引起郁先生的伤感,他前年不幸夭殇的儿子,名字就叫龙儿呢!①

全家福:回眸

① 文坛小卒(杨邨人):《鲁迅大开汤饼会》,《白话小报》1930 年第 1 期。

第十五章 俯首甘为孺子牛

鲁迅一面"答客诮",一面也在"自嘲"。爱孩子本是人性的优点,客"诮"本来含有善意的成分,而"自嘲"也不无"自诩"和自傲。鲁迅作于1932年10月的《自嘲》,不但有疼爱孩子的描述,而且是人生态度的表达:

> 运交华盖欲何求,未敢翻身已碰头。
> 破帽遮颜过闹市,漏船载酒泛中流。
> 横眉冷对千夫指,俯首甘为孺子牛。
> 躲进小楼成一统,管它冬夏与春秋。①

鲁迅1932年10月12日日记:"午后为柳亚子书一条幅,云:'运交华盖欲何求……达夫赏饭,闲人打油,偷得半联,凑成一律以请'云云。"②

1932年10月5日,郁达夫夫妇在聚丰园宴请兄长郁华,邀请了柳亚子郑佩宜夫妇、鲁迅许广平夫妇。当时郁华任江苏省高等法院上海分院刑庭庭长,不仅谙于法律,而且喜好诗词,擅画山水,是柳亚子的南社诗友。席间,郁达夫开玩笑地对鲁迅说:"你这些天来辛苦了吧。"鲁迅用上一天想到的"横眉"一联回答他。达夫打趣道:"看来你的'华盖运'还是没有脱?"鲁迅说:"嗳,给你这样一说,我又得了半联,可以凑成一首小诗了。"鲁

---

① 鲁迅:《集外集·自嘲》,《鲁迅全集》第7卷,第151页。
② 《鲁迅全集》第16卷,第330页。

迅跋文中所谓"偷得半联",就是指首句的"运交华盖欲何求"。①散席时,郁达夫拿出一幅素绢,请来客题词留念。鲁迅根据席间谈话,写下了"横眉冷对千夫指,俯首甘为孺子牛"一副联语。柳亚子在与鲁迅握别时,请求鲁迅便中赐以墨宝。10月12日,鲁迅为柳亚子手书《自嘲》诗,四尺对开。柳亚子对此十分爱重,珍藏多年,不轻易示人。后遇一机缘,将其转赠,并在诗稿上方写下一段题识:

> 此为鲁迅先生在上海时亲笔题赠之作,其诗万口争传,对广大人民群众起极大的革命教育作用,具有深远的历史意义。余宝藏至今,悬诸座右。兹逢全国人民慰问人民解放军盛典,中国国民党革命委员会全体同志愿以此幅献之于中央人民政府人民革命军事委员会 毛主席、朱总司令,以表崇敬之忱。此举深获我心,引为光荣。特掬诚奉献,并恭志数语云尔。一九五四年二月二十日柳亚子敬题。②

鲁迅日记所录手稿中,"破"作"旧","漏"作"破";将此诗写成扇面赠送日本人杉本勇乘时,将"对"写作"看";写赠其他友人时,"它"字也写作"他"或"牠"。③

关于"华盖运",鲁迅在《华盖集》题记中解释他为什么如

---

① 熊融:《"偷得半联"别解》,《人民日报》1962年2月22日。
② 《鲁迅手稿全集》第5册,第440页。
③ 同上书,第441页。

第十五章　俯首甘为孺子牛

此命名文集道："我平生没有学过算命，不过听老年人说，人是有时要交'华盖运'的。这'华盖'在他们口头上大概已经讹作'镶盖'了，现在加以订正。所以，这运，在和尚是好运：顶有华盖，自然是成佛作祖之兆。但俗人可不行，华盖在上，就要给罩住了，只好碰钉子。"①《古今注》上说："华盖，黄帝所作也；与蚩尤战于涿鹿之野，常有五色云气，金枝玉叶，止于帝上，有花葩之象，故因而作华盖也。"

第三句借用了南社诗人姚鵷雏（锡钧）的诗句"旧帽遮颜过闹市"。破帽容易理解，比喻自己穷困，或虽不穷困却生性不修边幅。为什么要遮着脸面呢？是怕人认出而丢面子，还是不想让人认出自己以避免

鲁迅《自嘲》手稿

---

① 鲁迅：《华盖集·题记》，《鲁迅全集》第3卷，第3—4页。

危险？鲁迅定居上海时，已是文坛名人，又屡遭通缉，不"遮面"是可能生出麻烦的。有一次，主编《论语》的林语堂来信要他的照片刊登在作家近况栏目，并提出用他在《自选集》中的一张，他写信辞谢道：

> 弟向来厚于私而薄于公，前之不欲以照片奉呈，正因并"非私人请托"，而有公诸读者之虑故。近来思想倒退，闻"作家"之名，颇觉头痛。又久不弄笔，实亦不符；而且示众以后，识者骤增，于逛马路，进饭馆之类，殊多不便。《自选集》中像未必竟不能得，但甚愿以私谊吁请勿转灾楮墨，一以利己，一以避贤。①

漏船载酒，意为用破漏船只载酒，境况危殆。《吴子·治兵》："如坐漏船之中。"《晋书·毕卓传》中毕卓说："得酒满数百斛船，……拍浮酒船中，便足了一生矣。"

《汉书·王嘉传》："里谚曰：'千人所指，无病而死。'"鲁迅1931年2月4日给李秉中的信中说："然而三告投杼，贤母生疑。千夫所指，无疾而死。生丁今世，正不知来日如何耳。"② 当时报刊上关于鲁迅的谣言很多，鲁迅真成了"千夫所指"之人。《左传》哀公六年："鲍子曰，女忘君之为孺子牛而折其齿乎？而背之

---

① 鲁迅：《340415致林语堂》，《鲁迅全集》第13卷，第78页。
② 鲁迅：《310204致李秉中》，《鲁迅全集》第12卷，第255页。

第十五章　俯首甘为孺子牛

也！"齐景公口衔绳子，扮成牛的样子，让小儿子荼牵着玩。有一天，荼不小心跌倒，把齐景公的牙齿拉折了。齐景公临死时遗命立荼为国君。景公死后，荼继承了王位。但是陈僖子（即田乞）要立公子阳生，并协助公子阳生篡位，将荼流放后害死。在拥立新主的时候，齐景公的大臣鲍牧对陈僖子说了这句话，谴责他违背了景公的遗命。

清代洪亮吉《北江诗话》卷一："同里钱秀才季重，工小词。然饮酒使气，有不可一世之概。有三子，溺爱过甚，不令就塾。饭后即引与嬉戏，惟恐不当其意。尝记其柱帖云'酒酣或化庄生蝶，饭饱甘为孺子牛'。真狂士也。"

鲁迅有了子嗣后，生活上增加了负担，不仅是经济上的，更有精神上的。他有时抱怨家庭生活的烦琐和拖累，如1931年4月15日写给李秉中的信中说："偶失注意，遂有婴儿，念其将来，亦常惆怅，然而事已如此，亦无奈何，长吉诗云：已生须已养，荷担出门去，只得加倍服劳，为孺子牛耳，尚何言哉。"①

鲁迅的读书写作生活十分辛苦，有老黄牛勤耕之慨。他曾有过这样一段自白：

> 我常常说，我的文章不是涌出来的，是挤出来的。听的人往往误解为谦逊，其实是真情。我没有什么话要说，也没有什么文章要做，但有一种自害的脾气，是有时不免呐喊

---

① 鲁迅：《310415 致李秉中》，《鲁迅全集》第12卷，第261—262页。

几声,想给人们去添点热闹。譬如一匹疲牛罢,明知不堪大用的了,但废物何妨利用呢,所以张家要我耕一弓地,可以的;李家要我挨一转磨,也可以的;赵家要我在他店前站一刻,在我背上帖出广告道:敝店备有肥牛,出售上等消毒滋养牛乳。我虽然深知道自己是怎么瘦,又是公的,并没有乳,然而想到他们为张罗生意起见,情有可原,只要出售的不是毒药,也就不说什么了。但倘若用得我太苦,是不行的,我还要自己觅草吃,要喘气的工夫;要专指我为某家的牛,将我关在他的牛牢内,也不行的,我有时也许还要给别家挨几转磨。①

鲁迅跋文中所说的"偷",就是直接引用,或者可以换成"借"字——诗人用别人的句子不算偷,犹如孔乙己所说读书人"窃书不能算偷"——更直白地说是"照搬",比"活剥"省事。这首诗引用或化用的句子颇不少。郭沫若在《孺子牛的质变》一文中引用洪亮吉《北江诗话》卷一引钱季重所作的柱帖"酒酣或化庄生蝶,饭饱甘为孺子牛",并评论道:"但这一典故,一落到鲁迅的手里,却完全变了质。在这里,真正是腐朽出神奇了。"②或有夸张的成分,但总体上说,鲁迅将这些诗句集中在一起,的确产生了新奇的效果。鲁迅自谦这是一首打油诗。诗中确有几句调

---

① 鲁迅:《华盖集续编·〈阿Q正传〉的成因》,《鲁迅全集》第3卷,第394—395页。
② 郭沫若:《孺子牛的质变》,《人民日报》1962年1月16日。

侃的玩笑话或牢骚语，也借用了古今人诗句，但连接起来，就成就了一种嬉笑中的怒骂和玩笑中的严肃。

躲进小楼成一统

郭沫若在《〈鲁迅诗稿〉序》中如此赞美鲁迅《自嘲》中的"横眉俯首"联："虽寥寥十四字，对方生与垂死之力量，爱憎分明；将团结与斗争之精神，表现具足。此真可谓前无古人，后启来者。"①

自嘲中也有自解，而尾联"躲进小楼成一统，管他冬夏与春秋"竟有自傲的成分。

东方朔的《答客难》、扬雄的《解嘲》、班固的《答宾戏》和韩愈的《进学解》，都采用先虚设一人来问难和讥讽，自己进行解释、辩护的方式。

东方朔《答客难》先说自己学而优则损形象："今子大夫修先王之术，慕圣人之义，讽诵诗书百家之言，不可胜数，著于竹帛，唇腐齿落，服膺而不可释。"扬雄《解嘲》中先让客嘲笑扬子道："吾闻上世之士，人纲人纪：不生则已，生则上尊人君，下荣父母；析人之圭，儋人之爵；怀人之符，分人之禄；纡青拖紫，朱丹其毂。今吾子幸得遭明盛之世，处不讳之朝，与群贤同行；历金门，

---

① 郭沫若：《〈鲁迅诗稿〉序》，上海鲁迅纪念馆编辑：《鲁迅诗稿》，北京：文物出版社1961年版。

上玉堂，有日矣。曾不能画一奇，出一策；上说人主，下谈公卿。目如耀星，舌如电光；一从一衡，论者莫当。顾默而作《太玄》五千文，支叶扶疏，独说十余万言。深者入黄泉，高者出苍天；大者含元气，细者入无间。然而位不过侍郎，擢才给事黄门。意者玄得无尚白乎？何为官之拓落也！"才能和官位之间出现巨大落差。班固"永平中为郎，典校秘书，专笃志于儒学，以著述为业。或讥以无功，又感东方朔、扬雄自喻以不遭苏、张、范、蔡之时，曾不折之以正道，明君子之所守，故聊复应焉"，回答了一大篇。他二十年没有升迁，心中当然充满焦虑，但还要自我宽解：不能小气，更不能失格。韩愈在《进学解》中把自己描绘得更惨："公不见信于人，私不见助于友。跋前踬后，动辄得咎。暂为御史，遂窜南夷。三年博士，冗不见治。命与仇谋，取败几时。冬暖而儿号寒，年丰而妻啼饥。头童齿豁，竟死何裨。不知虑此，而反教人为？"自嘲越厉害，越显得品德高尚，把自己的身段放低，为的是接下来的跃起和突进。于是，自嘲一番后，东方朔自诩"时虽不用，块然无徒，廓然独居"；扬雄坚持说"惟寂惟寞，守德之宅"；班固誓言"慎修所志，守尔天符"；韩愈则列举前贤的遭遇，庆幸自己尚能有用于世："昔者孟轲好辩，孔道以明，辙环天下，卒老于行。荀卿守正，大论是弘，逃谗于楚，废死兰陵。是二儒者，吐辞为经，举足为法，绝类离伦，优入圣域，其遇于世何如也？"

冯至在《鲁迅先生的旧体诗》一文中认为，《自嘲》诗中间两联最能表现鲁迅的风度："前两句写出一个从容自若、毫无顾忌的战斗者；后两句曾经一再被人引用，因为充分表现出作者的勇和爱。"①

但总体上说，这首诗情绪是低沉的，以怨愤和无奈表达对现实的不满。但第五句"横眉冷对千夫指"，突现金刚怒目，塑造出一种凛然威严的形象，连尾联的"躲进小楼"也不能掩盖和动摇这刚正姿态，因而极大提升了诗的精气神，正是所谓"诗眼"所在。

鲁迅一生形象也在这句诗中巍然屹立。

但鲁迅并非不顾一切冲锋陷阵之人，他提倡"壕堑战"，严阵以待，收缩防守，当然要躲进"战壕"，即他的"小楼"。鲁迅在小楼上的状态、姿态，曾经被人讥讽和谴责。鲁迅刚到上海，小楼还没有住稳当，就遭到革命文学家的猛烈批判。成仿吾发表《完成我们的文学革命》，称"鲁迅先生坐在华盖之下正在抄他的小说旧闻"，是一种"以趣味为中心的文艺"，"后面必有一种以趣味为中心的生活基调"；"它所暗示着的是一种在小天地中自己骗自己的自足，它所矜持着的是闲暇，闲暇，第三个闲暇"。②1932年，上海北新书局刊行《三闲集》，鲁迅在序言中仍不忘回击一下，"我将编《中国小说史略》时所集的材料，印为《小说旧闻钞》，以省青年的检查之力，而成仿吾以无产阶级之名，指为'有闲'，而且'有闲'还至于有三个"，并特别说明，"编成而名之曰《三闲集》，尚以射仿吾也"。③诗序中的"闲人打油"，自

---

① 冯至：《鲁迅先生的旧体诗》，《冯至全集》第4卷，石家庄：河北教育出版社1999年版，第138页。
② 成仿吾：《完成我们的文学革命》，《洪水》1927年1月第3卷第25期。
③ 鲁迅：《三闲集·序言》，《鲁迅全集》第4卷，第6页。

嘲中也含着回击批评的成分。

诗中的多数意象，都是鲁迅在戏嘲自己的境遇：文章和著作被禁删，生活受到影响，郁愤在心，交了"华盖运"。为了避免追踪迫害，在闹市人群中用破帽遮住容颜。自己的处境就像用漏水的船载酒而行，随时会沉没。

俗语称"惹不起，躲得起"，然而，鲁迅遇到战乱和当局的通缉，有时候连"躲进小楼"也不得。晚年的鲁迅与外界交流减少，当然出于实际需要，但也渐渐成为他的一种消极抗争对策。

他不但面对外在的危险，例如战争常常让他举家避难，而且还有很多生活琐事，例如孩子的教育，为生计不停地劳作，总起来说颇多苦辛，缺少诗情画意。叹老嗟贫，是中国古代诗人的故技，但鲁迅写诗很少，不大在诗中表现此类琐细和庸常，少叹息，不哀伤。他的诗和文章都尽量简洁，节省笔墨。若有情绪流露，也只在赠送朋友们的诗中点到为止，没有在给他们的私信中讲得那么详细，如在给山本初枝、增田涉的信中痛诋书刊检查制度，在给杨霁云、曹靖华、台静农等的信中抨击社会和文坛乱象。

作为文坛名家，鲁迅经常遭受造谣污蔑。他在1931年3月6日致李秉中的信中讲述自己及家属的生活情况：

> 近数年来，上海群小，一面于报章及口头盛造我之谣言，一面又时有口传，云当局正在索我甚急云云。今观兄所述友人之言，则似固未尝专心致志，欲得而甘心也。此间似有一群人，在造空气以图构陷或自快。但此辈为谁，则无从

第十五章 俯首甘为孺子牛

查考。或者上海记者,性质固如此耳。

又闻天津某报曾载我"已经刑讯",亦颇动旧友之愤。又另有一报,云我之被捕,乃因为"红军领袖"之故云。①

人在家中坐,祸从天上来。忽然有传言说鲁迅生了脑膜炎。

1934年3月10日,天津《大公报》在《文化情报》专栏中发表一则简讯,造谣鲁迅患重性脑膜炎。当时医生嘱鲁迅十年不准用脑从事著作,意即停笔十年,否则脑子绝对不能用,完全无治云。关心鲁迅安全和健康的亲戚、友人和读者,纷纷致信鲁迅探问病情。鲁迅只得一一复信报平安,如1934年3月15日给李秉中信说:"顷接十日函,始知天津报上,谓我已生脑炎,致使吾友惊忧,可谓恶作剧;上海小报,则但云我已遁香港,尚未如斯之甚也。其实我脑既未炎,亦未生他病,顽健仍如往日。假使真患此症,则非死即残废,岂辍笔十年所能了事哉。此谣盖文氓所为,由此亦可见此辈之无聊之至,诸希释念为幸。"②

鲁迅为此写了一首诗,寄赠台静农:

横眉岂夺蛾眉冶,不料仍违众女心。
诅咒而今翻异样,无如臣脑故如冰。③

---

① 鲁迅:《310306致李秉中》,《鲁迅全集》第12卷,第260页。
② 鲁迅:《340315致姚克》,《鲁迅全集》第13卷,第44页。
③ 《鲁迅手稿全集》第5册,第468页。

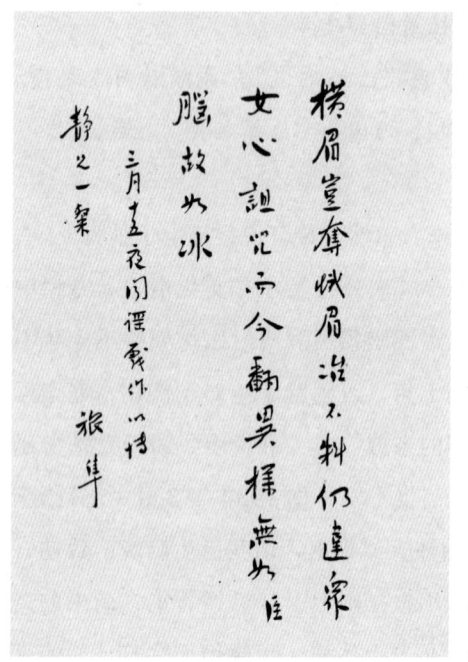

鲁迅赠台静农（报载患脑膜炎戏作）

蛾眉，古时以眉弯似蚕蛾为美，而谄媚强笑时眉毛也是弯曲如蚕。屈原《离骚》："众女嫉余之蛾眉兮，谣诼谓余以善淫。"惯于横眉冷对世事的鲁迅，当然没有与"蛾眉"众女们争宠之意，没想到仍是违逆了众女的心意。"横眉"与"蛾眉"形成尖锐的对立，"众女"比喻当时向国民党当局献媚争宠的文人，他们谣言花样翻新，竟说鲁迅患了脑炎，但鲁迅说自己的脑子冷静得像冰块一样，清醒得很。鲁迅将这首诗书赠朋友时，有意将"臣"字写得小些，仿佛是臣对君的奏请，讽刺皇权专制下的政治和文化生态。

第十五章 俯首甘为孺子牛

文人们造谣，花样层出不穷。1931年2月5日鲁迅曾在给荆有麟的信中报告有人造谣说他"收苏俄卢布"：

> 我自寓沪以来，久为一班无聊文人造谣之资料，忽而开书店，忽而月收版税万余元，忽而得中央党部文学奖金，忽而收苏俄卢布，忽而往墨斯科，忽而被捕，而我自己，却全不知道有这么一回事。其实这只是有些人希望我如此的幻想，据他们的小说作法，去年收了一年卢布，则今年当然应该被捕了，接着是枪毙。于是他们的文学便无敌了。
> 其实是不见得的。
> 我还不知道福州路在那里。
> 但世界如此，做人真难，谣言足以杀人，将来真会被捕也说不定。①

1934年5月16日，他写信给郑振铎，谈到有人污蔑自己"受日人万金"的事：

> 但另有文氓，恶劣无极，近有一些人，联合谓我之《南腔北调集》乃受日人万金而作，意在卖国，称为汉奸；又有不满于语堂者，竟在报上造谣，谓当福建独立时，曾秘密前去接洽。是直欲置我们于死地，这是我有生以来，未尝见此

---

① 鲁迅：《310205 致荆有麟》，《鲁迅全集》第12卷，第256—257页。

黑暗的。①

即便躲进小楼,也仍然挡不住谣言。鲁迅处于四面受敌的状态。他说自己需要横着站,因为攻击来自不同方向,甚至来自阵营内部。他宁愿做《野草》中那个直视前方、勇敢面对各种势力或者无物之阵的"这样的战士"。

但见奔星劲有声

鲁迅写下了"俯首甘为孺子牛"的诗句,与他另一首诗《答客诮》中的"回眸时看小於菟"异曲同工,都表达对儿子的殷殷爱意,渲染出家庭生活的乐趣,这在鲁迅的诗作中是难得的场景。

当"俯首"的对象是别人如青年的时候,鲁迅的作为如何呢?

鲁迅提携青年,成功的如北京时期的孙福熙、许钦文等,鲁迅为他们校稿、选篇,帮助出版,颇费心力。许广平在《欣慰的纪念》中回忆:"但每次去时,总见他在寓所里仍然极其忙碌。或者给青年看稿子,或者编副刊,校对书籍,他没有一刻让自己好好休息过。有时,我也从旁学习一二,替他校对什么,或者代抄点《坟》之类的材料。可是他总是不大肯叫人替他做事,一切大小琐碎,都愿意自己动手。"②

---

① 鲁迅:《340516 致郑振铎》,《鲁迅全集》第 13 卷,第 104 页。
② 许广平:《欣慰的纪念》,北京:人民文学出版社 1981 年版,第 43—44 页。

第十五章　俯首甘为孺子牛

1919年11月9日，鲁迅日记记载："上午孙伏园、春台来。"①春台，即孙福熙。这是指孙福熙与其兄孙伏园一起到了北京。经鲁迅介绍，孙福熙到北京大学图书馆工作，1921—1924年赴法留学，就读于法国国立美术专科学校。1925年，他的第一部作品《山野掇拾》出版，以82篇游记记录他1922年暑假期间从里昂到Savoie乡村去画山野时的见闻，配有自画的四幅精美插图，并自行设计封面。封面画由各种绿色组成，由浅及深，用灰色的边框衬托着，上端有孙福熙毛笔手书"山野掇拾"四字。该书1925年2月作为"新潮社文艺丛书"之一出版。鲁迅日记1923年8月12日写道"夜校订《山野掇拾》一过"，翌日又"夜校订《山野掇拾》毕"，8月14日"上午寄伏园信并还《山野掇拾》稿本，又附寄春台笺"。②1924年1月书还未印行，鲁迅就预订了五部，以备赠送友人。孙福熙对鲁迅的感激之情，也从送给鲁迅书的题词中倾诉出来："豫材先生：当我要颓唐时，常常直接或间接从你的语言文字的教训得到鞭策，使我振作起来；这次，你欲付印《山野掇拾》也无非藉此鼓励我罢了。我不敢使你失望，不得不从新做起；而我没有时候再来说这书中的缺点了。"③

鲁迅与青年作者的交往中也有不愉快的时候。许钦文请鲁迅为他选编小说集，出版后销路很好，一举成名。有商人抱着投机心理，撺掇他把落选的文章集成一本问世。鲁迅看见了，摇头叹

---

① 《鲁迅全集》第15卷，第383页。
② 同上书，第478页。
③ 赵丽霞编著：《鲁迅藏书签名本》，郑州：大象出版社2011年版，第30页。

《山野掇拾》封面及作者题词

气说:"我的选择很费不少心血,把每一种的代表作都有了,其余那些,实在不能算很成功,应该再修养,不怕删削才会有成就呢!"还有高长虹,鲁迅为他选定作品、校字成书之后,他却对人抱怨说:"他把我好的都选掉了,却留下坏的。"鲁迅也曾为向培良选定一本创作文集,校正了用字,介绍发表,甚至帮助他寻找工作,但因为鲁迅与狂飙社的关系破裂,向培良终与鲁迅绝交,并竭力攻击鲁迅。①

鲁迅到了厦门和广州,仍然支持当地的青年作家,为他们的著作撰写序言,帮助他们编辑出版杂志。到上海,虽然对早期的

---

① 许广平:《欣慰的纪念》,北京:人民文学出版社1981年版,第46—47页。

反目、背叛、分裂的失望仍心有余悸,有所警惕,但仍然不吝精力和时间提携青年。实在,鲁迅本人也需要在与青年的交往中保持健旺的精神,用他的话说,是寻找身外的青春,因为只有身外的青春,才能让他将身中的迟暮牵引出来。

鲁迅虽然被人称为"多疑",但他自己是清醒的。许广平回忆,鲁迅说过:"我不能因为一个人做了贼,就疑心一切的人。"[①]鲁迅在《三闲集·序言》中也说,自己经过国共合作破裂后的大屠杀,对青年残酷地杀害青年感到震惊:"我的思路因此轰毁,后来便时常用了怀疑的眼光去看青年,不再无条件的敬畏了。然而此后也还为初初上阵的青年们呐喊几声,不过也没有什么大帮助。"[②]

他在福建和广东交往的青年中,颇有一两位跟得很紧,从厦门到广州,又到上海,一度十分亲密。一个来上海做他的"儿子",一个在上海邀请他做图书出版的投资——都以失败告终。

鲁迅和许广平到上海后不久,打算做"儿子"的那个学生也赶来谋生。但他人生地疏,只能请求鲁迅关照。鲁迅和周建人冒着大雨到旅馆,将他接到景云里寓所。他还带着另外一男一女,据说是兄妹,妹妹是那学生的爱人,为逃避家中父母包办婚姻,一同出走。他们住下来,把鲁迅当作家长,膳宿和零用都由鲁迅负担。鲁迅和许广平将楼下让给他们住,自己住楼上。每逢鲁迅步下扶梯,就听到书声琅琅。但稍一走远,声音就戛然而止。久而久之,鲁迅悟到这是读给他听的。三个人要求入学读书,要鲁

---

① 许广平:《欣慰的纪念》,北京:人民文学出版社1981年版,第48页。
② 鲁迅:《三闲集·序言》,《鲁迅全集》第4卷,第5页。

迅供给学费。鲁迅说:"我赋闲在家,给书店做点杂务,那能有这大力量呢?"那学生写了文章,请鲁迅介绍发表。但文章太幼稚,实在送不出去。学生又请托找事做。鲁迅跟某书店说定,让他去做练习生,自己每月拿出30元托书店转手给他,算是薪水。但他可能是嫌薪水少或工作低微,不接受。那时,创造社正在围剿鲁迅。有一天,那学生突然对鲁迅说:"他们因为我住在你这里,就把我都看不起了。"鲁迅先是送走了那兄妹里的哥哥,但不久这位学生的哥哥又来了,他是木匠,想在上海找事做,找到事之前食宿都由鲁迅安排,只好在附近另租房子。后来鲁迅托周建人介绍,给木匠哥哥找了一份工作,但木匠却不愿去。如此长久闲住不是办法,最后也由鲁迅筹旅费回乡了。学生和他的爱人跟邻居说,他是来给鲁迅当"儿子"的,本以为能来享福,谁知如此待遇,言下颇为不满。鲁迅根本不知道他们有这种打算。他们告辞回家,又要了一笔旅费。鲁迅提出给100元,学生不满意,说:"我们是卖了田地出来的,现在回去,要生活,还得买田地,你得给我××元。"经过来回讨价还价,鲁迅终于送走了"儿子"。①

另一个学生王方仁对鲁迅说:"上海学校没有好的,打算自己研究,读点书,不在乎文凭,愿意在先生旁边住,家里也可以放心,否则我父亲不会允许的。"他陆续邀来他的朋友柔石、崔真吾,三个人合住一幢房子,搭伙吃饭。他们时常与鲁迅见面。谈起文化界的寂寞,出版界的欠充实,王方仁就提议合作出书,说

---

① 许广平:《欣慰的纪念》,北京:人民文学出版社1981年版,第49—53页。

他哥哥开教育用品之类的店，可以赊纸，也可向拍卖行买些便宜纸，可以减少本钱。而且他哥哥的店，也可以代卖书籍，省得另开门面；遇到批发的，还可以代为收账。于是，大家用朝花社名义出了一种周刊，印一些近代木刻画选，也出一些近代小说集。因为鲁迅的名气和选书的眼光，一开始颇有些盈利。资本是王方仁、崔真吾、柔石、鲁迅四人出的，但因经费不足（每人数百元），又不便叫学生们多负担，鲁迅把许广平也算作一股。但经营中渐渐暴露出问题，最失败的是《近代木刻选集》之类的木刻印本，印刷质量低劣。纸张是由王方仁经手从他哥哥的店里拿来或者拍卖而来的，各种纸都有，很多粗糙，不宜于印图；用的油墨也恶劣，有时把细的线条遮抹掉，有时墨太浓，反映出闪光，很不好看。尽管如此，书籍和刊物仍渐渐被人注意，销路不错。王方仁似乎别有所忙，时常往来于上海、宁波之间，有时大家急切地等他来接洽，却等不来，日常工作几乎全落到柔石一个人身上。柔石去联系王方仁的哥哥，也交流不畅。店里卖出去的书，回款也难。中间几次添本钱，柔石甚至一面跑印刷所，一面赶工译书卖钱去充股本，有时来不及，鲁迅就转借款子给他。总计起来，鲁迅出资及借给柔石的款项至少占了全部股本之半。某天，王方仁突然宣布，他哥哥的店不肯再代售，书也多卖不出去，大家只好散伙。鲁迅整整一年中费去不少精力，以寓所里多了一束朝花社剩下来的黄色包书纸而告终。①

---

① 许广平：《欣慰的纪念》，北京：人民文学出版社 1981 年版，第 54—55 页。

尽管如此，鲁迅还是愉快的，他得到了与青年密切合作的机会，得到了其中几位尤其是柔石的友情。

还有一些性情怪异的青年，让鲁迅备受"孺子"的折磨。例如徐梵澄，颇有高长虹的作风。巧合的是，他也是尼采的崇拜者。这回鲁迅虽然爱惜青年之才，但鉴于前车，有所警惕了。

徐梵澄向鲁迅投稿，有时邮递，有时送来。许广平也常见到他，说"他天赋极高，旧学甚博，能作古诗、短评，能翻译，钦慕尼采，颇效其风度"。他后来到德国留学，常与鲁迅通信请教。鲁迅也托他买一些木刻书籍，同时搜罗些中国画本寄去，托他转送德国朋友。徐梵澄一时兴起，也学习木刻，但没出什么成绩。他回国带了一些大书箱，寄存在鲁迅寓所。有一次，他打开箱子找积木送给鲁迅的儿子，许广平看到鲁迅托他转给德国朋友的中国画本赫然尚存。据他自己说，因为那些画太好了，他舍不得送出去，而且不怕携带困难，又给带回来了。鲁迅得知，只好叹息。①

徐梵澄在上海行踪神秘，鲁迅不知道他的住处在哪里。当时，《申报·自由谈》已加改革，黎烈文担任编辑，鲁迅常为报纸写些短稿。徐梵澄也常寄稿给鲁迅，请求介绍。但他提出一个很奇怪的要求：不能将原稿寄出发表。问他什么缘故，他说他觉得处处有人在监视他，稍一不慎，即有丧身之虞。鲁迅只好设法给他抄录副稿，一开始让许广平抄写。鲁迅给编者的信中这样写道："有一友人，无派而不属于任何翼，能作短评，颇似尼采，

---

① 许广平：《欣慰的纪念》，北京：人民文学出版社1981年版，第61页。

第十五章 俯首甘为孺子牛

今为绍介三则,倘能用,当能续作,但必仍由我转也。"① 另一封信中说:"'此公'稿二篇呈上,颇有佛气,但《自由谈》本不拘一格,或无妨乎?"鲁迅和许广平的工作很忙,如果许广平没有时间,鲁迅就只好亲自抄录了。但徐梵澄有时还不满意,提出要每篇文章换一个抄写者。鲁迅只好仍请《自由谈》编者帮忙:"'此公'脾气颇不平常,不许我以原稿径寄,其实又有什么关系,而今则需人抄录,既费力,又费时,忙时殊以为苦。不知馆中有人抄写否?倘有,则以抄本付排,而以原稿还我,我又可以还'此公'。此后即不必我抄,但以原稿寄出,稍可省事矣。如何?便中希示及。"②

徐梵澄有一时热心钻研佛学,每次见到鲁迅,大谈特谈,鲁迅则淡然置之。他对鲁迅说,如能参禅悟道,即可少争闲气。许广平认为,鲁迅不能同意他这种观点:

> 于是意见渐渐相左了。先生岂不知佛经,但他并不愿出家。在最危难的国度里,以佛学麻醉自己的灵魂,希图置身世外,痛痒不关,这岂先生所能忍?不但出家,即出国也未被先生所许,他不能恝置这古老的祖国,他要同被压迫的同胞一同生活,一同奋斗。那位青年虽未必逃禅,但已经参禅了,而且先生观察他既久,知之更谂,颇觉其无一当意,而

---

① 鲁迅:《340124 致黎烈文》,《鲁迅全集》第 13 卷,第 17 页。
② 同上书,第 35 页。

自处复老气横秋,殊少青年凌厉之态。先生觉得这样的人,是未可亲近了。来时也常婉辞不见。①

鲁迅对徐梵澄渐渐失去了好感和耐心,同年4月,他给《自由谈》黎烈文的信说:

"此公"盖甚雄于文,今日送来短评十篇,今先寄二分之一,余当续寄;但颇善虑,必欲我索回原稿,故希先生于排印后,陆续见还,俾我得以交代为幸。

其实,此公文体,与我殊不同,思想亦不一致,而杨公邨人,又疑是拙作,闻在《时事新报》(?)上讲冷话,自以为善嗅,而又不确,此其所以为吧儿狗欤。②

黎烈文不明白这位作者的来历,来信打听,鲁迅回信说:"'此公'是先生之同乡,年未'而立',看文章,虽若世故颇深,实则多从书本或推想而得,于实际上之各种困难,亲历者不多。对于投稿之偶有删改,已曾加以解释,想不至有所误解也。"③

鲁迅宽容对待徐梵澄,是因为觉得徐是可造之才,不忍其埋没;而且觉得徐"孑然介立,还不失其纯洁",希望他积极有为,

---

① 许广平:《欣慰的纪念》,北京:人民文学出版社1981年版,第62页。
② 鲁迅:《340401致黎烈文》,《鲁迅全集》第13卷,第57页。
③ 鲁迅:《340414致黎烈文》,同上书,第77—78页。

第十五章　俯首甘为孺子牛　　　　　　　　　　　　　　　　549

成为社会的栋梁。①

　　因为无话可谈、身体患病等，鲁迅最终竟不愿与徐梵澄见面了。鲁迅生病期间，客来由许广平先行招待，再根据鲁迅的意见决定是否接见。徐梵澄最后一次来，许广平对他说，先生生病不见客，徐梵澄一句话不说就走了。不一会儿，他买了一束鲜花直冲到楼上。许广平阻挡不及，他进到鲁迅房间。鲁迅似理不理地躺在藤躺椅上。按照许广平的回忆，徐梵澄是敬爱鲁迅的，鲁迅也了解他这份感情，但他们思想距离太远。鲁迅去世后停在殡仪馆，徐梵澄一大清早就到了，悲怆万分。他告诉许广平，鲁迅给他的许多信，可以集成厚厚的一本，希望将来能够印出来。②然而，鲁迅给徐梵澄的信几乎没有一封留存——大约是毁于战火了吧。

　　晚年的鲁迅，仍很看重那些勤勤恳恳从事创作和翻译的青年人，正如他早年希望的，"能做事的做事，能发声的发声。有一分热，发一分光，就令萤火一般，也可以在黑暗里发一点光，不必等候炬火"。③他不鼓励青年人去做运动、组织之类的事，更不鼓励他们去流血牺牲：

　　　　在青年，须是有不平而不悲观，常抗战而亦自卫，荆

---

① 许广平:《十年携手共艰危：许广平忆鲁迅》，石家庄：河北教育出版社2000年版，第44页。
② 许广平:《欣慰的纪念》，北京：人民文学出版社1981年版，第65页。
③ 鲁迅:《热风·随感录四十一》，《鲁迅全集》第1卷，第341页。

棘非践不可，固然不得不践，但若无须必践，即不必随便去践，这就是我所以主张"壕堑战"的原因，其实也无非想多留下几个战士，以得更多的战绩。①

都要真的神往的心

鲁迅愿意帮助那些"泥土"似的真诚、淳朴的青年作家或翻译家，北京时期的未名社、上海时期的朝花社中不少成员就是如此。鲁迅指导他们创作，为他们的著译作序跋或评论，帮助他们联系出版。

获得帮助的青年著译者，并不限于鲁迅自己所在的社团成员。

鲁迅在帮助诗歌译者方面，有两件事值得一提：一是前期为长诗《十二个》译本写后记，一个是后期为《勇敢的约翰》译本校对、联系出版并作校后记。

这两部都是长篇叙事诗。中国是诗歌大国，但叙事诗却不多。

鲁迅在《中国小说史略》中指出，中国神话传说"终不闻有荟萃融铸为巨制，如希腊史诗者"，而只用作诗文藻饰，或在小说中留下些微痕迹。②既然神的故事成了碎片似的藻饰，那么对人事活动的叙述也趋于碎片化，难有长篇叙事作品。杜甫，虽然人们将他的一生创作作为整体看待，称为"诗史"，但其诗集中的叙事长篇寥寥无几，除了鲁迅跟刘大杰、郁达夫等人讨论中国诗史时

---

① 鲁迅：《250318 致许广平》，《鲁迅全集》第 11 卷，第 467 页。
② 鲁迅：《中国小说史略》，《鲁迅全集》第 9 卷，第 23 页。

给予高度评价的《北征》之外,也数不出几首。①

中国文学到了鲁迅时代,新诗在"尝试",还没有长诗。即便是小说创作成绩很大,也多为短篇。总之,新文学各种体裁都缺乏巨制,更缺少描写现代社会、反映都市时代的大作品。

鲁迅希望文坛多翻译外国文学作品,长篇作品更好。长篇小说,他自己晚年开始尝试翻译。而诗歌是所有文体中最难翻译的,鲁迅也视其为畏途。因此,当有译者在这方面做了努力,他感到欣喜,愿意帮助。他关注长诗《十二个》的翻译,因为同情俄国和苏联转换期文艺家的遭遇,因为自己,像作者勃洛克一样,也处在转换期,而且在越来越扩大的城市里生活:

> 他之为都会诗人的特色,是在用空想,即诗底幻想的眼,照见都会中的日常生活,将那朦胧的印象,加以象征化。将精气吹入所描写的事象里,使它苏生;也就是在庸俗的生活,尘嚣的市街中,发见诗歌底要素。所以勃洛克所擅长者,是在取卑俗,热闹,杂沓的材料,造成一篇神秘底写实的诗歌。②

这是鲁迅对长诗《十二个》的评论,表达向俄苏都市诗作者取法的愿望。中国的诗人怎么描写现实?人们处于探索中。鲁迅自己

---

① 参见本书第二章。
② 鲁迅:《集外集拾遗·〈十二个〉后记》,《鲁迅全集》第7卷,第311页。

也不无迷茫:《呐喊》《彷徨》之后,他自己的小说中将出现怎样的人物和场景?

为了出版胡斅翻译的勃洛克的长诗《十二个》,鲁迅和未名社同人费了很多精力。鲁迅不但校阅了译文,还写了后记——这本来应该是译者做的工作:"先由伊发尔先生校勘过的;后来,我和韦素园君又酌改了几个字。前面的《勃洛克论》是我译添的,是《文学与革命》(Literaturai Revolutzia)的第三章,从茂森唯士氏的日本文译本重译;韦素园君又给对校原文,增改了许多。"鲁迅在后记中做出中国"没有都会诗人"的论断:

> 中国没有这样的都会诗人。我们有馆阁诗人,山林诗人,花月诗人……;没有都会诗人。
>
> ……
>
> 呼唤血和火的,咏叹酒和女人的,赏味幽林和秋月的,都要真的神往的心,否则一样是空洞。人多是"生命之川"之中的一滴,承着过去,向着未来,倘不是真的特出到异乎寻常的,便都不免并含着向前和反顾。诗《十二个》里就可以看见这样的心:他向前,所以向革命突进了,然而反顾,于是受伤。①

无论乡村诗人还是都市诗人,无论是抒情诗还是叙事诗,无论是赞美诗还是讽刺诗,也无论短长,作品的第一标准是真诚:

---

① 鲁迅:《集外集拾遗·〈十二个〉后记》,《鲁迅全集》第7卷,第311、312、313页。

诗人都要有"真的神往的心",把自己摆进去,写出自己的处境和心境。勃洛克是真诚的,他的诗中描写的在"向前和反顾"之间徘徊的处境,其实也正是鲁迅的处境。

苏联的诗人们已经创作出"纪念碑的长篇大作",革命作家如里培进斯基的《一周间》、绥拉菲摩维支的《铁流》、革拉特珂夫的《士敏土》等,"同路人"作者如伊凡诺夫的《哈蒲》、斐定的《都市与年》等,斐然可观。①鲁迅自己无力创作长篇,但对文坛出现大制作满怀期待。左翼青年作家心气很盛,颇有些人放大话,绘蓝图,但几年过后,悄无声息,被论敌讥笑为"左而不作"。鲁迅告诫青年作家们不要"文人无文":"我们在两三年前,就看见刊物上说某诗人到西湖吟诗去了,某文豪在做五十万字的小说了,但直到现在,除了并未预告的一部《子夜》而外,别的大作都没有出现。"②在给友人的信中,他对左翼作家写出长篇小说表现出欣喜:"国内文坛除我们仍受压迫及反对者趁势活动外,亦无甚新局。但我们这面,亦颇有新作家出现;茅盾作一小说曰《子夜》(此书将来当寄上),计三十余万字,是他们所不能及的。"③

中国新文学终于出现了比较好的长篇小说,而且是描写都市生活的作品。书名跟鲁迅拟写的《夜颂》很契合——夜是都市的最重要标志之一。

---

① 鲁迅:《译文序跋集·〈一天的工作〉前记》,《鲁迅全集》第10卷,第395页。
② 鲁迅:《伪自由书·文人无文》,《鲁迅全集》第5卷,第85页。
③ 鲁迅:《330209致曹靖华》,《鲁迅全集》第12卷,第368页。

但鲁迅对这部小说也有不满:"《子夜》诚然如来信所说,但现在也无更好的长篇作品,这只是作用于智识阶级的作品而已。能够更永久的东西,我也举不出。"① 所以,当外国友人请他撰写评论时,他以回避的态度对待,委托给了弟子:

> 有一件很麻烦的事情拜托你。即关于茅的下列诸事,给以答案:
> 一、其地位,
> 二、其作风,作风(Style)和形式(Form)与别的作家之区别。
> 三、影响——对于青年作家之影响,布尔乔亚作家对于他的态度。
> 这些只要材料的记述,不必做成论文,也不必修饰文字;这大约是做英译本《子夜》的序文用的,他们要我写,我一向不留心此道,如何能成,又不好推托,所以只好转托你写,务乞拨冗一做,自然最好是长一点,而且快一点。②

归根到底,当时的中国还没有现代意义上的都市生活。《子夜》的不足让鲁迅欣喜之余也感到遗憾。问题出在没有叙事者的高度和温度,缺少深入生活内部产生的亲切感,没有带着主观的

---

① 鲁迅:《331213 致吴渤》,《鲁迅全集》第 12 卷,第 516 页。
② 鲁迅:《360105 致胡风》,《鲁迅全集》第 14 卷,第 2—3 页。

热情,甚至有概念化的图解政治教条的倾向。史诗作品,必定先是抒情的,作品中应有一个拨弄着琴弦的歌吟者,就像摩罗诗人们如《唐璜》中的拜伦、《叶夫根尼·奥涅金》中的普希金、《勇敢的约翰》中的裴多菲,还有《死魂灵》中的果戈理。

鲁迅晚年常说,上海文坛势利,商人习气太重,不及北京人情淳朴。但他必须适应都市生活。在北京,鲁迅写作《野草》时期,对都市生活的意识尚不明晰,虽然也接触到"古今都市诗人之宗"的波德莱尔,细读过《巴黎的忧郁》。到了上海,真正体会到现代都市生活,惊异于它的喧嚣混乱奇诡,波德莱尔的都市诗人形象更清晰地显影了。1929年12月30日,他托崔真吾购买了法文版《恶之花》——他不懂法文,显然不是为自己阅读——第二年1月9日:"晚修甫及友松来,托其以原文《恶之华》一本赠石民。"[①] 石民当时担任北新书局编辑,长于诗歌创作和翻译,不少著译发表在《语丝》《骆驼草》《文学杂志》《北新》《青年界》等报刊上,与废名、梁遇春并称"骆驼草三子"。他翻译了《曼侬》(与张友松合译)、《巴黎之烦恼》《德伯家的苔丝》等名著。当时,鲁迅可能得知他有意翻译波德莱尔的著作,赠送给他《恶之花》的原版。但他翻译的《巴黎之烦恼》直到1935年才出版,《恶之花》的翻译可能还不及着手,鲁迅就去世了,而几年后,他自己也因病早逝。

鲁迅的《夜颂》写他观察和思考的都市生活,颇有波德莱尔

---

① 《鲁迅全集》第16卷,第165、178页。

之风：

> 爱夜的人要有听夜的耳朵和看夜的眼睛，自在暗中，看一切暗。君子们从电灯下走入暗室中，伸开了他的懒腰；爱侣们从月光下走进树阴里，突变了他的眼色。夜的降临，抹杀了一切文人学士们当光天化日之下，写在耀眼的白纸上的超然，混然，恍然，勃然，粲然的文章，只剩下乞怜，讨好，撒谎，骗人，吹牛，捣鬼的夜气，形成一个灿烂的金色的光圈，像见于佛画上面似的，笼罩在学识不凡的头脑上。
>
> 爱夜的人于是领受了夜所给与的光明。
>
> 高跟鞋的摩登女郎在马路边的电光灯下，阁阁的走得很起劲，但鼻尖也闪烁着一点油汗，在证明她是初学的时髦，假如长在明晃晃的照耀中，将使她碰着"没落"的命运。一大排关着的店铺的昏暗助她一臂之力，使她放缓开足的马力，吐一口气，这时才觉得沁人心脾的夜里的拂拂的凉风。
>
> 爱夜的人和摩登女郎，于是同时领受了夜所给与的恩惠。①

假以时日，鲁迅或者能有较大的作品。但"躲进小楼成一统"，住在都市却少丰富多彩的都市生活，少融入式的切身感受，就很难写出全景式、史诗般的著作了。

摩罗诗人中的裴多菲的歌吟，一直萦绕在鲁迅的脑海中。编

---

① 鲁迅：《准风月谈·夜颂》，《鲁迅全集》第5卷，第203—204页。

第十五章 俯首甘为孺子牛

《奔流》时,他特别注意于此:"绍介彼得斐最早的,有半篇译文叫《裴彖飞诗论》,登在二十多年前在日本东京出版的杂志《河南》上,现在大概是消失了。其次,是我的《摩罗诗力说》里也曾说及,后来收在《坟》里面。一直后来,则《沉钟》月刊上有冯至先生的论文;《语丝》上有 L. S. 的译诗……"这一段文字中,除了冯至的论文,其他都是他本人的著译。紧接着他提到孙用:"近来孙用先生译了一篇叙事诗《勇敢的约翰》,是十分用力的工作,可惜有一百页之多,《奔流》为篇幅所限,竟容不下,只好另出单行本子了。"①

鲁迅与孙用从未谋面,靠通信联络。现存鲁迅给孙用信14封,其中10封是关于《勇敢的约翰》的。在与孙用的交往中,鲁迅像慈父一般,引导,商量,资助,对这位自学成才的文学翻译者倾注了特殊感情。也许,孙用让他想到未名社的韦素园、左联的殷夫。他为译本写的校后记中说:

> 但这一篇民间故事诗,虽说事迹简朴,却充满着儿童的天真,所以即使你已经做过九十大寿,只要还有些"赤子之心",也可以高高兴兴的看到卷末。德国在一八七八年已有 I. Schnitzer 的译本,就称之为匈牙利的童话诗。
>
> 对于童话,近来是连文武官员都有高见了;有的说是猫狗不应该会说话,称作先生,失了人类的体统;有的说是故

---

① 鲁迅:《集外集·〈奔流〉编校后记》,《鲁迅全集》第7卷,第197—198页。

事不应该讲成王作帝,违背共和的精神。但我以为这似乎是"杞天之虑",其实倒并没有什么要紧的。孩子的心,和文武官员的不同,它会进化,决不至于永远停留在一点上,到得胡子老长了,还在想骑了巨人到仙人岛去做皇帝。因为他后来就要懂得一点科学了,知道世上并没有所谓巨人和仙人岛。倘还想,那是生来的低能儿,即使终生不读一篇童话,也还是毫无出息的。

但是,现在倘有新作的童话,我想,恐怕未必再讲封王拜相的故事了。不过这是一八四四年所作,而且采自民间传说的,又明明是童话,所以毫不足奇。……①

鲁迅的童心、爱心和责任心在这些艰难、烦琐的工作中体现了出来。他先将译稿推荐给了春潮书局,计划印入该书局的"近代文艺丛书",但后来书局变卦,稿子被退回,他又联系了多家书店,"看了人家的好多冷面孔",都没有成功。鲁迅为此十分郁闷和气愤,"为赌气起见,想自行设法,印一千部给大家看看。但既将自主印刷,则又颇想插以更好的图,于是托在德之友人,转托匈牙利留学生,买一插画本"。②鲁迅不但对译文做了近40处修改,还亲自设计版式,办理付印手续,并代书店垫付了稿费。1931年11月,湖风书店出版了《勇敢的约翰》。

---

① 鲁迅:《集外集拾遗补编·〈勇敢的约翰〉校后记》,《鲁迅全集》第8卷,第353页。
② 鲁迅:《300903 致孙用》,《鲁迅全集》第12卷,第240—241页。

第十六章

敢有歌吟动地哀

辱骂和恐吓决不是战斗

诗可以怨,本是孔子的主张,但后儒有所补充:"怨而不怒"。鲁迅的诗,不但怨,而且怒——"怒向刀丛觅小诗"。

鲁迅以"呐喊"成名,但也往往以静默显示力量,正如他的诗句"于无声处听惊雷"或箴言"最高的轻蔑是无言,而且连眼珠也不转过去"[①]所描述。鲁迅表达愤怒,并不是在诗中呼喊。他的诗很少口号,没有喧嚣,凝神结思,却爆发出巨大的力量。

鲁迅写于左联五烈士遇害两年后的纪念文章《为了忘却的记

---

① 鲁迅:《且介亭杂文末编·半夏小集》,《鲁迅全集》第6卷,第620页。

念》虽然悲愤郁结，但语调平和。《悼柔石》诗，写于左联烈士牺牲几天后，没有呼天抢地，没有悲痛欲绝，没有谴责咒骂，虽然出现了一个"怒"字，但总体上感情被包蕴和压抑。

左联几位青年被杀害当时，鲁迅的愤怒更多表现在宣言和抗议文章中，然而，那些宣言和抗议文字没能给读者深刻的印象，反不如这首诗影响深远。

诗如何表达激烈情绪？愤怒出诗人，但是在愤怒的情绪平复以后写的诗可能更是好诗，因为感情经过沉潜，变得醇厚。强烈的讽刺，愤怒的斥责，直白而不含蓄，在短暂的冲击力后很难有持久的感染力。左翼的"无产阶级革命文学"运动蓬勃开展起来后，这类疾言厉色、词句生猛的篇什大行其道，从形式上看似乎做了很多"创造"，例如受苏联马雅可夫斯基的影响，出现那种不断换行、呈楼梯形状的诗作。

1932 年 11 月，《文学月报》第 1 卷第 4 期发表芸生的诗《汉奸的供状》，讽刺以"自由人"自居的胡秋原的言论。鲁迅看到诗中使用辱骂和恐吓的词语，深感不满，便用公开信的形式向杂志的主编周扬提出意见，发表出来的题目是《辱骂和恐吓决不是战斗》。鲁迅写道：

> 这诗，一目了然，是看了前一期的别德纳衣的讽刺诗而作的。然而我们来比一比罢，别德纳衣的诗虽然自认为"恶毒"，但其中最甚的也不过是笑骂。这诗怎么样？有辱骂，有恐吓，还有无聊的攻击：其实是大可以不必作的。

第十六章 敢有歌吟动地哀

> 例如罢,开首就是对于姓的开玩笑。一个作者自取的别名,自然可以窥见他的思想,譬如"铁血","病鹃"之类,固不妨由此开一点小玩笑。但姓氏籍贯,却不能决定本人的功罪,因为这是从上代传下来的,不能由他自主。
>
> ……
>
> 不过我并非主张要对敌人陪笑脸,三鞠躬。我只是说,战斗的作者应该注重于"论争";倘在诗人,则因为情不可遏而愤怒,而笑骂,自然也无不可。但必须止于嘲笑,止于热骂,而且要"喜笑怒骂,皆成文章",使敌人因此受伤或致死,而自己并无卑劣的行为,观者也不以为污秽,这才是战斗的作者的本领。①

鲁迅信中提及的苏联诗人别德纳衣的作品,是瞿秋白翻译的讽刺托洛茨基的长诗《没工夫唾骂》②。《汉奸的供状》显然是受了别德纳衣诗的影响。据冯雪峰回忆:

> 大概解放后在北京有一次邵荃麟偶然谈起时说过:"芸生就是邱九嘛,宁波人,当时是党员,现在已死。"这话我是记得的,因邵荃麟也是宁波人,所以我相信他说的是确实的。
>
> 《汉奸的供状》的作者不是瞿秋白,我是完全清楚的。

---

① 鲁迅:《南腔北调集·辱骂和恐吓决不是战斗》,《鲁迅全集》第4卷,第464、466页。
② 《文学月报》1932年10月第1卷第3期。

一九三一年我介绍瞿秋白住在谢澹如家,一九三二年仍住在谢家,那时我在文委工作,由于当时环境关系,文艺界当时同瞿秋白直接联系的只有我一个人,他向外发表的文稿都先交给我的,我当时并未经手过这篇文稿。①

冯雪峰也说:

《汉奸的供状》在《文学月报》第四期发表后,我看到了,认为这是完全违背党的策略的,因我当时是文委书记,即去找编者周起应(周扬),提出我的看法,并建议他在下一期《文学月报》上有公开纠正的表示,他完全不同意,于是争吵起来。当天我恰好到瞿处去,也就同瞿谈起,瞿也同意我的意见(公开纠正)。当天晚上我特别跑去同鲁迅先生谈,鲁迅先生翻看了一下那长诗后,认为这是流氓作风,自己先公开纠正一下是好的,争取主动。我于是就同他商量,请他出名代表左联说话怎样,他说:"由我来写一点也可以,不过还是用个人名义好。"(大意)②

芸生诗中拿讽刺对象的姓氏开玩笑:"现在我来写汉奸的供

---

① 冯雪峰:《冯雪峰谈左联》,《一九二八至一九三六年的鲁迅·冯雪峰回忆鲁迅全编》,上海:上海文化出版社 2009 年版,第 298 页。
② 冯雪峰:《致薛绥之的信(1973 年 9 月—1975 年 10 月)》,同上书,第 303—304 页。

状。据说他也姓胡,可不叫立夫。"胡立夫是1932年"一·二八"事变日军侵占上海闸北时的汉奸。虽然鲁迅对胡秋原的一些文艺观点并不赞成,但因为他与胡立夫同姓,就暗示他可能也是汉奸,就如同姓秦的人可能都是或将成为秦桧一样。"汉奸"这个吓人的帽子,鲁迅也是领教过的,所以他才如此敏感。芸生的诗中还有"当心,你的脑袋一下就要变做剖开的西瓜!"之类句子。动不动就要杀头、枪毙,不是辩论讲理,而总想"实际解决",是一些革命文学家内心常有的冲动,更为鲁迅所厌恶和痛恨。

鲁迅在《文艺与革命》一文中说:"革命之所以于口号,标语,布告,电报,教科书……之外,要用文艺者,就因为它是文艺。"[①]口号、标语当然可以入诗,但不能是辱骂和恐吓,不能是空洞和虚妄的。有一时,革命文学充斥口号、标语,成为一种风气,似乎不喊口号不足以宣示革命精神,大声粗气,斥责咒骂,让鲁迅十分反感。他在《"硬译"与"文学的阶级性"》中说:

> 诚然,前年以来,中国确曾有许多诗歌小说,填进口号和标语去,自以为就是无产文学。但那是因为内容和形式,都没有无产气,不用口号和标语,便无从表示其"新兴"的缘故,实际上也并非无产文学。[②]

---

① 鲁迅:《三闲集·文艺与革命》,《鲁迅全集》第4卷,第85页。
② 鲁迅:《二心集·"硬译"与"文学的阶级性"》,《鲁迅全集》第4卷,第210—211页。

宗风阒寂文坛碎

口号简短凝练，形似诗歌。中国古代有"口号诗"，表示随口吟成，也称作"口占"，是一种作诗方式，而非诗歌体裁。杜甫的《存殁口号》两首是他大历元年（766）寓居夔州期间怀念故友之作，每首写两位，一存一殁：

席谦不见近弹棋，毕曜仍传旧小诗。
玉局他年无限笑，白杨今日几人悲。

郑公粉绘随长夜，曹霸丹青已白头。
天下何曾有山水，人间不解重骅骝。

1931年8月，柳亚子作《存殁口号五绝句》，其中一首写鲁迅（存）和柔石（殁）：

垂老能游年少群，一生低首拜斯人。
宗风阒寂文坛碎，门下还教泣凤麟。[①]

现代所说的"口号"，翻译自英文的 Slogan，一般是言辞激

[①] 作于1931年8月4日，原载《新观察》1956年第19、20期。转引自《磨剑室诗词集·诗集第四辑·丹青集》，上海人民出版社1985年版，第669页。

越,短促有力,音调铿锵,如:"无产者联合起来!""打倒帝国主义!""人民万岁!"这种口号用在政治运动的群众集会上,有响亮、有力、朗朗上口的优势,容易被大众掌握,喊出来整齐划一,气势宏大。中国现代新诗,有一个时期受政治运动的影响,颇热衷于叫喊口号。

茅盾虽然不大作诗,但在革命口号诗的提倡方面倒是一个先驱者。

1927年1月,茅盾受中共中央派遣,到国民党中央军事政治学校武汉分校担任政治教官。他与同事陈石孚、樊仲云、梅思平、陶希圣,加上吴文祺、郭绍虞、傅东华、顾仲起、孙伏园创立"上游社",在《中央副刊》开设《上游》周刊,建设革命文化,促进新首都的文化事业。1927年3月,茅盾为顾仲起创作的发表于《上游》第1期的长诗《红光》作序,认为"标语口号"是革命的文学的新形式:

> 《红光》本身是慷慨的呼号,悲愤的呓语,或者可说是"标语"的集合体。也许有些"行不由径"的文学批评家,要说这不是诗,是宣传的标语,根本不是文学。但是在这里——空气极端紧张的这里,反是这样奇突的呼喊,口号式的新诗,才可算是环境产生的真文学。[①]

---

① 沈雁冰:《〈红光〉序》,《中央副刊》1927年3月27日第6号。

茅盾将"标语口号"视为独立的"新形式",将"不是诗"的"标语口号"确立为"真文学",观念颇具"革命性"。

一年多后,1928年7月,茅盾写《从牯岭到东京》时,对其时盛行的"无产阶级文学"的热情就大为减弱了:"他们最初对于那些'新作品'是抱有热烈的期望的,然而他们终于摇头,就因为'新作品'终于自己暴露了不能摆脱'标语口号文学'的拘宥"。他认为"标语口号文学"不考虑文学的本质究竟是什么,无法打动人,而"以工农群众为对象"只是一种幼稚的幻想:

> 俄国的未来派制造了大批的"标语口号文学",他们向苏俄的无产阶级说是为了他们而创造的,然而无产阶级不领这个情,农民是更不客气的不睬他们;……难道未来派的"标语口号文学"还缺少着革命的热情么?当然不是的。要点是在人家来看文学的时候所希望的,并非仅仅是"革命情绪"。①

好在茅盾转变得快,否则到了30年代,他和鲁迅就很难谈得来。

其实,鲁迅也是写过口号诗的。他在日本留学期间,正值反清革命运动风起云涌。他在《集外集·序言》中回忆:"当时

---

① 茅盾:《从牯岭到东京》,《茅盾全集》第19卷,合肥:黄山书社,2014年版,第218页。

的风气,要激昂慷慨,顿挫抑扬,才能被称为好文章,我还记得'被发大叫,抱书独行,无泪可挥,大风灭烛'是大家传诵的警句。"①"我以我血荐轩辕"是鲁迅那时写下的"狠句",颇具"口号"气韵,至今传诵不衰,成为中国人爱国精神的一种象征性表述。此外,如"横眉冷对千夫指,俯首甘为孺子牛""于无声处听惊雷"等,传诵一久,都有了口号的魔力。

随着年龄的增长、经历的增多,鲁迅诗文中的口号越来越少。他的文字虽然论争性、战斗性很强,但他能把握分寸,少用激烈言辞,不做辱骂和恐吓,用词委婉曲折甚至隐晦,以至于曾说出颇有玄学意味的话:"当我沉默着的时候,我觉得充实;我将开口,同时感到空虚。"②

无产阶级革命文学提倡"口号诗",自然是为了方便宣传。创造社诗人王独清在这方面做了不少"创造"性尝试。但鲁迅颇不以为然:"至于创造社所提倡的,更彻底的革命文学——无产阶级文学,自然更不过是一个题目。这边也禁,那边也禁的王独清的从上海租界里遥望广州暴动的诗,'Pong Pong Pong',铅字逐渐大了起来,只在说明他曾为电影的字幕和上海的酱园招牌所感动,有模仿勃洛克的《十二个》之志而无其力和才。"③ 这是指王独清1928年11月出版的长诗《11 Dec.》(《十二月十一日》)。

1932年,在南京监狱服刑的陈独秀评论中国文艺界情况,有

---

① 鲁迅:《集外集·序言》,《鲁迅全集》第7卷,第4页。
② 鲁迅:《野草·题辞》,《鲁迅全集》第2卷,第163页。
③ 鲁迅:《三闲集·现今的新文学的概观》,《鲁迅全集》第4卷,第138页。

些意见与鲁迅一致，如批评王独清的诗作：

> 王独清（创造社诗人之一）写了一本诗，歌颂一九二七年冬"广州起义"，那书上诗句，印得很新奇，有大字小字，正字歪字，加上一些惊叹符号，很像炮弹打出来破片飞散一样。他拿去给陈独秀看，希望陈给他以好评。哪知陈看了哈哈大笑起来，连说我不懂诗，不敢提出评论，但是我佩服你的大胆，别出心裁，自创一格，弄得王独清十分狼狈，讪讪而退。

陈独秀还说，"文艺这种东西，决不能用模型来套制，八股文为何一文不值，就是因为他是僵尸文章，臭不可闻。王独清那本诗，形式上看来颇为新颖，但他中了形式主义的毒，以为把一些口号写入诗句，这就是无产阶级革命文学了。其实这是笑话。结果把诗弄成屎了，他还不知道，甚至还洋洋自得，这是很可悲的"。[①] 陈独秀认为无产阶级的政治思想当然是可以入诗的，但需要高明的手法，不是简单地把政治思想塞进文艺中。否则，还要文艺家干什么？有宣传部和新闻记者就够了。

这观点可以与鲁迅在《文艺与革命》中所表达的看法相印证："但我以为一切文艺固是宣传，而一切宣传却并非全是文艺，

[①] 濮清泉：《我所知道的陈独秀》，杨扬编：《陈独秀》，上海：上海三联书店1997年版，第107页。

这正如一切花皆有色（我将白也算作色），而凡颜色未必都是花一样。"①

关于口号和标语入诗，鲁迅在《"硬译"与"文学的阶级性"》中做了更详细的申述：

> 今年，有名的"无产文学底批评家"钱杏邨先生在《拓荒者》上还在引卢那卡尔斯基的话，以为他推重大众能解的文学，足见用口号标语之未可厚非，来给那些"革命文学"辩护。但我觉得那也和梁实秋先生一样，是有意的或无意的曲解。卢那卡尔斯基所谓大众能解的东西，当是指托尔斯泰做了分给农民的小本子那样的文体，工农一看便会了然的语法，歌调，诙谐。只要看台明·培特尼（Demian Bednii）曾因诗歌得到赤旗章，而他的诗中并不用标语和口号，便可明白了。②

"革命文学"让鲁迅不安乃至厌恶，不但因为革命文学家的态度蛮横，狂妄无知，也因为他们的文学创作水平低下，不是在认真创作，更因为他们将文艺当作一种"武器"，也就是，不重视锻造批判的武器，而总想进行"武器的批判"。鲁迅1928年5月30日致章廷谦的信中说："革命文学家的言论行动，我近来觉得不足

---

① 鲁迅：《三闲集·文艺与革命》，《鲁迅全集》第4卷，第85页。
② 鲁迅：《二心集·"硬译"与"文学的阶级性"》，同上书，第211页。培特尼，即《辱骂和恐吓决不是战斗》中提到的别德纳依。

道了。一切伎俩,都已用出,不过是政客和商人的杂种法术,将'口号''标语'之类,贴上了杂志而已。"① 直到1935年,他的这种意见仍没有变,而在"革命文学"界,这样的尝试也还在继续。这年9月20日,他在给蔡斐君的信中说:"其实,口号是口号,诗是诗,如果用进去还是好诗,用亦可,倘是坏诗,即和用不用都无关。譬如文学与宣传,原不过说:凡有文学,都是宣传,因为其中总不免传布着什么,但后来却有人解为文学必须故意做成宣传文字的样子了。诗必用口号,其误正等。"②

不但左翼的"无产阶级革命文学"喜欢用标语口号,官方提倡和支持的"民族主义文学"也气壮山河地大喊大叫。鲁迅曾以一部诗剧作为批评对象:

> 这剧诗的事迹,是黄色人种的西征,主将是成吉思汗的孙子拔都元帅,真正的黄色种。所征的是欧洲,其实专在斡罗斯(俄罗斯)——这是作者的目标;联军的构成是汉,鞑靼,女真,契丹人——这是作者的计划;一路胜下去,可惜后来四种人不知"友谊"的要紧和"团结的力量",自相残杀,竟为白种武士所乘了——这是作者的讽喻,也是作者的悲哀。③

---

① 鲁迅:《280530 致章廷谦》,《鲁迅全集》第12卷,第118页。
② 鲁迅:《350920 致蔡斐君》,《鲁迅全集》第13卷,第553页。
③ 鲁迅:《二心集·"民族主义文学"的任务和运命》,《鲁迅全集》第4卷,第322页。

第十六章　敢有歌吟动地哀

鲁迅更厌恶民族主义表演：以爱国的名义，巴结献媚、谋取名利。

但在《前锋月刊》第五号上，却给了我们一篇明白的作品，据编辑者说，这是"参加讨伐阎冯军事的实际描写"。描写军事的小说并不足奇，奇特的是这位"青年军人"的作者所自述的在战场上的心绪，这是"民族主义文学家"的自画像，极有郑重引用的价值的——

"每天晚上站在那闪烁的群星之下，手里执着马枪，耳中听着虫鸣，四周飞动着无数的蚊子，那样都使人想到法国'客军'在菲洲沙漠里与阿剌伯人争斗流血的生活。"（黄震遐：《陇海线上》）

原来中国军阀的混战，从"青年军人"，从"民族主义文学者"看来，是并非驱同国人民互相残杀，却是外国人在打别一外国人，两个国度，两个民族，在战地上一到夜里，自己就飘飘然觉得皮色变白，鼻梁加高，成为腊丁民族的战士，站在野蛮的菲洲了。那就无怪乎看得周围的老百姓都是敌人，要一个一个的打死。法国人对于菲洲的阿剌伯人，就民族主义而论，原是不必爱惜的。仅仅这一节，大一点，则说明了中国军阀为什么做了帝国主义的爪牙，来毒害屠杀中国的人民，那是因为他们自己以为是"法国的客军"的缘故；小一点，就说明中国的"民族主义文学家"根本上只同外国主子休戚相关，为什么倒称"民族主义"，来朦混读者，那是因为他们自己觉得有时好像腊丁民族,条顿民族了的缘故。①

真真岂有之此理

鲁迅作过几首政治讽刺诗,发表在《十字街头》杂志上。1932年1月16日,他在写给增田涉的信中说:"《十字街头》是左联的人们化名写的,恐怕不久就会被禁止。《铁流》的评论者正身不明。从他懂得俄文来推测,像是在该国留过学的共产主义者。我的笔名是它音、阿二、佩韦、明瑟、白舌、遐观 etc.。"②

《十字街头》是左翼作家联盟的刊物。在对抗当局书刊检查的斗争中,左联采用游击战打法:找个人登记一个地址,拿到许可证即可出版,出版一两期后被发现内容出格,即遭封禁取缔,但更换名目和创办人后,又能继续出版。鲁迅发表诗文的时候变换不同的笔名,而杂志本身很快成了违禁品,所以这些作品影响并不大。鲁迅编辑自己的文集,当然不能将讽刺这么明显的作品收进去,那样做,书就出不来了。因此,《好东西歌》《公民科歌》《南京民谣》《"言词争执"歌》等讽刺诗直到收入《集外集拾遗》公开出版,才为广大读者所知——那已经是他去世后了。

《好东西歌》发表于1931年12月11日《十字街头》半月刊第1期,署名阿二:

---

① 鲁迅:《二心集·"民族主义文学"的任务和运命》,《鲁迅全集》第4卷,第321—322页。
② 鲁迅:《320116致增田涉》,《鲁迅全集》第14卷,第195页。

第十六章　敢有歌吟动地哀

南边整天开大会，北边忽地起烽烟，

北人逃难南人嚷，请愿打电闹连天。

还有你骂我来我骂你，说得自己蜜样甜。

文的笑道岳飞假，武的却云秦桧奸。

相骂声中失土地，相骂声中捐铜钱，

失了土地捐过钱，喊声骂声也寂然。

文的牙齿痛，武的上温泉，

后来知道谁也不是岳飞或秦桧，声明误解释前嫌，

《十字街头》

> 大家都是好东西,终于聚首一堂来吸雪茄烟。①

讽刺国民党当局政客和军阀的丑态,生动有趣。

"南边整天开大会"指的是"九一八"事变后,国民党南京政府蒋介石派和两广反蒋派为调解派系矛盾而召开的一系列会议。如10月在上海召开和平预备会;11月,双方分别在南京、广州举行国民党第四次全国代表大会。

"北边忽地起烽烟"则指11月22日日军进攻锦州。

蒋介石和胡汉民因争夺权力闹翻,蒋把胡扣留,引发反蒋派在广州另组国民政府。1931年9月18日,驻扎在中国东北的日本关东军进攻中国东北军,占据沈阳,因为遇到的抵抗很少,很快占领东北各地。各地学生纷纷赴南京请愿。蒋介石在南京中央军官学校对请愿学生表示,他是愿意做岳飞的,只是后方有秦桧,影响他的部署。这是把两广派比作秦桧。南京方面由吴铁城、张继致电广州,要求议和,广州提出释放胡汉民为议和条件。胡获释后,双方举行上海和会,商定南京、广州同时举行国民党第四次全国代表大会,选出同数中委,作为合作基础。11月,日军进攻锦州,形势更加紧张。国民党要员纷纷称病,上汤山温泉休养。12月,双方代表在南京召开国民党四届一中全会,但会上仍争吵不断,一派骂反蒋派是秦桧,一派笑蒋介石自比岳飞是说假话。后经讨价还价,双方达成妥协。

---

① 鲁迅:《集外集拾遗·好东西歌》,《鲁迅全集》第7卷,第397页。

第十六章　敢有歌吟动地哀

发表于1931年12月11日《十字街头》半月刊第1期的《公民科歌》讽刺了湖南省军政府推行的"奴化教育":

> 何键将军捏刀管教育,说道学校里边应该添什么。
> 首先叫作"公民科",不知这科教的是什么。
> 但愿诸公勿性急,让我来编教科书,
> 做个公民实在弗容易,大家切莫耶耶乎。
> 第一着,要能受,蛮如猪猡力如牛,
> 杀了能吃活就做,瘟死还好熬熬油。
> 第二着,先要磕头,先拜何大人,
> 后拜孔阿丘,拜得不好就砍头,
> 砍头之际莫讨命,要命便是反革命,
> 大人有刀你有头,这点天职应该尽。
> 第三着,莫讲爱,自由结婚放洋屁,
> 最好是做第十第廿姨太太,
> 如果爹娘要钱化,几百几千可以卖,
> 正了风化又赚钱,这样好事还有吗?
> 第四着,要听话,大人怎说你怎做。
> 公民义务多得很,只有大人自己心里懂,
> 但愿诸公切勿死守我的教科书,
> 免得大人一不高兴便说阿拉是反动。①

---

① 鲁迅:《集外集拾遗·公民科歌》,《鲁迅全集》第7卷,第398页。

"九一八"事变后,何键向国民党第四次全国代表大会提出了在中小学课程里增设"公民科"的建议,用以抵制"唯物史观普罗文学"。公民科教材"采纳中国固有道德",进行"忠孝仁爱信义和平等积极训练"。"捏刀管教育",是抨击和讽刺地方政府官员用武力强迫推行奴化教育。当时的中国,岂止湖南省如此,整个国家机器正在把人训练成为没有头脑、盲目崇拜、为当权者当牛做马的奴隶。

这首民歌体诗语句长短不齐,短的是三个字、四个字、五个字、七个字,长的到九个字、十一个字、十三个字、十五个字。诗中还用了方言,能引发本地读者的兴趣;并善用反讽手法,如"正了风化"反说败坏道德,"这样好事"实际上是坏事。

《南京民谣》写道:

大家去谒灵,强盗装正经。
静默十分钟,各自想拳经。[1]

内容与《好东西歌》相近,发表在《十字街头》1931年12月25日第2期,但未署名。许广平认为是鲁迅作品:"《南京民谣》……等篇,谅为先生故意删掉或漏落,或年远失记,一向没有收集的。为了敬仰先生的一切,全集尽力之所能集,这里也都编入了。"[2] 也有人

---

[1] 鲁迅:《集外集拾遗·南京民谣》,《鲁迅全集》第7卷,第400页。
[2] 许广平:《〈集外集拾遗〉编后说明》,鲁迅先生纪念委员会编:《鲁迅全集》第7卷,鲁迅全集出版社1938年版,第888页。

第十六章 敢有歌吟动地哀

认为不是鲁迅的作品——既然是民谣，就可能是从市井搜集而来。

当然，鲁迅或左联作家写出，以"民谣"的名义发表，是很有可能的。

蒋介石为首的宁（南京）方，和以汪精卫为首的粤方，经过争吵，达成和解，分别在南京和广州召开国民党第四次全国代表大会。接着，1931年12月15日，蒋介石宣布下野，并于22日离开南京。22日到29日，国民党四届一中全会在南京召开。会议选举林森为"国民政府主席"，孙科为"行政院长"，宣告"统一"的"国民政府"成立。会议期间，代表们到中山陵拜谒。蒋介石虽然下台，但仍将党、政、军大权抓在手里，其亲信也在为他的重新上台暗中筹划。暂时得势的粤派，不但和宁派矛盾重重，而且派内有派，互相掣肘。就在号称"统一"的"一中全会"上，各派也是吵得不可开交，导致会议几乎中断。大家集体到中山陵前默哀致敬时，内心却在想着打倒对手、攫取权力。这首诗把纪念活动的静默时间拉长为十分钟，强调政客们煞有介事、装腔作势的丑态。

广州的国民政府虽然宣布取消，但成立了西南政务委员会和西南执行部，仍与南京政府对抗。1932年初，汪推说有病到了上海，蒋回奉化，孙科上台后因事事掣肘，被迫下台。蒋、汪回京，重掌大权，孙愤然离开，国民党内又成蒋、汪与胡（汉民）、孙对立的局面。

发表在1932年1月5日《十字街头》旬刊①第3期的《"言

---

① 《十字街头》第1、2期是半月刊，第3期改为旬刊。

词争执"歌》更详细地描写各派之间的斗争：

一中全会好忙碌，忽而讨论谁卖国，
粤方委员叽哩咕，要将责任归当局。
吴老头子老益壮，放屁放屁来相嚷，
说道卖的另有人，不近不远在场上。
有的叫道对对对，有的吹了嗤嗤嗤，
嗤嗤一通不打紧，对对恼了皇太子，
一声不响出"新京"，会场旗色昏如死。
许多要人夹屁追，恭迎圣驾请重回，
大家快要一同"赴国难"，又拆台基何苦来？
香槟走气大菜冷，莫使同志久相等，
老头自动不出席，再没狐狸来作梗。
况且名利不双全，那能推苦只尝甜？
卖就大家都卖不都不，否则一方面子太难堪。
现在我们再去痛快淋漓喝几巡，酒酣耳热都开心，
什么事情就好说，这才能慰在天灵。
理论和实际，全都括括叫，
点点小龙头，又上火车道。
只差大柱石，似乎还在想火并，
展堂同志血压高，精卫先生糖尿病，
国难一时赴不成，虽然老吴已经受告警。
这样下去怎么好，中华民国老是没头脑，

第十六章　敢有歌吟动地哀

想受党治也不能，小民恐怕要苦了。

但愿治病统一都容易，只要将那"言词争执"扔在茅厕里，

放屁放屁放狗屁，真真岂有之此理。①

报纸上把党派争吵称为"言词争执"。粤方委员，指属于广东方面的胡汉民和汪精卫等派系中人；当局，指南京的蒋介石。吴老头子，即吴稚晖，曾留学日本，时任国民党中央监察委员、中央政治会议委员，是蒋派中坚。他语言诙谐滑稽，嬉笑怒骂，发言时经常说"放屁放屁，真正岂有此理"。皇太子，指孙科，是孙中山的儿子，时任国民党中央常委、行政院院长，是广州方面的头目之一。老头，指1927年发动政变掌握了国民党实权的蒋介石，他在"九一八"事变后的派系斗争中失败，被迫下野。展堂，即胡汉民，时任国民党中常委委员、立法院院长。他以血压高为由拒绝去南京开会。汪精卫时任国民党副总裁、国民党中常委委员，以患糖尿病为由拒绝到南京开会。

广州方面说南京方面卖国，吴稚晖代表南京方面则斥责他们"放屁放屁"，说"国内有卖国贼，此贼即在眼前"。粤方认为是诽谤，孙科愤然离宁赴沪。于右任等去沪劝孙回宁，又劝吴不要再发言。孙科希望蒋、汪、胡入宁来支持他组阁，可是蒋辞职后离宁，汪、胡又以有病为借口不肯来。实际上，胡不愿汪抓权，

---

① 鲁迅：《集外集拾遗·"言词争执"歌》，《鲁迅全集》第7卷，第401页。

汪暗中同蒋派的宋子文相勾结，准备与蒋联合拆孙的台。这首诗对吴稚晖的讽刺最为生动，"放屁放屁""对对对""嗤嗤嗤"，几个口头语和象声词将其形象勾画出来；而揭示国民党要员"治病"的奥秘也很有趣："展堂同志血压高，精卫先生糖尿病"——政治病是争权夺利的有效手段。

于无声处听惊雷

鲁迅时代的舆论环境是恶劣的，与政府意见不一致的文人学士深受书报检查之苦，略显刺激的词句不被允许发表，若偷偷印出来，刊物很快就会被禁止。

鲁迅1935年1月29日给杨霁云的信中谈到《集外集》稿件送审时被删去多篇，但对旧体诗全部放行："而古诗竟没有一首删去，却亦不可解，其实有几首是颇为'不妥'的。"[①] 同年2月4日又在给杨霁云的信中说：

> 《集外集》止抽去十篇，诚为"天恩高厚"，但旧诗如此明白，却一首也不删，则终不免"呆鸟"之讥。阮大铖虽奸佞，还能作《燕子笺》之类，而今之叭儿及其主人，则连小才也没有，"一代不如一代"，盖不独人类为然也。[②]

[①] 鲁迅：《350129 致杨霁云》，《鲁迅全集》第13卷，第362页。
[②] 同上书，第370页。

第十六章 敢有歌吟动地哀

2月7日在写给曹靖华的信中又谈到这种奇怪的现象:

> 最奇怪的是其中几篇系十年前的通信,那时不但并无现在之"国民政府",而且文字和政治也毫不相关。但有几首颇激烈的旧诗,他们却并不删去。
>
> 现在连译文也常被抽去或删削;连插画也常被抽去;连现在的希忒拉,十九世纪的西班牙政府也骂不得,否则一一删去。①

政治高压下的鲁迅,仍不能已于言,但因为不得不写得含蓄、委婉、曲折,而使诗意更丰富、复杂。

据鲁迅日记,1934年5月30日他为日本文艺批评家新居格书写自作诗:

> 万家墨面没蒿莱,敢有歌吟动地哀。
> 心事浩茫连广宇,于无声处听惊雷。②

诗中出现了"惊雷"的字样,而且是在"无声处",让人联想起鲁迅在香港的一次演讲的题目《无声的中国》——中国仍然是这样死气沉沉的国度。万家墨面的景象给"太平盛世"添堵,是反抗的"呐喊",或者说是无声的抗议。但是,因为象征,隐喻,不直

---

① 鲁迅:《350207 致曹靖华》,《鲁迅全集》第13卷,第374页。
② 《鲁迅全集》第16卷,第452页。

《戌年初夏偶作（万家墨面）》手稿

说，读者并没有得到明示，书刊审查官也许就觉得无关紧要。当然，这么说也只是一种推测——鲁迅这首诗是写给日本朋友的，他在世时并没有发表。

诗中的"墨面"出自《孟子·滕文公》："歠粥，面深墨"，是说丧失亲人的人吃不下饭，只喝粥，面貌黑瘦。"动地哀"典出《穆天子传》：

> 丙辰，天子游黄台之丘，猎于苹泽。有阴雨，天子乃休。日中大寒，北风雨雪，有冻人。天子作诗三章以哀民。
>
> 我徂黄竹。□员闷寒。帝收九行。嗟我公侯。百辟冢卿。皇我万民。旦夕勿忘。

第十六章 敢有歌吟动地哀

> 我徂黄竹。□员闷寒。帝收九行。嗟我公侯。百辟冢卿。皇我万民。旦夕勿穷。
>
> 有皎者駱。翩翩其飞。嗟我公侯。□勿则迁。居乐甚寡。不如迁土。礼乐其民。

唐代白居易有《八骏图》诗,用《穆天子传》故事:"瑶池西赴王母宴,七庙经年不亲荐。璧台南与盛姬游,明堂不复朝诸侯。《白云》《黄竹》歌声动,一人荒乐万人愁。"李商隐的《瑶池》云:"瑶池阿母绮窗开,黄竹歌声动地哀。"

1961年10月7日,毛泽东接见日本代表团,将此诗"书赠日本访华的朋友们",并对代表团成员说:"这诗不大好懂,不妨找郭沫若翻译一下。"郭沫若遵命将之译成日文后,又译成白话:

> 到处的田园都荒芜了,
> 普天下的人都面黄肌瘦。
> 应该呼天撞地、号啕痛哭,
> 但是,谁个敢咳一声嗽?
>
> 失望的情绪到了极点,
> 怨气充满了整个宇宙。
> 谁说这真是万籁无声呢?
> 听!有雷霆的声音怒吼![1]

---

[1] 郭沫若:《翻译鲁迅的诗》,《人民日报》1961年11月10日。

郭沫若在发表《翻译鲁迅的诗》一文的同时，有步鲁迅原韵之作：

迢迢一水望蓬莱，聋者无闻剧可哀。
修竹满园春笋动，扫除迷雾唤风雷。①

按照郭沫若的理解，鲁迅赠送新居诗的用意是：当时中国在内外重压下，民不聊生，盼望自由和解放，中国不是真的没有声音，而是受了压抑；而毛泽东书写此诗的用意与鲁迅的原意不同：日本人民正在举行反对"日美安全条约"的行动，虽然运动有时陷入低潮，但人民追求独立自由、和平、民主的意愿不会消退，正在酝酿着更惊人的霹雳。

鲁迅《新青年》时期的同人沈尹默，看到上述消息，也撰文解说鲁迅的诗意道："鲁迅是精熟古典文学的，他所用的'动地哀'三字，是出自李商隐《瑶池》诗'黄竹歌声动地哀'，所以他这里也沿袭用了'歌吟'二字，是说人民的哀吟，而不是诗人的歌咏。"②

郭沫若看到沈尹默的文章，立即撰写《翻译鲁迅的诗》一文说："尹默的见解和我完全是一致的。如果再要加一点注释上的补

---

① 郭沫若：《郭沫若选集》第3卷，成都：四川人民出版社1979年版，第324页。
② 沈尹默：《也谈毛主席书赠日本朋友的鲁迅诗》，《人民日报》1961年11月1日。转引自倪墨炎：《鲁迅旧诗探解》，上海：上海书店出版社2002年版，第261页。

充,那就是'于无声处听惊雷'句。据我看来,这一句是从庄子的'渊默而雷声'(《在宥篇》)和'听乎无声'(《天地篇》)等语蜕变出来的。诚如尹默所说'鲁迅是精熟古典文学的',而且他对于庄子很熟。但在这里却起了质的变化,即是由庄子的形而上学的观点变成了鲁迅的辩证唯物论的观点。这真可以说是化腐朽而为神奇了。"①

爱乎呜呼兮呜呼阿呼!

人在陷入极度悲愤时,唯"歌乎呜呜"而已。

《故事新编》中的《铸剑》是一篇奇特的小说,有唐传奇风味。其中的黑衣人是一位复仇者:

> 那是一个黑瘦的,乞丐似的男子。穿一身青衣,背着一个圆圆的青包裹;嘴里唱着胡诌的歌。人问他。他说善于玩把戏,空前绝后,举世无双,人们从来就没有看见过……②

他的复仇方式是在锅中放入眉间尺的头,引诱国王去看,趁机将国王斩首。但两头相遇,分外眼红,竟然在锅中厮打起来。黑衣人见势不妙,将自己的头颅也斩掉,落入锅中,帮助眉间尺围攻国王之头。眉间尺牢记杀父之仇,渴望报复,其头颅在锅中

---

① 郭沫若:《翻译鲁迅的诗》,《人民日报》1961年11月10日。
② 鲁迅:《故事新编·铸剑》,《鲁迅全集》第2卷,第443页。

舞蹈时所唱的歌，似乎稍可理解：

哈哈爱兮爱乎爱乎！
爱兮血兮兮谁乎独无。
民萌冥行兮一夫壶卢。
彼用百头颅，千头颅兮用万头颅！
我用一头颅兮而无万夫。
爱一头颅兮血乎呜呼！
血乎呜呼兮呜呼阿呼，
阿呼呜呼兮呜呼呜呼！

而黑衣人复仇告成后所唱歌曲，却没有了愤恨，甚至也没有了讽刺和滑稽，只是一些意义不明、让人似懂非懂的音声：

阿呼呜呼兮呜呼呜呼，
爱乎呜呼兮呜呼阿呼！
血一头颅兮爱乎呜呼。
我用一头颅兮而无万夫！
彼用百头颅，千头颅……①

鲁迅对《故事新编》并不满意。他1936年2月1日致信黎烈文说，这本小说集是"塞责"的东西，其中除《铸剑》外，其

---

① 鲁迅：《故事新编·铸剑》，《鲁迅全集》第2卷，第445、446页。

第十六章　敢有歌吟动地哀

他篇什"都不免油滑"。① 《铸剑》虽然不油滑，但文中出现的几首似骚非骚的歌曲让很多读者疑惑。1936 年 3 月 28 日，鲁迅在给增田涉的信中解释说："在《铸剑》里，我以为没有什么难懂的地方。但要注意的，是那里面的歌，意思都不明显，因为是奇怪的人和头颅唱出来的歌，我们这种普通人是难以理解的。第三首歌，确是伟丽雄壮，但'堂哉皇哉兮嗳嗳唷'中的'嗳嗳唷'，是用在猥亵小调的声音。"② 这是在告诉读者，这些歌词没有什么意义，不必深究；而且声调也不大正经，不必从中探究微言大义。

鲁迅的作品中，有以无声发挥力量的场景。《颓败线的颤动》中老妇人在旷野上的举动就完全是"无词的言语"了：

> 她于是举两手尽量向天，口唇间漏出人与兽的，非人间所有，所以无词的言语。
>
> 当她说出无词的言语时，她那伟大如石像，然而已经荒废的，颓败的身躯的全面都颤动了。这颤动点点如鱼鳞，每一鳞都起伏如沸水在烈火上；空中也即刻一同振颤，仿佛暴风雨中的荒海的波涛。③

出离愤怒，只剩下音声——"无词的言语"。

---

① 鲁迅：《360201 致黎烈文》，《鲁迅全集》第 14 卷，第 17 页。
② 鲁迅：《360328 致增田涉》，同上书，第 386 页。
③ 鲁迅：《野草·颓败线的颤动》，《鲁迅全集》第 2 卷，第 211 页。

第十七章

泽畔有人吟不得

独托幽岩展素心

20世纪20年代末,鲁迅在上海组建了自己的小家庭,过上了较为安稳的生活。在激烈斗争的间隙、繁忙工作的余暇,他重拾文人雅趣,开始作旧体诗。与此相配,他与郑振铎合编《北平笺谱》及复刻《十竹斋笺谱》,既弘扬中国古代水印木刻技艺,又为新兴版画提供可资借鉴的本土资源。笺谱编纂和诗友唱和是鲁迅晚年难得的诗意生活场景。

《诗经》有风、雅,后世将"风雅"二字组合起来形容诗人的风采气韵。

鲁迅说自己上海时期写旧体诗是"积习抬头",实在是传统

第十七章 泽畔有人吟不得

诗人雅致本色的自然显现。传统文化修养长在血脉里，既是个人的修为，更继承着家族、民族的基因。

鲁迅生活在一个"革命"时代，不但从青年时期开始经历多次革命，而且到上海后，就自己从事的行业而言，也从文学革命转入革命文学。新文化运动时期从贵族的文学向平民的文学转变的主张，如今要付诸现实了。观念要变革，行动更要跟上，甚至写作状态也要改变。过着中产阶级的生活，却为劳苦大众呐喊，创作普罗文学，其间存在着难以逾越的障碍。思想左倾并参加了左翼作家联盟的鲁迅，当然不会把自己看作高人一等的"诗人"，而自认为是与亭子间的文学青年一样的爬格子的劳动者。话虽这么说，无产阶级革命文学理论对作家往往是有要求的：本身过着绝对贫困的生活才能有绝对站在劳苦大众一边的可能。既然要成为革命作家，就不能不合群，就不能追求"高品位"和"雅致"，而应该使用大众文学话语，与工农打成一片。至于文言文、旧体诗之类，自然是要不得的。鲁迅作为左翼文坛的一员，要遵从大众意识和新的文学观念的要求，压抑自幼秉承的优雅文化传统，即不让他所说的"积习"抬头。

这种新旧纠结在新文学传统哺育成长起来的一代文学者身上也很明显，如胡风、冯雪峰、聂绀弩等，后来也作起旧体诗，遑论与古典传统联系更紧密的鲁迅一代。

鲁迅在上海的重拾旧体诗，距离 1912 年公开发表第一组旧体诗《哀范君三章》已过去近 20 年。

与旧体诗匹配的写作工具是传统的笔墨纸砚。笔是毛笔，鲁迅一生，除了在学校用钢笔抄写讲义外，一直用毛笔书写，常用的是价格低廉但用起来得心应手的家乡造"金不换"牌。至于纸，与旧体诗堪称绝配的是笺纸——也称诗笺，用传统的木刻水印技术在宣纸上印上花鸟山水人物，有的还题写诗句——诗情画意，尺素传情。

鲁迅两次回北平探亲后，着手搜集诗笺，编印《北平笺谱》，随后又翻刻《十竹斋笺谱》。

1929年5月，鲁迅回北平探亲期间，在琉璃厂购买了一些笺纸。23日，他写信告诉许广平，当天他"走了三家纸铺，搜得中国纸的印笺数十种"，还说打算再去一趟，花四五元"将琉璃厂略佳之笺收备"。①他探亲期间所写的信就用了新购的笺纸，写给许广平的信用纸更是精心挑选。因为许广平当时怀孕，他5月15日的信选用了莲蓬和枇杷图案的笺纸，前者取"莲子"之意，莲蓬图案配有一诗：

并头曾忆睡香波，老去同心住翠窠。
甘苦个中侬自解，西湖风月味还多。

画有三个枇杷的笺纸上，题诗为：

无忧扇底坠金丸，一味琼瑶沁齿寒。

---

① 鲁迅：《290523 致许广平》，《鲁迅全集》第12卷，第171页。

第十七章 泽畔有人吟不得

> 黄珍似梅甜似橘，北人曾作荔枝看。①

许广平接读来信，心领神会：

> 昨天（廿）午饭读到你十五来的信，我先看一遍，然后去食饭，饭后回来又看一遍，以后隔多少时又打开来看看，临睡放在床头上，读它一遍，起来之前又读一遍，愈读愈想在里找出些什么东西似的，好似很清楚，又似很含糊，如那个人的面孔一样，离开了的情绪也与此差不多。真是百读不厌，自然打开纸张第一触到眼帘的是那三个红当当的枇杷，那是我喜欢吃的东西……所以小白象首先选了那个花样的纸，算是等于送枇杷给我吃的心意一般，其次那两个莲蓬，附着的那几句，甚好，我也读熟了，我定你是小莲蓬，因为你矮些，乖乖莲蓬！你是十分精细的，你这两张纸不是随手检（捡）起就用的。②

鲁迅的回信证实了许广平对笺纸的猜测："我十五日信所选的两张笺纸，确也有一点意思的，大略如你所推测。莲蓬中有莲子，尤是我所以取用的原因。"③

---

① 北京鲁迅博物馆编：《北京鲁迅博物馆藏中国近现代名人手札大系（鲁迅卷）》第一册，北京：高等教育出版社2016年版，第583—584页。
② 许广平1929年5月21日致鲁迅信，鲁迅、景宋：《两地书 原信》，北京：中国青年出版社2005年版，第295页。
③ 鲁迅：《290527致许广平》，《鲁迅全集》第12卷，第177页。

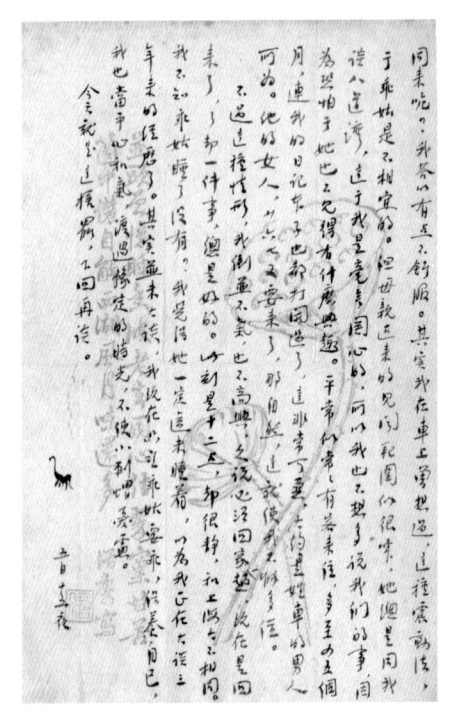

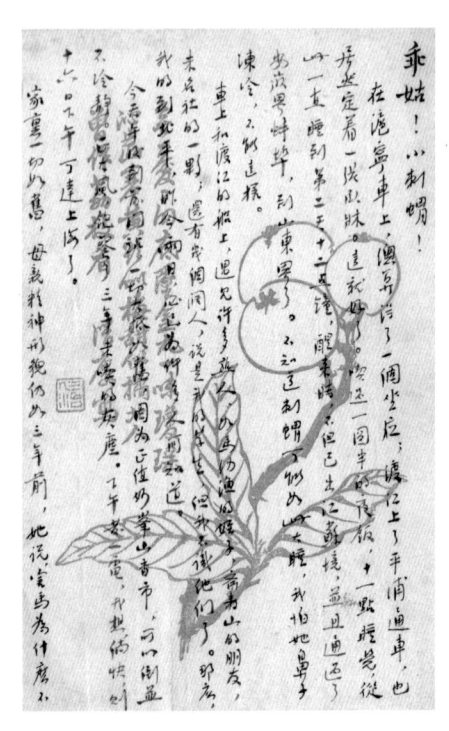

鲁迅致许广平信笺

许广平在同一信中还说,她正好刚买了枇杷,给鲁迅生病的侄女阿ブ(即周蓸)吃了,孩子很喜欢。

此时,鲁迅应该已经有了编辑笺谱的计划。1932年,他再回北平,这项工作计划已经酝酿成熟。鲁迅感到,随着印刷技术的发展,中国传统的木刻水印技艺面临着失传的危险。1934年1月6日,鲁迅在给希仁斯基等苏联画家的信中解释他这么做的原因:

第十七章 泽畔有人吟不得

如今此类艺术已濒于灭亡,老一辈艺人正在"消失",青年学徒则几乎根本没有。在上一世纪的九十年代,这种"版画家"就已很难找到(顺便说说,他们虽也可称作版画家,实则并不作画,仅只在木板上"复制"名画家的原作);流传至今的只一种《笺谱》,且只限于华北才有,那里的遗老遗少还常喜欢用它写毛笔字。但自版画角度看,这类作品尚能引起人们的一定兴趣,因为它们是中国古代版画的最后样品。[1]

1933年2月5日,鲁迅写信给郑振铎,希望郑振铎在北平搜集笺纸,自己在上海整理编辑:

因思倘有人自备佳纸,向各纸铺择尤(对于各派)各印数十至一百幅,纸为书叶形,采色亦须更加浓厚,上加序目,订成一书,或先约同人,或成后售之好事,实不独为文房清玩,亦中国木刻史上之一大纪念耳。[2]

鲁迅与郑振铎历时一年搜集编辑的收录330余幅诗笺的《北平笺谱》于1933年底面世。郑振铎在《北平笺谱序》中略述中国诗笺兴衰的历史后,介绍了该书的内容:"入选者凡三百四十幅,区为六册,首仿古诸笺,纪所始也。次戴伯和、李伯霖、李钟豫、

---

[1] 鲁迅:《340106 致希仁斯基等》,《鲁迅全集》第14卷,第413页。
[2] 鲁迅:《330205 致郑振铎》,《鲁迅全集》第12卷,第366—367页。

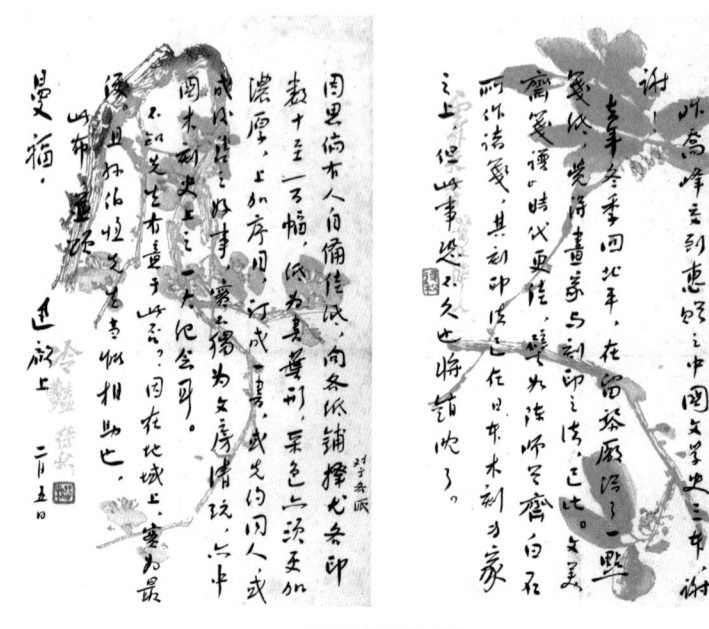

鲁迅致郑振铎信笺

王振声、刘锡玲及李瑞清、林琴南诸氏所作,迹光宣时代之演变也。次陈衡恪、金城、姚华之作。次齐璜、王云、陈年、溥儒、吴徵、萧愻、江采、马晋诸氏之作,征当代文人画之流别也。而以吴、汤等二十家梅花笺,王、齐等数家壬申笺、癸酉笺殿焉。今日所见之诗笺,盖略备于兹矣。"①

《北平笺谱》首印100部,每部书上均有鲁迅和郑振铎的亲

---

① 郑振铎:《北平笺谱序》,郭绍虞手书,郑振铎:《西谛书话》,北京:生活·读书·新知三联书店2005年版,第28页。

第十七章　泽畔有人吟不得

笔签名和手书编号，售价 12 元，虽属奇昂，但销路颇好。鲁迅 1935 年 3 月 30 日写信给郑振铎，欣慰地说："《北平笺谱》如此迅速的成为'新董'，真为始料所不及。"①

其实，鲁迅的计划不限于编辑一个笺谱，而着意于将这种中国文化传统的风雅在现实生活中继续推行。因此，他同时还在进行另一方面的努力，就是搜集新制诗笺，但这项工作收效不大。1933 年 10 月 27 日，鲁迅致信郑振铎说："上海笺曾自搜数十种，皆不及北平；杭州广州，则曾托友人搜过一通，亦不及北平，且劣于上海，有许多则即上海笺也，可笑，但此或因为搜集者外行所致，亦未可定。总之，除上海外，而冀其能俨然成集，盖难矣。"而创作新诗笺的一个重要步骤是请当世文人雅士书写自作诗："北平私人所用信笺，当有佳制，倘能亦作一集，甚所望也。"②鲁迅曾长期生活在北平，知道北平文人之间日常书信往还喜欢用笺纸的情况。

但因为兄弟失和，鲁迅不能直接联系二弟，就将此事托付给了郑振铎。

鲁迅也行动起来，向在上海的朋友们发出了邀请，并陆续收到瞿秋白（1932 年 12 月 7 日、12 月 28 日）、柳亚子（1933 年 1 月 5 日）、蔡元培（1933 年 1 月 17 日）、郁达夫（1933 年 1 月 19 日）、许寿裳（1933 年 1 月 25 日）等的诗笺。

---

① 鲁迅：《350330 致郑振铎》，《鲁迅全集》第 13 卷，第 428 页。
② 鲁迅：《331027 致郑振铎》，《鲁迅全集》第 12 卷，第 469 页。

郁达夫是老朋友，因为编辑《奔流》，与鲁迅联系频繁，且是旧体诗的能手，当然在邀约之列。鲁迅还通过郁达夫邀请了柳亚子，通过许寿裳邀请了蔡元培。但成果也仅止于此，主要是因为鲁迅不像北平的周作人那样有一个诗词酬唱的圈子，因此，唱和的场面就不像周作人自寿诗那样引发热潮，惊动京海文坛。

人生得一知己足矣

晚年鲁迅意外得到一位青年诗友和知己——担任过共产党领导人的瞿秋白。

瞿秋白是一位革命者，也是一个文人，一个诗人，对旧体诗这种雅事也有"积习"。他在严酷的政治斗争中受到批判和冷落，深感自己不适应政治活动。在与老友茅盾见面时，他表达了想见鲁迅的愿望，说自己读过鲁迅的很多文章，很佩服他的人品和文才，但一直没有见面，深感遗憾。茅盾答应引见。

正巧，在茅盾家，瞿秋白见到了左联党团书记冯雪峰，向其表达了想趁在上海的机会写点文章、翻译一些俄国作品的愿望，请求帮助。冯雪峰为瞿秋白找了住处，并将这些情况告诉了鲁迅。鲁迅感到一个难得的人才来到身边。此前，鲁迅从日文版本转译过一些俄国文艺理论的文章，苦于不懂俄文，不能从俄文版本直接翻译，很不放心。鲁迅曾将日文版《毁灭》转译成中文。瞿秋白看到后给鲁迅写了一封信，指出译文中的一些错误。他的信开头以"敬爱的同志"称呼鲁迅，说："你译的《毁灭》出版，当然

第十七章 泽畔有人吟不得

是中国文艺生活里面的极可纪念的事迹。"虽然他对鲁迅的译文提出了一些批评意见,但在信中真诚地表示:"所有这些话,我都这样不客气的说着,仿佛自称自赞的。对于一班庸俗的人,这自然是'没有礼貌'。但是,我们是这样亲密的人,没有见面的时候就这样亲密的人。这种感觉,使我对于你说话的时候,和对自己说话一样,和自己商量一样。"① 鲁迅读后,立即回信,并加上《论翻译》题目发表在1931年12月的《十字街头》上。

鲁迅对瞿秋白的文章也很欣赏,说他的文章"真是皇皇大论!在国内文艺界,能够写这样论文的,现在还没有第二个人"。②

不久,曹靖华从苏联寄来《铁流》译稿,请求鲁迅审读。鲁迅发现原书的序言没有译出,立即想起瞿秋白,便通过冯雪峰邀请瞿秋白翻译。瞿秋白很快完成,署名"史铁儿"。随后,鲁迅又将俄罗斯作家卢那察尔斯基的剧本《解放了的堂·吉诃德》交由瞿秋白翻译,鲁迅在译本后记中称赞译文"注解详明,是一部极可信任的本子"。③

1932年初夏的一天,瞿秋白在冯雪峰陪同下来到鲁迅家。两人第一次会面,一点儿生疏感也没有,无拘无束,畅所欲言,从政治到文艺,从古希腊到苏联,谈得津津有味,妙趣横生。

瞿秋白在上海的这段时间,正值蒋介石对共产党苏区实行军

---

① 瞿秋白:《关于翻译的通信(来信)》,《鲁迅全集》第4卷,第379、387页。
② 冯雪峰:《回忆鲁迅》,北京:人民文学出版社1952年版,第131页。
③ 鲁迅:《集外集拾遗·〈解放了的堂·吉诃德〉后记》,《鲁迅全集》第7卷,第425页。

事"围剿",国统区内也为腥风血雨所弥漫,共产党人和革命者随时都有被迫害杀戮的危险。在这种严峻的环境下,鲁迅将自己的寓所作为瞿秋白夫妇的庇护所。1932年11月下旬至1933年9月,鲁迅多次接待瞿秋白夫妇来家中避难。

1932年12月23日深夜,陈云受中共中央派遣前来鲁迅家,负责将瞿秋白夫妇转移到别处。陈云在回忆文章中写道,鲁迅将瞿秋白夫妇送至门口,"向秋白同志说:'今晚上你平安的到达那里以后,明天叫××来告诉我一声,免得我担心'。秋白同志答应了。一会儿,我们三人出了他们的房门下楼去,鲁迅和女主人在门口连连说:'好走,不送了。'当我们下半只楼梯的时候,我回头去望望,鲁迅和女主人还在门口目送我们,看他那副庄严而带着忧愁的脸色上,表现出非常担心我们安全的神气。"①

瞿秋白在鲁迅家避难时,与鲁迅交流如何写作杂感文章,自己也写了多篇。时值黎烈文从法国回来,将要接编《申报》的《自由谈》栏目,瞿秋白建议鲁迅给予支持,以改变该报的颓靡之风。郁达夫也支持和鼓励鲁迅为这家报纸副刊写稿,促成鲁迅的杂感写作达到高峰:

> 上海的各书店,杂志编辑者,报馆之类,要想拉鲁迅的稿子的时候,也总是要我到上海去和鲁迅交涉的回数多,譬

---

① 史平(陈云):《一个深晚》,巴黎《救国时报》1936年10月30日第64期,收入《陈云文选》第1卷,北京:人民出版社1995年版,第106—108页。

如，黎烈文初编《自由谈》的时候，我就和鲁迅说，我们一定要维持它，因为在中国最老不过的《申报》，也晓得要用新文学了，就是新文学的胜利。所以，鲁迅当时也很起劲，《伪自由书》、《花边文学》集里许多短稿，就是这时候的作品。在起初，他的稿子就是由我转交的。①

1932年12月28日下午，鲁迅收到瞿秋白信及诗一首。瞿秋白在诗中表达自己看了同月24、25两天《申报》上的一些文章后的感想：

不向刀丛向舞楼，摩登风气遍神州。
旧书摊畔新名士，正为西门说自由。②

诗后题识是："近读《申报》'自由谈'，见有人说真正快乐的情死却是《金瓶梅》里的西门庆。此外尚有冷摊负手对残书之类的情调，实在'可敬'。欧化白话文艺占领'自由谈'，正像国民革命军进北京城，欲知后事如何，只要看前回分解可也。因此打油一首。"可知是讽刺有人在《申报·自由谈》上发表"真正快乐的情死却是《金瓶梅》里的西门庆"之类的奇谈怪论，有催促鲁迅尽

---

① 郁达夫：《回忆鲁迅》，黄乔生编著：《郁达夫散文》，北京：现代出版社2015年版，第308—309页。
② 据瞿秋白1932年12月书赠鲁迅手迹，现藏北京鲁迅博物馆，《上海周报》第2卷第8期（1940年8月3日）曾据手稿刊出。

快为《申报》撰稿之意。

1932年12月7日，瞿秋白将自己青年时代写的一首绝句《雪意》书赠鲁迅，大约是为了完成鲁迅交给的书写诗笺的任务：

雪意凄其心惘然，江南旧梦已如烟。
天寒沽酒长安市，犹折梅花伴醉眠。①

这首诗约写于1917年，瞿秋白到达北京后不久。此前一年，他母亲因承受不了生活困难而自杀，家庭崩解。在雪意浓厚、寒冷彻骨的北京，瞿秋白思乡情切，借酒浇愁。

此后，瞿秋白的人生经过多次大的起伏。1923年他奔走在上海、广州之间，投身革命事业，意气风发。当年12月，他写信给女友，赋诗一首：

万郊怒绿斗寒潮，检点新泥筑旧巢。
我是江南第一燕——为衔春色上云梢。②

从"雪意凄其心惘然"到"万郊怒绿斗寒潮"，从"江南旧

---

① 瞿秋白书赠鲁迅时写了一段题识："此种颓唐气息，今日思之，恍如隔世，然作此诗时，正是青年时代，殆所谓'忏悔的贵族'心情也。录呈鲁迅先生。"署名魏凝。原件藏北京鲁迅博物馆。
② 摘自瞿秋白1923年12月在广州写给王剑虹的信。王剑虹是四川酉阳人，1924年1月与瞿秋白结婚，同年7月在上海病故。收入季世昌、朱净之：《瞿秋白诗歌鉴赏》，北京：中国文联出版社2005年版，第21页。

第十七章 泽畔有人吟不得

梦已成烟"到"我是江南第一燕",心境从怅惘转向热烈,诗境由凄婉转向豪放阔达。

但如今,场景又有了大转换。在党内路线斗争中,瞿秋白受到批判、排挤和打击,身体也出现严重的疾病,过着寂寞和贫穷的生活。1932年末,他避难于鲁迅家,赠送给鲁迅这首诗时,正值他的情绪从巅峰跌落到谷底。

1933年3月,瞿秋白在鲁迅寓所附近租下房子,入住后,鲁迅携堇花一盒来祝贺乔迁。这天,他应瞿秋白的请求,书写清人何瓦琴的联句"人生得一知己足矣,斯世当以同怀视之"赠给瞿秋白,上款"疑冰道兄属",落款"洛文录何瓦琴句"。①"疑冰道兄",即从瞿秋白编纂《鲁迅杂感选集》所用笔名何凝的"凝"字而来。"洛文",系鲁迅笔名,从有人对他的攻击语"堕落文人"演化而来。对联的撰写者何瓦琴即何溱,浙江钱塘人,清嘉庆二十二年(1817)生,卒年不详。"人生斯世"联是何溱集禊帖(《兰亭序》帖)字,徐时栋书写,后者所著《烟屿楼笔记》中有记录。鲁迅藏书中有《烟屿楼笔记》《烟屿楼读书志》两种,见于鲁迅日记1933年2月2日及当年书账。

瞿秋白夫妇在上海,中共中央每月只发给十六七元的生活费,相当于当时一般工人的工资,仅能糊口,根本不足以治病和调养。鲁迅有意帮助瞿秋白,让他翻译俄国文学作品,以稿酬贴补生活。但因为他是国民党通缉的共产党要犯,名字不能见诸报刊,只能

---

① 《鲁迅手稿全集》第5册,第485页。

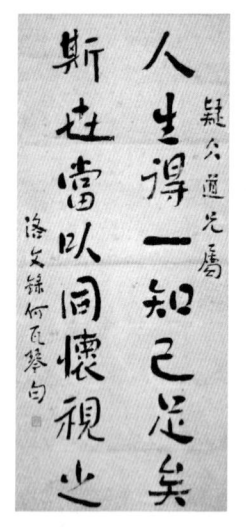

鲁迅手书"人生斯世"联

以笔名发表，有时就用了鲁迅的笔名。

1932年9月19日鲁迅日记记载："下午编《新俄小说家二十人集》下册迄，名之曰《一天的工作》。"同年11月4日鲁迅日记："以《一天的工作》归良友公司出版，午后收版税泉二百四十，分与文尹六十。"①《一天的工作》是鲁迅编译的俄罗斯短篇小说集，共收十篇作品，其中有杨之华初译、瞿秋白校定、以文尹笔名发表的绥拉菲摩维支的《一天的工作》和《岔道夫》两篇。阿英在《关于瞿秋白的文学遗著》一文中提到另外一个出版项目："那时的秋白生活很苦，他赶译了高尔基的四个短篇：《坟场》、《莫尔多姑娘》、《笑话》、《不平常的故事》，想印一本书，

---

① 《鲁迅全集》第16卷，第326—327页、第333页。

换一点稿费。时值合众书局初期，需要买稿，便由我把他的原稿和鲁迅《二心集》的原稿拿去。书店是只认得赢利的，不几天，先把《二心集》的稿费付了，秋白的稿子却拖着不解决。"鲁迅很生气，对阿英说，秋白的稿子必须买下，否则自己的《二心集》就拿走，"几经交涉，总算书店'开恩'，抽买了一篇《不平常的故事》，把其余三篇退回"。①

1933年3月至10月，瞿秋白的生活较为安定，得以静心读书写作。他写的杂感《王道诗话》《伸冤》《曲的解放》《迎头经》《出卖灵魂的秘诀》《最艺术的国家》《关于女人》《真假堂吉诃德》《内外》《透底》《大观园的人才》《中国文与中国人》等，多以鲁迅笔名，发表在《申报·自由谈》等栏目。后来，鲁迅在编辑自己的杂文集时，分别将这些文章收入《伪自由书》《南腔北调集》《准风月谈》中。

瞿秋白认识到杂感对社会的重要作用，更深知鲁迅杂感的价值，起意编选一本鲁迅的杂感集。鲁迅表示同意，为他提供了很多资料。编选完成后，瞿秋白写了长达17000字的序言，全面评价鲁迅和他的杂感："鲁迅在最近十五年来，断断续续的写过许多论文和杂感，尤其是杂感来得多。于是有人给他起了一个绰号，叫做'杂感专家'。'专'在'杂'里者，显然含有鄙视的意思。可是，正因为一些蚊子苍蝇讨厌他的杂感，这种文体就证明了自

---

① 阿英：《关于瞿秋白的文学遗著》，《阿英文集》，北京：生活·读书·新知三联书店1981年版，第407页。

己的战斗的意义。"①

1934年初,瞿秋白奉命赴江西瑞金。鲁迅1月9日日记中有"夜得宜宾信",就是瞿秋白到达后报平安的信。鲁迅一直担忧瞿秋白的安全和健康。他对留在上海的杨之华说:"他这样的身体怎么可久居在那里呢?如果他留在上海,对于全国文化上的贡献一定不少。像他那样的人[是]不可多得的,他是一个少说话多做事的青年。"②

1935年2月24日,瞿秋白在福建被捕,在真实身份尚未暴露的情况下,他写信给在上海的亲友们求助。在给鲁迅的信中说:"我在北京和你有一杯之交,分别多年没通消息,不知你的身体怎样,我有病在家住了几年,没有上学。二年前,我进同济医科大学,读了半年,病又发,到福建上杭养病,被红军俘虏,问我作什么,我说并无擅长,只在医科大学读了半年,对医学一知半解。以后,他们决定我作军医。现在被国民党逮捕了,你是知道我的,我并不是共产党员,如有人证明我不是共产党员,有殷实的铺保,可释放我。"信末署名"林其祥"。瞿秋白还以同样的姓名给周建人写了信,说天气冷了,需要一些衣服和钱,并请其在上海寻找铺保。鲁迅送来五十元,托杨之华寄给瞿秋白。但钱和杨之华改

---

① 瞿秋白:《〈鲁迅杂感选集〉序言》,《鲁迅杂感选集》,上海:青光书局1933年版,第2页。
② 文尹(杨之华):《回忆敬爱的导师——鲁迅先生》,北京鲁迅博物馆鲁迅研究室编:《鲁迅研究资料》第8辑,天津:天津人民出版社1981年版,第113页。

第十七章 泽畔有人吟不得

制的两条裤子刚从邮局汇出,报纸就公开登载了瞿秋白被捕的消息——他的身份已经暴露,处境非常危险。①

鲁迅为瞿秋白的被俘及将面临的结局十分担忧。他在1935年5月17日给胡风的信中说:"那消息是万分的确的,真是可惜得很。"②5月22日,他又函告曹靖华:"它(瞿秋白的笔名——引者)事极确,上月弟曾得确信,然何能为。这在文化上的损失,真是无可比喻。许君已南来,详情或当托其面谈。"③

1935年6月18日晨,死刑执行官前来押解的时候,瞿秋白正在默写七绝《偶成》:

> 一九三五年六月十七日晚,梦行小径中,夕阳明灭,寒流幽咽,如置仙境。翌日读唐人诗,忽见"夕阳明灭乱山中"句,因集句得《偶成》一首:
> 夕阳明灭乱山中,(韦应物)
> 落叶寒泉听不穷。(郎士元)
> 已忍伶俜十年事,(杜甫)
> 心持半偈万缘空。(郎士元)

并附跋文:"方欲提笔录出,而毕命之令已下,甚可念也。秋白曾

---

① 《忆秋白》编辑小组编:《忆秋白》,北京:人民文学出版社1981年版,第222页。
② 鲁迅:《350517致胡风》,《鲁迅全集》第13卷,第458页。
③ 鲁迅:《350522致曹靖华》,同上书,第462页。

有句:'眼底云烟过尽时,正我消遥处',此非词谶,乃狱中言志耳。秋白绝笔。"①

所谓"曾有句"指的是瞿秋白在狱中赠给军医陈炎冰的诗词。原作三首,其一是《卜算子·咏梅》:"寂寞此人间,且喜身无主。眼底云烟过尽时,正我消遥处。 花落知春残,一任风和雨。信是明年春再来,应有香如故。"②用的是陆游《卜算子·咏梅》词意。

瞿秋白狱中写下自述生平志业的《多余的话》,末尾表达了对人世特别是文学的怀恋:

> 俄国高尔基的《四十年》《克里摩·萨摩京的生活》,屠格涅夫的《鲁定》,托尔泰的《安娜·卡里宁娜》,中国鲁迅的《阿Q正传》,茅盾的《动摇》,曹雪芹的《红楼梦》,都很可以再读一读。③

鲁迅得到瞿秋白就义的消息,6月11日在给曹靖华的信中说:"它兄的事,是已经结束了,此时还有何话可说。"④

鲁迅并没有为瞿秋白写什么纪念文章,更没有写诗。他已经告别得太多了,在《为了忘却的记念》中说看到"许多青年的血,

---

① 季世昌、朱净之:《瞿秋白诗歌鉴赏》,北京:中国文联出版社2005年版,第69页。
② 同上书,第58页。
③ 瞿秋白:《多余的话》,北京:中国友谊出版公司2014年版,第36页。
④ 鲁迅:《350611 致曹靖华》,《鲁迅全集》第13卷,第478—479页。

第十七章 泽畔有人吟不得

层层淤积起来"①，现在无非是看到更多。在给朋友的信中，他不断表达对瞿秋白的怀念，如1935年6月27日给萧军的信中对瞿秋白的俄文水平和翻译能力赞叹并惋惜道："中国人先在自己把好人杀完，秋即其一。萧参是他用过的笔名，此外还很多。他有一本《高尔基短篇小说集》，在生活书店出版，后来被禁止了。另外还有，不过笔名不同。他又译过革拉特珂夫的小说《新土地》，稿子后来在商务印书馆被烧掉，真可惜。中文俄文都好，像他那样的，我看中国现在少有。"② 9月1日的信中又说："瞿若不死，译这种书是极相宜的，即此一端，即足判杀人者为罪大恶极。"③

鲁迅一刻也没有忘记这位"知己"。他约了几位同道编辑瞿秋白的译文，委托内山书店将书稿寄到日本，印成两卷布面精装的《海上述林》。该书上卷出版时，鲁迅尚健在，对印制质量很满意，在1936年8月27日给曹靖华的信中叹息说："它兄集上卷已在装订，不久可成，曾见样本，颇好，倘其生存，见之当亦高兴，而今竟已归土，哀哉。"④ 他急于看到《海上述林》下卷，8月31日写信拜托茅盾出面催促出版商："所以想请先生于便中或专函向能拿主意的人一催，从速结束，我也算了却一事，比较的觉得轻松也。"⑤ 鲁迅为《海上述林》所写的广告说："作者既系大作家，译者又是

---

① 鲁迅：《南腔北调集·为了忘却的记念》，《鲁迅全集》第4卷，第502页。
② 鲁迅：《350627 致萧军》，《鲁迅全集》第13卷，第488页。
③ 鲁迅：《350901 致萧军》，同上书，第531页。
④ 鲁迅：《360827 致曹靖华》，《鲁迅全集》第14卷，第136页。
⑤ 鲁迅：《360831 致沈雁冰》，同上书，第140页。

名手，信而且达，并世无两"，"足以益人，足以传世"。①

《海上述林》出版时，署名"诸夏怀霜社"，"诸夏"即中国，"霜"为秋白的原名，"诸夏怀霜"寓意为中国人民怀念瞿秋白。

秋波渺渺失离骚

1933年1月10日，鲁迅写信给郁达夫，说为他写的字已经写好，同时也希望郁达夫和柳亚子各为自己写一幅诗笺。鲁迅甚至备好了笺纸，寄给郁达夫，嘱咐诗写好后都放在郁达夫处，自己去取，言下颇为谦恭。②

鲁迅写给郁达夫的诗是《无题（洞庭浩荡楚天高）》与《答客诮》两幅。③ 而郁达夫回赠鲁迅的诗，将鲁迅与唐代的李、杜连成一脉，借用韩愈歌咏李杜的诗意，回击那些攻击和贬损鲁迅的人：

> 醉眼朦胧上酒楼，彷徨呐喊两悠悠。
> 群盲竭尽蚍蜉力，不废江河万古流。④

醉眼朦胧，曾是"革命文学家"对鲁迅的讽刺，也是鲁迅的自嘲。鲁迅是绍兴人，平日虽然爱喝黄酒，但多小酌而非豪饮。创

---

① 鲁迅：《集外集拾遗·绍介〈海上述林〉上卷》，《鲁迅全集》第7卷，第489页。
② 鲁迅：《330110 致郁达夫》，《鲁迅全集》第12卷，第360—361页。
③ 《鲁迅全集》第16卷，第341页。
④ 原件现藏北京鲁迅博物馆。

第十七章 泽畔有人吟不得

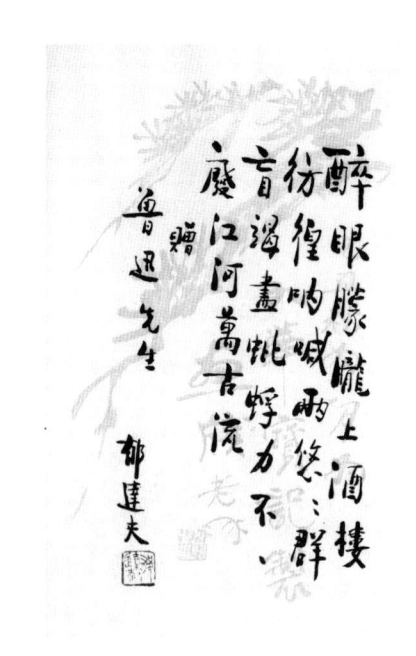

造社和太阳社攻击鲁迅的时候，冯乃超在《文化批判》创刊号上发表文章《艺术与社会生活》说："（鲁迅）这位老生——若许我用文学的表现——是常从幽暗的酒家的楼头，醉眼陶然地眺望窗外的人生。"鲁迅的回击文章题目是《"醉眼"中的朦胧》。有人说，鲁迅写有小说《在酒楼上》，郁达夫的诗是用鲁迅小说命意，宣扬鲁迅喜欢喝酒。这当然也不错，先要有鲁迅饮酒的事实，然后才能说他醉眼朦胧。

郁达夫赠鲁迅诗

郁达夫在诗中用了两个"诗典"：一个是韩愈的《调张籍》："李杜文章在，光焰万丈长。不知群儿愚，那用故谤伤？蚍蜉撼大树，可笑不自量。"另一个是杜甫《戏为六绝句（二）》："尔曹身与名俱灭，不废江河万古流。"意在表明，愚蠢的"群儿"看不到鲁迅的价值，盲目攻击；但无论宵小之徒怎样污蔑，都丝毫不能损伤鲁迅的伟大。"群盲"也有写作"群氓"的。"氓"原意为"民"，并非贬义。郁达夫诗中用"盲"字，既可指"群儿"的愚蠢，也可指他们的"盲目"。

1932年底，郁达夫打算从上海迁居杭州。鲁迅写了两首诗，

一律一绝,均寓有劝告之意。一首是七言律诗,写给郁达夫的妻子王映霞:

> 钱王登遐仍如在,伍相随波不可寻。
> 平楚日和憎健翮,小山香满蔽高岑。
> 坟坛冷落将军岳,梅鹤凄凉处士林。
> 何似举家游旷远,风沙浩荡足行吟。①

钱王,即钱镠,临安(今浙江杭州)人,五代时吴越国的国王。据宋代郑文宝《江表志》载:"两浙钱氏,偏霸一方,急征苛惨,科赋凡欠一斗者多至徒罪。徐玚尝使越,云:三更已闻獐麂号叫达曙,问于驿吏,乃县司征科也。乡民多赤体,有被葛褐者,都用竹篾系腰间,执事非刻理不可,虽贫者亦家累千金。"登遐,旧指帝王的死亡。钱王虽然已经死去,但他的苛政仍在施行。伍相,即伍子胥,名员,字子胥,春秋时楚国人。《史记·伍子胥列传》载,他的父兄为楚平王杀害后,他出奔吴国,助吴伐楚。后劝吴王夫差灭越,吴王不听,赐剑迫令自刎,"乃取子胥尸盛以鸱夷革,浮之江中"。平楚,明代杨慎《升庵诗话》:"楚,丛木也。登高望远,见木杪如平地,故云平楚,犹所谓平林也。"南朝齐谢朓《宣城郡内登望》:"寒城一以眺,平楚正苍然。"高岑,三

---

① 本诗原载于鲁迅 1933 年 12 月 30 日日记中,后收入《鲁迅全集》第 7 卷,将"遐"改作"假","风沙"改作"风波"。

国魏王粲《登楼赋》:"平原远而极目兮,蔽荆山之高岑。"将军岳,即岳飞,字鹏举,相州汤阴(今属河南)人,南宋抗金将领,被皇帝及主和派谋害。杭州西湖畔有岳坟,今仍在。处士,指林逋,字君复,谥号和靖先生,钱塘(今浙江杭州)人,宋代诗人,隐居西湖孤山,喜种梅养鹤,自称以梅为妻,以鹤为子。宋真宗闻其名,赐名"和靖处士"。现杭州孤山有他的坟墓、鹤冢和放鹤亭。

据1933年12月30日鲁迅日记,"午后为映霞书四幅一律"①。但这首诗长期被称为《阻郁达夫移家杭州》,是高疆在《今人诗话》(1934年7月《人间世》第8期)命名的,诗名并不准确。王映霞曾回忆,鲁迅为她手书此诗时,并没有写标题:"因为我绝对不会把写有《阻郁达夫移家杭州》标题的诗,去挂在自家客厅的墙上,那不是成了自我嘲讽了吗?"②郁达夫在《回忆鲁迅》中也说:"这诗的意思,他曾同我说过,指的是杭州党政诸人的无理的高压。"③郁达夫和王映霞1933年4月25日搬到杭州,1935年和1936年间建成"风雨茅庐"。他们迁居之后也常返回上海办事,这首诗是鲁迅当时应王映霞之邀所写。

郁达夫喜欢鲁迅的诗和字,不但自己请鲁迅书写字幅,隆重

---

① 《鲁迅全集》第16卷,第415页。
② 胡元亮(丁景唐、丁言昭):《王映霞谈鲁迅给她的诗》,香港《文汇报》1980年3月7、8日。
③ 郁达夫:《回忆鲁迅》,黄乔生编著:《郁达夫散文》,北京:现代出版社2015年版,第307页。

地挂在他的杭州新居"风雨茅庐"等处,还时不时替朋友向鲁迅求字,鲁迅几乎都满足了他的要求,而且多写"自作诗"。

鲁迅题赠郁达夫的另一首诗是《无题(洞庭木落楚天高)》,也有叮嘱郁达夫夫妻到杭州注意安全之意。鲁迅对浙江的政治气候不满,国民党浙江省党部曾对他发出通缉令,他的愤恨可想而知。

洞庭木落楚天高,眉黛猩红浣战袍。
泽畔有人吟不得,秋波渺渺失离骚。①

洞庭,指洞庭湖。木落,叶落。《楚辞·九歌·湘夫人》:"嫋嫋兮秋风,洞庭波兮木叶下。"眉黛,一种青黑色的颜料,古代妇女用来画眉。猩红,指鲜红的血。浣,污,染,弄脏。泽畔,《楚辞·渔父》:"屈原既放,游走江潭,行吟泽畔。"渺渺,水色邈远的样子。

鲁迅曾将这首诗写给许寿裳。现存手稿中,"木落"原作"浩荡","猩红"作"心红","吟不得"作"吟亦险"。②"吟不得"与"无写处"含义相近,都是鲁迅的愤怨之词。

郁达夫认为这首诗是鲁迅七绝的压卷之作,主旨是鲁迅的自况,而不是大多人认为的对他和王映霞移居杭州的规劝。洞庭湖边树叶落下,时令在秋冬,但空间并非限定在潇湘。泽畔之人,

---

① 《鲁迅全集》第7卷,第153页。
② 《鲁迅手稿全集》第5册,第448页。

第十七章　泽畔有人吟不得

当然可以是郁达夫，也可以是鲁迅。

诗中的"战袍"或为对猩红的比喻描写。有人说这是指猩红热，一种源于西班牙的疾病，因病人身上出现深红斑点，似战袍上的红点。1934年11月14日，鲁迅致信日本人增田涉说："舍下大抵都好，只我伤风，发热一星期，大约就会好的。但在发热时似有身体在膨胀之感，倒也不是没有趣味的事，这是西班牙流行感冒。"① 同年12月2日，鲁迅又致信增田涉说："我每晚仍稍发热，弄不清是因为疲劳还是西班牙流行感冒。"② 1932年春，上海、北平、南京以及河北、山东、江浙等地暴发了猩红热病，作家梁遇春在北平染病逝世，年仅27岁。鲁迅这首诗正是写于这一年，那么，如将这首诗解释成鲁迅提醒郁达夫夫妇注意流行病，也可备一说。

郁达夫1921年进入文坛，以小说集《沉沦》成名。当时中国文坛社团林立，各派之间纷争不断，有的是政治观点上的分野，有的是艺术见解上的差异。作为创造社重要成员的郁达夫，与各派成员却都有交往并保持着平和的关系。郑伯奇在《忆创造社》一文中说，郁达夫喜欢并且善于与人交朋友，他"喜欢谈英国的王尔德，也常谈到十九世纪初期英国的浪漫诗人，特别以莱汉特（Leigh Hunt）自许。他说，莱汉特交游最广，和同时代的作家都处得很好"。③ 当年鲁迅在北京与胡适、陈源教授为首的现代评论派笔战

---

① 鲁迅：《341114 致增田涉》，《鲁迅全集》第14卷，第326—327页。
② 鲁迅：《341202 致增田涉》，同上书，第328页。
③ 郑伯奇：《沙上足迹》，哈尔滨：黑龙江人民出版社1999年版，第23—24页。

的时候，郁达夫却能与壁垒森严的双方相处融洽。在上海，当"唯我独革"的太阳社、后期创造社青年作家围攻鲁迅的时候，郁达夫仍是双方的友人。在创造社诸位中，鲁迅最亲近郁达夫。他在《伪自由书》的前记中写道，"直白的说罢，我一向很回避创造社里的人物。这也不只因为历来特别的攻击我，甚而至于施行人身攻击的缘故，大半倒在他们的一副'创造'脸。虽然他们之中，后来有的化为隐士，有的化为富翁，有的化为实践的革命者，有的也化为奸细，而在'创造'这一面大纛之下的时候，却总是神气十足，好像连出汗打嚏，也全是'创造'似的。我和达夫先生见面得最早，脸上也看不出那么一种创造气"。①

郁达夫嗜酒。他的诗集中与酒有关的篇什很多。1934 年 4 月，柳亚子在《与冰清杂论新旧文学成诗六首》之一中写道：

玄珠笔调自温馨，鲁迅文章更老成。
田郭同时才气健，达夫醇酒最关情。②

小说和诗歌交融在一起，是郁达夫小说的独特魅力。《沉沦》中的主人公作过两首诗，《采石矶》以清代著名诗人黄仲则为主人公，是历史小说，也是诗意小说。郁达夫常赋予小说人物诗人或诗歌爱好者身份。《沉沦》主人公在横滨写完诗，在朦胧的灯光中

---

① 鲁迅：《伪自由书·前记》，《鲁迅全集》第 5 卷，第 3 页。
② 中国革命博物馆编：《磨剑室诗词集》上，上海：上海人民出版社 1985 年版，第 739 页。

坐了一会儿，又翻开了海涅的诗集。据说，郁达夫在写小说前先作好了诗，到时候拿来放在主人公名下，插入情节。诗作成了他小说构思的要素之一。

相反，鲁迅的小说中很少有人物吟诗的情节。他描写的故事多发生在乡村，人物多为愚昧的农民，没有田园之乐和作诗的雅兴——鲁迅在小说《风波》的开头讽刺过诗人笔下的"田家乐"。即便是描写知识分子的作品《端午节》《在酒楼上》《孤独者》，也很少出现作诗的情节，至多是让他们发些议论。《端午节》的主人公方玄绰是官吏兼教员，可以吟诗作赋的，鲁迅也只让他"咿咿呜呜"地读《尝试集》。总体上说，鲁迅小说的情节，大多不适合用诗来升华和烘托，因为人物大抵缺少诗意。从主人公是新式青年的《伤逝》中，读者虽然可以感受到一些诗的韵味——房间墙上挂着英国诗人雪莱的像，但遗憾的是，两位青年既不作旧体诗，也没有作新诗。

能标叛帜即千秋

在这次搜集诗笺的活动中，鲁迅得到同乡和老上级蔡元培的赠诗。蔡元培当然不会像柳亚子那样颂扬鲁迅，寄来的是以前写的感时伤怀之作：

养兵千日知何用，大敌当前喑不声。
汝辈尚容说威信，十重颜甲对苍生！

几多恩怨争牛李,有数人才走越胡。
顾犬补牢犹未晚,只今谁是蔺相如?①

鲁迅1933年1月17日记载:"蔡孑民先生为书一笺,为七律二首。"②其实是七绝二首,应为笔误。两天后,他致信许寿裳说:"近日见蔡先生数次,诗笺已见付,谓兄曾允转寄,但既相见,可无须此周折也。"③可见,鲁迅原本是想通过许寿裳向蔡先生求字,因为许寿裳此时与蔡元培同在中央研究院工作,见面机会较多。

蔡元培这两首"旧作"写于1931年冬。第一诗大约作于"九一八"事变后,"养兵千日知何用,大敌当前喑不声",讽刺政府对日本侵略的不抵抗行为。"汝辈尚容说威信,十重颜甲对苍生!"斥责当局大言不惭,愧对民众。第二首可能是1931年12月国民党在南京召开四届一中全会期间所作。会前,以蒋介石为首的宁派,和以胡汉民、汪精卫为代表的粤派,分别在南京和广州召开国民党第四次全国代表大会。会上,两派继续争吵,互相攻讦。首句引唐代牛僧孺和李吉甫、李德裕父子互相倾轧约四十年的故事,影射国民党内部的派系斗争。次句用《史记·季布栾布列传》朱家说滕公典,喻当局既"示天下之不广",失了人心,人才则将"不北走胡即南走越"。三句以国民党元老、政坛前辈的

---

① 原稿现藏北京鲁迅博物馆。手迹曾在1980年3月5日《人民日报》上刊印,上题"旧作录奉鲁迅先生正之",下署"蔡元培"。
② 《鲁迅全集》第16卷,第355页。
③ 鲁迅:《330119致许寿裳》,《鲁迅全集》第12卷,第362页。

第十七章 泽畔有人吟不得

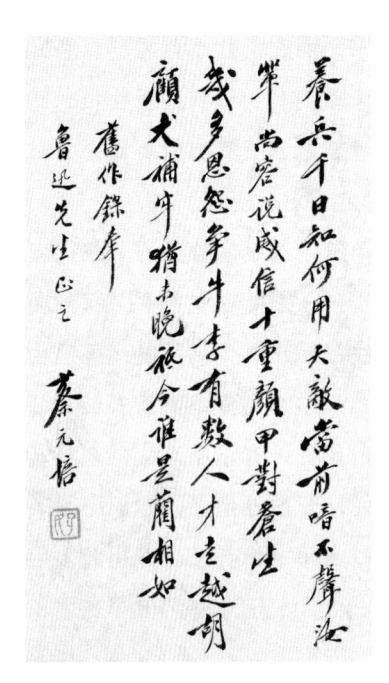

蔡元培赠鲁迅诗

口吻,希望当权者见兔顾犬,亡羊补牢。最后一句用战国时赵国廉颇、蔺相如将相和的故事,慨叹时下无人能像蔺相如那样忍辱包容,顾全大局。

鲁迅在此期间也写过揭露和讽刺国民党四届一中全会的民歌体诗,《好东西歌》《南京民谣》《"言词争执"歌》,先后发表在1931年12月到1932年1月上海左联机关刊物《十字街头》第1、2、3期上,与蔡元培的诗异曲同工。

蔡元培赠诗鲁迅当天,鲁迅参加中国民权保障同盟上海分会会议,并被"举为执行委员",蔡元培是同盟的副主席。

鲁迅初到上海，不愿到大学教书，朋友们找了蔡元培，蔡元培聘鲁迅为大学院特约著作员："大学院时代，设特约著作员，聘国内在学术上有贡献而不兼有他职者充之，听其自由著作，每月酌送补助费。吴稚晖、李石曾、周豫才诸君皆受聘。"①

蔡元培尽其所能对鲁迅两个弟弟给予帮助。鲁迅的三弟周建人原在商务印书馆工作，1932年"一·二八"事变中，商务印书馆被日军炮火焚毁，员工均被解雇，周建人生活无着，鲁迅为之着急。3月2日，鲁迅给许寿裳写信说："商务馆虽云人员全部解约，但现在当必尚有蝉联，而将来且必仍有续聘，可否乞兄转蕲蔡先生代为设法，俾有一栖身之处，即他处他事，亦甚愿服务也。"②蔡元培知道此事后，立即往商务印书馆与王云五相商。后来，书馆因裁员而发生纠纷，鲁迅又致函许寿裳说："但今兹书馆与工员，争持正烈，实亦难于措手，拟俟馆方善后事宜办竣以后，再一托蔡公耳。"③

蔡元培对鲁迅的爱重和赞赏，在鲁迅去世后更加突出。他的赞美之词，虽然不如郁达夫那样将之比附为古代的诗文大家，但在对同代人的评价中，也是极高的了。1938年，20卷本《鲁迅全集》的出版，蔡元培与胡适倾力相助。国民党政府视鲁迅为反动派，并不积极推进此事。蔡元培专门致函国民党中央宣传部部长邵力子，请求送审时给予关照放行。全集出版后，编辑委员会

---

① 蔡元培：《蔡元培自述》，北京：中国言实出版社2015年版，第131页。
② 鲁迅：《320302致许寿裳》，《鲁迅全集》第12卷，第288页。
③ 鲁迅：《320514致许寿裳》，同上书，第304页。

第十七章 泽畔有人吟不得

请蔡元培撰写序言。蔡元培对此非常谨慎，1938年4月30日在给许寿裳的信中说，"盖弟虽亦为佩服鲁迅先生之一人，然其著作读过者甚少，即国际间著名之《阿Q传》亦仅读过几节而已，深恐随笔叹美，反与其真相不符也"。① 为此，他用一个多月的时间系统阅读了鲁迅著作。序言写道：

> 他的感想之丰富，观察之深刻，意境之隽永，字句之正确，他人所苦思力索而不易得当的，他就很自然的写出来，这是何等天才！又是何等学力！……方面较多，蹊径独辟，为后学开示无数法门，所以鄙人敢以新文学开山目之。②

1932年10月12日，鲁迅书赠柳亚子七律《自嘲》。1932年12月31日，鲁迅写了五幅字，都是自作诗，给柳亚子和郁达夫的诗写好后于1933年1月10日随信"呈上"，同时索求两位的诗笺。九天后，"下午达夫来，并交诗笺二，其一为柳亚子所写"。柳亚子诗云：

> 附热趋炎苦未休，能标叛帜即千秋。
> 稽山一老终堪念，牛酪何人为汝谋？

---

① 高平叔、王世儒编注：《蔡元培书信集》下，杭州：浙江教育出版社2000年版，第2073页。
② 蔡元培：《〈鲁迅全集〉序》，《蔡元培散文》，上海：上海科学技术文献出版社2013年版，第245页。

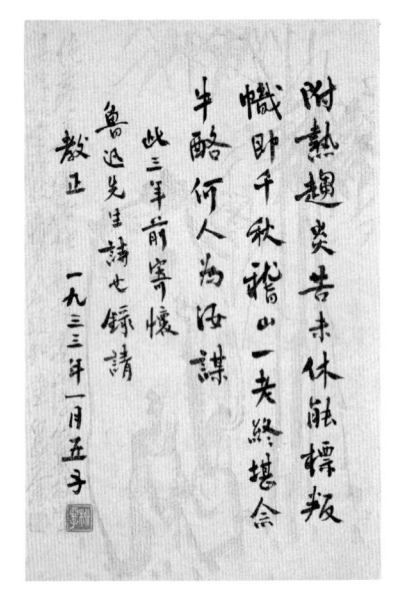

柳亚子赠鲁迅诗

此三年前寄怀　鲁迅先生诗也录请　教正　一九三三年一月亚子①

《宋史·李垂传》云:"今已老大,见大臣不公,常欲面折之,焉能趋炎附热,看人眉睫,以冀推挽乎!"柳诗为合平仄,将"趋炎附热"改换语序为"附热趋炎"。1933年6月,柳亚子发表文章,赞扬鲁迅的旧诗是中国诗坛上"不可多得的瑰宝"。②

---

① 原件藏北京鲁迅博物馆,北京鲁迅博物馆编:《鲁迅》,郑州:河南文艺出版社2008年版,第225页。
② 柳亚子:《我对于创作旧诗和新诗的感想》,楼适夷编:《创作的经验》,南昌:江西人民出版社1982年版,第99页。

第十七章　泽畔有人吟不得

1941年，柳亚子在香港写了《十月十九日为鲁迅先生逝世五周年纪念，敬赋一律》：

> 鲁迅先生今圣人！毛公赞语定千春。
> 死开铁血麋兵局，生是金刚历劫身。
> 团结未坚愁抉目，澄清有待漫伤神。
> 沪郊展墓知何日？护榇难忘民族魂。①

1950年10月24日，柳亚子预立遗嘱，其中有："我死后，裸身火葬，一切迷信浪费，绝对禁止；于公墓买一穴地，埋葬骨灰，立碑曰：'诗人柳亚子之墓'，足矣！"还特别加上一句："（地点能在鲁迅先生附近最佳，我生平极服膺鲁迅先生也。）如不遵照，以非我血裔论！"② 可见其对鲁迅的挚爱和崇敬之情。

长夜凭谁扣晓钟

鲁迅一生虽然只写了几十首诗，其中却颇多脍炙人口的篇章和诗句。好友许寿裳评论说："鲁迅是诗人，不但他的散文诗《野草》，内含哲理，用意深邃，幽默和讽刺随处可寻。就是他的杂感

---

① 柳无非：《纪念鲁迅先生》，上海鲁迅纪念馆编：《高山仰止——鲁迅逝世五十周年纪念集》，上海：上海文艺出版社1986年版，第286—287页。
② 邵盈午：《柳亚子诗全注全解》，哈尔滨：北方文艺出版社2019年版，第292—293页。

集,依罗膺中(庸)看法,也简直是诗,因为每篇都是短兵相接,毫无铺排。至于旧诗,虽不过是他的余事,偶尔为之,可是意境和音节,无不讲究,工夫深厚,自成风格。"①

  在日本,许寿裳是鲁迅的室友和诗友。1908年春,许寿裳结束了东京高师的课业,准备一面补习国文,即就学于章太炎先生门下,一面学习德文,准备往欧洲留学。为了选择一个好的居住环境,他在本乡区西片町寻到一所好住宅。这原是日本绅士的家园,著名作家夏目漱石住过,房间新洁而美丽,庭园广,花木繁。许寿裳招了鲁迅兄弟、钱均夫、朱谋宣来同住,一共五人,因此,铁门旁的电灯上写上"伍舍"字样。鲁迅从小爱好植物,幼年时喜欢读《花镜》等书,常到那爱种花木的远房叔祖家赏玩稀见的植物,在弘文学院时曾买《植物学》两厚册,其中着色的插图很多。在伍舍,鲁迅种植花草有了园地。有一种花叫"朝颜",即牵牛花,种类繁多,多姿多彩:"每当晓风拂拂,晨露湛湛,朝颜的笑口齐开,作拍拍的声响,大有天国乐园去人不远之感。傍晚浇水,把已经开过的花蒂一一摘去,那么以后的花轮便会维持原样,不会减小。其余的秋花满地,蟋蟀初鸣,也助我们的乐趣!"然而,正如朝颜花的倏忽变化,五人合住的局面很快就不能维持了:

    可惜好景不常,盛会难再,到冬时,荷池枯了,菊畦残

---

① 许寿裳:《我所认识的鲁迅·怀旧》,北京:人民文学出版社1959年版,第24页。

败了,我们的伍舍也不能支持了——因为同住的朱钱两人先退,我明春要去德国,所以只好退租。鲁迅就在西片町,觅得一所小小的赁屋,豫备我们三个人暂时同住,我走以后,则他们兄弟二人同住。我那时对于伍舍,不无留恋,曾套东坡的诗句成了一首《留别伍舍》如下:

"荷尽已无擎雨盖,菊残犹有傲霜枝。"
壶中好景长追忆,最是朝颜裹露时。①

老友也是诗友的许寿裳自然会大力支持鲁迅征集诗笺的活动,不但代为邀约蔡元培先生,也将自己1930年所作《题阮诚斋画册》二首写给鲁迅:

画图不厌百回看,好似枝头露未干。
万紫千红谁管领,尽分春色到豪端。

和靖梅花茂叔莲,古人爱好岂无偏。
名葩粲粲休争艳,小草青青亦自妍。②

---

① 许寿裳:《亡友鲁迅印象记·西片町住屋》,北京:人民文学出版社1953年版,第28页。
② 发表于《新苗》1937年4月16日第16册,署名上遂。参见许广平:《留存于鲁迅先生处的几位友人的旧诗集录》,《上海周报》1940年8月3日第2卷第8期。

1936年，鲁迅病重，许寿裳专程去上海探望。他后来在回忆文章中写道：鲁迅"神色极惫，不愿动弹，两胫瘦得像败落的丝瓜"。①

鲁迅逝世后第三天，许寿裳就写信给蔡元培，请他协助与商务印书馆协商出版《鲁迅全集》，这是迄今所见最早的有关《鲁迅全集》的编辑出版信息。许寿裳又四处奔走，募集"鲁迅纪念文学奖金"，筹建"鲁迅先生纪念委员会"，陆续撰写一系列文章，结集为《亡友鲁迅印象记》和《我所认识的鲁迅》两书。

1937年1月31日，许寿裳到上海，立刻去拜访许广平，一起前往万国公墓，献花圈于鲁迅墓前，并赋诗一首：

> 身后万民同雪涕，生前孤剑独冲锋。
> 丹心浩气终黄土，长夜凭谁叩晓钟。
> 鲁迅病故，余适在北平，不及奔驰执绋，至冬始克至墓所，诗以哭之。②

在未名社成员中，鲁迅对台静农有特别的关注和期待。他评价台静农"为人极好"③，创作上有成绩，学问上有追求，思想上与自己相近。台静农的书法、绘画和旧体诗后来也颇有成就。他像鲁迅一样，既是小说家、诗人，也是学者。

---

① 许寿裳：《亡友鲁迅印象记·病死》，北京：人民文学出版社1953年版，第103页。
② 发表于《新苗》1937年4月16日第16册，署名上遂，编入《上遂庼诗草》。
③ 鲁迅：《331219致姚克》，《鲁迅全集》第12卷，第520页。

第十七章　泽畔有人吟不得

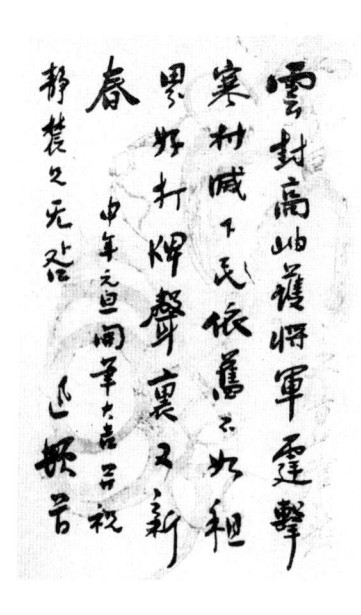

鲁迅赠台静农诗

鲁迅与台静农的交往，到鲁迅一生的最后几年达到密切的程度。当鲁迅在北平看到台静农谈恋爱的时候，写信给许广平多次提及，言语中其实并无讽刺之意，倒有些善意的谐谑，或者可以称为同情之理解，因为鲁迅和许广平也是而且早有这种情况。

《二十二年元旦》是1933年新年鲁迅书赠台静农的诗：

> 云封高岫护将军，霆击寒村灭下民。
> 依旧不如租界好，打牌声里又新春。
> 申年元旦开笔大吉并祝　静农兄无咎。①

---

① 《鲁迅手稿全集》第5册，第454页。

据鲁迅日记1933年1月26日:"旧历申(当作酉——引者)年元旦。……又戏为邬其山生书一笺云:(略)。已而毁之,别录以寄静农。改胜境为高岫,落为击,戮为灭也。"①

鲁迅日记和手稿中都将诗作时间误写成"申年元旦"。民国二十二年(1933)农历应是酉年。1933年2月12日,鲁迅致信台静农做了更正:"以酉为申,乃是误记,此种推算,久不关心,偶一涉笔,遂即以猢狲为公鸡也。"②

高岫,《尔雅·释山》:"山有穴为岫。"云封高岫,即云雾弥漫,笼罩高岫。霆,霹雳,《诗经·大雅·常武》:"震惊徐方,如雷如霆。"霆击,特指飞机轰炸、枪炮射击。

诗原无题,《二十二年元旦》是鲁迅将其编入《集外集》所拟。新年到来,作者将战火中的上海近郊与繁华的外国租界做了对比,讽刺在打牌声中过日子的住在租界的达官贵人和醉生梦死的市侩。

但是,台静农并没有给予鲁迅的赠诗唱和响应——他无暇作诗。三次被捕,让他处于紧张状态;加上忙于生计,难以顾及诗情画意。直到晚年,这些雅好才得舒畅发挥。

他的诗集中与鲁迅有关的作品只有一首《乙酉岁暮》,但是虚写,不能完全凿实——诗题倒很有鲁迅风:

历劫灰飞鬓已秋,擎杯无语照凝眸。
胸中芒角依稀见,梦里云山汗漫游。

---

① 《鲁迅全集》第16卷,第356页。
② 鲁迅:《330212致台静农》,《鲁迅全集》第12卷,第371页。

第十七章 泽畔有人吟不得

> 师友十年埋碧血,风尘一剑敝霜裘。
> 沧江卧恐蛟龙笑,落日烽烟暗九州。①

"烽烟"一作"妖氛"。乙酉岁暮,是 1946 年 1 月。舒芜在《忆台静农先生》中介绍:"当时我和柴德赓先生议论,不知'师友十年埋碧血'中的'师'包括鲁迅不?鲁迅总算是'善终',似不在'埋碧血'之内。柴先生说,他认为应该包括鲁迅在内,鲁迅虽然是病逝,但是实际上也是以生命殉民族,也是个烈士。我觉得这样解释也有道理,但是也没有向静农先生本人问过。"②

台静农到台湾,将自己的住处起名"歇脚庵",本意暂居,不料因为海峡阻隔,一住几十年,再也没有回到大陆。国民党政权迁台后,对左翼思想高度警戒,严厉弹压,将绝大多数 20 世纪三四十年代的文学作品列为禁书,鲁迅自是首当其冲。台静农曾被视为左翼分子,列入监视名单,据说他的寓所周围常有情治人员活动。台静农在台湾大学中文系从事教学、科研和艺术创作,对渡海前的事很少提及。直到解严以后,形势缓和,人们才看到他对鲁迅的感情流露。陈昌明在《温州街》一文中记述 1989 年台静农搬家过程中的一个细节:

> 当大家陆续把东西搬过去后,我看到台静农老师缓缓起身以双手抱着鲁迅的陶瓷塑像,步履庄重而沉稳,像《仪

---

① 台静农:《白沙草 龙坡草》,郑州:海燕出版社 2015 年版,第 30 页。
② 舒芜:《忆台静农先生》,《新文学史料》1991 年第 2 期。

礼》中的祀典，一步一步走向二十五号的宿舍。那是一种极慎重的态度，一种精神仪式，是不能假手他人的，当我回家后还感受到这股神圣而隆重的气氛。①

诗人拈题、分韵、唱和、雅集，确是风流趣事。鲁迅为文坛大家，在这方面本应有活跃表现，但实际上，鲁迅除了赠送日本友人较多外，很少与本国诗坛名家酬唱。这次配合诗笺搜集进行的征诗活动，鲁迅邀请了几位名家，也收到了他们的诗作，但回赠并不多：给柳亚子一首《自嘲》，给郁达夫一首《答客诮》、一首《无题》，给王映霞一首劝其慎重移家杭州的诗，给瞿秋白的只是抄录一幅古人拟的对联，至于蔡元培和许寿裳，则当时并无回应，直到去世前一年的年底才书赠许寿裳《亥年残秋偶作》。

鲁迅晚年的生活环境，少有风花雪月，率多凄风苦雨乃至腥风血雨。鲁迅与人唱和少，并非因为他没有如此雅兴。在20年代末30年代初的上海，鲁迅玩赏这样的雅趣时不免有所顾忌，这从1934年周作人自寿诗引发的争议中看得出来。②

鲁迅与友人之间的唱和之作虽然不多，却都有深切的关怀，吸引人的不只是辞藻、才情、趣味，更是诗心——词句中含蕴着"素心"。

---

① 陈昌明：《温州街》，转引自梅家玲：《寻找台静农先生的鲁迅塑像》，《鲁迅研究月刊》2022年第11期。

② 见本书第十八章。

第十八章

度尽劫波兄弟在

何事脊令偏傲我

1923年7月,周作人给鲁迅写了一封信,声称虽然自己能容忍甚至原谅长兄的不是,但也表示从此恩断义绝,不再来往:

鲁迅先生:

我昨日才知道,——但过去的事不必再说了。我不是基督徒,却幸而尚能担受得起,也不想责谁,——大家都是可怜的人间。我以前的蔷薇的梦原来都是虚幻,现在所见的或者才是真的人生。我想订正我的思想,重新入新的生活。以后请不要再到后边院子里来,没有别的话。愿你安心,自重。七月十八日,作人。①

鲁迅搬离大宅院。从此,两兄弟动如参商,再未相见。这让人想起鲁迅在南京求学期间,寒假结束回校写给弟弟们的一首诗中的两句:"何事脊令偏傲我,时随帆顶过长天!"② 脊令,今作"鹡鸰",背羽纯色,无纵纹,尾呈圆尾状,中央尾羽较外侧尾羽为长。因多活动于水边,停息时尾部上下摆动,故又称"点水雀"。这种鸟很合群,只要一只离散,其余的就都鸣叫起来。《诗经·小雅·棠棣》这样描写:"脊令在原,兄弟急难。"它们遇到危险时发出急促的鸣叫声,常被用来比喻兄弟急难时的相互救助。鲁迅兄弟少年时代因为求学求职离别时常感到鹡鸰"傲我",而当他们中年时期决裂时,鹡鸰的叫声听起来就更让人难受了。

鲁迅和周作人失和之前,三弟建人因无固定职业,已只身到上海谋生;鲁迅和周作人失和后,虽然同居北京,但不相来往。几年后,鲁迅辗转厦门、广州,到达上海,与周建人一家会合。两家曾比邻而居,互相照顾,即使住在不同街区,来往也很频繁。

曾经是鲁迅诗友的周作人,与鲁迅分手后,追求散淡和超脱,采取"闭户读书"主义,耕种"自己的园地"。五四时期他曾追求的"人的文学"的激越、随感录的犀利,渐渐被随笔和读书札记的

---

① 北京鲁迅博物馆编:《鲁迅》,郑州:河南文艺出版社2008年版,第116页。
② 见本书第三章。

平和冲淡所取代。他在苦雨斋里独自读"雨天的书"的孤寂,与鲁迅"彷徨"时期的心境相似。如果说鲁迅的状态是"走来走去"的彷徨,那么,周作人的状态是"退隐",在古都的四合院内"静修""苦住",喝茶,读书。

两兄弟虽然不相往来,但在紧要关头仍互相关心,在社会斗争中也能互相声援,所谓"兄弟阋于墙,外御其侮"。

北方军阀当政,查封报馆,逮捕文人,周作人主持的《语丝》也在其中,导致周作人和刘半农等离家避难。鲁迅很是挂念,1927年11月7日在给章廷谦的信中说:"北新捕去李(小峰之堂兄)王(不知何人)两公及搜查,闻在十月二十二,《语丝》之禁则二十四。作者皆暂避,周启明盖在日本医院欤。查封北新,则在卅日。今天乔峰得启明信,则似已回家,云《语丝》当再出三期,凑足三年之数,此后便归北新去接办云云。卅日发,大约尚未知查封消息也。他之在北,自不如来南之安全,但我对于此事,殊不敢赞一辞,因我觉八道湾之天威莫测,正不下于张作霖,倘一搭嘴,也许罪戾反而极重,好在他自有他之好友,当能互助耳。"①

上海"一·二八"事变期间,鲁迅收到亲朋好友的来信。母亲的挂念让他感动。两年前,柔石遇害,他写下"梦里依稀慈母泪",既想到柔石的母亲,也想到自己的母亲。北平的亲人牵挂战火下鲁迅和三弟两个小家庭。周建人写长信给周作人,报告了鲁迅和自己的境况。

---

① 鲁迅:《271107致章廷谦》,《鲁迅全集》第12卷,第85页。

当然，兄弟之间矛盾仍在。在京派和海派的论争中，人们以两兄弟的对立作为文坛斗争的标志，将一个视为京派，一个视为海派。其实，鲁迅也有京派的一面，或者说，鲁迅对此有更清醒的认识，态度常常是超乎两派之上的。

周作人对鲁迅的不满，有两个缘由：一是对鲁迅在上海又成立家庭不以为然，这是关系到他的生活状态和切身利益的。在他看来，鲁迅到了外地，虽然每月给母亲安排赡养费，但很多琐碎的事体只得由他在京操办。周作人把自己在京照顾母亲称为"亲侍"，认为这比鲁迅的写信问候和献纳银钱珍贵。这当然不乏合情在理的成分。所以，他一再申说，理直气壮。更进一步，他据此还影射攻击鲁迅言行不一、人格破产：

> 譬如普通男女私情我们可以不管，但如见一个社会栋梁高谈女权或社会改革，却照例纳妾等等，那有如无产首领浸在高贵的温泉里命令大众冲锋，未免可笑，觉得这动物未免有点变质了。我想文明社会上道德的管束应该很宽，但应该要求诚实，言行不一致是一种大欺诈，大家应该留心不要上当。①

第二个缘由，比家务事引起的恩怨更重要的，是周作人对鲁迅倾向左翼的不满。他认为鲁迅加入左联，是老年人跟着青年人

---

① 周作人：《看云集·中年》，石家庄：河北教育出版社2002年版，第54—55页。

瞎跑，其根源在于好名，领袖欲强，不想失去文坛权威的地位，其结果将是老而出丑。周作人在《蛙的教训》一文中影射道：

> 其实叫老年跟了青年跑这是一件很不聪明的事。……有些本来能够写写小说戏曲的，当初不要名利所以可以自由说话，后来把握住了一种主义，文艺的理论与政策弄得头头是道了，创作便永远再也写不出来，这是常见的事实，也是一个很可怕的教训。①

他还在《老人的胡闹》一文中写了这样一段话：

> ……往往名位既尊，患得患失，遇有新兴占势力的意见，不问新旧左右，辄靡然从之，此正病在私欲深，世味浓，贪恋前途之故也。虽曰不自爱惜羽毛，也原是个人的自由，但他既然戴了老丑的鬼脸踱出戏台来，则自亦难禁有人看了欲呕耳。这里可注意的是，老人的胡闹并不一定是在守旧，实在却是在维新。盖老不安分重在投机趋时，不管所拥戴的是新旧左右，若只因其新兴有势力而拥戴之，则等是投机趋时，一样的可笑。②

---

① 周作人：《苦茶随笔·蛙的教训》，石家庄：河北教育出版社2002年版，第185—186页。
② 周作人：《瓜豆集·老人的胡闹》，石家庄：河北教育出版社2002年版，第194—195页。

鲁迅应该看到了这些文字及周作人身边的文士们的类似议论，所以对周作人为首的所谓"京派"也没有好声气。

虽然鲁迅自己也在受着左翼文坛内部斗争的挤压，但他坚持认为不脱离现实、贴近大众是一种进步的思想，对中国有益。他希望文人学者过的生活，不是隐退、畏缩，而是保持抗争精神。因此，他在《小品文的危机》《隐士》等短文中对准周作人等所谓"京派"的"小"和"隐"发议论，如把小品文称为"小摆设"：

然而就是在所谓"太平盛世"罢，这"小摆设"原也不是什么重要的物品。在方寸的象牙版上刻一篇《兰亭序》，至今还有"艺术品"之称，但倘将这挂在万里长城的墙头，或供在云冈的丈八佛像的足下，它就渺小得看不见了，即使热心者竭力指点，也不过令观者生一种滑稽之感。何况在风沙扑面，狼虎成群的时候，谁还有这许多闲工夫，来赏玩琥珀扇坠，翡翠戒指呢。他们即使要悦目，所要的也是耸立于风沙中的大建筑，要坚固而伟大，不必怎样精；即使要满意，所要的也是匕首和投枪，要锋利而切实，用不着什么雅。

美术上的"小摆设"的要求，这幻梦是已经破掉了，那日报上的文章的作者，就直觉的地知道。然而对于文学上的"小摆设"——"小品文"的要求，却正在越加旺盛起来，要求者以为可以靠着低诉或微吟，将粗犷的人心，磨得渐渐的平滑。[1]

---

[1] 鲁迅：《南腔北调集·小品文的危机》，《鲁迅全集》第4卷，第591页。

在《隐士》一文中，鲁迅对京派的隐逸之士讽刺得十分尖刻："赞颂悠闲，鼓吹烟茗，却又是挣扎之一种，不过挣扎得隐藏一些。虽'隐'，也仍然要噉饭，所以招牌还是要油漆，要保护的。泰山崩，黄河溢，隐士们目无见，耳无闻，但苟有议及自己们或他的一伙的，则虽千里之外，半句之微，他便耳聪目明，奋袂而起，好像事件之大，远胜于宇宙之灭亡者，也就为了这缘故。"①

对个人感受的重视，对自我权利的标举，说得更理论性一些，对"个人财产"和"公民自由"的保护，很容易被人戴上"个人主义"的帽子，而反对个人主义走了极端，又会将这些基本权利一概否定。其实，个人权利是维护社会运行的基本原则，任何一个社会，如果在这方面失去了立足点，而以一些宏大概念压迫人，以"自私""利己"的帽子吓唬人，就会失去理性的判断，造成灾难性的后果。鲁迅晚年之所以痛苦，就在于个人的权利和自由受到了来自很多方面的侵害。言论审查、出版禁锢，不但没有结社自由，甚至于没有了不结社的自由——不参加社团就是破坏团结。

鲁迅也同情那些追求安静却做不成"隐士"的人们，但他本人不愿意隐退、和解，而坚持认为成为"匕首"和"投枪"才是小品文的发展方向：

生存的小品文，必须是匕首，是投枪，能和读者一同

---

① 鲁迅：《且介亭杂文二集·隐士》，《鲁迅全集》第6卷，第232页。

杀出一条生存的血路的东西；但自然，它也能给人愉快和休息，然而这并不是"小摆设"，更不是抚慰和麻痹，它给人的愉快和休息是休养，是劳作和战斗之前的准备。①

这样的"生存的小品文"，就是鲁迅晚年诗学的精华——他的杂感文章进入纯熟境地而升华为诗。

半是儒家半释家

1934年1月13日，周作人虚岁五十。这一天，他写了一首打油诗：

> 前世出家今在家，不将袍子换袈裟。
> 街头终日听谈鬼，窗下通年学画蛇。
> 老去无端玩骨董，闲来随分种胡麻。
> 旁人若问其中意，且到寒斋吃苦茶。

抄稿上有周作人的题识："二十三年一月十三日偶作五十自寿诗，仿牛山志明和尚体。录呈巨渊兄一笑。"所谓"牛山体"，是指仿志明和尚的《牛山四十屁》风格。志明和尚有首很有名的打油诗："春叫猫儿猫叫春，听他越叫越精神。老僧亦有猫儿意，不敢人前

---

① 鲁迅：《南腔北调集·小品文的生机》，《鲁迅全集》第4卷，第592—593页。

第十八章 度尽劫波兄弟在

叫一声。"《聊斋志异·司札吏》介绍这位诗人道:"牛首山一僧,自名铁汉,又名铁屎。有诗四十首,见者无不绝倒。自镂印章二:一曰'混帐行子',一曰'老实泼皮'。秀水王司直梓其诗,名曰《牛山四十屁》。"诗集名字乍一听让人想象出恶俗的臭味,但志明和尚的诗打破世俗秩序,带着镣铐起舞,追求自由境界,实在率真可爱。《牛山四十屁》不仅没有被读者视为糟粕,反而成了诗界的佳话。周作人收藏志明和尚《新刻志明野狐放屁诗》,十分珍视。

周作人自寿诗大意说自己前世是出家和尚,现世成了居士,如今已到孔子所说的"知天命"之年,不再有浮躁凌厉之气,不想做冲锋陷阵的战士。闲来无事,在街头听人谈鬼,自得其乐,窗下画蛇,玩骨董,种胡麻,亦颇有趣。若问这种生活有什么意思,请到寒舍一面品茶,一面听我细说缘由。

首联的典故来自一个家族传说。据说在周作人出生的那天晚上,一个族叔外出,夜半回来,走近堂内的门时,看见一个白胡子老头站在那里,而周作人恰在此时降生,所以周作人常说自己是"老人转世",但不知怎地将"白胡老人"传说成"老和尚"了。

周作人将这首诗抄录多份赠给友人。其中的"巨渊",即赵巨渊,把获赠诗稿寄给上海《现代》月刊。月刊编者施蛰存和杜衡本是周作人的朋友,很快将手稿影印刊载于2月1日的《现代》月刊第4卷第4期,改题为《五十诞辰自咏诗稿》,署名知堂。《现代》为此专门做了《周作人五十诞辰之祝贺》专版,除诗外,还刊登了周作人一家合影,甚至影印了周家五十寿宴的请帖。

1月16日,周作人设家宴五桌招待亲友,其热闹自不必说。周作人用13日诗原韵再作一首:

> 半是儒家半释家,光头更不著袈裟。
> 中年意趣窗前草,外道生涯洞里蛇。
> 徒羡低头咬大蒜,未妨拍桌拾芝麻。
> 谈狐说鬼寻常事,只欠工夫吃讲茶。

此时,林语堂正在上海筹办小品文半月刊《人间世》,看到周作人的自寿诗,大感兴趣,特邀文坛名家唱和。于是,在4月5日的《人间世》创刊号上,紧接《发刊词》,就是周作人两首诗并影印件。杂志还刊出周作人的大幅照片,题曰:"京兆布衣知堂(周作人)先生近影"。①

刘半农在3月16日出版的《论语》半月刊第37期上的《自注自批桐花芝豆堂诗集(四十二—四十五)》中也披露了周作人《五十自寿诗》第一首(即赠赵巨渊者),并发表《新年自咏次知堂老人韵》四首:

---

① 20世纪60年代,周作人在回忆录中对此做了说明:"那时林语堂正在上海编刊《人间世》半月刊,我便抄了寄给他看,他给我加了一个《知堂五十自寿诗》的题目,在报上登了出来,其实本来不是什么自寿,也并没有自寿的意思的。"见周作人:《知堂回想录·打油诗》,长沙:岳麓书社2020年版,第745页。

第十八章 度尽劫波兄弟在

咬清声韵替分家,爆出为"袈"擦出"裟"。
算罢音程昏若豕,画成浪线曲如蛇。
常还不尽文章债,欲避无从事务麻。
最是安闲临睡顷,一支烟卷一杯茶。

吃肉无多亦恋家,至今不想著袈裟。
时嘲老旦四哥马,未饱名肴一套蛇。
猛忆结婚头戴顶,旋遭大故体披麻。
有时回到乡间去,白粥油条胜早茶。

只缘险韵押袈裟,乱说居家与出家。
薄技敢夸字胜狗,深谋难免足加蛇。
儿能口叫八爷令,妻有眉心一点麻。
书匠生涯喝白水,每年招考吃回茶。

落发何须更出家,浴衣也好当袈裟。
才低怕见一筐蟹,手笨难敲七寸蛇。
不敢冒充为普鲁,实缘初未见桑麻。
铁观音好无缘喝,且喝便宜龙井茶。①

钱玄同的和诗题为《也是自嘲,也和知堂原韵》:

---

① 《论语》1934 年 3 月第 37 期。

但乐无家不出家，不皈佛教没袈裟。
腐心桐选祛邪鬼，切齿纲伦斩毒蛇。
读史敢言无舜禹，谈音尚欲析遮麻。
寒宵凛冽怀三友，蜜橘酥糖普洱茶。

诗后有说明："也是自嘲，也用苦茶原韵，西望牛山，距离尚远。无能子未定草，廿三年一月廿二日，就是癸酉腊八。"他还写信给周作人说：

苦茶上人：

我也诌了五十六个字的自嘲，火气太大，不像诗而像标语，真要叫人齿冷。第六句只是凑韵而已，并非真有不敬之意，合并声明。癸酉腊八，无能。

周作人后来解释说，信中的"不敬"指的是钱玄同平时谈到国语的音韵问题时，自己总说不懂，所以钱玄同说"尚欲析遮麻"，对周作人原诗的韵脚更有所论辩，"似乎大有抬杠的意味了"。[1]

钱玄同随后又写一首《再和知堂》，多涉饮食，油性更浓：

要是咱们都出家，穿袈是你我穿裟。

---

[1] 周作人：《知堂回想录·打油诗》，长沙：岳麓书社2020年版，第746—747页。

第十八章 度尽劫波兄弟在

  大嚼白菜盘中肉,饱吃洋葱鼎内蛇。
  世说专谈陈酉鞣,藤阴爱记烂芝麻。
  羊羹蛋饼同消化,不怕失眠尽喝茶。

  文坛名家群起而和,蔚然大观。沈尹默和诗数量最多,共七首,前两首题为《和岂明五十自寿打油诗韵》:

  两重袍子当袈裟,五十平头算出家。
  懒去降龙和伏虎,闲看缩蚓与纤蛇。
  先生随喜栽桃李,博士偏劳拾苴麻。
  等是闲言休更说,且来上寿一杯茶。

  遇半老博士说相约和袈裟字须破用,因更和一首。

  制礼周公本一家,重袍今合简称裟。
  喜谈未必喜扪虱,好饮何曾好画蛇。
  老去常常啖甘蔗,长生顿顿饭胡麻。
  知堂究是难知者,苦雨无端又苦茶。①

  想当年,沈尹默是新诗运动的积极参与者,写过《月夜》诗:

  霜风呼呼的吹着,

---

① 《艺风》1934年第2卷第4期。

月光明明的照着。
我和一株顶高的树并排立着,
却没有靠着。①

新文化运动的主将们有的高升,有的隐退,有的搞政治,有的做学问,长成一棵棵参天大树,并排立着,没有靠着,因此也就难免寂寞。现在有一个难得的祝寿和诗"雅集",能不积极参与?

林语堂的和诗题为《和京兆布衣八道湾居士岂明老人五秩诗原韵》：

京兆绍兴同是家,布衣袖阔代袈裟。
只恋什刹海中蟹,胡说八道湾里蛇。
织就语丝文似锦,吟成苦雨意如麻。
别来但喜君无恙,徒恨未能共话茶。②

胡适发表两首和诗,一首是七言诗《戏和周启明打油诗》：

先生在家像出家,虽然弗著舍袈裟。
能从骨董寻人味,不惯拳头打死蛇。
吃肉应防嚼朋友,打油莫待种芝麻。
想来爱惜绍兴酒,邀客高斋吃苦茶。

---

① 《新青年》1918 年 1 月 15 日第 4 卷第 1 号。
② 《崇实季刊》1935 年第 19 期。

第十八章　度尽劫波兄弟在

一首是五言诗,名《再和苦茶先生的打油诗》:

老夫不出家,也不著袈裟。
人间专打鬼,臂上爱蟠蛇。
不敢充油默,都缘怕肉麻。
能干大碗酒,不品小钟茶。①

蔡元培应林语堂邀约,先后和诗三首。前两首是《和知堂老人五十自寿》:

何分袍子与袈裟,天下原来是一家。
不管乘轩缘好鹤,休因惹草却惊蛇。
扪心得失勤拈豆,入市婆娑懒绩麻(君自言到厂甸数次矣)。
园地仍归君自己,可能亲掇雨前茶(君曾著《自己的园地》)。

厂甸摊头卖饼家(君在厂甸购戴子高《论语注》),肯将儒服换袈裟。
赏音莫泥骊黄马,佐斗宁参内外蛇。

---

① 《人间世》1934年5月5日第3期。沈卫威编:《胡适日记》,太原:山西教育出版社1998年版,第228—229页。《再和苦茶先生的打油诗》也作《再和苦茶,聊自嘲也》,诗末附言:"昨诗写吾兄文雅,今诗写一个流氓的俗气。"

> 好祝南山寿维石，谁歌北房乱如麻。
> 春秋自有太平世，且咬馍馍且品茶。①

5月5日，蔡元培作《新年用知堂老人自寿韵》一首，发表于《人间世》第3期：

> 新年儿女便当家，不让沙弥袈了裟。
> 鬼脸遮颜徒吓狗，龙灯画足似添蛇。
> 六么轮值思赢豆，数语蝉联号绩麻。
> 乐事追怀非苦话，容吾一样吃甜茶。②

老年的蔡元培怀想天真烂漫的儿童时光，吟咏了故乡绍兴的四种习俗，原诗稿首联后注："吾乡小孩子留发一圈，而剃其中边者，谓之沙弥。《癸巳存稿》三，《精其神》一条引经了筵、阵了亡等语，谓此自一种文理。"颈联第五句后注："吾乡小孩子选炒蚕豆六枚，于一面去壳少许，谓之黄，其完好一面谓之黑，二人以上轮掷之，黄多者赢，亦仍以豆为筹马。"颈联第六句后注："以成语首字与其他末字相同者联句，如甲说'大学之道'，乙接说'道不远人'，丙接说'人之初'等，谓之绩麻。"尾联后注："吾乡有'吃甜茶讲苦话'语。"周作人后来在回忆录中对蔡元培此举深表感激：

---

① 高平叔编：《蔡元培全集》第6卷，北京：中华书局1988年版，第395页。
② 《人间世》1934年5月5日第3期。参见《知堂回想录·打油诗》，长沙：岳麓书社2020年版，第748页。

第十八章　度尽劫波兄弟在

署名则仍是蔡元培,并不用什么别号。此于游戏之中自有谨厚之气,我前谈《春在堂杂文》时也说及此点,都是一种特色。他此时已年近古稀,而记叙新年儿戏情形,细加注解,犹有童心,我的年纪要差二十岁光景,却还没有记得那样清楚,读之但有怅惘,即在极小的地方前辈亦自不可及也。①

沈兼士在《人间世》第 2 期上也发表了一首和诗,从专业角度对这次唱和使用的诗韵做了回应和解释:

> 错被人呼小学家,莫教俗字写袈裟。
> 有山姓氏讹成魏,无虫人称本是蛇。
> 端透而今变知澈,鱼模自古属歌麻。
> 眼前一例君须记,荼苦由来即苦茶。

有人认为,《五十自寿诗》及其引发的唱和并非偶发事件,而更像一场有意操纵的活动。②没有充分证据显示这是有预谋的行为。毋宁说,文坛名家在对旧体诗的热衷和对政治运动的厌倦中找到了一个最大公约数。这些十几年前叱咤风云、领袖群伦、激扬文字的大师,如今成了中年人,日常辛苦奔忙,甚至萦心柴米油盐,诗中的茶、大蒜、芝麻等,有油腻,有苦涩,似乎饶有趣味,说

---

① 周作人:《知堂回想录·北大感旧录(十一)》,长沙:岳麓书社 2020 年版,第 706—707 页。
② 林分份:《周作人"五十自寿诗"事件重探》,《鲁迅研究月刊》2010 年第 11 期。

得颇为幽默,是自嘲,也是自赞,是自得其乐,当然也是苦中作乐。他们将这些情思趣味填进方块模板,亦庄亦谐,五味杂陈。七言律诗这件传统的抒情表意工具,他们用起来得心应手。

然而,青年人看不惯了,穷苦的青年人尤其看不惯这种士大夫情趣和小资情调。他们向这种"雅致"开火了。

海上微闻有笑声

和诗热招来不少批评和嘲骂。廖沫沙以"埜容"的笔名在当年4月14日《申报·自由谈》上发表《人间何世?》,挖苦说:"揭开封面,就是一幅十六寸放大肖像,我还以为是错买了一本摩登讣闻呢!细看下款,才知道这是所谓'京兆布衣'知堂先生周作人的近影,并非名公巨人的遗像。那后幅还有影印的遗墨一般的亲笔题诗……"他虽是左翼人士、新学信徒,但也用周作人原韵写诗一首,极尽嘲讽之能事:

先生何事爱僧家?把笔题诗韵押裟。
不赶热场孤似鹤,自甘凉血懒如蛇。
选将笑话供人笑,怕惹麻烦爱肉麻。
误尽苍生欲谁责?清谈娓娓一杯茶。

廖沫沙认为,《人间世》提倡小品文是在远离现实,写这样的自寿诗简直是"误尽苍生"的"亡国之音"。他引用鲁迅的意见批评道:

个人的玩物丧志,轻描淡写,这就是小品文。西方文学有闲的自由的个人主义,和东方文学筋疲骨软,毫无气力的骚人名士主义,合而为小品文,合而为语堂先生所提倡的小品文,所主编的《人间世》。①

这种严厉的指责和上纲上线的论断引发林语堂不满。4月16日,林语堂在《自由谈》上发表了《论以白眼看苍蝇之辈》:"埜容君虽写来却是白话,其深恶小品文之方巾气与前反对白话维持道统之文人无别。""埜容君好谈的是世道,是人心,然世道人心若不从微处入手谈起,亦每每谈得昏头昏脑,不知所云。"

胡风等人也撰写文章,声援廖沫沙,批评林语堂。1934年4月16、17日的《申报·自由谈》上发表了胡风的《"过去的幽灵"》,向周作人发出质问:当年为诗的解放而斗争过的《小河》的作者,现在竟然"谈狐说鬼","对于小鬼也一视同仁了?"②

周作人对给予他的诗作和生活状态以同情理解的朋友表示感谢。林语堂在《周作人诗读法》中指出,周作人的诗"寄沉痛于悠闲,但世间俗人太多,外间颇有訾议,听之可也。惟自怪不应将此诗发表,放在伧夫竖子眼前耳"。林语堂在文中披露,当年4月中下旬,周作人在给《人间世》寄稿时附了一通给林语堂的

---

① 埜容(廖沫沙):《人间何世?》,《申报·自由谈》1934年4月14日,收入《廖沫沙杂文集》,北京:生活·读书·新知三联书店1984年版,第48—50页。

② 胡风:《"过去的幽灵"》,《申报·自由谈》1934年4月16、17日。

短简,说:"得刘大杰先生来信,谓读拙诗不禁凄然泪下,此种看法,吾甚佩服。"①

鲁迅在这场争论中没有公开发表文字,只在给曹聚仁的信中简略谈了自己的看法:

> 周作人自寿诗,诚有讽世之意,然此种微辞,已为今之青年所不憭,群公相和,则多近于肉麻,于是火上添油,遂成众矢之的,而不作此等攻击文字,此外近日亦无可言。此亦"古已有之",文人美女,必负亡国之责,近似亦有人觉国之将亡,已在卸责于清流或舆论矣。②

在5月6日给杨霁云的信里又议论了几句,大意不变:

> 至于周作人之诗,其实是还藏些对于现状的不平的,但太隐晦,已为一般读者所不憭,加以吹擂太过,附和不完,致使大家觉得讨厌了。③

鲁迅一直在关注这场"和诗"盛况。新旧两派、左右两翼都大写"旧体诗",确是现代文坛一大景观。鲁迅不好公开发言,一

---

① 林语堂:《周作人诗读法》,孙郁、黄乔生主编:《回望周作人 是非之间》,开封:河南大学出版社2004年版,第91页。
② 鲁迅:《340430致曹聚仁》,《鲁迅全集》第13卷,第87页。
③ 鲁迅:《340506致杨霁云》,同上书,第93页。

第十八章　度尽劫波兄弟在

面是他的左翼阵营同志，一面是他的弟弟，手足情牵。大体上，鲁迅是理解和同情周作人的——从北京到厦门、广州，再到上海，在不同的生活空间，他也有类似的中年况味。

周作人自然也一直在关注双方的争论。他不知道鲁迅那些私下的议论。1936年6月，他发表《谈鬼论》，透露出对鲁迅的怀疑：

> 三年前我偶然写了两首打油诗，有一联云，"街头终日听谈鬼，窗下通年学画蛇"。有些老实的朋友见之哗然，以为此刻现在不去奉令喝道，却来谈鬼的故事，岂非没落之尤乎？这话说的似乎也有几分道理，可是也不能算对。盖诗原非招供，而敝诗又是打油诗也，滑稽之言，不能用了单纯的头脑去求解释。所谓鬼者焉知不是鬼话，所谓蛇者或者乃是蛇足，都可以讲得过去，若一一如字直说，那么真是一天十二小时站在十字街头听《聊斋》，一年三百六十五日坐在南窗下临《十七帖》，这种解释难免为姚首源所评为痴叔矣。①

"奉令喝道"者是指左翼文士，当然包括鲁迅。周作人对自己的两首诗被"一班维新的朋友从年头直骂到年尾"，耿耿于怀。②他可能怀疑胡风写批判文章是受了鲁迅的指使，因为胡风与鲁迅的关系十分亲密。

---

① 周作人：《瓜豆集·谈鬼论》，石家庄：河北教育出版社2002年版，第13页。
② 周作人：《苦茶随笔·弃文就武》，石家庄：河北教育出版社2002年版，第119页。

鲁迅去世后，其私信中两段有关自寿诗的议论发表出来，周作人看了，在《桑下谈序》中却并不表感激之意："三年前戏作打油诗有云：'且到寒斋吃苦茶'，不知道为什么缘故，批评家哄哄的嚷了大半年，大家承认我是饮茶户，而苦茶是闲适的代表饮料。这其实也有我的错误，词意未免晦涩，有人说此种微辞已为今之青年所不憭，而不作此等攻击文字此外亦无可言云云，鄙人不但活该，亦正是受宠若惊也。"① 也许在他看来，自己和朋友们的唱和，是正常的文坛交往，即便不是什么雅事，却也不会俗到"以肉麻当有趣"。针对左翼评家的苛刻之论，鲁迅虽然对弟弟表示了同情，但力度和各打五十大板的态度，可能仍让周作人不满，所以周作人有了对同情理解的话并不领情的态度。

1964年3月6日，周作人写下《八十自寿诗》：

可笑老翁垂八十，行为端的似童痴。
剧怜独脚思山父，幻作青毡羡野狸。
对话有时装鬼脸，谐谈犹喜撒胡荽。
低头只顾贪游戏，忘却斜阳上土堆。

周作人在诗后题识中又一次表达对当年嘲讽、谴责《知堂五十自寿诗》者的不满：

---

① 周作人：《秉烛后谈·桑下谈序》，石家庄：河北教育出版社2002年版，第125—126页。

第十八章　度尽劫波兄弟在

> 前作所谓自寿诗,甚招来各方抨击,自讨苦吃,今已多吃了一万天的茶饭,经验较多,岂敢再蹈覆辙乎。偶因酒醉,胆大气粗,胡诌一首,但不发表好了,录示二三友人,聊作纪念。末联亦是实话,玩耍过日,不知老之已至,无暇汲汲顾影也。①

1934年,周氏兄弟的老友刘半农去世,鲁迅应杂志之邀写了纪念文章《忆刘半农君》,怀念他们五四前后同在《新青年》阵营中的经历,并将刘半农与陈独秀、胡适等做了对比:

> 《新青年》每出一期,就开一次编辑会,商定下一期的稿件。其时最惹我注意的是陈独秀和胡适之。假如将韬略比作一间仓库罢,独秀先生的是外面竖一面大旗,大书道:"内皆武器,来者小心!"但那门却开着的,里面有几枝枪,几把刀,一目了然,用不着提防。适之先生的是紧紧的关着门,门上粘一条小纸条道:"内无武器,请勿疑虑。"这自然可以是真的,但有些人——至少是我这样的人——有时总不免要侧着头想一想。半农却是令人不觉其有"武库"的一个人,所以我佩服陈胡,却亲近半农。
>
> ……

---

① 鲍耀明编:《周作人与鲍耀明通信集(1960—1966)》,开封:河南大学出版社2004年版,第374页。

> 不错，半农确是浅。但他的浅，却如一条清溪，澄澈见底，纵有多少沉渣和腐草，也不掩其大体的清。倘使装的是烂泥，一时就看不出它的深浅来了；如果是烂泥的深渊呢，那就更不如浅一点的好。

鲁迅虽然对刘半农颇多赞词，但也明确说出对刘半农最近几年的一些言行的不满：

> 近几年，半农渐渐的据了要津，我也渐渐的更将他忘却；但从报章上看见他禁称"蜜斯"之类，却很起了反感：我以为这些事情是不必半农来做的。从去年来，又看见他不断的做打油诗，弄烂古文，回想先前的交情，也往往不免长叹。
> ……
> 现在他死去了，我对于他的感情，和他生时也并无变化，我爱十年前的半农，而憎恶他的近几年。①

鲁迅所说"做打油诗，弄烂古文"，指刘半农发表于《论语》《人间世》的《双凤凰砖斋小品文》及《桐花芝豆堂诗集》的"悠闲"和"趣味"文字。

文章最后总结说："这憎恶是朋友的憎恶，因为我希望他常是十年前的半农，他的为战士，即使'浅'罢，却于中国更为有益。"

---

① 鲁迅：《且介亭杂文·忆刘半农君》，《鲁迅全集》第6卷，第73—75页。

第十八章　度尽劫波兄弟在

鲁迅的评价大体上是褒多于贬。但周作人的想法可能是：这个时候怎么能贬低呢？他随后写了《半农纪念》，针对鲁迅的上述看法说：

> 还有一首打油诗，是拟近来很时髦的浏阳体的，结果自然是仍旧拟不像，其辞曰：
>
> 漫云一死恩仇泯，海上微闻有笑声。
>
> 空向刀山长作揖，阿旁牛首太狰狞。
>
> 半农从前写过一篇《作揖主义》，反招了许多人的咒骂。我看他实在并不想侵犯别人，但是人家总喜欢骂他，仿佛在他死后还有人骂。本来骂人没有什么要紧，何况又是死人，无论骂人或颂扬人，里边所表示出来的反正都是自己。我们为了交谊的关系，有时感到不平，实在是一种旧的惯性，倒还是看了自己反省要紧。譬如我现在来写纪念半农的文章，固然并不想骂他，就是空虚地说上好些好话，于半农了无损益，只是自己出乖露丑。所以我今日只能说这些闲话，说的还是自己，至多是与半农的关系罢了，至于目的虽然仍是纪念半农。半农是我的老朋友之一，我很悼惜他的死。在有些不会赶时髦结识新相好的人，老朋友的丧失实在是最可悼惜的事。[①]

所谓"死后还有人骂"，在周作人看来，鲁迅即骂者之一。

[①] 周作人：《苦茶随笔·半农纪念》，石家庄：河北教育出版社2002年版，第100—101页。

周作人晚年写《知堂回想录》时,抄录了《半农纪念》,但删去了上面这段文字,应该是担心读者看出"漫云一死恩仇泯,海上微闻有笑声"和"赶时髦结识新相好的人"是在影射鲁迅。

直到30年后,周作人才在《知堂回想录》中对鲁迅的评论说了几句感念的话:"对于我那不成东西的两首歪诗,他却能公平的予以独自的判断,特别是在我们'失和'十年之后,批评态度还是一贯……鲁迅平日主张'以眼还眼,以牙还牙',不会对于任何人有什么情面,所以他这种态度是十分难得也是很可佩服的。"① 此时,鲁迅墓木已拱。

周作人写《八十自寿诗》时,仍住在那个三兄弟曾经聚居的四合院里。沧海桑田,物是人非,院子也成了大杂院。鲁迅当年手栽的树还在,有的枝叶繁茂、参天蔽日了。有一天,人民文学出版社的一位编辑来访,离开的时候,周作人相送,指着外院的一棵树说,这是家兄种的。②

真所谓前人栽树,后人乘凉——周作人晚年在某些方面也享受了鲁迅的余荫。

《知堂五十自寿诗》引发文坛名宿纷纷唱和,盛况空前,既显示其在文坛上的地位,也显示了旧体诗的生命力。抛开兄弟之间、文坛左右翼之间的恩怨,就诗与人生体验的契合而言,写了《自嘲》诗的鲁迅对二弟自寿诗的同情共鸣自在情理之中。鲁迅的自嘲中有自解,有愁闷,有怨愤,而尾联的"躲进小楼成一统,管

---

① 周作人:《知堂回想录·在病院中》,长沙:岳麓书社2020年版,第547页。
② 陈迩冬:《二周识小》,《鲁迅研究动态》1988年第1期。

他冬夏与春秋"更有自傲。

相逢一笑泯恩仇？

20世纪30年代的中国，面临大劫难。

中国在残酷的世界竞争中，一步落后，步步落后，不但被西方列强侵凌，也被东邻日本挤压、逼迫和欺辱。甲午战争以后，日本对中国不但蚕食，而且侵吞，甚至有全部占领的企图，中日之间大战不可避免。

"九一八"事变后，鲁迅抨击当局的不抵抗政策，写下《"友邦惊诧"论》，对当局不自振作而看列强脸色、寄希望于国联的软骨头行为表现出极大愤慨，其中有一段议论颇为激越：

> 好个"友邦人士"！日本帝国主义的兵队强占了辽吉，炮轰机关，他们不惊诧；阻断铁路，追炸客车，捕禁官吏，枪毙人民，他们不惊诧。中国国民党治下的连年内战，空前水灾，卖儿救穷，砍头示众，秘密杀戮，电刑逼供，他们也不惊诧。在学生的请愿中有一点纷扰，他们就惊诧了！
> 好个国民党政府的"友邦人士"！是些什么东西！[①]

政治形势、国际冲突对鲁迅的生活产生了实际影响。1932年1月28日，在鲁迅居住的日租界附近发生了一场战斗，鲁迅的书

[①] 鲁迅：《二心集·"友邦惊诧"论》，《鲁迅全集》第4卷，第369页。

桌被流弹打中，其危险程度可想而知。

1933 年 6 月 21 日，鲁迅为经历过这场战争的一只鸽子写了一首诗：

> 奔霆飞焰歼人子，败井颓垣胜饿鸠。
> 偶值大心离火宅，终遗高塔念瀛洲。
> 精禽梦觉仍衔石，斗士诚坚共抗流。
> 度尽劫波兄弟在，相逢一笑泯恩仇。
>
> 西村博士于上海战后得丧家之鸠，持归养之，初亦相安，而终化去。建塔以藏，且征题咏。率成一律，聊答遐情云尔。一九三三年六月二十一日鲁迅并记。①

"焰"，《鲁迅全集》中作"熛"；"胜"，作"剩"。鸠，即鸽子，日语称为堂鸠。大心，佛家语"大悲心"的略称，《大乘起信论》以"欲拔一切众生苦"之心为大悲心。《史记·秦始皇本纪》："齐人徐市等上书，言海中有三神山，名曰蓬莱、方丈、瀛洲。"这里瀛洲指日本。精禽，即精卫，《山海经·北山经》："有鸟焉，其状如乌，文首白喙赤足，名曰精卫，其鸣自詨。是炎帝之少女，名曰女娃。女娃游于东海，溺而不反，故为精卫。常衔西山之木石，以堙于东海。"劫波，梵文 kalpa 的音译，略称为劫。古印度传说，世界经历若干万年毁灭一次，重新开始，称为一"劫"，借以指天灾人祸。

---

① 《鲁迅手稿全集》第 5 册，第 458 页。

第十八章 度尽劫波兄弟在

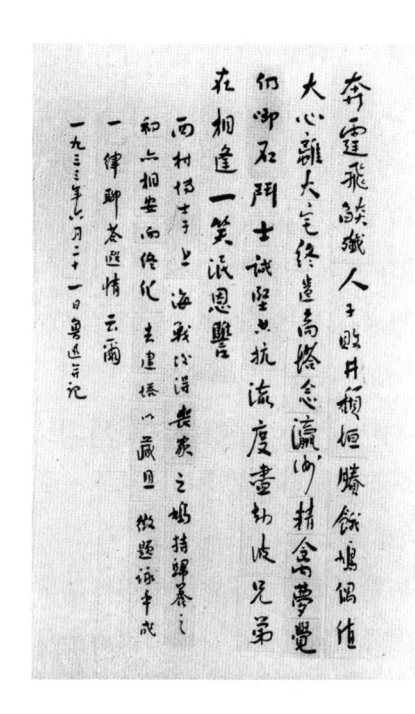

鲁迅《题三义塔》诗稿

1932年，日本大阪每日新闻社医疗服务团团长、医学博士西村真琴来到上海，在上海的三义里拾到一只受伤的鸽子，并为之取名"三义鸽"，后带回日本，同日本鸽子养在一起，希望孵出后代，作为中日友好的象征。

西村1908年毕业于广岛高等师范学校，次年前往中国东北，担任小学校长，后在医科学校担任教授。1914年前往欧洲留学。不久，因欧洲陷入世界大战，西村于1915年到美国哥伦比亚大学学习植物学，1920年获得博士资格认定，1921年10月被日本文部省任命为北海道帝国大学附属水产部教授。

1926年初，西村参加大阪每日新闻社和东京日日新闻社举办的《50年后的太平洋》的论文征稿，其论文受到时任大阪每日新闻社社长本山彦一的赏识。1927年12月，西村以"特别社员"的身份加入大阪每日新闻社。1932年1月28日，"一·二八"事变爆发。之后，大阪每日新闻社决定派遣西村前往上海。

在三义里发现鸽子后，西村想通过内山完造将三义鸽之事告诉鲁迅，但因为战乱未成。此后，西村带着这只鸽子辗转于青岛、大连、朝鲜，最后回到大阪每日新闻社。在新闻社的信鸽群中，有一只鸽子和三义鸽特别亲密。西村把它们一起带回家抚养。遗憾的是，三义鸽在西村的家里被黄鼠狼咬死了。

三义鸽死后一年多，西村写信给鲁迅报告说，三义鸽的故事感动了很多人，人们为这只鸽子埋骨建塔，祈愿日中两国和平相处，相互尊重，共同构筑美好未来。随信还附了一幅他自己画的鸽子图，图旁配有小诗：

东西两国异，
小鸽们亲亲密密，
同在一窝里。

1933年4月29日鲁迅的日记中记有"得西村真琴信并自绘鸠图一枚"。西村真琴来信中说明了给这只鸽子取名"三义"，意思是"义心、义民、义政"，并请求鲁迅题咏。西村收到鲁迅的诗后，

第十八章　度尽劫波兄弟在

西村真琴绘鸽图

于 1933 年 7 月 16 日写了一篇三千余字的文章，和鲁迅的诗一并珍藏在一个桐木盒里。当年 12 月 5 日，西村在日本中央公论社出版的《科学随想》一书收录了题为《一笑泯恩仇——我和鲁迅》的文章。西村的好友岛崎藤村在《日出》月刊上发表了《三义鸽记》，补叙相关史实。岛崎的《三义鸽记》曾被选入日本中学国语教材。[①]

鲁迅写下诗句"度尽劫波兄弟在，相逢一笑泯恩仇"时，一定也会想起自己的手足兄弟。他的心中当然有三弟，因为他们一起在上海经历战乱，但他心中可能更会想到二弟——他们失去和睦整整十年了。直到鲁迅去世，兄弟两个没有相逢并和解——劫波不尽，恩仇未泯。

[①] 石原忠一：《西村真琴和鲁迅诗作〈题三义塔〉——学习"度尽劫波兄弟在"》，《鲁迅：跨文化对话——纪念鲁迅逝世七十周年国际学术讨论会论文集》，郑州：大象出版社 2006 年版，第 118—122 页。

第十九章

"空留纸上声"

寂寞新文苑

在上海的近十年，鲁迅的作品既受到读者热烈的追捧，其言论行动也受到批评乃至禁锢。外国文化人和记者来中国采访，鲁迅是重要的采访对象之一。斯诺、史沫特莱、斯特朗等采访过他，日本文化界人士和重要报刊的记者来采访的更多。萧伯纳到中国，宋庆龄、蔡元培接待，受邀作陪的文学界人士中，当然有鲁迅。

因为经常发表不满于当局的言论，鲁迅发表文章、出版书籍常受限制。因为是公众人物，当他不愿交往尤其是不想陷入不必要的纠缠时，就需要隐藏或装扮一下："破帽遮颜过闹市"。

20世纪30年代，中国进入一个社会斗争的新时期。社会主义思想借助外来影响,与中国的劳工阶层结合,正在深入人心,左倾的激进思想在聚集力量,反对政府的势力不断壮大。鲁迅相信"惟新兴的无产者才有将来"①,渴望跟上时代步伐。对外,他更为倾心于早年就关注的苏联,特别是那片土地上的文学大师和优秀的作品;对内,他需要与新起来的青年文人同调合拍。

但"革命文学家"看不惯鲁迅,视其为有产阶级,用阶级论来分析他的社会地位,向他的"权威"发难:鲁迅是有过历史功绩的文学家,在文坛享有盛名,总有人认为他会躺在过去的光荣上吃老本;而且,在新时代新观念里,他有这样的资本和地位本身就是罪过:占据文坛重要资源,堵住了青年的出路——而青年文人们正在亭子间受苦。

鲁迅到上海不久,就参加了具有社会主义倾向的组织,例如互济会,又参加了自由运动大同盟和民权保障同盟,特别是参加了左翼作家联盟。他愿意提携和帮助后辈,甚至融入青年群体中。

鲁迅从青年时代起就感到寂寞和孤独。在北京、厦门和广州,他都与文学青年结成社团,倾力帮助他们成长。一些获得帮助的青年颇有成就,出版作品集,如许钦文的《故乡》、台静农的《地之子》、高长虹的《心的探险》、孙福熙的《山野掇拾》等蜚声文坛。鲁迅被许多文学青年视为前辈、导师,甚至偶像,很多青年追随他。

还有一些青年作家对他怀有不满甚至敌意。杂感集《三闲集》记录了他到上海后遭遇的围剿,阵势凶猛,创造社、太阳社、"正

---

① 鲁迅:《二心集·序言》,《鲁迅全集》第4卷,第195页。

人君子"们的新月社中人，群起攻之："连并不标榜文派的现在多升为作家或教授的先生们，那时的文字里，也得时常暗暗地奚落我几句，以表示他们的高明。我当初还不过是'有闲即是有钱'，'封建余孽'或'没落者'，后来竟被判为主张杀青年的棒喝主义者了。"①

这些大帽子看起来吓人，实际上并无多大杀伤力，鲁迅的笔尖轻轻一拨，棍棒和砍刀就被闪落一旁。

还有人从另一种角度批评鲁迅不专心创作而热心参加社团组织，还不断为报刊写杂感文字，是在浪费时间和才能。他们指责鲁迅黏着在过去的荣誉上，凭借《呐喊》和《彷徨》成就的新文学大师的地位，享受着文学青年的崇拜，实际上已经成了阻碍青年前进的绊脚石，必须打倒、踢开。

鲁迅为自己辩解，同时对批评者提出忠告。他在《三闲集》的末尾附上自己的译著书目，是总结，也是警示：

> 但仅仅宣传些在西湖苦吟什么出奇的新诗，在外国创作着百万言的小说之类却不中用。因为言太夸则实难副，志极高而心不专，就永远只能得传扬一个可惊可喜的消息；然而静夜一想，自觉空虚，便又不免焦躁起来，仍然看见我的黑影遮在前面，好像一块很大的"绊脚石"了。②

---

① 鲁迅：《三闲集·序言》，《鲁迅全集》第4卷，第4页。
② 鲁迅：《三闲集·鲁迅译著书目》，同上书，第188页。

第十九章 "空留纸上声"

其实，面对人们的殷切期待，鲁迅也不免有些焦躁。很多人善意地希望他在文学上继续前进，写出更大、更好的作品。但这里面的悖论很明显：既然前进，就应该甩掉包袱，不能躺在过往的成绩上炫耀或者睡大觉。按照一般的理解，一个作家，如果不能产生新作品，就意味着落后甚至消亡；而新的作品可能是过去作品的延伸，也可能是对过去的作品的否定。

关键是：鲁迅还能否生产作品？还有没有创造力？如果鲁迅只满足于做文坛领袖，教诲和指导青年，而自己没有新的成绩，那么他的意见是否还有指导意义？如果他的意见不正确或者不适应现实，年轻人还要不要团结在他的周围？

上海的"革命文学家"的围攻结束后，鲁迅的生活进入了一个相对平稳期。但作为文坛领袖，他有责任引领前进的方向，并培养后进。当然，还有养家糊口。多方面的工作和生活需要，让他疲于应对，书斋生活看似平稳，但日复一日的伏案工作损害了他的健康。国际大都市上海，不只充斥着政治和文化冲突，还有席卷各行业的商业旋涡和躁动。

《奔流》杂志让鲁迅忙得不可开交，繁杂编务占用了他大量精力；而后来创办《译文》杂志也不顺利，编者与资方出版商的矛盾导致刊物不能正常接续，给他带来很多烦恼。

在小说创作上，鲁迅到上海后一直没有新的更大的成绩。他有过一些创作计划，如在1936年与冯雪峰的一次谈话中，鲁迅说自己想写一部关于知识分子的长篇小说。冯雪峰回忆道："说到鲁迅先生深知四代的知识分子，一代是章太炎先生他们；其次是鲁迅先生自己的一代；第三，是相当于例如瞿秋白等人的一代；最后就是现在如我们似的这类年龄的青年……他当时说，'倘要写，关于知识分子我是可以写的，……而且我不写，关于前两代恐怕将来也没有人能写了。'……'我想从一个读书人的大家庭的衰落写起……'又加说：'一直写到现在为止，分量可不小。'"① 但这些计划都没有实现。

其实，鲁迅晚年是写过小说的，但不是长篇，并且不再描写现实生活，而是所谓的"历史小说"——最终编成小说集《故事新编》，人物多纠缠着过去的幽灵，在现代社会显出滑稽的面目，其中有些人物身上明显折射着他自己的精神状态。特别是《出关》，老子在与孔子的交往中，明确地意识到双方理念的不同，并担心后者对自己不利，预感到未来的决裂和战斗，无奈骑青牛出关了。"出关"场面，滑稽可笑中分明透露出名义上受优待的"老作家"的凄凉处境。

这是否隐喻鲁迅向文坛、向青年一代告别？

邱韵铎在《海燕读后记》中认为，《出关》中的老子是鲁迅自况："至于读了之后，留在脑海里的影子，就只是一个全身心都浸淫着孤独感的老人的身影。我真切地感觉着读者是会坠入孤独和悲哀去，跟着我们的作者。要是这样，那么，这篇小说的意义，就要无形地削弱了，我相信，鲁迅先生以及像鲁迅先生一样的作

---

① 冯雪峰：《鲁迅先生计划而未完成的著作》，《宇宙风》1937年第50期。参见冯雪峰：《一九二八至一九三六年的鲁迅·冯雪峰回忆鲁迅全编》，上海：上海文化出版社2009年版，190—191页。

家们的本意是不在这里的。"① 鲁迅在《〈出关〉的"关"》中说明自己的创作意图道:"至于孔老相争,孔胜老败,却是我的意见:老,是尚柔的;'儒者,柔也',孔也尚柔,但孔以柔进取,而老却以柔退走。这关键,即在孔子为'知其不可为而为之'的事无大小,均不放松的实行者,老则是'无为而无不为'的一事不做,徒作大言的空谈家。要无所不为,就只好一无所为,因为一有所为,就有了界限,不能算是'无不为'了。我同意于关尹子的嘲笑:他是连老婆也娶不成的。于是加以漫画化,送他出了关,毫无爱惜,不料竟惹起邱先生的这样的凄惨,我想,这大约一定因为我的漫画化还不足够的缘故了,然而如果更将他的鼻子涂白,是不只'这篇小说的意义,就要无形地削弱'而已的,所以也只好这样子。"② 这段话意在申明,自己的态度仍是积极的,并无老年的颓唐和虚无主义情绪。

鲁迅的痛苦在于他意识到自己在文坛上这种地位可能成为保守力量,成为青年前进的障碍:

> 当我被"进步的青年"们所口诛笔伐的时候,我"还不到五十岁",现在却真的过了五十岁了,据卢南(E. Renan)说,年纪一大,性情就会苛刻起来。我愿意竭力防止这弱点,因为我又明明白白地知道:世界决不和我同死,希望是

---

① 鲁迅:《且介亭杂文末编·〈出关〉的"关"》,《鲁迅全集》第6卷,第538—539页。
② 同上书,第539—540页。

在于将来的。①

将来是可能有希望的,但将来不属于自己,因为毕竟"过了五十岁",衰老在向他步步紧逼了。

他抄录宋末元初诗人郑思肖《锦钱余笑》中的自嘲诗给朋友,自然也是意识到自己的老年已至:

> 生来好苦吟,与天争意气。
> 自谓李杜生,当趋下风避。
> 而今吾老矣,无力收鼻涕。
> 非惟不成文,抑且错写字。
>
> 昔者所读书,皆已束高阁。
> 只有自是经,今亦俱忘却。
> 时乎歌一拍,不知是谁作。
> 慎勿错听之,也且用不着。②

《呐喊》《彷徨》两悠悠

1933年,日本人山县初男获赠鲁迅两本小说集《呐喊》和

---

① 鲁迅:《三闲集·鲁迅译著书目》,《鲁迅全集》第 4 卷,第 189 页。
② 《鲁迅手稿全集》第 5 册,第 490—491 页。

《彷徨》。鲁迅在两本书上的题赠辞是两首诗,兼有自嘲和自傲之情:

> 弄文罹文网,抗世违世情。
> 积毁可销骨,空留纸上声。(题《呐喊》)

> 寂寞新文苑,平安旧战场。
> 两间余一卒,荷戟独彷徨。(题《彷徨》)①

积毁可销骨,语出《史记·张仪苏秦列传》:"众口铄金,积毁销骨。"《文选》李善注:"毁之言:骨肉之亲,为之销灭。"纸上声,语出《旧唐书·徐文远传》:有大儒讲学,听者常千余人,文远就质问,数日便去。曰:"观其所说,悉是纸上语耳。"

在上海,鲁迅遭受到严厉的报刊书籍审查。但实际上,"最是文人不自由",鲁迅很早就遇到了"文网"。在文网不那么严密的北洋政府时期,他的著作就曾遭厄运,《呐喊》就曾因为封面用了红色而被禁止流通。

现存手稿中,《题〈彷徨〉》的最后一句"独"作"尚"。"尚彷徨"符合人们对鲁迅继续前进的期待:彷徨虽然不是一种好状态,但总比退隐好。人到了连"彷徨"都没有的时候,就是所谓"躺平",就全不中用了。而且,"独"字与前句的"一卒"重复,

---

① 《鲁迅全集》第7卷,第466、156页。

"尚"则有"仍在"的意思。

"呐喊"时期,鲁迅是"听将令",但得到的反响并不大,如入沙漠,效果让人失望,如他在《〈自选集〉自序》中所述,到"彷徨"时期,意气更为消沉:

> 得到较整齐的材料,则还是做短篇小说,只因为成了游勇,布不成阵了,所以技术虽然比先前好一些,思路也似乎较无拘束,而战斗的意气却冷得不少。新的战友在那里呢?我想,这是很不好的。于是集印了这时期的十一篇作品,谓之《彷徨》,愿以后不再这模样。
>
> "路漫漫其修远兮,吾将上下而求索。"①

批评家们对鲁迅的创作轨迹有这样的描述——从呐喊到彷徨,似乎含有"退步""陷入困境"的意思。鲁迅注意到这种论调:"谭正璧先生有一句用我的小说的名目,来批评我的作品的经过的极伶俐而省事的话道:'鲁迅始于"呐喊"而终于"彷徨"'。"②久而久之,造成对鲁迅艺术创作和思想状态认识的固化。实际上,鲁迅本人从没有如此夸大这两部小说集之间的差异。

《呐喊》和《彷徨》代表了一个时代的文学高标,成就了鲁迅新文学大师的声望,以至于同时代人有冒充他的时候,一个管用

---

① 鲁迅:《南腔北调集·〈自选集〉自序》,《鲁迅全集》第4卷,第469页。
② 鲁迅:《三闲集·我和〈语丝〉的始终》,同上书,第172页。

第十九章 "空留纸上声"

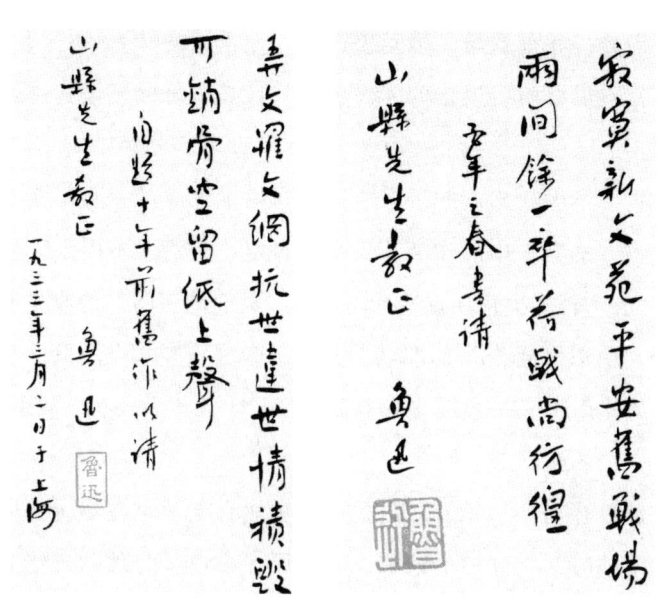

鲁迅《题〈呐喊〉》(左)、《题〈彷徨〉》(右) 手稿

的标签是自己写了《呐喊》或《彷徨》，可见它们在时人眼中是伟大的业绩。如，鲁迅到上海后不久，得知有人在杭州以他的名义题诗，就发了一个《在上海的鲁迅启事》：

> 我于是写信去打听寓杭的 H 君，前天得到回信，说确有人见过这样的一个人，就在城外教书，自说姓周，曾做一本《彷徨》，销了八万部，但自己不满意，不远将有更好的东西发表云云。①

---

① 鲁迅：《三闲集·在上海的鲁迅启事》，《鲁迅全集》第 4 卷，第 75 页。

因此，正如钦敬、赞美鲁迅的人爱重《呐喊》《彷徨》一样，对鲁迅不满并施行攻击的人，也要并且必须将标靶设为这两部代表作。

自《呐喊》出版起，对鲁迅创作的批评声就一直不断。成仿吾曾将《呐喊》中的作品几乎全盘否定，只对《不周山》稍予肯定，"成仿吾先生正在创造社门口的'灵魂的冒险'的旗子底下抡板斧。他以'庸俗'的罪名，几斧砍杀了《呐喊》，只推《不周山》为佳作"①——鲁迅对此耿耿于怀，十几年后还在《故事新编》的序言中如此反击。

此外还有更"销骨"的批评，竟然有文学家在小说中安排人物拿《呐喊》揩屁股的情节。叶灵凤在小说《穷愁的自传》中写道："照着老例，起身后我便将十二枚铜元从旧货摊上买来的一册《呐喊》撕下三页到露台上去大便。"②鲁迅在《上海文艺之一瞥》中讽刺说："还有最彻底的革命文学家叶灵凤先生，他描写革命家，彻底到每次上茅厕时候都用我的《呐喊》去揩屁股，现在却竟会莫名其妙的跟在所谓民族主义文学家屁股后面了。"③这成了鲁迅后来随手讽刺对手的一个把柄："但我记得《戏》周刊上已曾发表过曾今可叶灵凤两位先生的文章；叶先生还画了一幅阿Q像，好像我那一本《呐喊》还没有在上茅厕时候用尽，倘不是多年便

---

① 鲁迅：《故事新编·序言》，《鲁迅全集》第 2 卷，第 353 页。
② 《现代小说》1929 年 11 月 15 日第 3 卷第 2 期。
③ 鲁迅：《二心集·上海文艺之一瞥》，《鲁迅全集》第 4 卷，第 305 页。

秘,那一定是又买了一本新的了。"①

鲁迅到上海的最初几年,太阳社、创造社的"革命文学家"对其施行了猛烈攻击,不但将《彷徨》视为不革命、退步的证据,而且追溯过往,彻底否定《呐喊》。他们认为,以这两部小说为代表的鲁迅作品宣扬小资产阶级思想,刻意表现农民的愚昧落后,否定农民的进步性,不但是落后的,而且是反动的。更有甚者,鲁迅不但没有从"彷徨"中走出来,还顽固坚持自己的错误观点,不肯进行革命性改造。这场争论虽然给鲁迅留下了深刻的创痛,但也让他警醒和反思。

鲁迅写作《题〈呐喊〉》《题〈彷徨〉》两个月前,收到郁达夫"彷徨呐喊两悠悠""不废江河万古流"的赠诗,这对他是极大的安慰和鼓舞。

郁达夫认为鲁迅的这两部小说足以彪炳史册,都是中国现代文学经典,给予鲁迅的是"全盘肯定":他不在乎鲁迅的积极和消极,不分鲁迅创作的"呐喊"期和"彷徨"期,不谈鲁迅的思想是否转变,而对鲁迅的文学成就和思想观念一律敬佩和喜欢。郁达夫深知鲁迅几年间经受的巨大压力,希望鲁迅不理会"群盲"的议论和诅咒,继续前进。

鲁迅正是在看到郁达夫的诗后,在为《呐喊》《彷徨》所写的题赠诗中宣示了自己两部文集的价值和自己保持"荷戟独彷徨"姿态的决心。

---

① 鲁迅:《且介亭杂文·答〈戏〉周刊编者信》,《鲁迅全集》第6卷,第151页。

迷阳聊饰大田荒

鲁迅晚年，面临的最大的问题当然是作品还不够多，而且在《呐喊》《彷徨》两部小说集后少有小说创作。他在《〈自选集〉自序》中说自己的文字中可称为创作的只有五种：

> 逃出北京，躲进厦门，只在大楼上写了几则《故事新编》和十篇《朝花夕拾》。前者是神话，传说及史实的演义，后者则只是回忆的记事罢了。
> 此后就一无所作，"空空如也"。
> 可以勉强称为创作的，在我至今只有这五种……①

鲁迅1926年做过一次文学总结，即请许广平（景宋）编过一个著作目录，附在台静农编纂的《关于鲁迅及其著作》一书后。②

在编辑《三闲集》附录的《鲁迅译著书目》后，鲁迅写下一段感慨的话："只有将近十年没有创作，而现在还有人称我为'作者'，却是很可笑的。""我想，这缘故，有些在我自己，有些则在于后起的青年的。在我自己的，是我确曾认真译著，并不如攻击我的人们所说的取巧，的投机。"同时也表达了遗憾："最致命的，是：创作既

---

① 鲁迅：《南腔北调集·〈自选集〉自序》，《鲁迅全集》第4卷，第469页。
② 景宋：《鲁迅先生撰译书录》，台静农整理：《关于鲁迅及其著作》，郑州：海燕出版社2015年版，第95—104页。

因为我缺少伟大的才能,至今没有做过一部长篇;翻译又因为缺少外国语的学力,所以徘徊观望,不敢译一种世上著名的巨制。"①

1935年开始,鲁迅的身体渐渐衰弱,病情时轻时重。据许钦文《〈鲁迅日记〉中的我》回忆,1936年7月,他到上海看望鲁迅,见鲁迅身体衰弱,竟然连吃饭的力气都没有了。谈话间,鲁迅叫他挨近坐,轻声说:"钦文,我写了整整三十年,约略算起来,创作的已有三百万字的样子,翻译的也有三百万字的样子,一共六百万字的样子,出起全集来,有点像样了!"正说话间,许广平走进来,鲁迅因不愿让许广平听见这类不祥的话,没有再说下去。②

鲁迅的著作销售量一直不错,不断出现盗版。就是正版的,也常常被出版商隐瞒印数,克扣版税。在同出版商斗争的同时,鲁迅也尝试自己经营出版。1936年2月10日,鲁迅致曹靖华的信中说:"回忆《坟》的第一篇,是一九〇七年作,到今年足足三十年了,除翻译不算外,写作共有二百万字,颇想集成一部(约十本),印它几百部,以作记念,且于欲得原版的人,也有便当之处。"③同年7月15日,在给赵家璧的信中说:"所谓汇印旧作,当初拟议,不过想逐渐合订数百或者千部,以作纪念。并非彻底改换,现在则并此数百或千部,印不印亦不可知,所以实无从谈起。"④这个计划最终搁浅,原因应该是鲁迅身体衰弱,无力着手。

---

① 鲁迅:《三闲集·鲁迅译著书目》,《鲁迅全集》第4卷,第188页。
② 许钦文:《〈鲁迅日记〉中的我》,《鲁迅回忆录》(专著下册),北京:北京出版社1999年版,第1331—1332页。
③ 鲁迅:《360210致曹靖华》,《鲁迅全集》第14卷,第24页。
④ 鲁迅:《360715致赵家璧》,同上书,第114页。

鲁迅逝世后,许广平在《鲁迅全集编校后记》中对《鲁迅全集》的出版过程进行了整体评述。她还专门撰文,将鲁迅生前亲手制订的自编文集的两份目录公布出来。

第一份目录中,鲁迅将自己的著述 25 种分为三部分:人海杂言、荆天丛笔、说林偶得:

人海杂言
1. 坟 300   野草 100   呐喊 250   二六万〇〇〇〇
2. 彷徨 250   故事新编 130   朝华夕拾 140   热风 120
                                           二五.五〇〇〇
3. 华盖集 190   华盖集续编 263   而已集 215
                                           二五.〇〇〇〇

荆天丛笔
4. 三闲集 210   二心集 304   南腔北调集 251
                                           二八.〇〇〇〇
5. 伪自由书 218   准风月谈 265   集外集 160
                                           二四.〇〇〇〇
6. 花边文学   且介居杂文   二集

说林偶得
7. 中国小说史略 372   古小说钩沉上
8. 古小说钩沉下
9. 唐宋传奇集 400   小说旧闻钞 160   二二.〇〇〇〇
10. 两地书

第十九章 "空留纸上声"

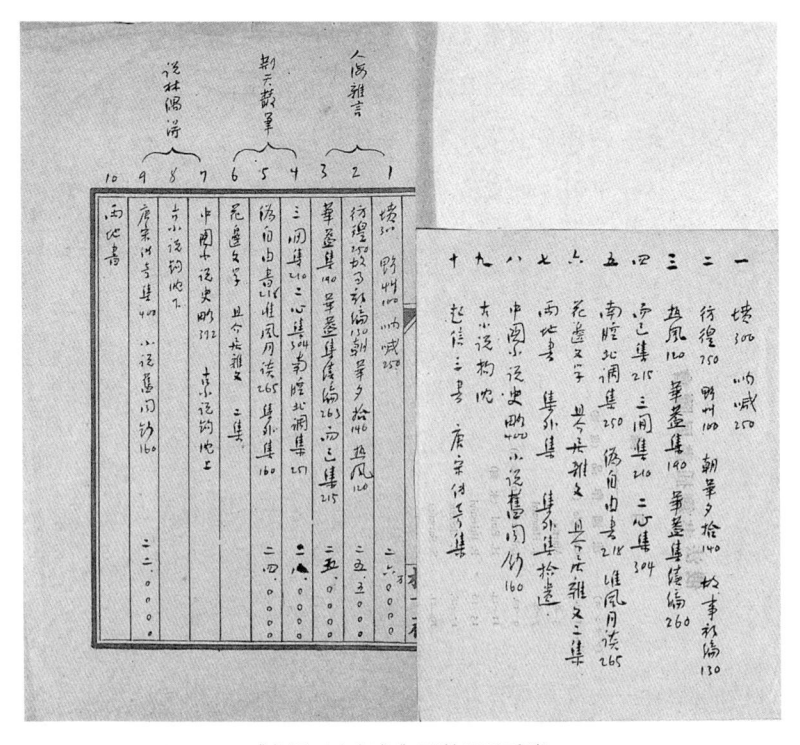

《鲁迅三十年集》两份目录手稿

第二份目录与他去世后文化界人士于1938年编辑的《鲁迅全集》体例近似：

  一 坟 300 呐喊 250

  二 彷徨 250 野草 100 朝华夕拾 140 故事新编 130

  三 热风 120 华盖集 190 华盖集续编 260

  四 而已集 215 三闲集 210 二心集 304

五　南腔北调集 250　伪自由书 218　准风月谈 265

六　花边文学　且介居杂文　且介居杂文二集

七　两地书　集外集　集外集拾遗

八　中国小说史略 400　小说旧闻钞 160

九　古小说钩沉

十　起信三书　唐宋传奇集①

1941年，许广平在这两份编目的基础上调整补充，编成《鲁迅三十年集》三十册，以鲁迅全集出版社的名义印行。

可怜无女耀高丘

除了向青年告别、向自己的青春告别，晚年鲁迅也不得不向自己的战友——常常是青年——告别。以诗作告别的，除了《悼柔石》，还有《悼杨铨》：

　　岂有豪情似旧时，花开花落两由之。

---

① 鲁迅手稿藏北京鲁迅博物馆，见北京鲁迅博物馆编：《鲁迅》，郑州：河南文艺出版社2008年版，第266页。书名后的数字表示书的页数，第一份书目每行后的数字表示字数。许广平说："前一书目中，还没有把《集外集拾遗》预算成书；《且介亭杂文》的书名，亦未拟定。后一书目，大约是一九三五年以后修正的，就比较完备了。"参见许广平：《鲁迅全集校后记》，鲁迅先生纪念委员会编：《鲁迅全集》第20卷，广州：花城出版社2021年版，第352—353页。

第十九章 "空留纸上声"

何期泪洒江南雨,又为斯民哭健儿。①

鲁迅日记 1933 年 6 月 21 日:"下午为坪井先生之友樋口良平君书一绝云:'岂有豪情似旧时,……。'"② 写给景宋(许广平)的诗稿题署"酉年六月二十日作"。③

杨铨,字杏佛,曾留学美国,回国后任东南大学教授、中央研究院总干事等职。1932 年 12 月,协同宋庆龄、蔡元培、鲁迅等组织中国民权保障同盟,反对蒋介石专制统治。1933 年 6 月 18 日上午,杨铨带儿子外出。车刚驶出中央研究院,就遭到了一阵枪弹扫射。不过几分钟,车子就被打得千疮百孔。杨铨下意识地用身体护住儿子,自己身中数弹,血流不止,被送往医院,因伤势过重,不治身亡。儿子仅腿部受伤,保住了性命。杨铨的赴死勇敢而悲壮,鲁迅听后极为感动,冒着生命危险前去吊唁,归来写下这首悼诗。6 月 25 日,他写信给日本友人山本初枝说:"近来中国式的法西斯开始流行了。朋友中已有一人失踪,一人遭暗杀。此外,可能还有很多人要被暗杀,但不管怎么说,我还活着。只要我还活着,就要拿起笔,去回敬他们的手枪。"④

然而,另一首哀悼之作《悼丁君》,却让鲁迅十分尴尬,或者对他也是一个提醒:人间要好诗,作诗需谨慎。

---

① 鲁迅:《集外集拾遗・悼杨铨》,《鲁迅全集》第 7 卷,第 467 页。
② 《鲁迅全集》第 16 卷,第 383 页。
③ 《鲁迅手稿全集》第 5 册,第 457 页。
④ 鲁迅:《330625 致山本初枝》,《鲁迅全集》第 14 卷,第 247 页。

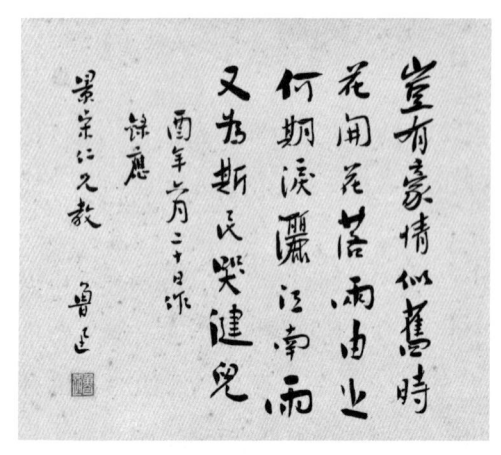

《悼杨铨》手稿

丁君即丁玲，左翼作家联盟的骨干，很受鲁迅的器重。1933年5月22日，朝鲜《东亚日报》驻中国特派记者申彦俊在内山书店采访鲁迅："在中国现代文坛上，您认为谁是无产阶级代表作家？"鲁迅回答："丁玲女士才是惟一的无产阶级作家。"[①] 采访记发表在《新东亚》1934年第4期。

当时29岁的丁玲任左联党团书记、《北斗》杂志主编。1933年5月，丁玲与中共文委负责人潘梓年在住所被捕，同在的另一位左联作家应修人因拒捕被杀害。6月，舆论盛传丁玲被关押在南京并遭杀害。鲁迅听到消息，写下这首诗：

如磐夜气压重楼，剪柳春风导九秋。

---

① 申彦俊：《鲁迅访问记》，《新东亚》1934年第4期。参见武在平编：《丁玲散文选集》，天津：百花文艺出版社2009年版，第261页。

第十九章 "空留纸上声"

> 瑶瑟凝尘清怨绝,可怜无女耀高丘。①

1933年6月28日,鲁迅将这首诗书赠陶轩,"夜气"手稿上作"遥夜","压"作"拥","瑶"作"湘"。② 同年9月21日,他给《涛声》周刊编者曹聚仁写信说:"旧诗一首,不知可登《涛声》否?"③ 9月30日,这首诗在该刊第2卷第38期发表,词句有些修改。主动将自己的旧体诗送出去发表,这在鲁迅是很少有的。

中国的气氛仍然是压抑的,从晚清的"风雨如磐",到现在的"如磐夜气",没有多少变化。唐代贺知章《咏柳》:"不知细叶谁裁出,二月春风似剪刀。"但在当时的中国,剪柳春风引来的却是秋意肃杀。

然而,鲁迅的诗意却落空了——丁玲没有被杀害,而是被当局软禁后释放了。

丁玲获释,本来应该庆幸,但鲁迅对丁玲的态度因此发生了急剧变化。

丁玲去世不久,1986年3月16日,唐弢在《光明日报》上发表《感谢你,丁玲同志!》一文,说鲁迅并没有对丁玲不满,没有痛斥丁玲的变节。谈到鲁迅写作该诗的时间时,文章说:"鲁迅先生那时(指1933年9月30日——引者)已经知道丁玲同志没有遇害",为了平息谣言,"毅然将三个月前写的旧诗加题曰《悼丁君》,交给

---

① 鲁迅:《集外集·悼丁君》,《鲁迅全集》第7卷,第159页。
② 《鲁迅手稿全集》第5册,第462页。
③ 鲁迅:《330921致曹聚仁》,《鲁迅全集》第12卷,第447页。

《悼丁君》手稿

《涛声》周刊发表,以示自己对丁玲同志的信任"。这显然说不通:鲁迅既然知道丁玲没有死,怎么还会发表《悼丁君》?文章还引述鲁迅的一次谈话:"我记得鲁迅先生是这样谈到丁玲同志的。他说,按照她的性格,决不会安于南京那样的生活,她会反抗的,也许先生已经知道丁玲同志有出奔的意思吧,我不清楚。"①

一般的说法是,鲁迅得知丁玲还"活着"时异常气愤,甚至到了认为丁玲"不可原谅"的地步。孔另境在《我的记忆》中记述1936年6月间他陪台静农去看望患病的鲁迅的情景:

> 先生另外的一个特点是重气节嫉恶如仇。他对于现下的某种变节分子,一点也不饶恕,即使这人后来并不就一直

---

① 唐弢:《感谢你,丁玲同志!》,《光明日报》1986年3月16日。

沉落下去，但他也决不原谅。有一次某个文学者被捕了，他用了最大的力去营救，后来一听到这人忽平安无事，他就生气，而且永远地生气，也不愿意再有人提起一个字，因为在他心中，这人早已死了。只有至死不屈的人他佩服，他欢喜，最近他费着很多的力气编校海上述林就是一个例子。①

"某个文学者"显然是指丁玲。

丁玲被捕后，鲁迅在书信、文章中表示担忧，并积极营救，在闻知其遇害后，作诗哀悼。但丁玲的"平安无事"让他落入造假的尴尬。丁玲回忆，她曾写信给鲁迅，但鲁迅未予回复。丁玲从南京回到上海后，两次求见鲁迅，都被冯雪峰阻止。冯雪峰给出的理由是："鲁迅近来身体很不好，需要静养"，"病情仍不好，医生不准会客"。②这显然是不予接见的托词。

确知丁玲没有被害后，鲁迅在给朋友的信中谈论过几次，如1934年5月1日致娄如瑛信："丁玲被捕，生死尚未可知，为社会计，牺牲生命当然并非终极目的，凡牺牲者，皆系为人所杀，或万一幸存，于社会或有恶影响，故宁愿弃其生命耳。"③9月4日致王志之信："丁君确健在，但此后大约未必再有文章，或再有先前那样的文章，因为这是健在的代价。"④11月12日致萧军、萧红

---

① 孔另境：《我的记忆——孔另境散文选》，上海：上海文艺出版社1987年版，第71页。
② 丁玲：《魍魉世界——南京囚居回忆》，《新文学史料》1987年第1期。
③ 鲁迅：《340501致娄如瑛》，《鲁迅全集》第13卷，第88页。
④ 鲁迅：《340904致王志之》，同上书，第206页。

信:"蓬子转向;丁玲还活着,政府在养她。"①

鲁迅视丁玲为变节者,直到去世也没有原谅她。但鲁迅可能也想过,丁玲利用当局的怀柔和软化策略,以"软"对"软",寻求机会脱逃。为鲁迅的决绝态度辩护的,除了唐弢,还有萧军。萧军在写于1979年6月的《让他自己……》中说:

> 关于丁玲,鲁迅先生信中只是说:"丁玲还活着,政府在养她。"并没有片言只字有责于她的"不死",或责成她应该去"坐牢"。因为鲁迅先生明白这是国民党一种更阴险的手法。因为国民党如果当时杀了丁玲或送进监牢,这会造成全国以至世界人民普遍的舆论责难,甚至引起不利于他们的后果,因此才采取了这不杀、不关、不放……险恶的所谓"绵中裹铁"的卑鄙办法,以期引起人民对丁玲的疑心,对国民党"宽宏大量"寄以幻想!但有些头脑胡涂的人,或别有用心的人……竟说"政府在养她"这句话,是鲁迅先生对于丁玲的一种"责备"!这纯属是一种无知或恶意的诬枉之辞!②

的确,鲁迅并不因为怀疑丁玲有变节行为而将其文学成绩全盘否定。1934年,鲁迅与茅盾应美国人伊罗生之约编选英译本中

---

① 鲁迅:《341112 致萧军、萧红》,《鲁迅全集》第13卷,第256页。
② 萧军:《让他自己……》,周建人、茅盾等:《我心中的鲁迅》,长沙:湖南人民出版社1979年版,第223—224页。

国现代短篇小说集《草鞋脚》时，将丁玲的短篇小说《莎菲女士的日记》及《水》编入。此后直至1935年10月，在与伊罗生的多次通信中，鲁迅没有透露过因为社会上关于丁玲的传言而取消编辑计划的意图。还有人透露，鲁迅在私下谈话中对丁玲给予肯定，如说，在被捕的文人中，"只有丁玲的态度算不错，她能始终不屈的保持着沉默"。① 但这种谈话记录并不可靠。

1936年，丁玲在经由西安前往陕北的途中听到鲁迅逝世的噩耗，立即以"耀高丘"的署名给许广平发了唁函："无限的难过汹涌在我的心头，……我两次到上海，均万分想同他见一次，但为了环境的不许可，只能让我悬想他的病躯，和他扶病力作的不屈精神。……这哀恸真是属于我们大众的，我们只有拼命努力来纪念着世界上一颗殒落了的巨星，是中国最光荣的一颗巨星！"②

鲁迅对有些事不轻易"变通"，有时达到固执的地步。1931年春，因为左联工作的关系，鲁迅与丁玲交往频繁。有一次，丁玲与鲁迅聊天，丁玲说："我有脾气，不好。"鲁迅却说："有脾气有什么不好？人嘛，总应该有点脾气的。我也是有脾气的。"③ 鲁迅不但有脾气，而且脾气不小。在左联解散、两个口号等问题上，他都对那些摇摆变化者表示了不满，认为他们"无特操"。

此后，鲁迅再也没有写悼念的诗，便是对许为"知己"的瞿秋白，也是如此——他更加谨慎了。人事复杂，评价不易。

---

① 吴山：《铁篷车中追悼鲁迅记》，《联合文学》1937年2月第1卷第2期。
② 丁玲：《鲁迅先生于我》，《新文学史料》1981年第3期。
③ 同上。

蜗庐剩逸民

1933年6月28日,鲁迅书赠黄萍荪诗幅云:

禹域多飞将,蜗庐剩逸民。
夜邀潭底影,玄酒颂皇仁。①

蜗庐,即蜗牛庐。据《三国志·魏书·管宁传》裴松之注引《魏略》,东汉末年,隐士焦先"自作一瓜(蜗)牛庐,净扫其中,营木为床,布草蓐其上,至天寒时,构火以自炙,呻吟独语"。《礼记·礼运》:"玄酒在室"。唐代孔颖达疏:"玄酒,谓水也,以其色黑谓之玄。而太古无酒,此水当酒所用,故谓之玄酒。"

这首诗的受赠者是浙江人黄萍荪。据鲁迅说,黄萍荪曾受国民党浙江省党部发布的鲁迅通缉令的始作俑者的唆使,办报诋毁鲁迅——这份通缉令,直到鲁迅去世也没有取消。因此,浙江绍兴故乡,鲁迅是回不去的了。在国民党军队系统任职的李秉中曾希望通过自己的关系让当局取消通缉令,写信与鲁迅商量。鲁迅在病中委托许广平回信,婉拒他的提议。他宁愿这样终老,不出门,也不参加社团组织。他不但自己不参加,还在1935年9月12日致胡风的信中主张萧军也不要参加:

---

① 鲁迅:《集外集拾遗·无题》,《鲁迅全集》第7卷,第468页。

第十九章 "空留纸上声"

> 三郎的事情,我几乎可以无须思索,说出我的意见来,是:现在不必进去。最初的事,说起来话长了,不论它;就是近几年,我觉得还是在外围的人们里,出几个新作家,有一些新鲜的成绩,一到里面去,即酱在无聊的纠纷中,无声无息。以我自己而论,总觉得缚了一条铁索,有一个工头在背后用鞭子打我,无论我怎样起劲的做,也是打,而我回头去问自己的错处时,他却拱手客气的说,我做得好极了,他和我感情好极了,今天天气哈哈哈……。①

最踏实的,是躲进小楼,与妻儿相依为命。

他的生活,其实是没有波澜的。住进"蜗庐",与"躲进小楼"是一个意思。因此,这首《无题》,是在表示想远离社会——一个"丛林"社会。

1934年12月26日,鲁迅致信萧军、萧红说:

> 所谓上海的文学家们,也很有些可怕的,他们会因一点小利,要别人的性命。但自然是无聊的,并不可怕的居多,但却讨厌得很,恰如虱子跳蚤一样,常常会暗中咬你几个疙瘩,虽然不算大事,你总得搔一下了。这种人物,还是不和他们认识好。我最讨厌江南才子,扭扭捏捏,没有人气,不像人样,现在虽然大抵改穿洋服了,内容也并不两样。其实上海本地人倒并不坏的,只是各处坏种,多跑到上海来作

---

① 鲁迅:《350912 致胡风》,《鲁迅全集》第13卷,第543页。

恶，所以上海便成为下流之地了。①

1936年10月15日，也就是去世前四天，他在给台静农的信中写道："我鉴于世故，本拟少管闲事，专事翻译，藉以糊口，故本年作文殊不多，继婴大病，槁卧数月，而以前以畏祸隐去之小丑，竟乘风潮，相率出现，乘我危难，大肆攻击，于是倚枕，稍稍报以数鞭，此辈虽猥劣，然实于人心有害，兄殆未见上海文风，近数年来，竟不复尚有人气也。"②

他怀念古朴的北方，怀念荒村和大野，正如《野草》中所写，灵魂想"要粗暴"了，一个精致而狭小的天地需要这种"粗暴"。他在《小品文的危机》一文中也表达了这种观念：

> 在方寸的象牙版上刻一篇《兰亭序》，至今还有"艺术品"之称，但倘将这挂在万里长城的墙头，或供在云冈的丈八佛像的足下，它就渺小得看不见了，即使热心者竭力指点，也不过令观者生一种滑稽之感。何况在风沙扑面，狼虎成群的时候，谁还有这许多闲工夫，来赏玩琥珀扇坠，翡翠戒指呢。他们即使要悦目，所要的也是耸立于风沙中的大建筑，要坚固而伟大，不必怎样精；即使要满意，所要的也是匕首和投枪，要锋利而切实，用不着什么雅。③

---

① 鲁迅：《341226 致萧军、萧红》，《鲁迅全集》第13卷，第315—316页。
② 鲁迅：《361015 致台静农》，《鲁迅全集》第14卷，第170页。
③ 鲁迅：《南腔北调集·小品文的危机》，《鲁迅全集》第4卷，第591页。

第十九章 "空留纸上声"

他对社会秩序和制度的思考仍带着"火气"。在一次与来访者的谈话中,他说:"中国将来如要往好的方面走,必须老的烧掉,从灰烬里产生新的萌芽出来。"接着更加重地说:"老的非烧掉不可。"但是,"中国人所谓没有出路,不是替大多数人着想,他是为自己没有出路而嚷嚷"。①

绍兴同乡张梓生是上海这个大文场中的一个从业者,时任《申报》副刊《自由谈》主编。《自由谈》是鲁迅经常投稿的报刊之一。

1934年9月29日,鲁迅书赠张梓生《秋夜有感》一诗:

> 绮罗幕后送飞光,柏栗丛边作道场。
> 望帝终教芳草变,迷阳聊饰大田荒。
> 何来酪果供千佛,难得莲花似六郎。
> 中夜鸡鸣风雨集,起然烟卷觉新凉。②

飞光,李贺《苦昼短》:"飞光飞光,劝尔一杯酒。"柏栗丛,古代用柏木、栗木做社神。《论语·八佾》:"哀公问社于宰我,宰我对曰:'夏后氏以松,殷人以柏,周人以栗,曰使民战栗。'"又据《尚书·甘誓》:"弗用命,戮于社。"社是杀人的场所。做道场,

---

① 许广平:《片段的记录》,原载《中流》1936年11月5日第1卷第5期,收入《许广平文集》第2卷,南京:江苏文艺出版社1998年版,第145—146页。
② 也作《秋夜偶成》。鲁迅:《集外集拾遗·秋夜偶成》,《鲁迅全集》第7卷,第473页。

是教徒诵经行道的一种活动。1934年4月28日，戴季陶、褚民谊等发起，请班禅九世在杭州举行"时轮金刚法会"。望帝，即杜鹃，又名子规。宋《太平寰宇记》："蜀王杜宇，号望帝，后因禅位，自亡去，化为子规。"据《广韵》载：杜鹃"春分鸣则众芳生，秋分鸣则众芳歇"。迷阳，即荆棘。《庄子·人间世》："迷阳迷阳，无伤吾行。"六郎，指唐代张昌宗。《旧唐书·杨再思传》："又易之弟昌宗以姿貌见宠幸，再思又谀之曰：'人言六郎面似莲花，再思以为莲花似六郎，非六郎似莲花也。'其倾巧取媚也如此。"鸡鸣风雨，典出《诗经·郑风·风雨》："风雨如晦，鸡鸣不已。既见君子，云胡不喜。"

张梓生1922年前后到上海，在商务印书馆做排字工人，后在《东方杂志》任校对、编辑。1932年夏改入申报馆，编辑《申报年鉴》兼《申报》社评记者，1934年5月代替黎烈文编辑《申报·自由谈》，1935年因《申报》史量才被刺杀而离职。

早在1910年，张梓生就与鲁迅熟稔。辛亥革命后，鲁迅任山会师范学堂监督，张梓生也在该校工作。1919年鲁迅移家北京时曾将部分书籍存放其家。那几本医学笔记就在存放书箱中，鲁迅十几年后以为张梓生已经寄给自己，没想到还遗留了一部分，所以在写《藤野先生》时说："他所改正的讲义，我曾经订成三厚本，收藏着的，将作为永久的纪念。不幸七年前迁居的时候，中途毁坏了一口书箱，失去半箱书，恰巧这讲义也遗失在内了。责成运送局去找寻，寂无回信。"[①]张梓生主编《申报·自由谈》期

---

① 鲁迅：《朝花夕拾·藤野先生》，《鲁迅全集》第2卷，第318页。

第十九章　"空留纸上声"

间,鲁迅日记中关于他的记载达48次之多。①

在松、柏、栗的丛林中举行的宗法活动和宗教仪式,是恐吓、欺骗和愚弄的手段。鲁迅在《法会和歌剧》一文中引述中央社17日杭州电文,讽刺法会的乌烟瘴气:"时轮金刚法会将于本月二十八日在杭州启建,并决定邀梅兰芳,徐来,胡蝶,在会期内表演歌剧五天。"不但讽刺梅郎、电影明星与标准美人来"消除此浩劫"的荒诞性,也讽刺社会上的不良风气:"赛会做戏文,香市看娇娇,正是'古已有之'的把戏。既积无量之福,又极视听之娱,现在未来,都有好处,这是向来兴行佛事的号召的力量。"②

此诗内容比较费解,历来解说聚讼纷纭。据张梓生自己的解释,1934年秋,为了约《自由谈》稿的事,他曾去拜访鲁迅先生,在饭桌上他们谈了当时文艺界的斗争和文人变节的事,以及国民党文化特务的种种鬼蜮伎俩。过了几天,他收到周建人转交的鲁迅手书条幅。所以他认为,此诗是以那次吃饭时的谈话为内容,是鲁迅对当时文艺界景况的抒怀之作。③诗中的"六郎"原指唐代张昌宗,这里或者是指梅兰芳(梅郎)。中央社关于"时轮金刚法会"邀请梅兰芳、徐来、胡蝶等的报道,只是发布了消息,

---

① 参考乔丽华:《馆藏鲁迅诗歌手稿题记》,上海鲁迅纪念馆:《上海鲁迅纪念馆藏鲁迅手稿选》,上海:上海人民美术出版社2017年版,第145页。
② 鲁迅:《花边文学·法会和歌剧》,《鲁迅全集》第5卷,第475、476页。
③ 倪墨炎:《鲁迅旧诗探解·记张梓生谈〈秋夜有感〉诗》,上海:上海书店出版社2002年版,第329页。

实际上梅兰芳等并未参与此次演出。鲁迅因为对报道印象深刻，在杂感中继续批评，又在诗中做了发挥。

这首诗还有一种更切近日常生活的解读：鲁迅是在写张梓生早年的恋爱经历。提出和坚持此种释义的是蒋锡金。

1940年，蒋锡金受许广平委托，从鲁迅日记手稿中整理并解读鲁迅诗作。既然这首诗的受赠者张梓生是周建人的老朋友，许广平就让蒋锡金去问周建人。周建人提供了一些张梓生青年时代的情况。其中有这样的情节：张梓生年轻时曾在一个富裕人家担任教师，主人的两个女儿都钟情于他，弄得他左右为难，终于辞职离开。蒋锡金听了，若有所悟，一路思索，逐句揣摩，推测这首诗是鲁迅调侃老友张梓生青年时代韵事的戏谑之作。许广平认为蒋锡金这样的揣测还算近情近理，即再约请周建人与蒋锡金到家里一同讨论，三人对诗的含义得出基本一致的见解，即蒋锡金所定的"韵事说"。

随后，蒋锡金写了一组《鲁迅诗话》，将自己关于本诗的传说和对诗的内容的解读发布到手抄内刊《行列》杂志上。抗战胜利前，蒋锡金离开上海往淮南解放区，将这篇《鲁迅诗话》发表在上海《大公报》副刊，署名"易人"（从锡金两字拆来）。

1956年，蒋锡金应《文学月刊》之约，撰写了《鲁迅诗本事》，再次申述"韵事说"，较之十年前《鲁迅诗话》所述更清晰明白。他的串讲如下：

第一句意谓讲座后飘来有情的目光，——女学生向男教师眉目传情。第二句意谓林间树下恋人在私会欢聚："偷窥送情，其目

第十九章 "空留纸上声"

的在于柏栗丛中去作鬼道场。"第三、四句意谓好事多磨,好景不长,恰似春残花落,秋老野荒,满怀悲怆。第五句含有男教师不能一身兼爱两个女弟子之意。酪果这里指供祭神佛的食品。千佛,比喻求爱者众多。第六句意谓男教师如此俊美,是很难求到的。第七、八句意谓现已中年,世事动乱,百感交集,中夜不寐,追忆往事,因早已摆脱烦恼,自有轻快之感。①

写诗的人已经去世,但诗中所写的人却还在。蒋锡金这样的解释,并未得到那位年轻时面貌俊美的家庭教师的认可。1954年,正值《鲁迅全集》重新编辑、注释,张梓生写信给出版部门,严正声明道:"关于'绮罗幕后送飞光'一诗,记得一九四六年(?)大公报曾刊载黄裳先生的文章,……推测诗意是和我青年时代没有成为事实的风流事件有关。我声明,这完全不对!请诸位注释那首诗的时候,万万不要采用此说作注!理由是,我和鲁迅先生的交往情形,一向是,我恭恭敬敬的去访问,他的接待态度也使我感到亲切中有严肃,大概先生不至于将我的'莫明其妙的轶事'入诗见赠也。"② 这样的理由显然难以说服蒋锡金等人,不但因为"诗无达诂",解释者可以自由发挥,而且因为鲁迅并非他说的那样严肃。

如果没有个人的经历和情感在内,而只是浮光掠影地描述一

---

① 转引自北京鲁迅博物馆鲁迅研究室编:《鲁迅研究资料》第16辑,天津:天津人民出版社1987年版,第307—308页。
② 倪墨炎:《鲁迅旧诗探解·张梓生谈〈秋夜有感〉》,上海:上海书店出版社2002年版,第450页。

些社会现象，诗就缺少真切感。鲁迅与张梓生关系密切，用其年轻时代的"风流韵事"调侃一下，实在也无伤大雅。诗中出现莲花、六郎之类涉艳词语，让读者产生男欢女爱的联想，正是自然。

无处觅菰蒲

据鲁迅日记，1933年7月21日，作《赠人》二首：

> 明眸越女罢晨妆，荇水荷风是旧乡。
> 唱尽新词欢不见，早云如火扑晴江。

> 秦女端容理玉筝，梁尘踊跃夜风轻。
> 须臾响急冰弦绝，但见奔星劲有声。①

这两首诗是书赠日本人森本清八的。手稿中"理"作"弄"，"但"作"独"。其后还曾分赠他人。

唐王维《洛阳女儿行》："谁怜越女颜如玉，贫贱江头自浣纱。"越女，原指西施，这里泛指江浙一带的女子。欢，是古代吴声歌曲中对情人的称谓。唐刘禹锡《踏歌词四首》之一："唱尽新词欢不见，红霞映树鹧鸪鸣。"

秦女，《列仙传》中说是秦穆公的女儿，名弄玉，能吹箫作凤鸣，这里泛指善弹奏的女子。梁尘踊跃，形容乐声动人。《艺

---

① 鲁迅：《集外集·赠人》，《鲁迅全集》第7卷，第160页。

第十九章 "空留纸上声"

文类聚》卷四十三引刘向《别录》:"汉兴以来,善雅歌者鲁人虞公,发声清哀,盖动梁尘。"夜风轻,一作"夜风清",南朝宋文帝刘义隆《登景阳楼》:"林下夕风清。"须臾,不多一会儿。《太公金匮·书锋》:"忍之须臾,乃全汝躯。"又《礼记·中庸》:"道也者,不可须臾离也。"佛教认为一日一夜有三十须臾。冰弦绝,白居易《琵琶行》:"冰泉冷涩弦凝绝,凝绝不通声暂歇。……感我此言良久立,却坐促弦弦转急。"《太真外传》:"开元中,中官白秀贞自蜀回,得琵琶以献。弦乃拘弥国所贡,绿冰蚕丝也。"奔星,《尔雅·释天》:"流星大而疾,曰奔。"《晋书·天文志》:"(奔星)声隆隆者,怒之象也"。

诗题虽为"赠人",实际上在抒写对时事的感想。自1928年始,因连年战争,灾害不断,经济破败,农村萧条。1928年华北、西北地区大旱,1929年至1930年华北水灾,西北旱灾,1931年长江沿岸大水,灾情严重,1932、1933年水灾、旱灾频仍,人民流离失所,饿殍遍野,但统治者依然醉生梦死,寻欢作乐。越地水乡,本是富庶之地,人民却抛家舍业,飘零异乡,强颜欢笑,供人赏玩。诗人内心之悲,不言自明。

这首诗不是宏观的指引和激烈的谴责如"商女不知亡国恨,隔江犹唱后庭花",哀愁隐含在平静之中。

1933年12月30日,鲁迅书写诗稿给黄振球:

烟水寻常事,荒村一钓徒。
深宵沉醉起,无处觅菰蒲。

《酉年秋偶成》手稿

鲁迅很喜欢用"菰蒲"形象。他曾两次手书明末清初画家项圣谟的题画诗赠人:"风号大树中天立,日薄沧溟四海孤。杖策且随时旦暮,不堪回首望菰蒲。"[①] 暮色苍茫,在狂风呼号的恶劣环境中,大树岿然屹立。寂寞包围,前途渺茫,但大树坚定不移的姿态颇为悲壮,可以说是鲁迅本人形象的写照。

黄振球,又名黄波拉,笔名欧查,出身于名门望族,曾就读于上海复旦大学外国文学系,后留学日本,与黄白薇同学,回国后在上海从事文学工作,结识了周建人、郁达夫和郁风等。她与创造社、太阳社的成员也有来往。20世纪30年代初曾在《今代妇女》《女声》及左翼刊物《正路》上发表文章。参加中国左翼作家联盟后,她创办了《现代妇女》月刊,1933年4月由光华书局

---

① 《鲁迅手稿全集》第5册,第487、488页。鲁迅所书与原诗略不同。

第十九章 "空留纸上声"

出版。1939年至1940年，黄振球参加了中国诗坛社香港时期和桂林时期的文学活动，在1940年6月1日桂林《中国诗坛》新4期上发表过新诗《暴风雨之夜》。[1]

1933年春，通过郁达夫介绍，黄振球认识了鲁迅。4月23日，她到鲁迅家拜访，不遇，与许广平谈天。后来她多次访问鲁迅，都没有遇见，直到12月30日才第一次见面，鲁迅热情地说："欧查就是你呀，小姑娘！"[2] 鲁迅还为她题写了诗：

> 好几年以前，因为我家在乡间建造一间新屋子，很高兴地请鲁迅先生写一幅字画，他立刻答应了。现在鲁迅先生已逝世了差不多两（应为"三"）周年了，他的新作已不复为世人阅读，这是很遗憾的，特将我的珍藏，贡献诗坛……[3]

"荒村一钓徒"或是鲁迅自况。但从黄振球的追述可知鲁迅题赠此诗是祝贺她的新居落成，当天鲁迅书赠王映霞的诗也是为郁达夫移家杭州一事。巧合的是两首诗的写作原委，都与受赠者的迁居有关。

---

[1] 参考乔丽华：《馆藏鲁迅诗歌手稿题记》，上海鲁迅纪念馆：《上海鲁迅纪念馆藏鲁迅手稿选》，上海：上海人民美术出版社2017年版，第144页。

[2] 孙勃：《寻常事中见衷肠——关于鲁迅〈无题〉（烟水寻常事）诗》，《西湖》1983年第9期。

[3] 转引自乔丽华：《馆藏鲁迅诗歌手稿题记》，上海鲁迅纪念馆：《上海鲁迅纪念馆藏鲁迅手稿选》，上海：上海人民美术出版社2017年版，第144—145页。

实际上，鲁迅也在考虑到乡下居住，至少是寻到一个安静的地方。

1933年11月27日，鲁迅"为土屋文明氏书一笺"云：

> 一枝清采妥湘灵，九畹贞风慰独醒。
> 无奈终输萧艾密，却成迁客播芳馨。①

九畹，《离骚》："余既滋兰之九畹兮，又树蕙之百亩。"王逸注："十二亩曰畹。"独醒，《楚辞·渔父》："众人皆醉而我独醒。"萧艾，即野蒿，一种有臭味的恶草，这里比喻小人。《离骚》："何昔日之芳草兮，今直为此萧艾也。"

他是要躲避。

文章如土欲何之

鲁迅到上海，将近50岁，虽是壮年，但积劳成疾，疲惫成了常态。1928年6月6日，他在给章廷谦的信中说：

> 我前几天的所谓"肺病"，是从医生那里探出来的，他当时不肯详说，后来我用"医学家式"的话问他，才知道几乎要生"肺炎"，但现在可以不要紧了。

---

① 鲁迅：《集外集拾遗·无题》，《鲁迅全集》第7卷，第469页。

第十九章 "空留纸上声"

> 我酒是早不喝了,烟仍旧,每天三十至四十支。不过我知道我的病源并不在此,只要什么事都不管,玩他一年半载,就会好得多。但这如何做得到呢。现在琐事仍旧非常之多。①

刚到上海不久,鲁迅与许广平一起去了西湖,算是蜜月旅行。这在鲁迅是很奢侈的活动。

到了1935年1月,他的身体已经到了极限,必须休息乃至疗养了。1月15日,他写信给曹靖华说:"近两年来,弟作短文不少。去年的有六十篇,想在今年印出,而今年则不做了。一固由于无处可登,即登,亦不能畅所欲言,最奇的是竟有同人而匿名加以攻击者。子弹从背后来,真足令人悲愤,我想玩他一年了。"② 当月下旬,又在给曹靖华的信中说:"我们都好的,但我总觉得力气不如从前了,记性也坏起来,很想玩他一年半载,不过大抵是不能够的,现除为《译文》寄稿外,又给一个书局在选一本别人的短篇小说,以三月半交卷,这只是为了吃饭问题而已。"③ 说归说,他却仍劳作不辍。

鲁迅的物质生活水平并不低,他自己说给北平亲属安排的生活是在中产以上。要维持这样的生活,势必不停地做事,甚至病中还要坚持。在《病后杂谈》一文中,他描述自己的生活状态道:

---

① 鲁迅:《280606致章廷谦》,《鲁迅全集》第12卷,第120页。
② 鲁迅:《350115致曹靖华》,《鲁迅全集》第13卷,第343页。
③ 鲁迅:《350126致曹靖华》,同上书,第359—360页。

> 好几回检查了全体,没有死症,不至于呜呼哀哉是明明白白的,不过是每晚发热,没有力,不想吃东西而已,这真无异于"吐半口血",大可享生病之福了。因为既不必写遗嘱,又没有大痛苦,然而可以不看正经书,不管柴米账,玩他几天,名称又好听,叫作"养病"。从这一天起,我就自己觉得好像有点儿"雅"了;那一位愿吐半口血的才子,也就是那时躺着无事,忽然记了起来的。①

他被拘束在一个狭小的空间里,过着刻板的生活,不但不利于创作,对身体也没有好处。

早在1925年,他就在给许广平的信中抱怨工作繁忙,身体劳累:"等暑假时闲空一点,我很想休息几天,什么也不做,什么也不看,但不知道可能够。"② 1926年12月12日,他在厦门给许广平写信说:"我将来拟在校中取得一间屋,算是住室,作为豫备功课及会客之用,而实不住。另在外面觅一相当地方,作为创作及休息之用,庶几不至于起居无节,饮食不时,再蹈在北京时之覆辙。"③

在上海,当工作繁忙、身体疲乏时,鲁迅会想到早已蕴蓄在心中的到乡下生活的计划,表示要找个安静的地方写文章。其实,住在乡下安静的地方,因为缺少上海大都市的种种刺激,他也不

---

① 鲁迅:《且介亭杂文·病后杂谈》,《鲁迅全集》第6卷,第168页。
② 鲁迅:《250613 致许广平》,《鲁迅全集》第11卷,第496页。
③ 鲁迅:《261212 致许广平》,同上书,第652页。

一定能写出杂感一类的文章了。做大的学术项目呢,又需要充裕的生活,要么自己财产丰裕,要么得到官方资助。而且,他规划的《中国文学史》《中国字体变迁史》之类学术著作曲高和寡,读者很有限。

鲁迅虽然在杂感中讽刺所谓现代"隐士",但自己心中确实也有一种隐居的情结。1933年4月1日,他致信日本友人山本初枝:

> 我也常想看看日本,但不喜欢让人家招待。也讨厌让便衣钉梢,只想同两三位知己走走。我是乡下长大的,总不喜欢西洋式的招待会或欢迎会,好似画师到野外写生,被看热闹的人围住一样。也许因迄今所住的寓所朝北,家人总生病。这回另外租了一所朝南的房子,一周内就可迁去。在千爱里旁边的后面,不是有个大陆新村吗,就在那里,离内山书店也不远。①

到乡下生活,在晚年的鲁迅,差不多跟到外国疗养一样,只是内心的愿望和口头的闲谈,实施起来不大容易。这段话中说的朝北的寓所,是一家高档公寓,租金不菲,也就是说,鲁迅的生活水平是在中等以上的。

乡下和国外都是理想,当下的生活才是真实。现实生活中的鲁迅是率直的批评者,是孤傲的文人,是以笔为刀的战士。从对

---

① 鲁迅:《330401 致山本初枝》,《鲁迅全集》第14卷,第240页。

"古今隐逸诗人之宗"的陶渊明的评论上,既能看出鲁迅对自己状态的清醒认识,也能看到他的矛盾心态。

鲁迅曾回忆他在私塾读书时老师关于怎样理解《五柳先生传》中"不求甚解"的教导:"小时候读书讲到陶渊明的'好读书不求甚解',先生就给我讲了,他说:'不求甚解'者,就是不去看注解,而只读本文的意思。"① 鲁迅喜欢陶渊明的诗文,一生购买的中国古人诗文集,数陶集版本最多,而且贯穿一生,从青年时代一直到老年,不断购置,兴趣不减,不但自存,而且赠送友朋。陶渊明有一篇名作《读山海经·其十》:

> 精卫衔微木,将以填沧海。
> 刑天舞干戚,猛志固常在。
> 同物既无虑,化去不复悔。
> 徒设在昔心,良辰讵可待。

诗中的"刑天舞干戚"形象,鲁迅童年时代就很熟悉。《阿长与〈山海经〉》中记述,他看了这套书,很惊奇于"没有头而'以乳为目,以脐为口',还要'执干戚而舞'的刑天"。② 但也有人认为这一句应该是"形夭无千岁",争论至今,迄无定论。鲁迅主张"刑天舞干戚",周作人则主张"形夭无千岁"。抛开字形、意义方

---

① 鲁迅:《伪自由书·不求甚解》,《鲁迅全集》第5卷,第160页。
② 鲁迅:《朝花夕拾·阿长与〈山海经〉》,《鲁迅全集》第2卷,第255页。

面的考量,或者可以说约略代表了兄弟两人对待社会现实的态度。鲁迅赞成将刑天理解为反抗的战士。在《春末闲谈》中,鲁迅用刑天的形象强调人民到死甚至死后还要反抗的精神:

> 古人毕竟聪明,仿佛早想到过这样的东西,《山海经》上就记载着一种名叫"刑天"的怪物。他没有了能想的头,却还活着,"以乳为目,以脐为口",——这一点想得很周到,否则他怎么看,怎么吃呢,——实在是很值得奉为师法的。假使我们的国民都能这样,阔人又何等安全快乐?但他又"执干戚而舞",则似乎还是死也不肯安分,和我那专为阔人图便利而设的理想底好国民又不同。陶潜先生又有诗道:"刑天舞干戚,猛志固常在。"连这位貌似旷达的老隐士也这么说,可见无头也会仍有猛志,阔人的天下一时总怕难得太平的了。①

中国太缺少这样的反抗精神而太多奴才思想。

鲁迅有这种反抗精神,他的学生总是强调学习这种精神,或者按照他的教导去思考和行事。胡风是其中之一,命运坎坷,屡经磨难,上书三十万言,坐牢三十来年。虽劫后幸存,但遍体鳞伤。鲁迅的另一个弟子聂绀弩为胡风的八十寿辰作诗一首《胡风八十》,就把胡风比作刑天:

---

① 鲁迅:《坟·春末闲谈》,《鲁迅全集》第1卷,第217—218页。

不解垂纶渭水边，头亡身在老形天。
无端狂笑无端哭，三十万言三十年。
便住华居医啥病，但招明月伴无眠。
奇诗何止三千首，定不随君到九泉。①

陶渊明是中国诗歌史上的一个"极境"，在李、杜、苏、黄之上。一个中国人，如果忽略了陶渊明，其"诗教"或"诗性"就不完全。

朱光潜将陶渊明诗歌的境界描述为"静穆"：

艺术的最高境界都不在热烈。就诗人之所以为人而论，他所感到的欢喜和愁苦也许比常人所感到的更加热烈。就诗人之所以为诗人而论，热烈的欢喜或热烈的愁苦经过诗表现出来以后，都好比黄酒经过长久年代的储藏，失去它的辣性，只剩一味醇朴。我在别的文章里曾经说过这一段话："懂得这个道理，我们可以明白古希腊人何以把和平静穆看作诗的极境，把诗神亚波罗摆在蔚蓝的山巅，俯瞰众生扰攘，而眉宇间却常如作甜蜜梦，不露一丝被扰动的神色？"这里所谓"静穆"（Serenity）自然只是一种最高理想，不是在一般诗里所能找得到的。古希腊——尤其是古希腊的造形艺术——常使我们觉到这种"静穆"的风味。"静穆"是

---

① 罗孚等编注：《聂绀弩诗全编》，上海：学林出版社1992年版，第104—105页。

第十九章 "空留纸上声"

一种豁然大悟,得到归依的心情。它好比低眉默想的观音大士,超一切忧喜,同时你也可说它泯化一切忧喜。这种境界在中国诗里不多见。屈原阮籍李白杜甫都不免有些像金刚怒目,愤愤不平的样子。陶潜浑身是"静穆",所以他伟大。①

鲁迅在《"题未定"草(六至九)》中不同意将一种意境悬为诗歌的"极境":

> 古希腊人,也许把和平静穆看作诗的极境的罢,这一点我毫无知识。但以现存的希腊诗歌而论,荷马的史诗,是雄大而活泼的,沙孚的恋歌,是明白而热烈的,都不静穆。我想,立"静穆"为诗的极境,而此境不见于诗,也许和立蛋形为人体的最高形式,而此形终不见于人一样。②

鲁迅指出,历来的伟大作者,没有一个"浑身是'静穆'"的。即如陶渊明,正因为他并非浑身是静穆的,所以才伟大。而之所以往往被尊为"静穆",是因为他被选文家和摘句家缩小和凌迟了。朱光潜的观点固然走了极端,鲁迅反驳时却也不免走到了另一个极端。极境或不真实的存在,往往是理想的或者应该存在

---

① 朱光潜:《说"曲终人不见,江上数峰青"——答夏丏尊先生》,《中学生》1935 年第 60 期。
② 鲁迅:《且介亭杂文二集·"题未定"草(六至九)》,《鲁迅全集》第 6 卷,第 441 页。

的，即所谓"诗的真实"。

鲁迅在文字上竭力把陶渊明往现实中拖拽，是因为他本人陷入现实纠缠而不能超拔。他在多篇文章中申说陶渊明也不是什么隐逸，写诗之前也需要吃饱饭，有充足的生活费，不至于将自己和妻儿饿死。说的是陶渊明，暗喻的是自己的处境。如《病后杂谈》中说：

> 陶渊明的做了彭泽令，就教官田都种秫，以便做酒，因了太太的抗议，这才种了一点粳。这真是天趣盎然，决非现在的"站在云端里呐喊"者们所能望其项背。但是，"雅"要想到适可而止，再想便不行。例如阮嗣宗可以求做步兵校尉，陶渊明补了彭泽令，他们的地位，就不是一个平常人，要"雅"，也还是要地位。①

他还将现时代上海的文人与陶渊明做了对比：

> "采菊东篱下，悠然见南山"是渊明的好句，但我们在上海学起来可就难了。没有南山，我们还可以改作"悠然见洋房"或"悠然见烟囱"的，然而要租一所院子里有点竹篱，可以种菊的房子，租钱就每月总得一百两，水电在外；巡捕捐按房租百分之十四，每月十四两。单是这两项，每月就是一百十四两，每两作一元四角算，等于一百五十九元

---

① 鲁迅：《且介亭杂文·病后杂谈》，《鲁迅全集》第6卷，第168—169页。

六。近来的文稿又不值钱,每千字最低的只有四五角,因为是学陶渊明的雅人的稿子,现在算他每千字三大元罢,但标点,洋文,空白除外。那么,单单为了采菊,他就得每月译作净五万三千二百字。吃饭呢?要另外想法子生发,否则,他只好"饥来驱我去,不知竟何之"了。①

鲁迅知道自己不可能躲开,也不能完全把自己封闭起来——躲进小楼其实也是一种奢望——于是只能在诗中发发牢骚,纾解一下烦闷的情绪,如抄两首陶渊明的诗送给爱人:一首是《归园田居》之一,一首是《游斜川》,合并写在一幅诗笺上,落款是"广平吾友雅鉴,即请指正"。②

内心深处,鲁迅理解并同情他曾经讽刺的京派文人的"隐逸"情结,那是中国文化的一种理想,一种乌托邦,就像陶渊明构想的桃花源一样。

现实终于不静穆,少诗意。在临近生命终结的日子里,鲁迅却在谋划迁移,而且非常急切。他已经意识到自己疾病的凶险,痛切地感到自己居住的地方不利于健康,也不安全。不健康,是因为住宅区的人家用煤做饭和取暖,煤烟对他的肺病带来刺激;不安全,是因为大陆新村位于上海日本人聚集的北四川路底,邻居多为日本人。有一天,鲁迅的儿子跟隔壁一个日本小孩发生了争吵,那小孩便手持日本国旗雄赳赳骂上门来。鲁迅只好叫铁匠

---

① 鲁迅:《且介亭杂文·病后杂谈》,《鲁迅全集》第6卷,第169页。
② 《鲁迅手稿全集》第5册,第496页。

来，把前门的一扇铁栅门用铁皮完全钉起来，外面看不见里面，才算平息了这场纠纷。

逝世前十几天，鲁迅在给曹白的信中谈到搬家的打算："种种骚扰，我是过惯了的，一二八时，还陷在火线里。至于搬家，却早在想，因为这里实在是住厌了。但条件很难，一要租界，二要价廉，三要清静，如此天堂，恐怕不容易找到，而且我又没有力气，动弹不得，所以也许到底不过是想想而已。"① 10月12日，鲁迅写信给北平的好友宋琳说："沪寓左近，日前大有搬家，谣传将有战事，而中国无兵在此，与谁战乎，故现已安静，舍间未动，均平安。惟常有小纠葛，亦殊讨厌，颇拟搬往法租界，择僻静处养病，而屋尚未觅定。"② "小纠葛"就是指邻里之间的矛盾。逝世前两天，他还在给曹靖华的信中说："我本想搬一空气较好之地，冀于病体有益，而近来离闸北稍远之处，房价皆大涨，倒反而只好停止了。"③ 逝世前一天，鲁迅写了"周裕斋印"四个字，交给三弟周建人，让他去刻一枚印章，到法租界找房签合同使用，还非常急迫地说："只要你替我去看定好了，不必再来问我。一订下来，我就立刻搬，电灯没有也不要紧，我可以点洋灯。"④

鲁迅在生命结束前夕竟如此凄惶，忧天将压，避地无之。

---

① 鲁迅：《361006 致曹白》，《鲁迅全集》第14卷，第163页。
② 鲁迅：《361012 致宋琳》，同上书，第167页。
③ 鲁迅：《361017 致曹靖华》，同上书，第171页。
④ 乔峰（周建人）：《略讲关于鲁迅的事情·关于鲁迅的断片回忆》，北京：人民文学出版社1954年版，第51页。

第二十章

起看星斗正阑干

曾惊秋肃临天下

人们一般将鲁迅视为小说家、杂文家,但鲁迅更是一位诗人。鲁迅现存最早的被他的弟弟周作人记录在日记中的几首诗,有七言和五言绝句、七律和骚体诗。鲁迅一生写了近 70 首旧体诗,十来首白话和歌谣体诗,翻译了几十首外国诗。他还手书多篇古今中外诗人的作品赠送友人。

鲁迅生前只发表了很少几首旧体诗,如送给日本友人的几首被发表在《文艺新闻》。他自己寄送报刊发表的有《悼丁君》,还有那首写入《为了忘却的记念》中的《悼柔石》。同样是悼念死亡战友的篇什,悼念杨杏佛的一首就没有发表,而是抄写给许广平,也许是想借此向最亲近的人表达一种默契并有所嘱托。

鲁迅生前没有出版甚至也没有起意编纂诗集，只是将一些新旧体诗收入《集外集》，夹在各体文章之间。

后人编辑鲁迅文集时，应该先编辑诗集。诗是第一文体，鲁迅最先被记录或发表的作品正是诗，而且诗在他人生的每个阶段都没有缺席。虽然有些阶段他自己没有诗作，但翻译外国诗、抄录古代诗同样是诗歌活动。日本留学时期，鲁迅与弟弟合译外国文学作品，鲁迅一般负责翻译书中的诗歌，常以古意盎然的骚体出之。

新文学兴起，鲁迅勉力作起了新诗。但不久就歇手不做，后来自我调侃说在新诗运动中是"敲边鼓"。写作新诗，反而缺少诗意，这让鲁迅有些灰心。他虽然对新诗发表了一些负面的言论，但仍然关心新诗坛，对浪漫的、柔情的、狂飙突进的青年给予鼓励和提携。

鲁迅在杂感中偶尔模拟、活剥、打油。但即便在杂感中，诗意也弥漫字里行间。

晚年，鲁迅回到中国文学传统中，用旧体诗表达思想感情，但较少发表，而是以私人赠答方式，为情绪找到宣泄的出口。

鲁迅的旧体诗，可以分为自述抒怀、讽刺嘲笑、应酬赠答，记录他的生活状态和对人世的看法——有对儿子的溺爱，自嘲中流露出对生活的态度；有躲进小楼的宣言，对文坛乱象的讽刺；有对人物的评价，如对钱玄同、章衣萍、赵景深、谢六逸等。

将情思凝聚在五言、七言诗中，简洁、深沉，有力量。这种表达方式，鲁迅更得心应手。

第二十章　起看星斗正阑干

1935年秋，鲁迅写下最后一首诗，一首七言律诗。他没有立即示人。直到年底，才赠给来访的老友许寿裳：

> 曾惊秋肃临天下，敢遣春温上笔端。
> 尘海苍茫沉百感，金风萧瑟走千官。
> 老归大泽菰蒲尽，梦坠空云齿发寒。
> 竦听荒鸡偏阒寂，起看星斗正阑干。[①]

《春秋》有"临天下"之言，注："徐乾曰：'临者，抚有之也。'"敢，乃岂敢之意。春温，温煦的春时。苏轼《送鲁元翰少卿知卫州》："时于冰雪中，笑语作春温。"上笔端，陆机《文赋》："笼天地于形内，挫万物于笔端。"面对纷乱的尘世、无边无际的旷野，人无论如何百感交集，也只能沉默隐藏，无从抒发。金风，即秋风，《文选》李善注："西方为秋而主金，故秋风曰金风也。"萧瑟，宋玉《九辩》："悲哉，秋之为气也，萧瑟兮草木摇落而变衰。"曹操《观沧海》："秋风萧瑟，洪波涌起。"残秋则更是荒凉肃杀。千官，总称全国的官员。《荀子》："天子千官，诸侯百官。"1935年，日军制造"河北事件"，逼迫中国政府签订《何梅协定》，规定河北省撤销军事组织及政府机构。同时，日军又制造"张北事件"，并与中国政府签订《秦土协定》，控制察哈尔省。

[①] 鲁迅：《集外集拾遗·亥年残秋偶作》，《鲁迅全集》第7卷，第475页。又见许寿裳：《我所认识的鲁迅·怀旧》，北京：人民文学出版社1959年版，第29页。

同年秋，日方策划"华北五省独立"即所谓"华北自治"，致中国官员和军队从河北、察哈尔省等地撤出。菰、蒲，均为水生植物。菰米（亦名雕胡米）可食，蒲可编席，旧时常用来代指隐士安身之所。菰蒲尽，犹言老无可归。好梦坠入杳渺云气，比喻理想破灭。李贺《自昌谷到洛后门》："澹色结昼天，心事填空云。"齿发寒，人老以发白齿落为表征。崔珏《哭李商隐》（二首之一）："风雨已吹灯烛灭，姓名长在齿牙寒。"竦，直立。荒鸡，清代周亮工《书影》卷四："古以三鼓前鸡鸣为荒鸡。"《晋书·祖逖传》："（逖）与司空刘琨……共被同寝。中夜闻荒鸡鸣，蹴琨觉曰：'此非恶声也。'因起舞。"星斗，北斗星。阑干，星辰渐渐隐去。古乐府《善哉行》："月没参横，北斗阑干。"李贺《河南府试十二月乐词》："晓风何拂拂，北斗光阑干。"

首句高度凝练地概括自己一生的遭遇，坎坷颇多，郁愤累积。在绍兴时期阅读史书，在南京时期感受新旧的碰撞，在日本从事文艺失败，归国后十年默默沉潜，新文化阵营解散后彷徨无地，上海时期被围剿，多少秋肃，寒气逼人。

鲁迅20多岁撰写的《摩罗诗力说》的开篇就出现了"春温秋肃"的强烈对比：

> 人有读古国文化史者，循代而下，至于卷末，必凄以有所觉，如脱春温而入于秋肃，勾萌绝朕，枯槁在前，吾无以名，姑谓之萧条而止。①

---

① 鲁迅：《坟·摩罗诗力说》，《鲁迅全集》第1卷，第65页。

春秋两种景象在鲁迅的诗文中不断出现："新宫自在春""几家春袅袅""寒凝大地发春华"。时常生活在秋肃之中的鲁迅，笔下即便出现春温，也只是一种理想，一种奢望。"惯于长夜过春时"，久而久之，便是和煦的春天，他也总在暗夜里度过。缺少温暖的人更渴望暖意，因此他曾希望画家"只研朱墨作春山"。

颔联半是抒情，半是叙事。中央军和政府机关撤离河北，凄凉景象，令人痛心。时局艰险，前途堪忧，自己不知所往，逃避无地，这首诗承续了"泽畔有人吟不得，秋波渺渺失离骚""深宵沉醉起，无处觅菰蒲"等诗句中的意象。特别醒目的是"菰蒲尽"三个字：菰蒲是人们赖以生存的基本食粮，难道真的到了"弹尽粮绝"的地步？民以食为天，吃饭同样也是诗人的头等大事，杜甫有"波飘菰米沉云黑"句，苏东坡的《石菖蒲赞并序》写怎么吃菖蒲，还在一首词里写道"菰黍连昌歜"："菰黍"是指菰叶包米制成的粽子，"昌歜"则是把菖蒲的茎根切碎后放上盐来腌制而成的小菜。战争起来，民众的生活就要受影响，鲁迅一家已经仓皇逃难过一次了。

尾联首句表面上写夜阑人静，是自己每天看书写作到深夜的感受，如他曾描述过的"邻人十去其六七，入夜阒寂，如居乡村"，这里反用晋朝人祖逖"闻鸡起舞"的典故，形容整个国家万马齐喑的状况。次句写新的一天开始，虽然将有"亮色"，但还不能让人看到光景，只能表达一种期待。全诗综合运用比喻、借代等手法，感情深沉，意境宏远，对仗工整，词句凝练。

天快要亮了，然而鲁迅的生命也临近结束了。

将这首诗与《自题小像》对比,能分明感受到从高调到失落、从激昂慷慨到凄凉孤清的意境。这首诗写出了鲁迅的生活经历、人生态度和现实情怀,但对未来——他本人已经没有了未来——是悲观的。题中的"残"字就是诗眼,虽然在残秋,在残酷的世界,过了残破的人生,情绪压抑中更多不安和躁动,但悲愤中也有沉稳,字里行间蕴含着生命的坚韧。此时的鲁迅,是蛰居小楼的老人、病人、局外人、孤独者。

1935年初,因为疾病纠缠不去,他的身体愈加衰弱。3月23日,他在给许寿裳的信中这样描述自己的生活状态:

> 弟等均如常,但敷衍孩子,译作,看稿,忙而无聊,在自己这方面,几于毫无生趣耳。①

写这首诗的时候,他的《死魂灵》翻译已经完成,总算让他松了一口气。但很快病情加重,4月5日的信中说:

> 我在上月初骤病,气喘几不能支,注射而止,卧床数日始起,近虽已似复原,但因译著事烦,终颇困顿,倘能优游半载,当稍健,然亦安可得哉。②

鲁迅一生获得的温情并不多,晚年在小家庭中才充分感受到

---

① 鲁迅:《350323 致许寿裳》,《鲁迅全集》第13卷,第420页。
② 鲁迅:《360405 致许寿裳》,《鲁迅全集》第14卷,第68页。

了关爱和柔情。即便如此,他也很少徜徉在春江两岸欣赏大自然美景,而更多徘徊在暗夜。

到乡下,到外国,到平静、明媚的环境,对陷入上海文坛的鲁迅而言,已经不可能。家乡是回不去的——浙江党部发出的通缉令还没有解除。即便没有通缉令,他也不一定愿意回乡。郁达夫了解一些内情:

> 鲁迅不但对于杭州没有好感,就是对他出身地的绍兴,也似乎并没有什么依依不舍的怀恋。这可从有一次他的谈话里看得出来。是他在上海住下不久的时候,有一回我们谈起了前两天刚见过面的孙伏园。他问我伏园住在哪里,我说,他已经回绍兴去了,大约总不久就会出来的。鲁迅言下就笑着说:"伏园的回绍兴,实在也很可观!"他的意思,当然是绍兴又凭什么值得这样的频频回去。
>
> 所以从他到上海之后,一直到他去世的时候为止,他只匆匆地上杭州去住了一夜,而绝没有回去过绍兴一次。
>
> 预言者每不为其故国所容,我于鲁迅更觉得这一句格言的确凿。①

至于到日本旅行,郁达夫知道鲁迅是动过心的:"记得就在他作故的前两个月,我回上海,他曾告诉了我以他的病状,说医生

---

① 郁达夫:《回忆鲁迅》,黄乔生编著:《郁达夫散文》,北京:现代出版社2015年,第308页。

说他的肺不对,他想于秋天到日本去疗养,问我也能够同去不能。我在那时候,也正在想去久别了的日本一次,看看他们最近的社会状态,所以也轻轻谈到了同去岚山看红叶的事。"①

晚年的鲁迅更忙,家庭和事业都需要照管,责任义务,不得解脱,即便身体状况不断恶化。1934 年 11 月 18 日,他在给母亲的信中说:

> 此后也很想少做点事情,不过已有这样的一个局面,恐怕也不容易收缩,正如既是新台门周家,就必须撑这样的空场面相同。②

当他病重不能写字的时候,许广平替他给朋友回信。1936 年 6 月 25 日,在给曹白的信中写道:

> 不过要写明周先生的病状,可实在不容易。因为这和他一生的生活,境遇,工作,挣扎相关,三言两语,实难了结。所以我只好报告一点最近的情形:
> 大约十天以前,去用 X 光照了一个肺部的相,才知道他从青年至现在,至少生过两次危险的肺病,一次肋膜炎。两

---

① 郁达夫:《回忆鲁迅》,黄乔生编著:《郁达夫散文》,北京:现代出版社 2015 年,第 309 页。
② 鲁迅:《341118 致母亲》,《鲁迅全集》第 13 卷,第 262 页。

> 肺都有病，普通的人，早已应该死掉，而他竟没有死。医生都非常惊异，以为大约是：非常善于处置他的毛病，或身体别的部分非常坚实的原故。这是一个特别现象。一个美国医生，至于指他为平生所见第一个善于抵抗疾病的典型的中国人。可见据现在的病状以判断将来，已经办不到。因为他现在就经过几次必死之病状而并没有死。①

鲁迅对自己的身体本来是有信心的。1935年6月27日，在给日本友人山本初枝的信中写道："上海已进入梅雨期，天气恶劣不堪。我们仍健康，只是我年年瘦下去。年纪大了，生活愈来愈紧张，没有法子想。朋友中有许多人也劝我休息一二年，疗养一下，但也做不到。反正还不至于死罢，目前是放心的。"②

到苏联疗养是一个很不错的选项。苏联是他一直都向往的地方。他与俄苏的文字交往本来就多。最后几年，因为中苏建立了正常的外交关系，他与苏联的联系更亲密了。

许广平在《鲁迅先生的娱乐》一文中记述了全家参加苏联驻华使馆举办的一次活动：

> 更阔气的一次看电影，在一九三五年，时间似乎是初秋，由一位熟朋友通知：有一个地方请看电影，家属也可以

---

① 鲁迅：《360625 致曹白》，《鲁迅全集》第14卷，第108页。
② 鲁迅：《350627 致山本初枝》，同上书，第363—364页。

同去,是晚上七时到那里。同去的人,有茅盾先生,来约的时候,刚巧黎烈文先生也在我家,于是带着海婴,五个人坐在预备好的汽车,开到一个停车处,遇到宋庆龄先生和史沫特黎女士,再一同转弯抹角了一通,然后停在一个大厦的前面。走了进去,出来招待的是苏联大使夫妇和驻沪领事,先是开映电影,《夏伯阳》那一张片子在电影院还没有开映之前先看到了。房间的结构很精致,座位十多个,正好看得清楚,招待的人还随时加以口头解释,有几位讲得一口流畅的北京话,所以言语上也还方便。看完电影,差不多九时了。正要告辞,却被招待到另一个修整的房间里,盛宴款待,却是还不过算作点心而已。席上各式名酒,每人酒杯大小有六七只之多,鱼的种类很多,光是鱼子,除了普通见到红色的之外,还有一种黑色的,据说最名贵。点心也真多,其实各种各式的菜更多,末了各种难得的水果和茶、可可,真是应接不暇。可惜那一天我们都吃了饭去,鲁迅先生又正发热,吃不下多少,但在他,恐怕是毕生最讲究的宴会了。这时苏联国内一般物质生活还未十分完善,然而就在这一宴会的招待上,可见人们所想到革命后的苏联,以为满脚泥污的人们,走到豪华的所在的万不适称的不相符,正相反,他们在一切周旋上都很能体会得到,席间并且特别开起在苏联新获奖的《渔光曲》以娱宾客。①

---

① 许广平:《鲁迅先生的娱乐》,《鲁迅的写作和生活》,上海:上海文化出版社2005年版,第173—174页。

第二十章 起看星斗正阑干

也就是在这次宴会期间，大家谈到鲁迅去苏联观光的可能性。许广平说，"赞助最力的是史沫特黎女士等"。史沫特莱是共产国际派驻中国的人员，共产国际和中共人士在邀请鲁迅去苏联这件事上做了长时间的筹划，但最终还是没有成行。鲁迅觉得自己家累甚重，迟疑不决，1936年1月21日给曹靖华的信中说："三兄（指萧三——引者）力劝我游历，但我未允，因此后甚觉为难，而家眷（母）生计，亦不能不管也。"[1] 1936年初，胡愈之从香港回上海拜见鲁迅，当面转达苏联邀请其去休养的建议，并提出帮助他购买船票，从香港转赴莫斯科。据胡愈之、冯雪峰回忆，鲁迅当时回答说，自己50多岁了，寿命不算短，现在的病也没那么危险，在上海住惯了，离开有困难。在上海还可以斗争，完成自己的工作，去苏联就完不成了。而且，离开上海去莫斯科，会让这边的敌人高兴。[2]

去别的地方或可考虑，唯独医院，鲁迅是绝不愿去住的。对于看病治疗，他并不那么在意。宁可少活几年，也不能专门治病。他对医生说，能治好当然是好，但是如果治不好，还不如多做工作而不要过度治疗。

他不愿住医院，宁愿死在自己家里；他也不愿更换医生，坚持聘请长期为他看病的日本医生——这些都显出他性格中固执的一面。

---

[1] 鲁迅：《360121 致曹靖华》，《鲁迅全集》第14卷，第11页。
[2] 胡愈之、冯雪峰：《谈有关鲁迅的一些事情》，《鲁迅研究资料》第1辑，北京：文物出版社1976年版，第81—82页。

老归大泽菰蒲尽

老年的鲁迅，活动的范围越来越小。在上海的将近十年，他除了短暂的几天与许广平一起到杭州游玩及两次北平省亲外，没有往别的地方旅行。许广平与鲁迅同居后，没有出去工作，而是专心照顾鲁迅，做家务，教育孩子。

1934 年底，鲁迅购买了一套《芥子园画谱三集》，在扉页上题写了一段话和一首诗：

> 此上海有正书局翻造本。其广告谓研究木刻十余年，始雕是书。实则兼用木版，石版，波黎版及人工著色，乃日本成法，非尽木刻也。广告夸耳！然原刻难得，翻本亦无胜于此者。因致一部，以赠广平，有诗为证：
> 　　十年携手共艰危，以沫相濡亦可哀；
> 　　聊借画图怡倦眼，此中甘苦两心知。
> 戌年冬十二月九日之夜　　鲁迅记①

《芥子园画谱》又称《芥子园画传》，是中国画技法图谱。清代王概、王蓍、王臬兄弟应沈心友（李渔之婿）之请编绘，因刻于李渔在南京的别墅芥子园，故名。其中有山水谱、兰竹梅菊谱、花卉草虫禽鸟谱等。有正书局的《芥子园画谱三集》广告，

---

① 《鲁迅手稿全集》第 5 册，第 471 页。

第二十章　起看星斗正阑干

见于1934年1月17日《申报》，其中说："本局费二十年心力经营木刻，不惜工本，将三集依式刊印，彩色鲜艳活泼，与宋元真迹无异，且多超过原本之处，诚为美术之绝品。"鲁迅说这广告夸张，是因为全书用了多种版刻方式，不都是木刻作品。波黎版即玻璃版，又称珂罗版，是照相平印版的一种，用厚磨砂玻璃做版材。

鲁迅与许广平于1925年开始通信并结识，到1935年，整整十年。鲁迅购买这部书，可以说是为家庭购买，但特意写上赠送许广平的一段话，是为了纪念他们相识十周年。

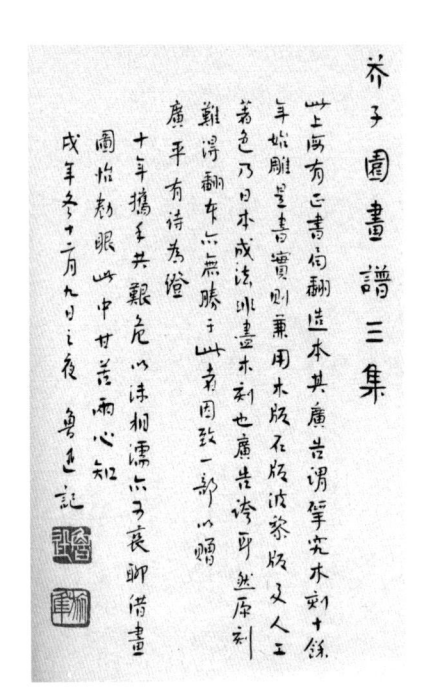

鲁迅题《芥子园画谱三集》赠许广平

鲁迅诗中用了《庄子·大宗师》中的典故："泉涸，鱼相与处于陆，相呴以湿，相濡以沫，不如相忘于江湖。"鲁迅和许广平相濡以沫、相依为命。他赠给许广平的图书，题赠语称呼变化多样，记录了关系逐渐亲密的过程。就是到了晚年，仍有这样的购书赠送。

在去世前一个多月写的《死》一文中，鲁迅抄录了几条留给妻儿的遗嘱：

一，不得因为丧事，收受任何人的一文钱。——但老朋友的，不在此例。

二，赶快收敛，埋掉，拉倒。

三，不要做任何关于纪念的事情。

四，忘记我，管自己生活。——倘不，那就真是胡涂虫。

五，孩子长大，倘无才能，可寻点小事情过活，万不可去做空头文学家或美术家。

六，别人应许给你的事物，不可当真。

七，损着别人的牙眼，却反对报复，主张宽容的人，万勿和他接近。[1]

遗嘱中关于丧事的意见没有得到遵从，上海有几千人沿途送行，葬礼颇为隆重。写给家人的几条见出他的眷恋和苦心。他希

---

[1] 鲁迅：《且介亭杂文末编·死》，《鲁迅全集》第6卷，第635页。

望伴侣把自己忘掉,"管自己生活"——实际上就是改嫁——然而这一条后来也没有得到遵从。关于孩子的前途,他只是做了一种假设,"倘无"两字表达得很清楚。但冯雪峰看了原稿,认为容易引起误会,好像一切"文学家和美术家"他都看不起似的,于是鲁迅想出"空头"两个字添在原稿上。其实可以不必,这个假设句中已经隐含着一种意思:如果有才能,当然可以从事文艺。

这篇文章最重要的部分,并不在七条遗嘱,而在开头有关灵魂有无的思考和遗嘱后面的一段——可以称为第八条——从语气上看,也可以说是第七条的补充。

关于死后灵魂有无,文章说:"谁都知道,我们中国人是相信有鬼(近时或谓之'灵魂')的,既有鬼,则死掉之后,虽然已不是人,却还不失为鬼,总还不算是一无所有。"让读者想起《祝福》开篇祥林嫂对"我"的追问:"一个人死了之后,究竟有没有魂灵的?""那么,也就有地狱了?""那么,死掉的一家的人,都能见面的?"这问题岂止"我"招架不住,很多中国人都处在迷茫中,都会敬谢不敏甚至惶然逃开。直到生命的终点,"我"——鲁迅——仍不能做出明确的回答。

七条遗嘱后面的一段却在迷茫中显出倔强:

> 欧洲人临死时,往往有一种仪式,是请别人宽恕,自己也宽恕了别人。我的怨敌可谓多矣,倘有新式的人问起我来,怎么回答呢?我想了一想,决定的是:让他们怨恨去,我也一个都不宽恕。

对宽恕、忏悔、报应之类不顾及、无畏惧，像鲁迅这样敢于直面人生、态度决绝的人在中国不多见。

《"这也是生活"……》记述了他大病初愈后卧床不起、思绪纷繁的状态：

> 有了转机之后四五天的夜里，我醒来了，喊醒了广平。
> "给我喝一点水。并且去开开电灯，给我看来看去的看一下。"
> "为什么？……"她的声音有些惊慌，大约是以为我在讲昏话。
> "因为我要过活。你懂得么？这也是生活呀。我要看来看去的看一下。"
> "哦……"她走起来，给我喝了几口茶，徘徊了一下，又轻轻的躺下了，不去开电灯。
> 我知道她没有懂得我的话。
> 街灯的光穿窗而入，屋子里显出微明，我大略一看，熟识的墙壁，壁端的棱线，熟识的书堆，堆边的未订的画集，外面的进行着的夜，无穷的远方，无数的人们，都和我有关。我存在着，我在生活，我将生活下去，我开始觉得自己更切实了，我有动作的欲望——但不久我又坠入了睡眠。①

---

① 鲁迅：《且介亭杂文末编·"这也是生活"……》，《鲁迅全集》第6卷，第623—624页。

第二十章 起看星斗正阑干

鲁迅意识到,一个战士,固然要永远进击,但也要懂得休息,就好比花与枝叶的关系:"我们所注意的是特别的精华,毫不在枝叶。给名人作传的人,也大抵一味铺张其特点,李白怎样做诗,怎样要颠,拿破仑怎样打仗,怎样不睡觉,却不说他们怎样不要颠,要睡觉。……删夷枝叶的人,决定得不到花果。"休闲、娱乐也是生活的重要部分:"其实,战士的日常生活,是并不全部可歌可泣的,然而又无不和可歌可泣之部相关联,这才是实际上的战士。"①

鲁迅去世后,许广平没有写挽联之类,而是写了一首新诗《献词》,放在鲁迅灵前:

> 鲁迅夫子:
> 悲哀的氛围笼罩了一切,
> 　　我们对你的死,有什么话说!
> 你曾对我说:
> 　　"我好像一只牛,
> 　　吃的是草,
> 　　挤出的是牛奶,血。"
> 你"不晓得,什么是休息,
> 　　　什么是娱乐。"

---

① 鲁迅:《且介亭杂文末编·"这也是生活"……》,《鲁迅全集》第6卷,第624、626页。

> 工作，工作！
> 　　死的前一日还在执笔。
> 　　如今……
> 希望我们大众，
> 锲而不舍，跟着你的足迹！①

鲁迅是生命不息，劳作不止。

梦坠空云齿发寒

到达生命尽头，鲁迅至少在思考两个问题：灵魂究竟有没有？中国究竟应该是个什么未来？一个是个人的，一个是国家的。但这两个问题是相关的，即中国人有没有安放灵魂之所？

1935年底，鲁迅的身体明显衰弱。次年初，病情有凶险迹象。好的时候他坚持工作，坏的时候躺下来什么也不能做，但他心里仍有很多著译计划，加上不停接收稿约，还有些不得不写的应酬文章，更有日常的来往通信，工作永远也做不完。不但越老事情越繁杂，而且越病心里就越急切。他在《死》一文中总结自己近几年的生活状态：

> 三十年前学医的时候，曾经研究过灵魂的有无，结果是

---

① 许广平：《献词》，《中流》1936年11月5日第1卷第5期，收入《欣慰的纪念》，北京：人民文学出版社1951年版，扉页。

第二十章　起看星斗正阑干

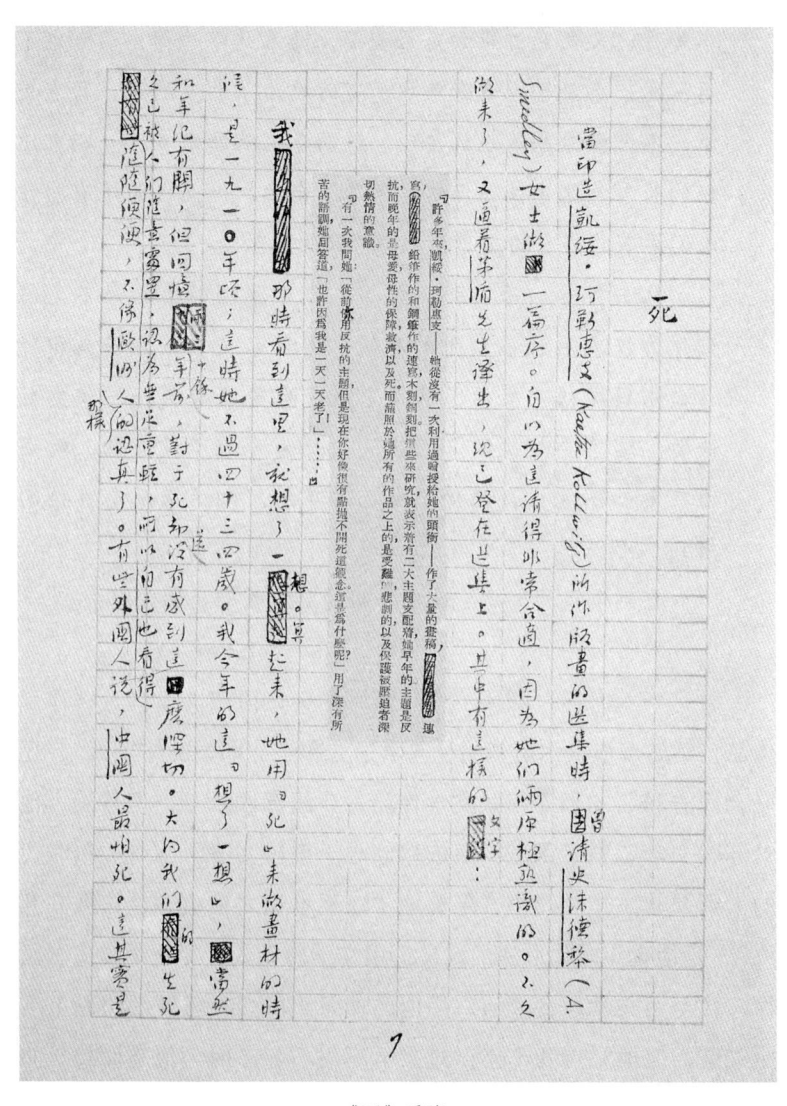

《死》手稿

不知道；又研究过死亡是否苦痛，结果是不一律，后来也不再深究，忘记了。近十年中，有时也为了朋友的死，写点文章，不过好像并不想到自己。这两年来病特别多，一病也比较的长久，这才往往记起了年龄，自然，一面也为了有些作者们笔下的好意的或是恶意的不断的提示。

从去年起，每当病后休养，躺在藤躺椅上，每不免想到体力恢复后应该动手的事情：做什么文章，翻译或印行什么书籍。想定之后，就结束道：就是这样罢——但要赶快做。这"要赶快做"的想头，是为先前所没有的，就因为在不知不觉中，记得了自己的年龄。却从来没有直接的想到"死"。

直到今年的大病，这才分明的引起关于死的豫想来。[1]

鲁迅到上海后，翻译了一些新兴的无产阶级文学理论著作和作品，例如卢那察尔斯基的《艺术论》和法捷耶夫的《毁灭》，还联合同志和朋友翻译苏联文学作品，介绍苏联木刻。但显然，他对苏联文学感到不满意，而依然倾心于俄国文学，服膺古典时代的大师及其杰作。其中，果戈理"以不可见之泪痕悲色，振其邦人"，是他青年时代取法的对象。用文学感动人，用文学改造国民性，乃至用文学改良政治，是他的理想，虽然在辗转的路途上屡屡碰壁，但他坚持几十年，对文学不离不弃，因为他坚信文学能

---

[1] 鲁迅：《且介亭杂文末编·死》，《鲁迅全集》第6卷，第633—634页。

够消除人与人之间的隔膜。他在为《呐喊》的捷克译本写的序言中说:"自然,人类最好是彼此不隔膜,相关心。然而最平正的道路,却只有用文艺来沟通,可惜走这条道路的人又少得很。"① 这段话与《呐喊》自序中的"善于改变精神的是,我那时以为当然要推文艺,于是想提倡文艺运动了"异曲同工。然而,人的灵魂很难相通,少有同感,缺乏共情。因此,到处是争斗,阶级之间的,个人之间的。人生得一知己足矣,意味着往往一个知己都很难得到。

从1935年初开始,鲁迅翻译《死魂灵》,历时一年多完成。其间备受折磨,仍顽强坚持。6月27日在给萧军的信中说:"《死魂灵》第三次稿,前天才交的,近来没有气力多译。身体还是不行,日见衰弱,医生要我不看书写字,并停止抽烟;有几个朋友劝我到乡下去,但为了种种缘故,一时也做不到。近来警告倒没有了,这是因为我们自己戒了严,但真也吃力。"② 6月28日给胡风的信中说:"译果戈理,颇以为苦,每译两章,好像生一场病。德译本很清楚,有趣,但变成中文,而且还省去一点形容词,却仍旧累坠,无聊,连自己也要摇头,不愿再看。翻译也非易事。"③ 8月1日给增田涉的信中说:"每月为《世界文库》翻译果戈理的《死魂灵》,一次虽只三万字,但因难译,几乎要花三星期时

---

① 鲁迅:《且介亭杂文末编·〈呐喊〉捷克译本序言》,《鲁迅全集》第6卷,第544页。
② 鲁迅:《350627致萧军》,《鲁迅全集》第13卷,第488页。
③ 鲁迅:《350628致胡风》,同上书,第490页。

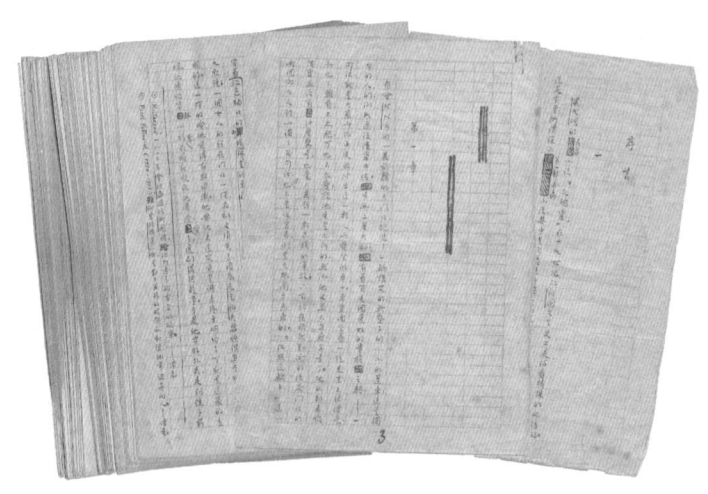

鲁迅译《死魂灵》手稿

间,弄得满身痱子。七月份稿子直到昨天才刚刚完成。"①

鲁迅自己也没有写出第二部《阿Q正传》,现实的芜杂和荒诞让他无从下笔。美国记者斯诺问他:"如今经过了第二次的国民革命,您认为在中国阿Q依然跟以前一样多吗?"鲁迅回答:"更糟啦,现在是阿Q管理着这个国家了。"②

鲁迅在果戈理的生平和作品中也发现了这种失望和绝望。他在该书第二部第一章译者附记中说:"果戈理(N. Gogol)的《死魂灵》第一部,中国已有译本,这里无需多说了。其实,只要第一部也就足够,以后的两部——《炼狱》和《天堂》已不是作者

---

① 鲁迅:《350801 致增田涉》,《鲁迅全集》第14卷,第370页。
② 埃德加·斯诺编、文洁若译、陈琼芝辑录:《活的中国》,长沙:湖南人民出版社1983年版,第11页。

的力量所能达到了。果然，第二部完成后，他（果戈理——引者）竟连自己也不相信了自己，在临终前烧掉，世上就只剩了残存的五章，描写出来的人物，积极者偏远逊于没落者：这在讽刺作家果戈理，真是无可奈何的事。"①

鲁迅在第二部第二章译者附记中还评论说："其实，这一部书，单是第一部就已经足够的，果戈理的运命所限，就在讽刺他本身所属的一流人物。所以他描写没落人物，依然栩栩如生，一到创造他之所谓好人，就没有生气。例如这第二章，将军贝德理锡且夫是丑角，所以和乞乞科夫相遇，还是活跃纸上，笔力不让第一部；而乌理尼加是作者理想上的好女子，他使尽力气，要写得她动人，却反而并不活动，也不像真实，甚至过于矫揉造作，比起先前所写的两位漂亮太太来，真是差得太远了。"②

与果戈理一样，鲁迅在这个世界上没有找到好人。小说中没有，杂感中也没有。他从历史典籍中找，从神话传说中找，当写作《中国人失掉自信力了吗》时，似乎确实找到几个类型：

> 我们从古以来，就有埋头苦干的人，有拼命硬干的人，有为民请命的人，有舍身求法的人，……虽是等于为帝王将相作家谱的所谓"正史"，也往往掩不住他们的光耀，这就是中国的脊梁。③

---

① 鲁迅：《〈死魂灵〉第二部第一章译者附记》，《鲁迅全集》第10卷，第453页。
② 鲁迅：《〈死魂灵〉第二部第二章译者附记》，同上书，第455页。
③ 鲁迅：《且介亭杂文·中国人失掉自信力了吗》，《鲁迅全集》第6卷，第122页。

然而，在现实中就很难遇见。而且从现实推求历史，他的怀疑情绪就更浓重起来。他在1935年10月29日给萧军的信中说：

> 但G（指果戈理——引者）确不讥刺大官，这是一者那时禁令严，二则人们都有一种迷信，以为高位者一定道德学问也好。我记得我幼小时候，社会上还大抵相信进士翰林状元宰相一定是好人，其实也并不是因为去谄媚。
>
> G是老实的，所以他会发狂。你看我们这里的聪明人罢，都吃得笑迷迷，白胖胖，今天买标金，明天讲孔子……①

为什么他总是看到负面的东西？因为他自身很多黑暗吗？他有时也提醒自己，要多看到光明，着眼于未来："世界决不和我同死，希望是在于将来的。"②而"无穷的远方，无数的人们，都和我有关"。许寿裳在《〈鲁迅旧体诗集〉跋》中这样解读《亥年残秋偶作》："此诗哀民生之憔悴，状心事之浩茫，感慨百端，俯视一切，栖身无地，苦斗益坚，于悲凉孤寂中，寓熹微之希望焉。"③ 老友在鲁迅的最后一首诗的最后一联中看到一点儿希望。

人最终都会再融入黑暗的世界。正如鲁迅怀念幼时保姆的文章《阿长与〈山海经〉》的最后一句："仁厚黑暗的地母呵，愿在

---

① 鲁迅：《351029 致萧军》，《鲁迅全集》第13卷，第571页。
② 鲁迅：《三闲集·鲁迅译著书目》，《鲁迅全集》第4卷，第189页。
③ 许寿裳：《我所认识的鲁迅·〈鲁迅旧体诗集〉跋》，北京：人民文学出版社1959年版，第100页。

你怀里永安她的魂灵!"

可是,当人活在世间,灵魂总是不安,心境难以平静。鲁迅笔下的人物,很少有昂扬的情绪,他的作品的总体氛围让人感觉悲凉和绝望。他的创作中很少有正面人物。他知道自己不是生活在一个有希望、有英雄的时代。他所能做的只是写一些愤慨的、讽刺的文字。多冷嘲热讽,多怨恨愤怒,这状态是连他自己也厌倦并痛恶的。这恐怕也是他晚年搁笔小说创作的一个原因。

果戈理把他的得意之作《死魂灵》称为"长诗"。鲁迅的文字,无论小说、杂感,也都是诗。他没有写出一部或多部长诗,而是用无数短章组成一部"杂诗"。他对自己创作的"短"和"杂"并不满意,晚年倾力翻译《死魂灵》,也许就是想有所借鉴,来写一部"长诗"吧。

从兹绝绪言

鲁迅最早的一首悼念朋友之作是《哀范君三章》,其中有一句"从兹绝绪言",人们再也听不到他的言说了,老朋友的去世让生存者失去很多金玉良言。

现在,鲁迅即将离世。他去世后,人们怎么来对一个不能再说话的人进行评价呢?尽管他有很多自叙、自白、辩解,也写过几份自传,他的虚构文学作品中也有自己的影子,更有日记、书信在。

鲁迅的传记怎么写?

鲁迅在《阿Q正传》的第一章"序言"中对中国传记的名目做了一番梳理和考证：

> 传的名目很繁多：列传，自传，内传，外传，别传，家传，小传……，而可惜都不合。"列传"么，这一篇并非和许多阔人排在"正史"里；"自传"么，我又并非就是阿Q。说是"外传"，"内传"在那里呢？倘用"内传"，阿Q又决不是神仙。"别传"呢，阿Q实在未曾有大总统上谕宣付国史馆立"本传"——虽说英国正史上并无"博徒列传"，而文豪迭更司也做过《博徒别传》这一部书①，但文豪则可，在我辈却不可的。其次是"家传"，则我既不知与阿Q是否同宗，也未曾受他子孙的拜托；或"小传"，则阿Q又更无别的"大传"了。总而言之，这一篇也便是"本传"，但从我的文章着想，因为文体卑下，是"引车卖浆者流"所用的话，所以不敢僭称，便从不入三教九流的小说家所谓"闲话休题言归正传"这一句套话里，取出"正传"两个字来，作为名目，……②

《阿Q正传》简练而生动地书写了阿Q一生的行状，已经成

---

① 鲁迅1926年8月8日致韦素园信："下一事乞转告丛芜兄：《博徒别传》是《Rodney Stone》的译名，但是C. Doyle做的。《阿Q正传》中说是迭更司作，乃是我误记，英译中可改正；或者照原误译出，加注说明亦可。"《鲁迅全集》第11卷，第538页。

② 鲁迅：《呐喊·阿Q正传》，《鲁迅全集》第1卷，第512—513页。

为文学经典。鲁迅确实是传记写作高手。

然而，他本人的自传却十分简略，差不多是较详细的履历表或现今通行的"求职"文件中的"简历"。

鲁迅不愿写自传，也不大热心由别人为自己作传。《鲁迅批判》一书的作者李长之曾致信鲁迅，提出与鲁迅合作写一部《鲁迅传》，被鲁迅婉拒："但我并不同意于先生的谦虚的提议，因为我对于自己的传记以及批评之类，不大热心，而且回忆和商量起来，也觉得乏味。"①

1936年5月8日，鲁迅致信李霁野，就对方提出的请自己写自传的建议回答道："我是不写自传也不热心于别人给我作传的，因为一生太平凡，倘使这样的也可做传，那么，中国一下子可以有四万万部传记，真将塞破图书馆。"②

曹聚仁也曾劝鲁迅写自传，并自告奋勇要写《鲁迅传》。曹聚仁记录了他与鲁迅之间的一次谈话：

> 一九三三年冬天的一个晚上，鲁迅先生在我的家中吃晚饭，一直谈到深夜。他是善于谈话的，忽然在一串的故事中，问了我一句："曹先生，你是不是准备材料替我写传记？"他正看到我书架上有一堆关于他的著作和史料。我说："我知道我并不是一个适当的人，但是，我也有我的写法。我想与其

---

① 鲁迅：《350727 致李长之》，《鲁迅全集》第13卷，第509页。
② 鲁迅：《360508 致李霁野》，《鲁迅全集》第14卷，第95页。

把你写成为一个'神',不如写成为一个'人'的好。"①

曹聚仁后来在回忆录《我与我的世界》中说鲁迅看好他写传记,因为他对鲁迅说了这样一句话:"我是不够格的,因为我并不姓许。"鲁迅听了笑道:"就凭这一句话,你是懂得我的了!"②曹聚仁的意思是,鲁迅身边几个姓许的人最了解鲁迅,就是老朋友许寿裳,同乡许羡苏和她的哥哥许钦文,还有鲁迅后期的伴侣许广平。这是玩笑话,但也有几分真实,因为这几位许姓人后来都写了有关鲁迅的回忆录。不过,熟悉的人写传记虽然有不少便利之处,但客观性、公正度就要打一些折扣。

曹聚仁写成《鲁迅评传》,已经是 20 年后的事了——鲁迅并没有看到。

自传是对人生过往的总结。鲁迅晚年几乎每年或隔年都编辑出版文集,个中固然有经济上的考虑,但及时总结过往,有助于更好地谋划未来。例如,他在《南腔北调集》的题记中写道:"一俯一仰,居然又到年底,邻近有几家放鞭爆,原来一过夜,就要'天增岁月人增寿'了。静着没事,有意无意的翻出这两年所作的杂文稿子来,排了一下,看看已经足够印成一本,……今年印过一本《伪自由书》,如果这也付印,那明年就又有一本了。"③

鲁迅对传记的严格要求和高度警惕,可能是因为担心感情因

---

① 曹聚仁:《鲁迅评传》,上海:复旦大学出版社 2006 年版,第 1 页。
② 曹聚仁:《我与我的世界》,北京:人民文学出版社 1983 年版,第 394 页。
③ 鲁迅:《南腔北调集·题记》,《鲁迅全集》第 4 卷,第 427、428 页。

第二十章 起看星斗正阑干

素冲击理性，损害真实，因为传记的最基本也是最高的要求是准确，不容虚构。德国文豪歌德撰写的回忆录叫《诗与真》，便是充分意识到了真实与诗意之间的矛盾。歌德把这部自传称为"半诗半史"，并且提出一种主张：自传作品中的虚构因素（诗）与真实因素（真）存在着不可分割的联系。他不否认自传里有虚构、有想象，认为"真"是自传的目的，"诗"是自传的手段，虚构不但不妨碍真实，反而能够帮助作者再现真实。

鲁迅无意学习歌德的做法。

除了在南京、东京和仙台因为入学的需要填写履历表外，鲁迅最早的自传是1925年为《阿Q正传》俄文译本写的《著者自叙传略》：

> 我于一八八一年生在浙江省绍兴府城里的一家姓周的家里。父亲是读书的；母亲姓鲁，乡下人，她以自修得到能够看书的学力。听人说，在我幼小时候，家里还有四五十亩水田，并不很愁生计。但到我十三岁时，我家忽而遭了一场很大的变故，几乎什么也没有了；我寄住在一个亲戚家，有时还被称为乞食者。我于是决心回家，而我底父亲又生了重病，约有三年多，死去了。我渐至于连极少的学费也无法可想；我底母亲便给我筹办了一点旅费，教我去寻无需学费的学校去，因为我总不肯学做幕友或商人，——这是我乡衰落了的读书人家子弟所常走的两条路。
>
> 其时我是十八岁，便旅行到南京，考入水师学堂了，

分在机关科。大约过了半年,我又走出,改进矿路学堂去学开矿,毕业之后,即被派往日本去留学。但待到在东京的豫备学校毕业,我已经决意要学医了,原因之一是因为我确知道了新的医学对于日本的维新有很大的助力。我于是进了仙台(Sendai)医学专门学校,学了两年。这时正值俄日战争,我偶然在电影上看见一个中国人因做侦探而将被斩,因此又觉得在中国还应该先提倡新文艺。我便弃了学籍,再到东京,和几个朋友立了些小计画,但都陆续失败了。我又想往德国去,也失败了。终于,因为我底母亲和几个别的人很希望我有经济上的帮助,我便回到中国来;这时我是二十九岁。

我一回国,就在浙江杭州的两级师范学堂做化学和生理学教员,第二年就走出,到绍兴中学堂去做教务长,第三年又走出,没有地方可去,想在一个书店去做编译员,到底被拒绝了。但革命也就发生,绍兴光复后,我做了师范学校的校长。革命政府在南京成立,教育部长招我去做部员,移入北京,一直到现在。近几年,我还兼做北京大学,师范大学,女子师范大学的国文系讲师。

我在留学时候,只在杂志上登过几篇不好的文章。初做小说是一九一八年,因了我的朋友钱玄同的劝告,做来登在《新青年》上的。这时才用"鲁迅"的笔名(Penname);也常用别的名字做一点短论。现在汇印成书的只有一本短篇小说集《呐喊》,其余还散在几种杂志上。别的,除翻译不计外，印成的又有一本《中国小说史略》。①

平淡而简洁地叙述了自己的经历。限于篇幅，颇多省略，一些重要节点只点到为止，对事情变化的前因后果只勾勒出一个轮廓。

1930年，因为需要一份自传，鲁迅让柔石抄录了1925年的《自叙传略》并做修订，但改动很少，如第二段谈到留学日本时期弃医从文的原因时，将原句"因此又觉得在中国还应该先提倡新文艺"改为"因此又觉得在中国医好几个人也无用，还应该有较为广大的运动……先提倡新文艺"。第三段原文后增添的内容是：

> 到一九二六年，有几个学者到段祺瑞政府去告密，说我不好，要捕拿我，我便因了朋友林语堂的帮助逃到厦门，去做厦门大学教授，十二月走出，到广东，做了中山大学教授，四月辞职，九月出广东，一直住在上海。

最后一段将原文"现在汇印成书的"及其后内容改为：

> 现在汇印成书的有两本短篇小说集：《呐喊》，《彷徨》。一本论文，一本回忆记，一本散文诗，四本短评。别的，除翻译不计外，印成的又有一本《中国小说史略》，和一本编

---

① 鲁迅：《集外集·俄文译本〈阿Q正传〉序及著者自叙传略》，《鲁迅全集》第7卷，第84—86页。

定的《唐宋传奇集》。①

鲁迅写第一份传记时，出版的文学作品只有小说集《呐喊》，学术著作只有《中国小说史略》，第二份自传补写1926—1930年的著述，成果更为丰硕，著书增加到11种，将除了论文、回忆、散文诗以外的文章统称为"短评"——也就是杂感——截止到1930年，已经出版了四本。

1934年，鲁迅为伊罗生计划翻译的中国现代短篇小说集《草鞋脚》写了一份自传：

> 鲁迅，以一八八一年生于浙江之绍兴城内姓周的一个大家族里。父亲是秀才；母亲姓鲁，乡下人，她以自修到能看文学作品的程度。家里原有祖遗的四五十亩田，但在父亲死掉之前，已经卖完了。这时我大约十三四岁，但还勉强读了三四年多的中国书。
>
> 因为没有钱，就得寻不用学费的学校，于是去到南京，住了大半年，考进了水师学堂。不久，分在管轮班，我想，那就上不了舱面了，便走出，又考进了矿路学堂，在那里毕业，被送往日本留学。但我又变计，改而学医，学了两年，又变计，要弄文学了。于是看些文学书，一面翻译，也作些论文，设法在刊物上发表。直到一九一〇年，我的母亲无法

---

① 鲁迅：《集外集拾遗补编·鲁迅自传》，《鲁迅全集》第8卷，第342—343页。

生活,这才回国,在杭州师范学校作助教,次年在绍兴中学作监学。一九一二年革命后,被任为绍兴师范学校校长。

但绍兴革命军的首领是强盗出身,我不满意他的行为,他说要杀死我了,我就到南京,在教育部办事,由此进北京,做到社会教育司的第二科科长。一九一八年"文学革命"运动起,我始用"鲁迅"的笔名作小说,登在《新青年》上,以后就时时作些短篇小说和短评;一面也做北京大学,师范大学,女子师范大学的讲师。因为做评论,敌人就多起来,北京大学教授陈源开始发表这"鲁迅"就是我,由此弄到段祺瑞将我撤职,并且还要逮捕我。我只好离开北京,到厦门大学做教授;约有半年,和校长以及别的几个教授冲突了,便到广州,在中山大学做了教务长兼文科教授。

又约半年,国民党北伐分明很顺利,厦门的有些教授就也到广州来了,不久就清党,我一生从未见过有这么杀人的,我就辞了职,回到上海,想以译作谋生。但因为加入自由大同盟,听说国民党在通缉我了,我便躲起来。此后又加入了左翼作家联盟,民权同盟。到今年,我的一九二六年以后出版的译作,几乎全被国民党所禁止。

我的工作,除翻译及编辑的不算外,创作的有短篇小说集二本,散文诗一本,回忆记一本,论文集一本,短评八本,《中国小说史略》一本。[①]

---

① 鲁迅:《集外集拾遗补编·自传》,《鲁迅全集》第8卷,第401—402页。

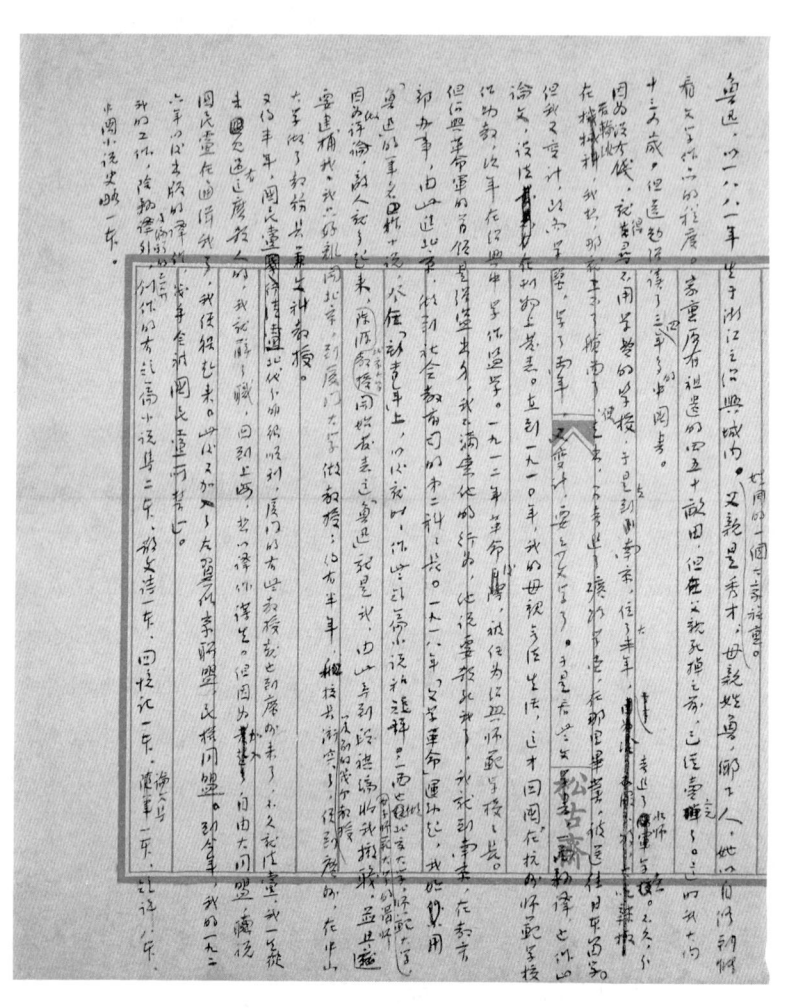

鲁迅《自传》手稿

这份自传对前两份做了较大改动，尤其强调革命斗争经历。如对自己人生转折的叙述，前两份多一笔带过，简单到两个字"走出"，不说明原因；第三份则除弃医从文是因为受到民族歧视不如前两份叙述详细外，其他如"为什么辛亥后离开绍兴"，回答是因为与绍兴"强盗出身"的革命军首领起了冲突，从北京到厦门大学教书是因为段祺瑞政府将其撤职并要逮捕他，离开广州到上海是因为"清党"——"我一生从未见过有这么杀人的"。总之，鲁迅着力将自己塑造成一个反抗者、一个战士，一路受到政治迫害和不公正待遇。他还提到自己此时仍被通缉，著作也大多被禁止。这份自传给读者造成的总体印象是：鲁迅站在反政府，至少不与政府合作的立场。

从此到1936年逝世，鲁迅又有一些著译问世：小说集一种，即《故事新编》；短评三种，是《伪自由书》《准风月谈》和《且介亭杂文》；还可以加上作为遗著出版的《且介亭杂文二集》和《且介亭杂文末编》；至于《集外集拾遗》《集外集拾遗补编》等，乃是他去世后亲友所编纂，可不必罗列。只将1938年中国文化界人士在"孤岛"同心协力编纂而成的《鲁迅全集》放在他的行状的最后，就足以显示其著述之丰赡和珍贵。如此，鲁迅的生平业绩可以"宣付国史馆"了。

后人对鲁迅的评价很高，赠予名号甚多：文学家、思想家、革命家、大师、巨匠乃至民族英雄等。鲁迅是中国文学史上一个独异的存在，他既是战士，又是文人，是战士与文人的合体。在文人中，鲁迅具有战斗性，这是他的文学的重要品质。鲁迅的整体形象，以战士品质为主，在一个需要抗争的时代，他担负了沉重的使命。但毕竟，鲁迅是一位职业文人，文人情怀是他的底子。因此，战士和文人两种形象，单强调其中一面不免偏颇。文人情怀，不是可有可无的点缀，是必需的情怀和修养。如果缺少文人情怀，战士会变得面目可憎。① 而如果把文人换成诗人，就更为贴切：诗人往往就是战士，真正的勇士必有诗人的品性。

鲁迅用全部诗作——应该说用全部文字——写成一篇篇抒情诗，并组成一部长篇叙事诗——就是他的传记，或可称为"诗传"。实际上，他本人也以最后一首七律《亥年残秋偶作》完成了一篇精练的"诗的自传"：一生春温稀薄，秋肃弥漫。当时千官逃窜，领土分割，政局动荡；他百感消沉，忧心忡忡，前途茫茫，不知所往。总体上情绪低沉，痛切地意识到自己生存于其中的仍然是一个无声的、死气沉沉的国度。星斗阑干，天快要亮了，但谁是闻鸡起舞人？他起身倾听，殷切期待。

"文人""诗人"这些名号常出现在中国传统史传中，纪传体史书多设"文苑传"。那么，《中国近现代史》"文苑传"的鲁迅章或可这样开篇："鲁迅（1881—1936），浙江绍兴人，本名周樟寿，后改树人，字豫山，后改豫才，以笔名鲁迅行，诗人、小说家……"

---

① 黄乔生：《战士品格　文人情怀：鲁迅形象的两面》，《鲁迅研究月刊》2010年第10期。